岩波小辞典

社 会 学

岩波小辞典

社　会　学

【編集】
宮島　喬

岩波書店

はしがき

　社会学は「若い」社会科学だといわれる．その誕生の日付は19世紀後半であり，法律学，政治学，経済学等に比べるとたしかに新しい．岩波小辞典に「社会学」が登場するのは初めてということにも，それが関係しているかもしれない．だが誕生の新しさは，発展の急速さをも物語る．脱工業化，高齢化，情報化，多文化化など現代社会の趨勢を捉えようとするキータームがいろいろと登場しているが，そのいずれもが社会学の主題と深く関わっている．それだけ，今日の社会問題の解明において，行為－社会関係－社会構造－文化の関連の中で具体的，動的に扱う社会学的アプローチが切実に要求されているということだろう．

　事実，都市化，環境問題，高齢者の生き方，ジェンダー問題，エスニシティ，社会的・文化的不平等など，社会学研究がめざましい成果をあげている問題群がある．それらに対応した新しい知識を整理し，提供する辞典の必要がかねて痛感されていた．とはいえ，めまぐるしく交替する社会事象をいたずらに追うのではなく，従来の研究成果，蓄積された理論，共有の概念をたえず振り返りながら一歩前進を図るという努力も必要である．この辞典は，限られた項目と紙幅の中ではあるが，この両側面に目配りしながら編まれた．

　いま一つ心がけたのは，平凡なことだが記述が分かりやすいことである．社会学の専門家や既習者だけでなく，これから学ぼうとする者，社会学の知識や見方を参照しようとする教育界，行政，メディア，NGO，その他の社会人にも利用してもらえるよう平易な記述に努めた．

　本辞典が多くの方々の手にとられ，社会的現実と社会学的理論・方法に関する知のスタンダードを広く提供し，社会学へのさらなる関心を喚起できるならば，幸いである．

　辞典は14名の執筆者によって分担執筆された．その上で，宮島

および,長谷川公一,松本康の両氏が全体にわたっての調整,校閲を行なっている.この3名の役割には全く軽重はない.にもかかわらず1名のみを編者に掲げたのは,一に体裁上の理由からである.また,岩波書店辞典編集部のアドバイスと編集協力をえた.これらの人々のまさしく共同作業の成果が,岩波小辞典「社会学」であると考えている.

  2003年10月

宮 島 喬

【編集】

宮島喬

【編集協力】

長谷川公一 松本康

【執筆(五十音順)】

伊藤守 稲葉昭英 加納弘勝 上林千恵子 厚東洋輔

杉原名穂子 関根政美 長谷川公一 浜日出夫

藤村正之 松本康 間々田孝夫 宮島喬 森重雄

凡　例

1. 項目見出し・各ページの構成
    1) 現代かなづかいにより五十音順に配列した．音引き（ー）はよみに入れず，同音の場合は清音・濁音・半濁音の順に配した．
    2) 各項目の見出しの左の数字は全項目の五十音順の通し番号で，索引から検索するための「項目番号」である．
    3) 各ページ上部に，そのページ（偶数ページは初出，奇数ページは末尾）に掲載されている項目のよみ5字までと，その項目番号を示した．
    4) 対語や類語を併記した項目名もある．いずれも索引から検索できるようにした．
    5) 欧文人名はミドルネームを省略したものもある．

2. 解　説　文
    1) 文中の表記は常用漢字・人名用漢字を使用した．
    2) 文中の ＊ 印は，その語が本辞典に項目として掲げられていることを示す．また，項目末尾の → 印にも，主要関連項目を挙げた．解説文の理解のために参照されたい．
    3) 年号は文書類の表題等を除き西暦を用いた．解説文中，初出の年号は4桁で示したが，同西紀の年号が繰り返される場合は下2桁のみで示した（例：1945年…　98年…　2001年…）．
    4) 論文名・報告書は「　」，書名は『　』で示した．海外文献の邦訳書が刊行されている場合は原則として邦訳書のタイトルを示し，必ずしも原書をそのまま訳したタイトルで示していない．
    5) 書名・論文名のあとの（　）の数字は，刊行年を示す．海外文献は原書刊行年を記した．
    6) 文章・語の引用は〈　〉，より間接的な引用や例示などは" "で示した．

3. 索　　　引
    巻末に，和文事項索引，和文人名索引，欧文（事項・人名）索引，文献索引を付した．

ア 行

001 アイデンティティ
identity

自己意識の統合性,一貫性,所属性をしめす概念であり,"自分がこういう自分である"という感覚や認識のこと.自己同一性,主体性,存在証明などと訳されることが多い.内的に統合された*パーソナリティと社会や文化のあり方とに関連があると*エリクソンが指摘し注目された.彼は,人間が*ライフサイクルにおいて課題に直面したり,これまでの自己が否定されたとき,アイデンティティの危機が経験され,その乗り越えが心理的・社会的課題になるとする.*青年期は自己意識の形成期であり,就職・パートナーとの関係形成などを通して,アイデンティティ確立が重要課題となる*モラトリアムの時期である.また,人びとが多様な集団・組織の間を頻繁に移動する現代社会では,青年期に限らず,子育て後や定年後など中年期や*老年期においても,そのような課題の経験が増えている.

アイデンティティは個人の心理的現象にとどまらず,他者との相互行為で望ましい自己像を求め,否定的な自己像を廃棄しようとする〈アイデンティティ管理〉としても現象化する.また,国民,民族,性,家族などについてもアイデンティティ概念が適用され,集団やカテゴリーへの帰属の自他確認がなされる.*自省性を特徴とする近代社会(→モダニティ)以降では,"私は何者なのか"という問いに,必ずしも一義的な解答を与えられず,アイデンティティは未決定・非決定の性質をおび,それゆえに問題として浮上することになる.→ジェンダー・アイデンティティ,性的アイデンティティ,民族アイデンティティ

002 アイデンティフィケーション
identification 〈独〉Identifizierung

同一化とも訳す.個人が特定の他者またはその他の対象(*地位,*役割,集団,理念等)に自らを結びつける,一体化する,愛着するといった行為.もともとは*フロイトの精神分析の用語であるが,社会学では,人間関係や社会関係のなかでの個人の心的帰属をさして使うことが多い.たとえば,"Aはスペイン人だがバスク(民族)に同一化している"とか,"Bは家族のなかで伝統的父親役割に同一化している"といった言及に際して用いられる.アイデンティフィケーションには,対象の選択あるいは構築という意味合いが含まれており,*アイデンティティをより主体的,動的に理解する際に重視される.

003 アイ/ミー
I/Me

*ミードが主著『精神・自我・社会』(1934)で展開した*自我の基本概念.ミードによれば,自我は,〈同じ社会集団の他のメンバーの観点〉や〈社会集団全体の一般化された観点〉を取得すること,つまり〈役割取得〉を通じて社会的に形成される.ミー(Me)とは,この役割取得の過程を通じて*内面化された態度や期待,さらには自己像であり,アイ(I)とは,この態度や期待を不断に対象化し内省する創発的な力動をさしている.自我は,この二つの局面から織りなされる動的なプロセスとして把握される.→役割理論,鏡に映った自己

アサイラム
asylums

一般に、障害者・孤児・老人などの保護施設や、刑務所などの収容所のこと。*ゴフマンがその著書『アサイラム』(1961)で、そこに生きる人びとの生活と自己を社会学的に分析したことから、この語が普及した。彼は、外部から遮断され、類似の境遇にある多くの人びとが閉鎖的・形式的・画一的に一括管理される空間を全制的施設(total institution)としてとらえ、精神病院、刑務所、軍隊施設、修道院などを具体的に分析する。そこに入居する者たちは、規格化された処遇や対応によって個別独自の自己像を剥奪されるが、彼らは周囲から要求される*役割や自己に染まりきるのではなく、各種の戦略を通じて施設内で〈裏面生活〉を作り出し、自己像の被管理に抵抗していくのである。

アソシエーション
association

特定の目的を達成するため意識的に人びとが結合し形成した集団。結社と訳されることもある。マッキーヴァーは、村、町、国などのより広い範囲の共同生活の領域をあらわす概念を*コミュニティ、コミュニティを共通基盤としてそのうえに人びとの意思によって形成される人的結合体をアソシエーションとした(『コミュニティ』1917)。教会、労働組合、学校、国家などがその例である。人びとの意思に基づくがゆえに、アソシエーションでは単に人びとが群がるのではなく、相互に結合し*社会的行為が生じる。たとえば火事を観に集まった群衆はアソシエーションではないが、人びとが消火のために組織的に行動した場合、アソシエーションとなる。なお、成員が自発的な意思によって所属し活動するアソシエーションを、特にヴォランタリー・アソシエーション(自発的結社)とよぶ。→ゲマインシャフト/ゲゼルシャフト、共同性

遊び
play

現実の利害や立場または社会的な義務や拘束から離れて、ただそれを行うことのみを目的として、楽しみや魅惑・スリルを求めて自由に行う活動。人間をホモ・ルーデンス(遊戯人)ととらえたホイジンガは遊びこそ人間の本質であり、文化の根源だと指摘しつつ、現代でのその衰退を論じた(『ホモ・ルーデンス』1938)。また、カイヨワは遊びを競争(アゴン)、運(アレア)、模擬(ミミクリ)、眩暈(イリンクス)の4類型に分類するとともに、遊びを聖なるものがもつ畏怖と自由、怖れと憧れの両義性の一端から析出し、俗と対比させて、聖―俗―遊という文化の3項モデルを提唱した(『遊びと人間』58)。実利性から距離をとり、その行為や対象に熱中して、内部完結した世界を堪能することに遊びの意味はあるが、一攫千金の夢を偶然の可能性に委ねるギャンブルのように、実利につながる遊びもある。また、労働が支配する近代の日常生活に対して、遊びの自由が果たす意味は大きい。→聖と俗

新しい社会運動
new social movements

*階級闘争型の労働運動との対比で、自己決定性や*アイデンティティなどを重視する1960年代以降に特徴的な*社会運動のあり方をいう。*トゥレーヌ、*メルッチ、*ハーバマスらの依拠する概念。学生運動、女性解放運動、環境運動、エスニシティをめぐる運動などをさす。テクノクラートを敵手として、ネットワーク的な組織構造を好み、価値合理性や表出性をも重視し、民主主義や参加の徹底化と市民社会の自律性を防衛しようとする性格が強い。→テクノクラシー、ネットワーキング

008 圧力団体
pressure group

自分たちの利益の防衛や獲得をめざして，集票力や集金力などを背景に，様々な圧力を行使して政策決定過程にインフォーマルに影響を与えようとする団体．経営者団体や業界団体，生産者団体，消費者団体，労働組合，環境保護団体，遺族会などがあげられる．少数者の利益を代表し，政党を補完する機能をはたしうる反面，特定の利益団体と政治権力との癒着や取引が政策をゆがめ，民主主義を形骸化させる危険も少なくない．→政治参加

009 アドルノ
Adorno, Theodor Wiesengrund
1903-69

*フランクフルト学派を代表する哲学者・社会学者．はじめ音楽を学んだが，1931年フランクフルト大学の講師となり，社会研究所（フランクフルト学派）のメンバーと親交を結ぶ．ナチス政権の成立にともない，34年にイギリスへ亡命．38年*ホルクハイマーの誘いに応じ渡米，研究所に合流．ホルクハイマーとの共著『啓蒙の弁証法』（1947）のほか，共同研究『*権威主義的パーソナリティ』（50）を著し，現代の人間的状況に対する根底的な批判を展開した．戦後フランクフルト大学に戻り，ホルクハイマーとともに社会研究所の再建に努めた．後期の主著として『否定弁証法』（66）がある．→啓蒙主義，批判的社会学

010 アナウンスメント効果
announcement effect

選挙の事前予測が投票行動に与える影響のこと．"有利"だと予測された候補者が，そのために勝ち馬志向の有権者の票をさらに獲得して"なだれ現象"的に集票する効果（バンドワゴン効果という．バンドワゴンはパレードの先頭の楽隊をさす）と，逆に"苦戦"を予測された候補者が，そのために有権者の危機感や同情をよび，票を掘り起こす効果（アンダードッグ効果という．アンダードッグは負け犬をさす）の両面がある．→効果分析

011 アナール派
〈仏〉École des Annales

*社会史，*心性史などに新生面を開いたフランスの『経済・社会・文明年報』（1984年以降『年報―歴史と社会科学』と改称）によるグループをゆるやかにさし，その影響は社会学にも及んでいる．「アナール（年報）」は同誌の略称．同誌は1929年L.フェーヴルとM.ブロックによって創刊され，創刊時には『社会経済史年報』と称した．事件史，政治史などを超えて，人びとの日常生活を重視しながらより深層の，より長期的な心性，慣行，関係などの変化を問おうとするもので，集合的記憶，文化，家族，婚姻などの歴史的考察に成果をあげてきた．近年では，デュビー，ル・ゴフ，ビュルギエール，シャルティエなどの歴史学者が著名であるが，社会学者や人類学者も『年報』に協力している．*ブルデューの重要論文の一つ，「再生産システムにおける婚姻戦略」も同誌に掲載された．→デモグラフィー

012 アニミズム
animism

経験する不思議な，あるいは神秘的な現象の背後に霊的な存在を認め，それを信仰すること．山河や動植物などの自然，人間の身体の諸部分，その他の人工物のうちに精霊ないし神を認めるもので，ラテン語のアニマ（霊魂）にちなむ．この用語の創始者タイラーは，アニミズムを最も低い段階の*宗教とみなしたが，発達した宗教，神話，*伝承のなかにもアニミズム的自然観は見られる．たとえば自然の災厄のな

013 アノミー
〈英, 仏〉anomie

かに特定の神意の現れをみる傾向など. 社会規範の動揺や崩壊による人びとの欲求, *価値, 行為の無規制状態. "無法律状態"を意味するギリシア語に由来する. この言葉を社会学的概念として用いたのは*デュルケムで, 『社会分業論』(1893)では, 分業の異常発達の結果生じる社会的諸機能の不整合状態をアノミーとよび, 『自殺論』(97)では, 経済の急成長のような社会生活条件の急変によって起こる人びとの欲求の異常な肥大をこの言葉でよんだ. その心理的帰結は欲求不満や挫折感であって, デュルケムはこれを*自殺と結びつけた. この概念は20世紀の社会学者によって引き継がれ, 再定義される. *マートンは, 成功という目標が強調されるあまり制度の規定が蹂躙され逸脱行動が生じる事態を, L.スロールは無力感, 孤立感, 目標喪失感などの複合的な疎外感(アノミー尺度として測定)を, それぞれアノミーとよんだ. またS.デ・グレージアは, 社会的政治的原因で生じる価値の葛藤, さらに価値の崩壊にこの言葉を充てた. →逸脱, 疎外

014 アパシー
apathy

無気力, 無感動な態度. 日常世界の喜怒哀楽を離れて世界の秩序を観照する心の平静を示すギリシア語のapatheiaに由来する概念. 社会学のなかでは一般に政治的無関心(political apathy)の意味で用いられることが多い. その背景には, 私生活上の*ライフスタイルや趣味などの非政治的領域への人との関心の移行, 既存の政治プロセスに対する懐疑や幻滅感の拡大など, 多様な要因が関連する. ラスウェルや, 〈無関心派〉〈道徳屋〉〈内幕情報屋〉といった政治スタイルの3類型を提示したリースマンの分析は代表的な先行研究といえる.

015 アーバニズム
urbanism

広義には, 都市生活. 狭義には, 〈都市が都市である特性〉, たとえば*都市に特徴的な生活様式や, ある場所の都市度などをさす. *ワースの論文「生活様式としてのアーバニズム」(1938)によって, 〈アーバニズム〉はワース流の〈都市的生活様式〉をさし示す用語として定着した. この論文でワースは, 〈都市〉と〈生活様式としてのアーバニズム〉を概念的に区別する. 都市は, 規模が大きく, 密度が高く, 社会的異質性の高い居住地として定義され, このような居住地に生成する特徴的な生活様式は〈生活様式としてのアーバニズム〉とよばれた. それは, 土地利用の分化, 第一次的関係の衰退と第二次的接触の優位, 個人の原子化・疎外・孤立, 参加の感覚の喪失, 流動的な大衆と集合行動などを特徴とするものであった. しかし, その後の調査研究は, ワースの理論を必ずしも支持するものではなかった. *フィッシャーの〈アーバニズムの下位文化理論〉では, アーバニズムはむしろ居住地の都市度(人口の集中度)を意味する用語となり, 都市では一つの生活様式ではなく, 多様な下位文化が成立するとされる. →都市社会学, 第一次集団/第二次集団

016 アファーマティヴ・アクション
affirmative action

女性, 障害者, *エスニック・マイノリティなど少数集団への過去の差別への補償と, 現在の社会参加を促すための差別是正(優遇)措置. 黒人や女性などのマイノリティ集団の社会参加を促進するための雇用, 教育面での優遇措置として, アメリカで1960年代後半から導入された. *公民権運動の展開のなかで生まれたが,

これは過去の差別により各種マイノリティの人びとは社会参加のための文化・教育的，経済的資源に不足しているので，差別禁止と機会均等の保証だけでは不平等は解消されないとの認識に基づき実施された．黒人に対しては，地域の人口比に合わせて教育や雇用への優先，あるいはエスニック・マイノリティの企業に対して政府の公共事業の契約などを優先的に振り分けることが行われた．その結果，女性や黒人，エスニック・マイノリティの社会進出は進んだが，他方で優遇措置により不利を被ると感じる者(特に男性白人)が，これを憲法違反の逆差別政策だとして反発を強め連邦裁判所に訴えることも増加した．80年代から90年代にかけて，アメリカでは*多文化主義論争とあいまってアファーマティヴ・アクションは論争の的となり，それらは今日でも続いている．→障害者雇用，結果の平等

017 **アブセンティイズム**
absenteeism

労働者の無断欠勤のことで，1日限りの病欠という形態をとることが多く，大規模生産現場で見られる労務管理上の問題の一つ．欧米諸国で見られ，経営者は対策に悩んでいるが，従業員側の職務満足度の低さ，監督者とのコミュニケーション不足，低賃金やシフト勤務・残業時間への不満などが問題の背景にある．多額の精勤手当の支給，柔軟な労働時間制度の導入，年次有給休暇の増加，欠勤に備えての余剰人員の確保などの施策がとられるが，いずれも人件費の高騰につながりやすい．

018 **甘え** 一般に人間関係において相手の好意を求める心理のことであるが，相手との分離を拒否し依存する欲求や行動を意味する場合が多い．幼児が母親に対してもつ感情が典型的である．土居健郎は精神分析の臨床経験を通し，自律性を促す西欧社会に対し，相互の関係性を重視する日本社会では文化・*パーソナリティを理解する鍵概念として〈甘え〉があると示し，日本文化論に大きな影響を与えた(『「甘え」の構造』1971)．→タテ社会，罪の文化/恥の文化

019 **アメニティ**
amenity

生活環境の快適さ．19世紀後半から20世紀初頭のイギリスにおいて，都市環境の快適さを意味する総括的な概念として登場，産業革命以後の都市環境の劣悪化に対抗する価値として都市計画の思想のなかに定着した．その後，*公害問題が噴出した1960年代以降，公害対策から環境政策へと展開していくなかで，環境政策が積極的に追求すべき価値を表す言葉として注目されるようになった．今日では，脱工業化した都市における空間・環境形成のキーワードとなりつつある．アメニティとは，単に物的環境だけでなく，歴史的・文化的環境も含めた環境総体の快適さを意味している．

020 **有賀喜左衛門**
あるが きざえもん
1897-1979

*村落構造，*家・*同族研究で著名な日本の社会学者．東京帝大卒業後，1949年に東京教育大教授として着任するまでは在野の研究者として著作を発表．柳田民俗学，*社会史など歴史人類学的な関心が強く，村落共同体の家および同族に関して『日本家族制度と小作制度』(1943)をはじめとする*フィールドワークに基づいた画期的な研究を行う．〈家〉は生活保障の集団であり，成員には生物学的血縁が要件とされないこと，本家―分家間の関係は一方的な搾取関係ではなく全体としての家の経営のために双方が互恵的関係を結ぶ〈全体的相

互給付関係〉にあること，こうした家の構造原理が〈民族的特質〉として日本社会の多くの組織原理にもなっていることを指摘した．家，同族の本質規定に関して小家族論的な立場にたつ喜多野清一との〈有賀―喜多野論争〉は社会学史上に残る水準の高い論争とされている．→家族社会学，農村社会学

021 アルコール依存症
alcohol dependence

アルコールの飲用が習慣化・常態化し，身体的・精神的にアルコールなしではいられない依存状態に陥ること．飲酒への強迫的でやみがたい欲求をおぼえ，イライラや手足のふるえなどアルコールが切れたときの不快感を避けるため常時アルコールを飲用する．身体症状だけでなく，社会関係にも支障をきたし，家族を巻き込んだ生活上の困難にいたることも多い．従来男性の症状と見られがちであったが，近年は女性の飲酒行動も増え，*摂食障害も合併する女性のアルコール依存症者も存在する．問題の解決をめざす代表的なセルフヘルプ・グループ（*自助組織）の一つとして AA（アルコホリクス・アノニマス）があり，相互に匿名で"言いっぱなしの聞きっぱなし"の自他の語りに耳を傾ける会合など，自己変容に向けた取り組みをしている．→薬物依存

022 アルチュセール
Althusser, Louis
1918-90

フランスの哲学者．高等師範学校教授を務めた．*マルクス主義のヒューマニズム的解釈を批判，『資本論』中心の厳密な解釈を重視し，その認識論上の可能性を具体的に追究した．なかでも彼の唱えた重層的決定（surdétermination）は，注目される．すなわち，社会の構造と構造変動は，決して単一の原因によって決まるものではなく，様々な構造矛盾や出来事の重層的作用の帰結として生じるとする．これを，資本主義において後進的なロシアで社会主義革命が成立した理由をその経済的，政治的，宗教的な矛盾，戦争，前衛党の存在等の同時的作用によって説明することで例示した（『甦るマルクス』1965）．社会構造の変容の社会学的説明にとって，示唆に富む観念といえる．

023 暗黙知
tacit knowing; tacit knowledge

言語化することのできない非言語的な知識．科学哲学者 M. ポランニーが〈われわれは語ることができるより多くのことを知ることができる〉ということを言い表すために用いた用語．たとえば顔の部分部分について明示的に語ることができなくても顔の全体を識別することができるように，部分を統合して全体についての認識が形成される際に働く．科学的知識も含めてすべての知識の不可欠の一部分をなしている．この語の拡大・転用として，社会生活の中における明示的に定式化されない知（たとえば職人の体得している仕事のコツなど）を，暗黙知とよぶこともある．→日常知

024 家

日本の伝統的家族の一類型．家産と家名の超世代的な存続を志向し，典型的には*直系家族をとる．日本の伝統的家族は地域的な差異を示すため，すべてを同様なものと考えることは難しく，〈家〉は主要ではあるがその一類型と考えたほうがよい．〈家〉は農業，商業など家業をもつ経営体であり，家産・家名の存続のために典型的には家長夫婦の子の一人の結婚後の同居によって世代間の相続・継承を行なった．その子は男子や実子に限らず，女子に対して婿を迎えたり，非血縁関係にある者を養子として後継者にすることもあった．また，

必要に応じて他の親族や非血縁関係にある奉公人なども〈家〉の成員とした．これらの傍系成員は一定期間家経営に参加したのち，分家をして新たな〈家〉を創設することもあった．〈家〉同士は本家一分家関係で結びつき，*同族などの家連合を構成し，〈家〉の存続は家連合の超世代的存続をも意味した．→有賀喜左衛門，家制度

025 **家制度** 1)日本の伝統的家族である〈*家〉における諸規範の総体．2)明治民法によって定められた法的な*家族制度の総体．1)と2)は必ずしも一致せず，2)の意味で使用されることが多い．1)は家産・名の超世代的存続を目標とした家族規範，跡継ぎの同居による相続・継承，先祖祭祀などの民俗慣行をさす．2)は〈家〉が国家を構成する単位として想定され，その維持強化のために明治政府によって定められた法制度をさす．そこでは戸主権と跡継ぎの家督相続権が定められ，家産は戸主(家長)の個人財産とされ，戸主は家成員の婚姻に関する決定権をもつなど強力な権限が与えられた．法定家督相続人は原則的に長男であり，他家への婚出は禁じられた．2)は日本各地で多様に存在した1)を法的・制度的に一元化しようとしたものであるが，実際には多くの家族は1)による家生活を営んでいた．

026 **家元制度** 技芸の血縁的・疑似血縁的な継承を目的とする，*家父長制的さらには家産官僚制的な制度．シューにより比較人類学的に日本独自のものとされた．家元とは，特定技芸を*伝統主義的かつ不変的に保存するため，肯定的または否定的に特権化された家族の長．能・狂言・歌舞伎・茶道・華道などの流派の長がこれにあたる．家元制度は，この家元家族を源流として，師匠一門弟関係へと家父長制的に拡大し，さらに経済団体として家産官僚制的権限関係を構成したもの．契約関係ではなく，強力な家族擬制のもとにある．→家制度，家族主義

027 **いき** すい(粋)ともいわれる．やぼ(野暮)，無粋の反対語．九鬼周造の『「いき」の構造』(1930)によって抽出された，江戸期以降の日本に特徴的とされる，審美的行動様式ないしはこれをもたらす精神類型．元来は花柳界の遊戯における品格を示唆する作法であるが，特権階層的なものとはみなされず，徒死をも含めた無私鷹揚な磊落さの態度一般をさすものとされる．

028 **育児休暇(休業)** child care leave 英語ではparental leave(親休暇)．乳幼児を保育するために母親もしくは父親が取得できるようにした休暇制度．国により休業期間の長さや賃金支給の有無，支給額が異なる．日本では，長らく女性職場の典型となっていた旧電電公社(現NTT)職員，看護婦，小学校教員を対象に始まり，1992年に育児休業法が施行され，95年には介護休暇を含めた育児・介護休業法として改正された．法定の産後休暇(日本では8週間)後，子どもが1歳に達するまで取得可能である．健康保険・厚生年金保険の本人および事業主負担分が免除され，休業中は休業前賃金の3割，復帰後6ヶ月以上勤務すれば休業前賃金の1割が休業月数分支給される．女性雇用者の割合が高まった先進諸国ではいずれも"職業と家庭責任の両立"が政策目標となっており，育児休業制度はその達成手段の一つである．日本では男性取得者がほとんどいない，などの問題がある．→少子化

029 **意思決定** decision making 一定の目標の達成，あるいは問題の解決のために，与えられ

た諸条件のもとで，可能な手段・方法の中から特定のものを選択する過程．意思決定とは，本来は目的―手段の関係を勘案する意識的で合理的な過程を示す概念であるが，広い意味では行為の前段階として生じるあらゆる心理的過程を含むものといえる．意思決定はあらゆる個人，社会集団，政府において，様々な行為の分野でなされるが，そのなかでも従来は"企業の意思決定"がおもな研究対象とされ，経済学，経営学の分野で研究が進められてきた．企業意思決定の研究には，企業がどんなメカニズムで意思決定をしているかを分析しモデル化する記述的分析と，いかに意思決定すべきかを明らかにしようとする規範論的分析の二つがある．近年は，*投票行動，*消費者(購買)行動，進学や就職，結婚など，様々な行為分野についても，意思決定のメカニズムが分析されるようになった．→主意主義的行為理論

030 いじめ bullying

集団内で相対的に優位の者が劣位の者に対して，何らかの力を濫用することによって，身体的・精神的苦痛を与えること．自殺に追い込まれる子どももいるため，特に児童・生徒の間でのいじめが社会問題となっている．劣位の者同士でのわずかな力の差でいじめが起こる場合，加害者から見ていじめの意図は薄く，からかいの遊びとして起こる場合もある．被害者と加害者の直接の関係だけでなく，それを取り巻き面白がって見る観衆や見て見ぬふりをする傍観者も，自分が次のいじめの対象となることを避けるため積極的に抑止しないという形で間接的な関係にある．いじめ対象の変化や反転が起こりうるのは，いじめが能力や属性の優劣にのみ起因するのではないことを示している．つまり，いじめる行為そのものが要因として重要であり，〈いじめられないためにいじめる側にいる〉必要性を，子どもたちは感じているのである．集団内圧力の強度や異質性を排除する傾向などといった，日本文化のある特質が，とりわけ自由度の少ない学齢期の子どもたちに象徴的に現れているともいえる．

031 威信 prestige

威光ともいう．社会的評価に基づいて成立している勢力．社会学的研究では，勢力(power)は多様な基準でとらえられ，経済的，政治的，軍事的(物理的)等とならぶその基準に〈威信〉があげられる．威信は，他者の尊敬，賞賛，神聖視，信従といった心理的要素からなるが，通常，伝統や通念等によって定型化されてもいる．歴史的にみると，インドの*カーストにおけるブラーフマン(バラモン)や，前近代*身分社会における僧侶の勢力は，おもにこの威信に基づく．現代社会では，*階層や*職業と威信の関係がよく問われるが，階層の上下の判定に学歴という一基準を入れるなら，それは威信という要素を一部取り入れることになる．また職業の上下の格付けにおいては必ずといってよいほど威信という基準が考慮される(特に医師，教授などでは重要)．なお威信の測定には，対象となる人物，地位，職業等について人びとの評価を尋ね，スコア化する評価法がよくとられる．→権力，社会的地位

032 イスラーム原理主義 Islamic Fundamentalism

イスラーム復興を掲げる戦闘的急進派の行動をさし，マス・メディア等で使われるようになった．イスラーム社会はイスラーム法に基づくべきとし，その完全な実施を国家に求める戦闘的イスラーム主義などと解されている．1979年のイラン革命後，欧米の世俗的な価値を排除するため〈ムハンマドの時代〉という原点へ

の回帰を要請し，イスラーム地域で人びとに広く共感された．"敵の設定"と過激な排除が欧米地域で非難される．もともと〈原理主義〉とはキリスト教の中で使われる呼称で，現代世界の課題に対処する"精神的な糧"を，"聖なる時代"の宗教規範に求める運動をさす．それゆえ〈イスラーム原理主義〉という用語の適否には議論もある．

033 依存効果
dependence effect

消費者の欲望が，欲望が満たされる過程に依存すること．もともとは，生産者(企業)の広告・宣伝，販売努力等によって消費者の欲望がかきたてられることと，消費者が他人と競い合って消費する結果，際限なく欲望が高まっていくこと，という二つの内容を含んだが，前者の意味で用いられることが多い．アメリカの経済学者ガルブレイスが主著『*ゆたかな社会』(1958)の中で用いた用語である．→消費者行動

034 一次元的尺度
one-dimensional scale

調査票調査などを通じて得られたカテゴリー的なデータを*数量化(スコア化)する場合，その数量化の仕方，およびその結果を広義の尺度とよぶ．広義の尺度のなかで，たとえば，賛成に○をつけた質問項目を数えるなど，各項目からなる一次式の形で数量化する場合(多くは足し算)，狭義の尺度とよぶ．狭義の尺度は，各データが類似した属性や意見について調べている，という条件を満たさなければ数量化する意味がない．このような条件を一次元性とよび，一次元性が確保された尺度を一次元的尺度とよぶ．

035 逸脱
deviance

社会規範や規範的期待に違背すること．何が逸脱であるかは，社会規範に左右されるため，本来相対的なものである．社会規範に反する行動を逸脱行動，社会規範に従う行動を*同調行動という．狭義の逸脱行動は*犯罪や非行をさし，その説明としてコミュニティの統制力の弱体化に注目する社会解体論や，社会システムの矛盾に注目する*アノミー理論など，社会システムの構造に原因を求める見方と，分化的接触理論や*逸脱下位文化理論のように逸脱行動の機会に注目する見方とがある．クラワードとオーリンの分化的機会構造論は正当な機会と不当な機会の双方を視野に入れた説明を提供している．これらの理論は，いずれも何が逸脱行動であるかは自明のこととしたうえで，その原因を説明しようとする．これに対し，ある行動が逸脱であると規定され，当該の行為者が〈逸脱者〉であると認定されていく社会過程に注目したのが*ラベリング理論である．ところで，広義の逸脱概念は犯罪や非行にとどまらず，"規範的なもの"をはずれた属性すべてを包括する．たとえば，病人は，健康な人に期待される行動ができないか，そうすることが期待されていないという意味で，逸脱者である，また障害者は，健常者に期待されるふるまいができないという意味で，逸脱者であるというように，社会は，犯罪・非行以外にも様々な種類の逸脱ラベルを用意して，人びととその行動を類別し，排除しようとする．それゆえ逸脱ラベルの差別性を問題にし，その転換を求める社会運動(〈逸脱の政治〉)も生まれてくる．→スティグマ

036 逸脱下位文化
deviant subculture

*逸脱行動を道徳的に支持する*下位文化，およびその基盤となる組織．*犯罪や非行などの逸脱行動がなぜ起こるのか．その発生の原因は，社会解体や*アノミーなどの社会システムの統制機能の不全にのみ求められるべきではない．むしろ逸脱行動を組織化し遂行するための技術や，

逸脱を正当化する*イデオロギーなどを供給する犯罪組織やギャング集団などの下位文化に注目する必要がある．*シカゴ学派の社会解体論をうけて差異的接触理論を提案したサザーランドや，少年非行を非行下位文化への同調として説明したコーエン，*マートンのアノミー理論をうけて機会構造理論を提出したクラワードとオーリンの業績は，いずれも逸脱下位文化の重要性に注目したものである．→同調行動

037 逸脱の増幅回路
cycle of increasing deviance

規則に反した人が〈逸脱者〉のラベルを貼られることによって，社会から拒絶され，ますます逸脱行動から抜け出せなくなる過程．ベッカーが，『アウトサイダーズ』(1963)において逸脱経歴に関する議論として論じた．たとえばマリファナの吸引のような逸脱行動が発覚して逮捕されると，その後コミュニティから拒絶され，逸脱集団に加入せざるをえなくなる．レマートは，この過程を〈第二次的逸脱〉とよんだ．→ラベリング理論

038 一般意味論
general semantics

意味論は，*記号の体系とそれが指示する対象の体系との関係を扱う学問であるが，一般意味論は，特に20世紀前半のアメリカで唱えられたもので，社会生活における紛争・不適応，*逸脱などは，言語の不十分な，または誤った使用から引き起こされるとした．言語の機能の"正しい"理解と言語の"正しい"使用の必要を強調し，言葉の感化的（感情的）な*ステレオタイプな用法や，意図的なごまかしを批判した．S.ハヤカワ『思考と行動における言語』(1949)などが挙げられる．意味論のいわば応用として社会学やマスコミ研究にも影響を与えたが，社会・政治問題を言語の用法に還元しかねない点で批判もよんだ．

039 一般化された他者
generalized other

*ミードの自我形成論のなかで展開された概念で，社会集団において期待される一般化された態度．子どもは，はじめ，ごっこ遊びの段階においては，父母や友だちなど個別具体的な〈*重要な他者〉の態度や期待を取得して*自我を形成する．ゲームに参加できる段階にいたると，子どもは，複数の他者の態度を一般化して，特定の共同体において期待される普遍的な態度や*規範，つまり共同体のルール自体を認識し取得するようになる．この普遍的な態度や規範が〈一般化された他者〉で，これがミー(Me)として内在化されたとき，自我の十全な発達がなされると考えた．→アイ／ミー

040 一夫多妻制・一妻多夫制
polygyny/polyandry

*婚姻において一人の男性が複数の妻をもつことを認める制度を一夫多妻制，一人の女性が複数の夫をもつことを認める制度を一妻多夫制という．婚姻が1組の夫妻からのみ構成される場合を単婚(monogamy)といい，それ以上の夫婦から構成される場合を複婚(polygamy)という．複婚が認められている社会でも実際にそれを実現するのは少数の者で，大多数は単婚であることが多い．複婚は一夫多妻と一妻多夫に分かれるが，前者は比較的多くの社会で認められているのに対して後者を認める社会は少ない．前者はすべての女性が結婚できる確率が高まると同時に男性にとっては自分の子をもつ確率が高まる．後者は兄弟全体が一人の妻を共有するような形態をとることが多く，財産の分散を防ぐ機能などが指

摘されている.

041 イデオロギー
ideology

社会意識の一形態で,人間,社会,自然の事象や争点についての多少とも一貫した認識,*価値,主張の体系.語源は18世紀のフランスの哲学者デステュット・ド・トラシーの唱えた〈観念の学〉(idéologie,心理学に近い)に遡るが,19世紀を通じて意味が変わった.イデオロギーは,現実の政治闘争,社会闘争のなかで競われ,闘わされるものであり,社会学的研究では,その観念の内容を担い手の集団や組織の利害,その基底にある成員の生活過程と関連づけて解明するという方法が重要である.一方,イデオロギーを,意図や利害を覆い隠す政治的主張,あるいは情動性をおびた観念体系として否定的にもちいる用法もあり,そこには反科学,非合理という意味が付されている.*ベルが*脱工業社会における〈イデオロギーの終焉〉を言うとき,イデオロギーの語は一部このような意味を含む.

042 移動レジーム
mobility regime

理論上,*社会移動の現象を,〈基本構造から生じる移動〉と〈変動要因による移動〉に分けたとき,前者に見られる様式(パターン).ここでの変動要因とは,経済成長にともなう職業構造の変化,景気後退による一時的な就業機会の減少などを意味し,移動レジームとは,それらの影響を除去した後の,基本的な社会移動の様式をさす.*産業社会論においては,産業化の進行とともに社会移動は増大し,*階層の開放性は高まる(→階層間移動)と予想されていた.しかし,実証研究が進むにつれ,産業化などの変動要因を除くと社会移動の増大傾向ははっきりとは見出せない場合が多いことがわかり,移動レジームは比較的長期間安定している,という見方が有力になってきた.ログリニア(対数線形モデル)分析等を用いて研究が進められている.→職業階層,多変量解析

043 イノヴェーション
innovation

革新ともいう.個人や企業その他の集団に,新しい技術,知識,製品,組織,制度,行動様式などが生まれ,さらに受容されていく過程を意味する.いわゆる発明・発見を含んでいるが,通常発明・発見とはよばれない精神的・社会的な変化も含んでいる.また,発明・発見の時点だけでなく,その実用化や受容の過程も含んだ概念である.イノヴェーションは,その普及を通じて*社会変動を引き起こすため,特に20世紀以降,社会科学者の注目を浴びるようになった.アメリカの経済学者シュンペーターは,特に技術的なイノヴェーション(発明,生産工程,製品など)や経営的なイノヴェーション(経営方針,組織,販売方法など)に注目し,それが現代資本主義経済を成長させる重要な要素となっていることを主張した.またアメリカの社会学者ロジャーズは,消費財等のイノヴェーションの普及過程について研究し,その受容の仕方に基づいて人びとを五つのタイプに分類した(『技術革新の普及過程』1962).→起業家

044 異文化コミュニケーション
intercultural communication

異なる文化圏に属する,または出身の者の間のコミュニケーション.個人間,地域間,民族間など様々なレベルで移動,交流が盛んになっている*グローバリゼーションのもと,異文化コミュニケーションはあらためてその内実を問われている.グローバリゼーションは伝統や価値

を異にする地域や民族を結びつける一方で，葛藤や対立を引き起こす傾向も秘めている．行為間で仮に共通語（リンガ・フランカ，たとえば英語）が使われるとしても，使用される語彙や言語コードの違い（直接的表現か，間接的表現かなど）の問題があるし，発語の主導権をもっぱら一方が握るなどして，誤解のない対等なコミュニケーションは困難である．ことに行為者の背後に経済格差，政治上のヒエラルヒー，植民地支配の痕跡を未だに内包するポストコロニアルな関係などがあると，この困難はまぬかれない．それだけに，異文化コミュニケーションの可能性を考える際，文化・言語レベルでのみ問題をとらえず，社会，政治，経済関係の文脈も重視しなければならない．→異文化理解

異文化理解
cross-cultural understanding

生活様式や行動様式が異なる人びととの間の相互作用には支障が生じやすい．そうした誤解やすれ違いによる紛争を避けるため実践される，双方向的で対等な文化理解をさす．異文化間の相互不理解がしばしば生じることは，歴史的に多く経験されてきたが，異文化理解のための体系的研究が本格化したのは第2次大戦後である．異文化理解で重視されることは*文化相対主義である．優劣の序列を想定する文化観のもとでは，弱者の一方的な自文化放棄と優者の文化への*同化が強制されるか，あるいはかつての植民地主義のように支配のための優者による弱者文化理解となるからである．相手文化の枠組みや文脈の体系的理解が必要で，断片的な異文化理解は，しばしば互いの文化の違いのみを本質的な差異として強調しがちである．各々の文化の一面化や本質化は，文化の交流や理解を妨げる可能性もある．→異文化コミュニケーション，多文化主義

意味の社会学
〈意味〉をキー概念とする社会学の潮流を広くさす．1970年代に*構造＝機能主義に代わるパラダイムとして隆盛した，ブルーマーらの*象徴的相互作用論，シュッツらの*現象学的社会学，ガーフィンケルらの*エスノメソドロジー，ゴフマンなどに共通する特徴を浮き彫りにするために，主として日本において用いられてきた社会学の分類名称．〈意味〉が，人びとの抱く動機や目的に由来する点が強調されると，社会秩序は，人びとの相互行為の一時的で偶発的な産物とみなされる．他方，〈意味〉は，シンボルとりわけ言語によって構成される点が強調されると，社会秩序は〈意味の織物〉，一種の〈テクスト〉とみなされる．秩序より行為を重視する前者の考え方は，社会名目論，*理解社会学，*プラグマティズムに見られるように社会学の一つの伝統をなすものであり，秩序を意味の構成物ととらえる後者の考え方は，80年代以降の社会学においては主導的見解として受容され，社会構築主義へと展開していった．→構築主義

移民
migrant; migration

国家を超えた人びとの移動，狭義には居住を目的とした移動をさす．雇用を目的として国籍とは異なる国に移動する人，あるいは，国境を越えて生業の本拠地を移動させる人とそれに随伴する家族，とも規定される．移民の送り出し，受容においては，国家がしばしば中心的な役割を果たしており，大規模な労働移動には相互協定を結び，移民の権利拡大にかかわってきた．移民は，一定期間合法的に居住し*市民権や国籍を取得することが多い．大半の国家は今日では，文化的*同化を強要しない

が，移民への国籍付与に際しては公用語の使用能力(言語条件)を求めている．なお，今日先進国の多くは新規の移民受け入れに消極的で，〈家族再合流〉を移民承認の主たる理由とする．国家建設は，ときには大規模な移民を必要とし(アルゼンチン，イスラエル)，また国家再編や解体は，希望しない移民(*難民)を大量に発生させた(旧ソ連，旧ユーゴ)．冷戦は移民を一般的に阻止したが，ときには大量の移民を引き起こし(アメリカへのキューバ人難民)，1990年代の長期化する内戦も移民を増加させた(ボスニアから西欧へ，ジンバブエやアンゴラから南アへ)．移民のもたらす経済的効果や住民としての税負担力，移民自らの文化的適応，流入文化のもたらす変容(特に文化的単一性の強い日本への影響)，さらに流出国における変容などが，考察の対象となる．→外国人労働者，国際労働力移動，定住外国人

048 **イリイチ**
Illich, Ivan
1926-2002

アメリカ，メキシコを中心に活躍した思想家．ウィーン生まれ．神学，哲学，歴史学を修めた後，1951年に渡米．ニューヨークで司祭となり，その後プエルト・リコのカトリック大学副学長．61年にメキシコに移り，国際文化資料センター(CIDOC)を設立した．彼は産業社会があるべき限界をこえて膨張し，現代の物質的な環境破壊，社会的な分極化，心理的受動性といった危機を生み出しているとし，産業社会の制度と文化，進歩や経済成長を志向するエートスの批判と克服をめざした．特に，医療や学校などの制度を検討し，医学は病気や死を技術の問題に，学校は人間を数量化された価値の世界に導き入れ，これら諸制度は人間の本来的で自律的な態度や価値を破壊したとする．また，産業社会は*ユニセックス化を進行させ，女性差別を深刻化させているとも論じ，これらの社会批判はエコロジー運動などに大きな影響を与えた．→シャドウ・ワーク，脱学校社会

049 **入浜権**
環境権の一種で，地域住民や一般市民が海岸を利用し，海水浴や釣り，貝や海草の採取などを楽しんだりすることができるとする権利．本来"海は万民のもの"であるとして，海岸線の埋め立てに反対する兵庫県の公害反対運動が入会権をヒントに提唱し，1975年に〈入浜権宣言〉が出された．漁業権や所有権などの有無にかかわらず，誰もがもちうる権利だとしたところに画期的な意義がある．自然保護運動に大きな影響を与えたが，入浜権を認めた判例はない．→環境権

050 **医療社会学**
medical sociology

医療行為や医療現象にかかわる社会的要因を明らかにしようとする社会学の一分野．一般に医療行為や医療現象は，医学が立脚する自然科学の分野と考えられてきた．しかし，*職業病や生活環境の影響，さらに近年は慢性疾患の増加や医療技術の進展によって医療行為や医療現象に作用する社会的要因が強く指摘されるようになった．具体的には，人びとの健康と疾病にかかわる社会的・文化的要因の解明，医師や医療従事者と患者・家族との相互行為の分析，専門職や病院組織の分析，医療の制度・政策に関する社会学的分析などがあげられる．*パーソンズの〈病人役割〉，フリードソンの〈専門職支配〉などの視点や概念もこの分野から登場してきている．医療問題の解決に社会学の方法で接近しようとする〈医療における社会学(sociology in medicine)〉と，社会学の理論枠組みを医療現象の分析を通じて精緻化しようとする〈医療を対象とする社会学(sociology of medicine)〉の二つの

志向があるが，近年は相互交流がめざされている．

051 因子分析
factor analysis

複数の変量（量的変数）が限られた数（m個）の潜在因子を測定していると考え，そのような潜在因子を推定する*多変量解析の手法．変量と因子との関係は因子負荷量によって示され，因子の解釈に利用される．また，ケース（回答者）ごとの因子の値は因子得点によって示され，測定尺度として利用される．基本モデルは，$z_{ij}=a_{j_1}f_{i_1}+a_{j_2}f_{i_2}+\cdots+a_{j_m}f_{i_m}+d_j u_{ij}$．ここで，$z_{ij}$ はケース i に対する変量 j の実測値を標準得点で表したもの，f および u は潜在因子，a および d はそれにかかる重みを表し，$f_{i_1}, f_{i_2}, \cdots, f_{i_m}$ はケース i に与えられる各因子の得点（因子得点），$a_{j_1}, a_{j_2}, \cdots, a_{j_m}$ は変量 j に与えられる各因子の負荷量（因子負荷量），u_{ij} は変量 j についてケース i に与えられる独自因子の得点，d_j は変量 j に与えられる独自因子のもつ〈重み係数〉である．因子負荷量の推定には様々な方法がある．因子同士は無相関であると仮定して推定した結果を直交解，相関を認めて推定した結果を斜交解とよぶ．

052 印象操作
impression management

行為者が自己について他者が抱く印象を方向づけ統制すること．*ゴフマンが『行為と演技』(1959)において詳述した．対面的状況下の個人は，外面，しぐさなど自分の*行為に様々な記号を付与し，矛盾した情報を与えることを避けることで自己の人間像を示す（→自己呈示）．与えた印象と矛盾する事態が起こると，*状況の定義を維持するため防衛的措置を行うことも印象操作の技法に含まれる．→演劇論的モデル

053 インダストリアリズム
⇒ 産業社会論

054 インターネット
internet

多くのコンピュータ・ネットワークを相互に接続した，地球的規模の拡がりをもつ情報通信ネットワークの総称．軍事攻撃に耐えうる通信施設を構築する目的で1969年にアメリカで研究が開始されたARPANETの実験に始まる．その後この実験の運用が研究機関に広がるなか，84年には共通の通信手段としてインターネット・プロトコル（TCP/IP）を採用し，利用範囲の拡大に対応可能な基盤をつくりあげた．これ以降，インターネットとよばれるようになり，89年には商用化を開始．日本でも95年以降利用が一気に拡大した．インターネット革命といわれるほど，社会意識，経済システム，政治過程に及ぼす影響は大きいものがある．→パーソナル・コミュニケーション

055 インナーシティ
inner city

*都市の中心業務地区をとりまく地域のこと．英米の都市では，中心業務地区の周辺に老朽化した住宅地があり，そこはしばしば下層階級や*移民の居住地となりがちであった．そのためインナーシティには社会問題・*都市問題が集積することが多かったが，特に1970年代のイギリスにおいて，都市の衰退とともにインナーシティにおける経済基盤の低下，建造物の老朽化，治安の悪化，エスニシティなどの問題が顕在化し，〈インナーシティ問題〉として認識されるようになった．こうした問題は，この時期の英米都市にある程度共通しており，脱工業化にともなう都市衰退や*逆都市化現象の局地的な表れとしてとらえることができる．日本の場合，大都市のインナーシティは，木造賃貸アパートの密集地に重な

るが，英米で見られたような深刻な問題はいまのところ経験していない．

056 インフォーマル・グループ
informal group

成文化された規則によって構成された公式集団（フォーマル・グループ）に対して，そのような公式の規則をもたず，個人的な関係によって構成されている集団．インフォーマル集団，非公式集団ともいう．経営組織や官僚制組織の研究では，組織図に示されるような公式組織の内部に，個人的な関係によって形成されるインフォーマルな集団があり，この集団の生み出す*規範がしばしばフォーマル組織の活動にも影響を与えていることが知られている．また，このような職場集団のほかに，*コミュニティにおける近隣集団や親族集団なども，自治体や自発的結社のようなフォーマル集団に対して，インフォーマル集団としてとらえられる．インフォーマル集団は対面的で接触頻度の高い小集団であるので，相互に親密になりやすく，*第一次集団であることも多い．→ホーソーン実験

057 インフォーマル・セクター
informal sector

途上国において公的な規制を免れ公的統計の対象とならないような，都市の労働市場の一部，また，この経済が示す特徴のこと．具体的には行商，屋台の飲食業，露店，路上の床屋や修理業，細工師，個人輸送業，零細雑貨製造などの活動を含む．途上国の都市研究から1970年代初期に生じた概念であり，〈セクター〉という表現は，その部分がフォーマル部分と結びつき，後者は前者なしに存続できないことなどを示す．70年代に〈インフォーマルな所得稼得機会〉の積極的な活力が注目された．ILOや世界銀行が主導した都市労働の調査で，参入障壁の低さ，現地資源の利用，家族経営，小規模な経済単位，労働集約的の低い技術水準，公的規制のない競争的市場などが特徴とされた．80年代後半以降は，市場経済化のなかでの同セクターの増加が注目された．また，国内外の*NGOと結びついた小規模事業の奨励，小規模信用の提供と技術訓練の提供の重要性が強調されている．→都市化，過剰都市化

058 インフォームド・コンセント
informed consent

医師が患者に代替案も含めた治療方法を説明し，患者の納得や選択のうえで治療を行うこと．〈充分な説明に基づいた同意〉という語義になるが，従来の医療行為では患者への説明がなされないまま，医師の判断のみに基づいて治療が行われ，患者側にも"おまかせする"という意識が強かった．しかし，患者の自己決定権という理念の成立や，病名告知を含む医療情報の本人開示の要請，医療者側の態度の改善の必要性などから，次第にインフォームド・コンセントがめざされてきている．さらには，他の医師によるセカンド・オピニオンを求める動きもある．他方で，高度化する医療技術が治癒の可能性と同時に不確実性を開いたことや，患者の同意を得たことでの医師の免責程度の問題などにも直面している．→医療社会学

059 インフラストラクチュア
infrastructure

そもそも基礎構造や土台を意味する．一般には交通・運輸・通信・エネルギー供給のネットワークなど，社会生活と産業活動の基盤となる設備をさす．特に電力・ガス・上下水道・電話などは血管や神経のようにはりめぐらされ，現代生活に

とって不可欠なためライフラインとよばれる．社会的有用性が高く，サーヴィスの対象を特定の人びとに限定すべきでないことから，応能負担の原則によって*公共財として供給される場合が多い．

060 ヴァーチャル・リアリティ
virtual reality

非現前世界でありながら現前世界に匹敵する高い臨場感に溢れた感覚が得られる〈仮想現実〉をさす．ヴァーチャル・リアリティには二つの側面がある．第1は遠隔世界とよばれるケース，第2は架空世界とよばれるケースである．前者は離れた場所に設置したロボットを利用して，遠方の世界を体験し操作する場合であり，後者はシミュレーション技術によって合成された擬似的な架空の世界を体験する技術である．これらの技術は，自然災害や重大な事故の際の消火活動や救援活動，都市・住宅設計のための事前体験，高い臨場感を生かした娯楽施設への応用など，多様な応用範囲をもっており，今後様々な社会的影響が予想される．

061 ウェーバー
Weber, Max
1864-1920

合理性の類型学という視点から，近代の発生母胎である西欧の特性を探求し，*合理化の過程として人類史を再構成したドイツの社会学者・思想家．弁護士のち政治家となる父，宗教熱心な母からなる上層ブルジョワに生まれ，社会政策学の若手として国民経済学の教授に就任した直後，神経疾患に陥り，大学を休職．5年あまりの闘病後の20世紀初頭から在野の研究者として復活．活動は科学，政治，宗教という三つの焦点よりなる．1)科学の人間にとっての意味，客観性の存立可能性を問い直し，意味連関の理解と因果連関の説明を組み合わせた*理解社会学を構想(『職業としての学問』(1919)，『社会学の根本概念』(22)など)．2)政治では，*支配の諸類型を用い，現代における官僚制組織の肥大化，その対極にある指導者を求めるカリスマ支配への渇望という形で大衆民主主義の危うさを解剖．ナショナリストとして終生現実政治に強く関与(『支配の諸類型』(22)，『職業としての政治』(19)など)．3)『プロテスタンティズムの倫理と資本主義の精神』(04-05)では，プロテスタンティズムの倫理を内面化した〈職業人〉が資本主義を生み出すという，宗教と経済の隠れた関連を解明し，それ以降，宗教を基軸に世界の諸文明・諸文化の比較研究を行い(『儒教と道教』(16)，『ヒンドゥー教と仏教』(16)，『古代農業事情』(09)など)，西欧近世は世俗内禁欲，近代は現世支配の合理主義という形で，その本質を浮き彫りにした(→宗教社会学，比較社会学)．

062 ヴェブレン
Veblen, Thorstein Bunde
1857-1929

20世紀初頭のアメリカの経済学者，社会学者で制度学派経済学の始祖．ダーウィンの進化論を社会科学に応用した技術決定論により当時のアメリカ資本主義の倒錯した側面を批判した．『有閑階級の理論』(1899)では〈*見せびらかしの消費〉という概念を使用して生産や労働の意義を忘れた有閑階級を批判，『企業の理論』(1904)や『技術者と価格体系』(21)では市場の論理や企業の利益追求の姿勢が，いかに不正，浪費を生み，略奪的で生産現場の創造性を破壊しているかを批判する一方，『職人技本能と産業技術の発展』(14)では技術者や産業技術の発展に期待した．技術者への期待は後のテイラーの*科学的管理法につながり，*テクノクラシー思想の先駆けとなり，略奪的な企業への批判は金融資本対産業資本の対立を描いて，共産主義国家崩壊後にくライン

型資本主義〉のアルベールや,〈日本型資本主義〉の*ドーアが模索した,資本主義類型論の手がかりとなっている.ノルウェー移民2世として生まれたヴェブレンにとって英語は第2言語であり,終生アメリカ社会の主流の価値観と距離をおいていた.

063 ウォーラースティン
Wallerstein, Immanuel
1930-

アメリカの社会学者,*世界システム論の理論家として著名.15世紀末からの歴史を対象に,中心・半周辺・周辺という3極構造の世界システム論を展開した.全地域を相互依存関係にあるシステムとみる歴史学者ブローデルの弟子と宣言する.従属理論と異なり半周辺の概念を導入し,発生・発展・帰結という歴史過程を扱い,周辺・半周辺・中心の間における移行に注目する.また,文化的,地理的,地域の現状を考慮した歴史社会学も提示する.単一社会における*階級闘争は搾取社会内での闘争にすぎないとして,ある種の世界的な革命なしにその宿命をまぬがれない,と説く.彼への批判としては,たとえば,中心で生じた理念,科学技術や政治思想が周辺社会を変化させ,同時にそれ自体も変容することへの関心が低い,周辺の人びとを資本主義の拡張に対して受動的とみなしている,との指摘もあるが,その考察は,歴史の理解や都市やグローバル・ネットワークなどの社会学的な分析に示唆を与える.おもな著書に,『近代世界システム』(1974-89),『資本主義世界経済』(79),『史的システムとしての資本主義』(83)などがある.→従属理論,中心―周辺

064 ヴォランティア
volunteer

自発的に利他的な貢献をしようとする人びと,およびその活動.もともとは志願兵を意味したが,転じて,*社会福祉や医療・保健,地域づくり,*環境問題など様々な分野で,対価を期待することなく使命感に基づいて社会的貢献をしようとする人びとをさす.日本では1960年代後半から定着し,当初は学生中心だったが,主婦層や一般市民にひろがっている.NPOの法制化にともなって,ヴォランティアの組織化も急速に進展している.→NGO・NPO,フィランソロピー

065 受け手研究
⇒ 送り手・受け手研究

066 氏子組織
神社の氏子によって構成される地縁的な祭祀集団.氏子とは地元の神社を氏神として祭祀する地域住民をさす.その組織は氏子総代によって運営され,ときに地域住民組織と表裏一体となって,地域社会の宗教機能を担う.氏神は,古代には氏族の守護神を意味していたが,中世以降,しだいにその性格を変え,江戸時代には産土神として地域社会の守護神を意味するものとなった.→講,町内会・自治会,村落

067 エイジズム
ageism

年齢による差別,特に高齢者に対する偏見と差別.たとえば高齢であることを理由に,能力のないものとみなしたり,人格を無視したりする態度,行動あるいは制度.雇用における年齢制限などもこれに含まれる.1969年,老年学者ロバート・バトラーによって使われたのが最初である.→老年学

068 衛星都市
satellite town

都市圏のなかにあって中心都市の周辺に位置する比較的独立性の高い都市.計画論的にはハワードの田園都市構想に由来し,大都市の膨張を抑えるために,周辺部に計画的に配置され,雇

用機会や日常的に必要な生活施設が整備されている小都市をいう．日本の実態から見れば，東京都八王子市のようにもともと独立性の高かった都市が大都市圏の一部に組み込まれる場合に，衛星都市に近い形態をとることが多い．→都市化

069 **映像文化** image culture

文字文化・活字文化と対比して，広義には絵画・彫刻を含む視覚文化をさすが，狭義には写真・映画・テレビなどを通じて形成された文化．ほぼ1万4000年遡るとされるラスコーの洞窟の壁画に見られるように，視覚的イメージの造形は，文字文化と比較してもはるかに古く，人間の表現活動において大きな位置を占めてきた．文字の発明以降も，視覚的特性を考慮した書体や豪華装飾本に見られるように，文字文化と映像文化は融合・共存してきたともいえる．だが，今日ことさらに映像文化が重視される背景には，19世紀の写真から映画そしてテレビと続く視聴覚イメージの複製・伝達技術の発展によって，現代の文化的営みに占める映像文化の比重が格段に増したことがある．街角のポスターから，映画の超スペクタクル映像，さらに地球の裏側の出来事を瞬時に伝えるテレビの映像まで，視聴覚イメージは現代社会の隅々にまで溢れている．しかも近年では，コンピュータグラフィックスの開発で，現実の単なる表象といったレベルを超えたヴァーチャルにリアルな映像空間が拓かれつつある（→ヴァーチャル・リアリティ）．それらが交錯する空間の影響は，意識，身体感覚，リアリティ感覚の基底にまで及ぶ．→マルチメディア

070 **エコシステム** ⇒ 生態系

071 **エコロジー** ecology

本来は*環境と生物との相互関係を調べる学問をさす．ギリシア語のオイコス（家）と学問を意味するロゴスを合成して，生物学者ヘッケルがつくった概念．生態学と訳される．*都市社会学には*人間生態学的研究という潮流がある．1960年代末から欧米諸国で，環境破壊や生態系の危機を憂い，環境との共存を重視する人びとをエコロジスト，その人たちによる*社会運動をエコロジー運動とよぶようになった．巨大科学・技術や*テクノクラシー的な*道具的理性に対する批判，*オルターナティヴ・テクノロジーや分権的な社会の建設などを共通の価値関心としている．ヨーロッパ諸国ではエコロジー政党が議会に進出し，ドイツの緑の党は，98年から連立政権を担っている．近年では，生態学的な関心を中心に学際的・総合的な研究をめざす〈環境科学〉や，環境と社会の相互関係を社会学や経済学の立場から研究する〈環境社会学〉や〈環境経済学〉が活発になっている．→持続可能な発展

072 **AGIL図式** AGIL-schema

*パーソンズが開発した*機能分析のための枠組み．研究対象を，1）一つのシステムをなすものとしてみなし，2）システムが存続するためには四つの*機能的要件が充足される必要があり，3）充足されない場合，構造変動が引き起こされる，という前提で分析は進められていく．システム存続に必要な四つの機能は，A（適応 adaptation），G（目標達成 goal-attainment），I（*統合 integration），L（パターン維持と緊張緩和 latency）と名づけられる．この図式は，個人行動から様々な規模と種類の集合活動まで，適用可能である．全体社会を準拠点とすれば，Aでは企業などの経済システム，Gでは国家などの政治システム，Iでは社会共同体，Lでは家族が典型的担い手と想定されている．システムの進化とともにAGIL

の分化は徹底し，特定の機能を専門的に担う下位システムが明確に分離するとされる．四つの機能間でL→I→G→Aという順序でコントロールの階梯が存在する，と想定されている．

073 SSM調査
social stratification and social mobility survey

日本の社会*階層と*社会移動に関して継続的に実施されている全国規模の*標本調査．1955年以来10年おきに継続調査がなされ，最近では95年に第5回調査が実施された．社会学者を中心とした大規模な研究グループによって実施されており，日本の社会学界における代表的な*社会調査といえる．基本的な調査項目である職業(本人と親)，学歴，収入，階層意識については継続的に調べており，その他，家族関係，耐久財の保有，政治意識，教育意識，一般的な生活意識などについても，内容を少しずつ変えながら調査している．なお，75年までは男性のみが調査対象となった．

074 エスニシティ
ethnicity

エスニック集団への帰属性，エスニックな自己意識をさす．エスニシティの語源であるギリシア語のエトノス(éthnos)は，社会の周辺地域に住む人びとの生活様式をさしていたとされる．エスニシティは，人種・生物学的な人間集団の分類基準ではなく，文化的・心理的な特性(言語，生活様式，宗教，歴史など)に基づく集団分類基準であると同時に，そのような特性に基づく集団の主観的な結束意識(集団構成員の所属意識やわれわれ意識)をさす．以上の指標は，*民族(ネーション)と共通するが，民族が民族自決を達成して国民国家の形成主体となった，またはなろうとする集団をさすことが多いのに対して，エスニック・グループは，そのような自決志向をもたない少数民族として扱われている文化的*マイノリティ集団をさすことが多い(→エスニック・マイノリティ)．

エスニシティは，1930年代のアメリカの都市地域調査のなかで現在の意味で使われ始めた．60年代のアメリカで*るつぼ神話に抗し，文化的伝統にこだわる集団が多いことから広く使われた．グレイザーとモイニハンの『人種のるつぼを越えて』(1963)，『エスニシティ』(70)が画期をなす．日本には80年代になって紹介され始めた．エスニシティへのこだわりの要因については諸説ある．生まれ成長するなかで身につけた文化・言語への根源的な愛着に基づいてこだわりを説明する原初主義的アプローチや，文化・言語は生活道具であり，それらが否定されるような状況で人びとはエスニシティを動員して対抗すると説明する環境主義的アプローチがある．→原初主義的アプローチ/環境主義的アプローチ

075 エスニック関係
ethnic group relations

*国家内の主流民族と*エスニック・マイノリティ，あるいは特定集団内のエスニック・グループ相互の権力関係，支配従属関係をさす．国家の主流国民の民族と，そうでないエスニック・グループとの関係は，基本的に支配従属関係となる．歴史的にみると，支配民族は，国民国家の文化，言語，宗教を決定できる*民族自決権を行使して支配的地位を維持しつつ，自らの言語と文化を公用語・公式文化とすることができるが，マイノリティ化されたエスニック・グループは，教育，就職，住居，公民権などの面で不利益をこうむってきた．こうした場合，エスニック・グループは他のエスニック・グループと連携してより大きな新しい集団を

構成し，主流民族と対抗する動きにでるか，あるいは，より弱い立場のエスニック・グループを差別して主流民族に接近し，自らを中間マイノリティとして位置づけることもある．この場合，エスニック・グループはそれぞれの状況に合わせて，エスニック・アイデンティティ（→民族アイデンティティ）を操作することになろう．

076 エスニック・マイノリティ
ethnic minority

ある国家内の民族的文化的少数者集団のこと．エスニック・マイノリティとは，当初，アメリカの*つぼ神話によるアメリカ人化という*同化圧力のなかでも，出身国の文化・言語・宗教的伝統に基づく*エスニシティを維持する移民集団のことをさしていたが，今日では*移民・*難民・*外国人労働者集団のほかに，伝統的に国内の周辺に居住している文化的マイノリティ，たとえば先住民族なども含むようになった．エスニック・マイノリティとは，こうした異文化集団をさし，伝統的国民国家ではその文化，言語の使用と維持が抑圧され，社会的にも経済的にも不平等な地位に押し込められていた．しかし，今日では，自らの文化・言語の使用と発展を求める対抗運動を引き起こし，文化・言語の承認を求める動きの母体となっている．日本ではアイヌ民族や在日韓国・朝鮮人がこれにあたる．一般的には自決や分離・独立は望まないが，それらを要求する集団はエスノ・ナショナル集団といわれる．

077 エスノグラフィー
ethnography

ある特定の人間集団の社会や文化を詳細に，かつ網羅的に記録して，文化人類学や民族学などに資料を提供するために発達した活動．当初，〈未開〉あるいは〈野蛮〉と表現された文化的少数集団を研究する文化人類学や民族学で利用され始めたが，社会学では大都市スラムの若者や各種マイノリティの生活や文化について，*参与観察やインフォーマントを通しての*フィールドワーク中心に実施された．ホワイトの『ストリート・コーナー・ソサエティ』(1943)が代表的な成果とされる．20世紀後半には研究者の間に，〈他者〉である調査者の一方的な記述と体系化は，被観察者たちの視点と主体の表現能力を軽視するものだとの批判が生まれ，被観察者自身の視点による，自らの主体的記述を尊重する声も強まった．

078 エスノセントリズム
ethnocentrism

自民族中心主義．自分の属す民族集団を優秀とみなしたり，無意識のうちに自民族の価値観を基準としてものごとに判断を下すような思考．サムナーが『フォークウェイズ』(1906)のなかで〈自己の集団があらゆるものの中心であり，その他のすべての集団は，それとの関連で計られ，評価されるものの見方〉としてはじめて使用した．自己の属する民族やエスニック集団の生活様式，思考方法などを自明視し，他の民族・エスニック集団のそれらを劣ったもの，特殊なものとみなす態度のことをいう．自民族集団に対する忠誠と美化意識は，時に過剰な民族主義や愛国主義を生み出し，同時に他集団に対しては蔑視や人種的偏見を強化し，差別や排外主義あるいは民族浄化を生み出すこともある．歴史的には，ナチス・ドイツのゲルマン民族至上主義と*反ユダヤ主義が有名だが，冷戦終了後の旧ユーゴスラヴィアの分裂にともなうバルカン半島の民族対立は民族浄化を再現し，20世紀末にも続くエスノセントリズムの根

079 エスノメソドロジー
ethnomethodology

人びとの日常生活における活動を有意味で理解可能なものとするために社会の成員(=エスノ)が用いている方法論(=メソドロジー)をさす言葉として、"エスノボタニー(民族植物学)"などにヒントを得て、*ガーフィンケルが考案した言葉(『エスノメソドロジー研究』1967).また、そのような日常生活の方法論を対象とする研究アプローチの名称としても用いられ、現在ではおもにこの意味で用いられる.後者の意味のエスノメソドロジーは、*パーソンズに代表される伝統的な社会学が科学的な概念を用いて社会の成員の活動を再解釈して二次的に秩序を見出すのに対して、成員たちが日常生活においてどのように秩序を作り上げ維持しているのかを、彼ら自身の活動に即して内在的に解明しようとする点に特徴をもち、広い意味での*現象学的社会学の流れに属している.

エスノメソドロジーは、1960年代にガーフィンケルが社会の成員によって自明視されている常識的知識を可視化するために考案した、会話のなかであたりまえの言葉の意見をわざと聞き返したり、自宅で下宿のようにふるまったりする数々の〈違背実験〉とよばれる実験によって、広く知られるようになった.その後は多彩な展開を示し、なかでもサックスやシェグロフらによって確立された*会話分析は社会学だけでなく、言語学・心理学など様々な領域に影響を与えている.

080 エディティング
editing

回収された調査票の記入ミスや論理的なエラーを点検すること.通常は調査実施時点で、調査員や現地監督者がこの作業を行い、不完全な回答は再調査などを行なって補う.→コーディング、データ・クリーニング

081 エートス
〈独〉Ethos

人びとの生活のしかたを体系化する方向に作用する価値意識のあり方.実践化されている倫理という点で、教義あるいは建前的な*道徳とは異なり、また生活全般に持続的に作用している点で、好悪・感情あるいは*習慣とは異なる.宗教信仰が人間に与える実践的起動力を表現するために、*ウェーバーがギリシア語から転用した用語で、〈資本主義の精神〉を産み落とした〈*プロテスタンティズムの倫理〉がその典型.

082 NGO・NPO
non-governmental organization, nonprofit organization

民間団体(非政府組織)・非営利団体.両者の実体はよく似ている.政府機関に対する独立性を強調してNGOといい、企業に対して、営利目的ではないことを強調してNPOという.国際的な活動をする団体を特にNGOとよぶ場合もある.NPOの条件として、公式に設立され法人格をもつこと(公式組織性)、民間団体としての非政府性、収益を目的とせず利益があがった場合には組織本来の公益のために再投資しなければならないこと(非営利性)、自主管理されること(自主性)、自発的な参加に基づくこと(自発性)、公共のために奉仕し、寄与することを目的とすること(*公益性)が挙げられる.利益を組合員の内部で再分配する*生活協同組合や*労働組合は制度上NPOから除かれるが、広義のNGOには含まれる.国際的にNGO・NPOの社会的な影響力が増しつつある.日本でも、1998年の特定非営利活動促進法の施行によって、NPOの法人格が得られ

るようになった．→ヴォランティア，コミュニティ・ケア，自助組織，市民社会

083 M字型就労曲線
M-shaped curve of labor force participation rate

女性の*ライフコースからみた就労・非就労パターンのこと．グラフの縦軸に女性の労働力率を，横軸に年齢階層を設定すると，女性の労働力率は20-24歳層と35-39歳層に二つの山があるので，その形態をM字型と名づけた．子育て期間中はいったん労働市場から退出し，子育て終了前後に再参入する女性特有の働き方を示す．日本や韓国で著しかったが，近年は日本でもアメリカやスウェーデンのように就労を中断しない女性が増加し，フラット化が進んでいる．→女性労働

084 エリアス
Elias, Norbert
1897-1990

ドイツの社会学者．〈*文明化の過程〉という独自視点による*歴史社会学的業績で著名．フランクフルト大学で教職に就くが，*ナチズムを逃れて亡命．研究生活はおもにフランス，イギリスで送り，晩年ドイツで教職に就く．社会的過程と社会的発展の観点を重視しながら，長期的視野でヨーロッパ上層階級を対象に日常の風俗，礼儀，教育の展開を考察．豊富な資料を駆使した，感情とその規制の歴史である『文明化の過程』(1939)が主著．ほかに『宮廷社会』(69)，『社会学とは何か』(70)などがある．

085 エリクソン
Erikson, Erik Homburger
1902-94

アメリカの心理学者．ドイツで生まれ，ウィーン精神分析研究所で学んだが，1933年ナチスの迫害を逃れ渡米した．ハーヴァード大学教授．臨床的アプローチと精神分析理論に基づき*パーソナリティの発達理論を構築し，人間の精神発達や*社会化研究に重要な理論的枠組みを与えた．エゴ・アイデンティティ（自己同一性）の概念は有名で，人は各段階に特有な心理・社会的危機を通してパーソナリティを漸進的に発達させるとした．その*アイデンティティ概念は，単なる個人的心理的なものにとどまらず，人間存在を社会的歴史的過程の中に位置づけ，変動の激しい現代社会の人間心理に洞察を加えたもので，特に，アイデンティティ拡散や心理・社会的*モラトリアムなど，リビドー理論の枠組みを越えた*青年期特有の発達段階に注目し大きな影響を与えた．『幼児期と社会』(50)，『アイデンティティ──青年と危機』(68)など．

086 エリート
elite

社会*階層上の一つ，または複数の要素について高い地位にあり，重要な社会役割を担い，一般人に対して指導的役割を果たす少数者を意味する．日常用語としての〈エリート〉は，学歴上のエリートを意味することが多いが，社会学的には，政治的エリート（国会議員，高級官僚など），経済的エリート（経営者，上級管理職など），文化的エリート（学者，文化人など）を示す場合が多い．エリート研究においては，社会が平準化し指導力が欠如しがちな現代社会のなかで，社会をうまく機能させるために不可欠の存在と論じられる．他方，見方を変えればエリートは何らかの権力を保有する者であり，民衆には支配層を形成する存在と見られる．→支配階級，パワー・エリート

087 エリートの周流
circulation of the elites

社会を統治するエリートは，歴史的に見てつねに繰り返し個人的および集団的に入れ替わっていくという現象．*パレートの概念．いかなる社会も少数の選ばれた

支配者(エリート)が多数の被支配者を統治しているが，エリート集団は，支配を維持するためにつねに優秀な人材を被支配集団から補充しなければならない．ここから，個人的なエリートの入れ替わりが起こる．さらに，それにもかかわらず，特定のエリート集団の支配は永続せず，他の集団にとって代わられる．こうしてつねにエリート集団の入れ替わりが起こるとされる．

088 エンカウンター・グループ
encounter group

心理療法の一つで，集中的なグループセッションにより，個人の成長と対人関係の技法の発展・改善をめざす方法，そのために構成される集団．C.R.ロジャーズらによって試みられ，1960年代以降，アメリカを中心に世界的に広まった．グループは6-15名程度の参加者と1-2名の専門家(世話人)からなり，参加者による自発的な討論等が行われる．現代社会における人間の*疎外と孤立が問題となる中，レヴィンは人間関係技法の訓練の重要性を主張したが，ロジャーズはレヴィンやマズローらの影響をうけ，直接的で親密な関係性が個人を成長させ，コミュニケーション能力を発展させると考えた．そのため，出会いと交流の中で率直に自己を開示し，受容されることが重要だとされた．その効果や持続性についての問題が指摘されることもあるが，企業，大学，教会など様々な場で，臨床的な問題を抱えた人だけでなく広く一般人を対象に実践されている．→小集団，グループ・ダイナミックス，ケースワーク，自助組織

089 演劇論的モデル
dramaturgical model

社会的行為を劇場でのパフォーマンスとの類似関係で考察する方法．*フロイトや*ミードは心的生活を俳優，台本，演出など演劇の比喩で説明したが，*ゴフマンは劇場を心や頭脳の場から現実の社会生活の場へと転換し，対面的相互行為は劇場での俳優の演技，演出法と同様の観点から把握するのが有効だと主張した(『行為と演技』1959)．たとえば，社会生活が円滑に進むためには，演技者がショーを台無しにするような行為をおかしたとき，観客が〈見ない〉という察しをはたらかせて劇の続行を補完するのと同様のテクニックが必要とされる．このようにゴフマンは*印象操作の技法，自己自身や他者の*アイデンティティの保護と管理，演技の欺瞞性への不信を棚上げする暗黙の同意など，日常生活において互いに役を演じ，それを解釈し，批評して生活している実態を分析することが，社会学的な課題であるとした．

090 エンゲル係数
Engel's coefficient

家計支出に占める食費の比率．ドイツの社会統計学者C.L.E.エンゲルはベルギーの労働者家族の生計費調査から，所得が上昇するほど家計に占める食費の割合が低下することを発見し，エンゲル法則と名づけた．エンゲル係数は*最低生活費の算出根拠として，労働組合の賃金要求や*生活保護基準の算定に利用された．

091 横断的労働市場
cross-country labor market

企業の枠を超え成立している*労働市場．外部労働市場，職種別労働市場とほぼ同義．あえてこの用語を使用する場合には，企業内の閉鎖的・差別的な内部労働市場に対して，横断的労働市場では各自の職業能力に応じて労働移動が可能であり，雇用の流動化によって社会全体では効率的な労働力の配置が，雇用者本人にとっては働きがいの向上と所得の増加が可能

になる，という価値観が存在する．従来まで労働移動が多いのは*専門職や資格をもつ*サーヴィス職，*中小企業の熟練労働者が中心であったが，近年はSE（システム・エンジニア）などのIT技術者が典型である．今後ITを中心とする技術革新とサーヴィス経済化はますます進展し，労働移動も活発化して横断的労働市場の重要性が高まると予想される．それにともない他企業でも通用する高い技術や職業能力（エンプロイヤビリティ employability）が従来の専門・技術職にとどまらず一般の雇用者にも期待されるようになってきている．→内部労働市場/外部労働市場，キャリア

092 オカルティズム
occultism

一般の経験や認識では理解不能な神秘的・超自然的事象を信じる社会的風潮や信仰．ラテン語の〈覆う〉(occulere)に由来し，常識では理解できず科学的にも証明できない現象を，これまで人間には隠されていた力や仕組みの発現と考え，その実在を信じ，活用しようとすることなどをいう．中世の魔女信仰や錬金術，占星学などにはじまり，現代ではUFOや心霊現象，超能力，ブームとしての密教修行や瞑想などがそれにあたる．欧米では反キリスト教的思想にも内在してきたが，現代では近代合理主義への対抗的あるいは逃避的自己表現という要素もある．→宗教，新興宗教

093 奥井復太郎
おくい ふくたろう
1897-1965

磯村英一，*鈴木栄太郎とともに日本*都市社会学の草分けの一人．慶應義塾大学経済学部で都市経済論を担当．イギリスの都市計画思想やドイツの政治経済学の影響をうけ，*シカゴ学派的都市社会学を批判的に摂取，〈現代の経済社会が資本主義的であるがゆえに，現代都市は資本主義的に制約された都市である〉という観点を重視した．また，都市を中心機能の所在地であるととらえ，鈴木栄太郎の結節機関説や矢崎武夫の統合機関説の先駆となった．戦前の東京都心部および郊外地域（鎌倉）を調査研究し，東京都市圏における地域社会の空間構成を明らかにしようとしたが，そこにはシカゴ学派の生態学的視点も生かされている．主著『現代大都市論』(1940)．1996年には『奥井復太郎著作集』が刊行され，都市社会学から総合都市学へと向かった奥井の業績が，あらためて評価されつつある．

094 送り手・受け手研究
sender/audience research

*マス・コミュニケーション研究の最も重要な領域が，送り手研究と受け手研究である．マス・コミュニケーション過程における送り手は，ジャーナリスト・記者であり，また新聞社・テレビ局など企業組織でもある．したがって，送り手研究には，*ジャーナリズム論に代表されるように，ジャーナリストの倫理性や資質など個人に焦点をあてた研究，紙(誌)面・番組の制作にかかわる慣行や*ハビトゥス，さらには企業体質など組織に注目した研究，メディア産業の経済的側面や国際的な資本提携などに着目した政治経済学的な研究等，多角的な分析が行われている．受け手研究も，*効果分析，〈*利用と満足の研究〉，強力効果仮説など多様な視点からアプローチがされてきた．これまで，受け手研究といえば，こうした実験的・数量的調査の手法を用いた調査研究を意味していたが，現在*カルチュラルスタディーズに代表されるように，受け手がおかれた社会的文脈を重視した質的研究の重要性が指摘され，その成果も生み出されている．そのため，

オーディエンス・リサーチに代えてオーディエンス・スタディーズという用語も使われつつある.

095 OJT/OFF-JT
on-the-job training/off-the-job training

*企業内教育訓練の方法で, OJT は職場内教育, 実務訓練, OFF-JT は職場外教育, 座学ともいう. 従業員の技能, 態度, 知識の向上を目的とする企業内教育では, 現場で先輩が作業のやり方を示し, 訓練受講者はそれをまねながら, その場で個人指導される OJT が基本である. *終身雇用慣行を前提とした日本型雇用システムでは OJT による〈企業特殊熟練〉(firm-specific skill)形成が根幹にある. 一方, OFF-JT は技能・知識をより体系的・原理的に理解させるために必要とされる.

096 尾高邦雄
おだか くにお
1908-93

*産業社会学・*階層研究を日本に根づかせた社会学者. 東京大学教授. 戦前はドイツ社会学を摂取して『職業社会学』(1941) など, 戦後はアメリカの産業社会学を積極的に紹介・導入し, それを『産業における人間関係の科学』(53) に結実させた. 労働者が企業と労働組合の双方に二重忠誠をとる事実を指摘し, 彼らがイデオロギーによって行動しないことを明らかにした. また, 戦前からの職業構造研究の発展として社会階層と*社会移動の研究を手がけ, 現在の*SSM 調査に先鞭をつけた.

097 オーディエンス
⇒ 送り手・受け手研究

098 オートポイエーシス
autopoiesis

自己制作, 自己産出の意味. 生命システムが, 自らを構成する要素を自らで再生産し, これによって循環的に自己を制作し維持している仕組みをさす. 神経生理学者のマトゥラーナとヴァレラの用語. オートポイエーシス・システムは自らの構成要素をその構成要素そのものによって回帰的に再生産しているという意味で閉鎖的であり, 自己言及的である. 社会学では, *ルーマンがこの概念を導入して, 社会システムをコミュニケーションからなるオートポイエーシス・システムとしてとらえる社会システム論を展開した. →自己言及性, 個人内コミュニケーション

099 オピニオン・リーダー
opinion leader

一般的用法では*世論形成に主導的な役割をはたすジャーナリスト, 評論家などをさすが, 〈*コミュニケーションの2段の流れ〉の仮説では, フォロワー(一般の受け手)よりもマスコミ接触度が高く, 受け手の意見形成に大きな影響を及ぼす人物をさす. コミュニケーション論のなかで最も有名なこの仮説は, 1940年代にラザースフェルドらの『ピープルズ・チョイス』(44) によって提起された. それは, マス・メディアの影響があらゆる人びとに均一的に作用するわけではなく, マス・メディアのメッセージが人びとに伝達されるに際してはインフォーマルなリーダーが媒介的な役割をはたしており, 彼らとフォロワーとの対面的なコミュニケーションによって意見形成がなされることを主張した. その後の研究では, オピニオン・リーダーはフォロワーと比べて社会経済的地位が高いとは必ずしもいえず, 争点ごとにリーダーが異なることなどが指摘されている. →マス・コミュニケーション

100 オープンショップ/クローズドショップ/ユニオンショップ
open shop/closed shop/union shop

労働協約中の従業員資格と*労働組合員資格との関係を示すショップ制の3類型. クローズドショップ制は, 組合員中から従業員を採用しなければならない制度. 欧米の職業別組合に多く見られ, 使用者に対する労働供給制限によって労使間の交渉を有利に展開する方法だが, アメリカでは1947年に, イギリスでは80年代に法的に禁止された. ユニオンショップ制では, 採用時には組合員である必要はないが採用後に組合加入が強制される. 全従業員一括加入なので組合員オルグは不要となる. かつて職業別組合が中心であった欧米諸国でも, 労働組合の合併や企業内*労使関係の重要性が高まり, この方式が一般的になってきた. 日本は*企業別組合であるため, 原則的にはユニオンショップ制だが, 同一職場に複数の組合が存在する場合があり, 組合からの除名は会社からの解雇を意味しない. 以上の2類型は労働組合が闘争力を確保するための制度だが, オープンショップ制は従業員の組合加入に何らの強制力も働かない自由な関係のため, このもとでは組合の影響力は低下する.

101 オペレーションズリサーチ
operations research

おもに企業, 行政機関, 軍隊など*組織の*意思決定において, 数理モデルを構築し, それに基づいて, 様々な選択肢の中から最適な手段・方策を導き出すための諸手法の総称である. 略してORともよばれる. 第2次大戦中, 連合軍の作戦計画を科学的に行うために, 理工学者, 心理学者, 経営学者が学際的に協力するなかで生まれたといわれている. 現在では, 特に企業の意思決定に応用されるケースが多く, 経営工学の一分野とみなされている. 具体的な研究分野, 手法としては, 線形計画法(LP), ネットワーク計画法, 階層的意思決定手法(AHP), 経済性工学, 待ち行列理論, 在庫管理, スケジューリング, シミュレーション, *ゲーム理論などがある. 数理モデルを用いた社会科学的方法ではあるが, 研究者ではなく実務を行なっている組織が実用的な目的のために用いるものなので, *数理社会学的方法や*社会統計学的方法とは性質を異にしている.

102 親分=子分関係

日本の社会集団における伝統的な主従関係のパターン. 親方=子方関係ともいう. 親分は子分を庇護し子分は親分に奉仕するという温情主義的支配と恭順の関係にある. 親子関係に擬せられているが, 同族団の本家―分家関係とは一応区別され, 農山漁村や鉱山, 都市(の職人)など伝統的な労働組織における親方と子方の関係や, 博徒などの逸脱集団における親分と子分との関係などに典型的に見られる. さらに, 現代の職場や政党などに見られるインフォーマルな主従関係も, しばしば親分=子分関係として表現され, 親会社=子会社といった企業間の系列関係にさえ適用される. *柳田国男は労働組織にその原型を求め, *有賀喜左衛門は家ではなく個人を単位とする系譜的主従関係であるととらえ, 喜多野清一は同族的な系譜関係でない政治的・経済的依存関係にその特徴を求めるなど, 親分=子分関係の特質をどうとらえるかに関しては諸説ある.

103 オリエンタリズム
Orientalism

西洋から見たオリエント(東方)について

の，西洋中心につくりあげられた観念・表象・美的趣味・学問などの総称．ここでの〈オリエント〉とは必ずしも地理的概念ではなく，近東・アラビア・トルコ・インドなどが言及されるが，西洋人に異国性を思わせるしばしば想像の舞台にほかならない．サイードは『オリエンタリズム』(1978)において，ヨーロッパ人の頭の中でつくられたエキゾチックで，かつ異化・敵手化された〈他者イメージ〉についての言説と，さらには，魅力的ではあるがおくれた，"植民地統治を受けるべきもの"としての〈オリエント〉を再構成し，西洋の支配を正統化する議論となった，とする．

104 オルターナティヴ・テクノロジー
alternative technology

巨大化した既存の科学技術に対抗する，自然環境や地域の伝統と調和的な技術のあり方．適正技術，中間技術，等身大の技術ともいわれる．1970年代にシューマッハらが，技術援助のあり方や*環境，*資源・エネルギー問題，軍拡競争などをめぐって，巨大科学技術の問題性・非人間性を批判して提起した．有機農法，風力発電やバイオマスなどに代表される．小規模性，省資源，内発性，多様性，柔軟性，分権的で分散的なあり方などを重視する．→エコロジー，内発的発展，有機農業

105 音楽社会学
sociology of music

音楽の構造，その創造，演奏，聴取などの活動と社会生活の関係を扱う．芸術としての自立性に留意しながらも社会との関連を研究する分野．音楽現象への社会的関心は以前から存在したが，*ウェーバーは，西欧の経済，社会等の考察に通底する合理化の視点から，西欧音楽の音組織，記譜法，楽器の合理性などを論じ，音楽と社会の関連を問う新生面を開いた(『音楽社会学』1921)．その後の研究として，*アドルノによる音楽への現象学的アプローチと人びとの音楽聴取態度の考察(『音楽社会学序説』62)が特筆されるが，今日の音楽社会学的関心は，ポピュラー音楽も含めた音楽現象全般の実証的研究に向かっている．聴き手大衆の好み，演奏家の行動，レコードの売り上げの傾向，音楽産業の実態など，研究は多岐にわたっている．

106 オンブズマン
ombudsman

一般国民や一般市民に代わって，苦情処理や査察・調査などを行い，行政の適正な運用を監視する専門員．19世紀初めからこのような制度をもつスウェーデンを先頭に，1950年代に特に北欧諸国で発達した．公職の場合が多く，スウェーデンでは改善の勧告，議会や政府への提言，裁判所への申し立てなど強い権限をもつ．行政に対してだけでなく，アメリカのプレス・オンブズマンのように，一般読者の視点から新聞紙面を審査し，報道の公正さや人権侵害などの有無を監視したり，*消費者の権利を守るための制度もある．日本では一部の地方自治体に福祉オンブズマンなどの制度として導入されていたが，90年代後半から民間の自発的な活動として〈市民オンブズマン活動〉がさかんになり，地方自治体や地方議会の公金支出の不適正な実態を暴き出し，行財政改革や*情報公開に貢献した．最近では，オンブズやオンブズパーソンとよばれることが多い．

カ行

107 回帰分析
regression analysis

数理統計学的手法の一つで，数量的な二つの項目(変数)についてのデータがあるとき，一方から他方を推定する式を一次式の形で求めるものをいう．実際には，三つ以上の項目に対し適用される〈重回帰分析〉の方がよく用いられ，その場合には，推測されるべき項目(被説明変数)を y，推測に用いる項目(説明変数)を $x_1, x_2, x_3 \cdots$ とするとき，

$$y = a_1 x_1 + a_2 x_2 + a_3 x_3 + \cdots b$$

の形で推定式(重回帰方程式)が求められる．ここで $a_1, a_2, a_3 \cdots$ は偏回帰係数とよばれる．数量的データを分析するための最も基本的な手法である．→多変量解析，統計的方法，パス解析

108 階級
class

*社会的地位において共通性の高い一群の人びとが存在し，彼らが他の人びとから明確に区別されるとき，彼らは階級を形成しているといわれる．伝統的な農地支配と受け継がれた血統に基づく〈貴族階級〉，金融資産・土地・工場などの所有によって特徴づけられる〈資本家階級〉，社会的差別とそれによる上昇機会の剥奪によって特徴づけられる〈被差別階級〉などがその例である．階級は，見方によれば*階層の一種といえるが，内部のまとまりが強い，外部の他の階級との対立関係に立つ，*階級闘争の主体となる，といったことが前提され，その点で階層という用語と使い分けられることが多い．現代社会は流動性を増しており，階級とよべるような人びとの集合は見出しにくくなる傾向にあるといわれている．→旧中間層・新中間層，身分

109 階級意識
class consciousness

同じ*階級に属する人びとが共有する，グループ意識，連帯感，社会認識，価値観，達成目標などを意味する．階級対立を歴史の推進力と考える*マルクス主義の立場では，階級意識は共通の階級的立場から自然発生的に生じて，次第に強まり，対立する階級との*階級闘争をもたらすものと考えられてきた．現実に，ロシア革命や中国革命などではプロレタリアートの階級意識が高揚し，*革命の推進力になったと考えられる．しかしながら，階級の存在自体を明確に見出しにくくなった現代先進社会では，一般に階級意識が弱まっており，階級意識に基づいて階級闘争が行われるといった状況は少なくなっている．→階級帰属意識

110 階級帰属意識
class identification

*階級意識の中で，特に自分がどの階級に属しているかについての認識を意味する．あいまいで範囲のはっきりしない階級意識とは違って，階級帰属意識は明確に定義することができ，またそれを調査によって明らかにすることができる．このような実証研究は，アメリカの社会学者センターズが『階級意識』(1949)にまとめて以来，各国で行われている．日本では*SSM調査において〈労働者階級〉〈中流階級〉〈資本家階級〉の三つに分けて，階級帰属意識が継続的に調べられている．ただし，このような意味での階級帰属意識は，あくまでも主観的なものであり，その人が客観的に属する階級と一致するとは限らない．両者の一致・不一致は，調査を通じて明らかにしていかなければならないものである．→中流意識，労働者意識

111 階級闘争
class conflict

対立する*階級の間で，敵対する階級を打倒したり，支配したりすることをめざして行われる闘争を意味する．内容的には，財の分配をめぐる経済的闘争のほか，権利や権力を求める政治的闘争，何が正当なものの見方であるかをめぐる文化的闘争などを含む．*マルクス主義の階級論では，実力行使を含み*革命や内戦にいたるような激しい階級闘争が想定された．ロシア革命はその実例である．しかし，最近では資本主義経済の安定，中間層の増大，福祉政策や失業対策の充実などにより，階級自体が見出しにくくなるとともに，かつてのような激しい階級闘争は起こりにくくなった．見方を変えれば，階級闘争が，議会制度の枠組みの中での政治的対立，労使の定期的な交渉などに姿を変え，〈*制度化〉されたともいえる．→階級意識

112 介護
care

老化や障害によって日常生活を営むことが身体的・精神的に困難な人たちに対して，食事・移動・入浴・排泄やその他の身の回りの世話を，自宅や施設で家族や専門職員が行うこと．最近はそのままケアということも増えており，その場合子どもへの育児や障害者への介助も包括しうるが，介護という場合は高齢者が想定されることが多い．また福祉領域に限らず，慢性疾患の増加により医療や看護の場面でも治療（キュア）とならび介護（ケア）が重要視されつつある．家族・地域で世話をする限界が指摘されるとともに，介護内容の高度化・多様化もあり，介護が家族の役割とされる段階から，社会全体としてそれを担う〈介護の社会化〉が求められ，*介護保険制度成立へと変化してきている．他方で，家族内で高齢者が高齢者の世話をする〈老老介護〉や，介護役割が*性別分業とあいまって女性にかたよった形で営まれていることなどが問題として指摘されている．→老人福祉，老年社会学，生活の質

113 外国人労働者
immigrant worker; foreign labor

他国に就労目的でやってくる労働者．政策として受け入れる場合もある．ドイツでは"ガスト・アルバイター"，そのほか"契約労働者"といった呼称が使われることもあり，多くは低賃金の仕事や未熟練労働に従事する．第2次大戦中の労働力不足による一時的な調達（アメリカ）や，戦後復興のための労働者の受け入れ（西欧諸国）などの例があった．日本では植民地統治下での朝鮮人の渡航と強制連行の歴史がある．1980年代後半にアジア，南米等からの流入が急増し，89年入国管理法改正によって在留資格を追認的に拡張した．最近では先進国への移動だけでなく，アジアやアフリカなど近接諸国域内の相対的な先進地域への移動もある．先進国では外国人労働者の2-3世代化が生じ，両親が一定期間滞在して生まれた子どもはその国の国籍を取得することが多く，故国への移動は休暇などにともなう往復型となる．他方，途上国の域内では，期間の定められた契約労働者や季節労働者による循環型となる．→国際労働力移動，定住外国人

114 介護保険制度

おもに要介護高齢者への在宅サーヴィス・施設サーヴィスの提供などを社会保険として行う制度．デンマーク，ドイツなどを参考に従来老人福祉法や老人保健法において行われていた諸サーヴィスの多くを統括する形で1997年に介護保険法が成立し，2000年より運営実施されている．市区町村が保険者であり，介護保険料と公費負担，利用者負担で財源がまかなわれている．要介護認定とお

もにケアマネジャーによるケアプラン作成を経て，サーヴィスが社会資源として，また個人に対して効果的に提供されるよう計画されている．NPOを含むサーヴィス提供主体の多元化が進行するとともに，負担能力のない低所得者対策や被介護者の権利擁護などに関して公的責任のあり方も問われている．

115 **階層**
stratification; stratum

大きく分けて二つの意味がある．一つは，*社会的地位の不平等状態が存在し，人びとが社会的地位に従って序列づけられるとき，そのような社会の状態を意味する．この意味での階層については，成層ないし社会成層とよばれることもある（英語では階層も成層も同じ stratification）．二つめは，社会的地位の序列によって人びとがいくつかに区分されるとき，その各グループを意味する（stratum）．たとえば高学歴層，サラリーマン層，低所得層といったものがこの意味での階層といえる．なお，階層という言葉は日常もっと広い意味で用いられるので，それと区別するため社会階層とよばれることも多い．一つめの意味での階層は，時代とともにその姿を変え，様々な形で社会に影響を与えるので，*SSM調査を始めとして，その実態を明らかにするための様々な実証研究の対象となっている．二つめの意味での階層は，*階級と類似しているが，階層の場合には，一人の人間が一つの階層に属するのではなく，基準ごとに複数の階層に属することもあるという点で異なる．たとえば，学歴については高学歴層で，所得については低所得層，職業については自営業主層といった場合である．また，階級のように，内部がまとまって他の階級と対立し社会運動の主体となる，といった特徴を必ずしももたない，より広い概念と考えられる．→エリート，カードル，旧中間層・新中間層，職業階層

116 **階層間移動**
inter-strata mobility

所属する階層が上方ないし下方に変化すること．*社会移動の一種と考えられるが，特に*社会的地位をいくつかの社会階層に区分した中で，ある階層から別の階層へと移ることを意味する．たとえば，父親が高校卒であるが子どもは大学卒である場合，ある人が管理職から事務職へと降格される場合などが階層間移動といえる．→移動レジーム

117 **開発**
development

*発展途上地域・諸国を工業化し，経済成長による生活水準の向上と社会の*近代化をはかり，豊かな生活を実現すること．第2次大戦後独立した旧植民地諸国の経済成長が停滞しがちだったため，当時，高度経済成長を達成しつつあった先進諸国では国際関係の安定化のために新興独立諸国の経済発展（開発）戦略が，近代化論，経済成長論，経済発展論として盛んに議論された．一方で，先進諸国による開発援助の増加や企業の海外投資の推進が叫ばれ，他方では，新興独立諸国民の価値観を近代化し，経済発展にふさわしいものに変化（*文化変容）させるための教育投資と人材育成が強調された．また，*外国人労働者受け入れ制度を利用した技能教育も実施された．しかし，冷戦下では，社会主義，資本主義両陣営が新興独立国を味方に引き入れるために援助を行なったこともあり，十分な成果をあげられなかった．いまだに一部の中進国を除いて発展途上国が多く，先進諸国との格差は拡大しつつある．→社会開発，地域開発，内発的発展

118 **開発社会学**
sociology of development

*発展途上地域・諸国の開発とそれにと

もなう社会的・文化的諸問題を考察する社会学. 第2次大戦後, 旧植民地諸国の開発が様々に議論され, 開発経済学では工業化と経済成長に必要な各種の経済政策が論じられた. 1960年代以降, 途上国国民の価値観と*文化変容のための教育と, 安定した社会づくりのための政治・社会の*近代化も重視されるようになり, 政治学や社会学的研究が注目され始めた. しかし60年代後半にはこれらに批判的な*従属理論が台頭し, 伝統産業・文化を否定し近代産業を移植して急激な文化変容を促す, 50-60年代の近代化移植論への批判が高まり, 量よりも*生活の質や伝統産業を重視し, 女性の役割を見直す研究なども増加し始めた. 今日では西欧の近代化とは異なる戦略と質的な*社会開発をめざし, 別の選択肢や*内発的発展を模索する開発社会学が注目されている.

119 開発独裁
developmental dictatorship

経済開発を優先し, 政府への批判を許さない一党独裁, および類似の強権的な政治体制のこと. 強権的な政治指導者のもとで, 先進国からの援助や資本導入により工業化が進められた*発展途上国によくみられる権威的政治体制の特徴で, 開発が支配層の利益との関連で優先され, 民生向上, *民主化は後回しとされる. 貧富の格差の拡大や政治的抑圧への反発から, 政治的不安が生まれやすい.

120 下位文化
subculture

ある社会において正統とみられる上位文化(支配的文化)があるとの想定のもとに成り立つ概念で, それに対し多少とも異質で, より正統度の低いとみられる文化. 青年, 女性, 労働者階級, 民族マイノリティなどをそれぞれ担い手とする特有の文化が下位文化として注目されてきた. しかしその異質性は, 経過的で部分的である場合(*青年文化)もあれば, 持続的, 構造的である場合(中産階級文化に対する労働者階級文化)もある. また上位文化と下位文化が, 言語・宗教・道徳観等の違いに裏打ちされていると, 紛争をともなう対立性をおびやすい. 下位文化はさらに複雑に分かれ, たいていその間に上下の序列が付与されている. たとえばイギリスにおける下層ミドルクラスと労働者階級, アメリカにおけるユダヤ系とラテン系の各文化の関係がそれである. 他方, 下位文化と支配的文化の関係は固定的ではなく, 前者を後者のなかに繰り入れていく動きや, 政治, 市場の作用も無視できない. 青年の*対抗文化が次代の支配的文化の一部となる例は珍しくない. また少数民族言語が準公用語化されたり, 本来マイノリティの文化だったものが市場化され, 広く普及することもある(たとえばジャズ, ブルース, 様々なエスニック料理など). →逸脱下位文化

121 快楽主義
hedonism

知覚・感覚・情念において, 苦を避け, 快楽を求める志向. 禁欲主義の反対語. 哲学・倫理学における快楽主義においては, エピクロスにみえるように, 禁欲主義との相互転換があらわれ, 快楽主義の内容は複雑になる. しかし, 社会思想にあっては, 〈最大多数の最大幸福〉をとなえる功利主義者ベンサムにみえるように, 快・不快の基準は明瞭である. 社会学者は, 先進社会の人びと, 特に若者文化のなかに快楽主義の傾向をみている. →功利主義, 見せびらかしの消費

122 会話分析
conversation analysis

日常会話を対象とし, そこで形成される相互行為の秩序形成を詳細に分析しようとする

*エスノメソドロジーの一研究領域. 日常の会話やその状況をそのまま録音・録画し, 楽譜のようなトランスクリプトとして細かく文章化・記号化したうえで, 会話の継続的な連なりの状況や組織化, カテゴリーの使われ方などを分析する. *ガーフィンケルの違背実験に端を発し, サックスやシェグロフらの試みによって確立されてきた. 理論的には, ヴィトゲンシュタインの*言語ゲーム論やオースティンの言語行為論などの影響も受け, 近年は言語学や認知科学などとの研究交流も進んできている. 具体的には, 会話を始めたり終えたりするときに見られる相互発話のペアの存在(「さよなら」—「さよなら」など), 複数人の会話で次に誰が話すべきかという順番取得に見られる権利と義務の配分, 人びとが, 今起こっている現実を, 自己と他者に説明可能なようにどう把握・思考するかという実践的推論など, 相互的な場面の組織化の分析がなされている.

123 ガヴァナンス
governance

主要な利害関係者との協働を重視して利害調整と*合意形成をはかるような枠組みや管理のあり方.〈共治〉の訳語をあてることもある. 中央政府, 企業経営(コーポレート・ガヴァナンス)や自治体経営(ローカル・ガヴァナンス), 国際問題(グローバル・ガヴァナンス)など様々な文脈で, 権限の階層性と合法的な強制力を前提とした従来のガヴァメント(*支配)に対比して使われる. 国連や温暖化防止会議はガヴァナンスの場の典型例である.

124 カウンセリング
counseling

心理的問題の克服を援助する営みのこと. もともと相談活動一般を意味するが, 日常的な状況における心理的苦痛や苦悩に対処するだけでなく, 実際には神経症や心身症などの病を対象にする心理療法(サイコセラピー)と重なる場合も多く, 両者の区別については様々な議論がある. カウンセリングの起源は20世紀初頭, 生徒指導や職業指導など心理学や教育学の方法をとりいれた活動に遡る. カウンセラーとクライアントが直接面接し, 相互行為を通して心理的援助を与える方法をとるが, テストや個人的資料を収集・分析し, それをもとにクライアントを指導する指示的カウンセリング, 診断や指示をせず, クライアントの話を聞き共感的に理解することで, クライアントが自己を回復させ主体的に問題を解決するよう援助する非指示的カウンセリングなどがある. 後者はC. R. ロジャーズにより主張され, 来談者中心カウンセリングともよばれる. →ケースワーク

125 科学革命
scientific revolutions

科学者集団に共有された研究の枠組みであるパラダイムが, 説明不能な事態の出現によって危機に陥り, 根底的に転換した新しいパラダイムに交代すること. そもそもは近代科学の成立のみを意味したが, クーンによって科学革命がパラダイムの劇的な交代によって構造的に説明され, 科学史は科学革命が繰り返されてきた歴史ととらえられるようになった. 天動説から地動説への交代, ニュートン力学から量子力学への交代などが代表である. →科学社会学

126 科学社会学
sociology of science

科学と社会の関係を研究対象とする社会学. *マートンの『17世紀イギリスにおける科学・技術と社会』(1938)によって創始された. 歴史的研究を行う科学史や哲学的反省を行う科学哲学に対して, 科学の社会的機能, 科学の発展や研究の方向を規定する社会的条件, 科学や科学者がど

127 科学的管理法
scientific management

20世紀初頭にF.W.テイラーが提唱した労働者管理の方法論.テイラー主義ともいう.労働者の組織的怠業とストライキに対抗して労働生産性を向上させるために,技術者であったテイラーは,労働者の動作研究・時間研究から〈唯一最善の作業方法〉を確立し,それを労働者全員が習得して作業能率を高めて賃金を向上させようとした.しかしこの管理法は労使双方から拒否されたために,現実に応用されるよりも職場や生産工程に初めて科学的・合理的な管理思想を導入した意義をもつ.→フォーディズム

128 鏡に映った自己
looking-glass self

他者という鏡に映しだされた自己という意味で,クーリーの用いた言葉."私"とは,日常生活のなかで自己がまわりの他者にどう映っているか,他者がどう評価しているかを想像してつくりあげられたもので,それに沿って自己*アイデンティティも形成される.自己と他者の相互作用のなかでつくられる*自我の社会的側面を説明したもの.この自我観は,のちに*ミードや*ブルーマーに引き継がれていく.

129 華僑 ⇒ 華人

130 核家族
nuclear family

一組の夫婦と未婚の子からなる家族の単位.核家族は家族の形態を通文化的に記述するために提示された概念であり,単独で存在している場合が*夫婦家族,世代間で結合したものが*直系家族,世代内で結合したものが*複合家族である.*マードックは核家族が単独もしくはより大きな家族を構成する単位として,いかなる社会にも普遍的に存在すると主張し,その論拠として核家族が性・生殖・教育・経済の四つの機能を果たすことを指摘した.一方,*パーソンズは,核家族は子どもの社会化と成人のパーソナリティの安定という代替できない機能をもち,それゆえに産業社会においても消滅しないと指摘した.なお,核家族化という概念には,夫婦家族の再生産を理想とする家族理念上の変化とする立場と,核家族という形態をとる家族の量的増加を意味するという立場とがある.家族研究者の間では後者として使われることが多い.→拡大家族,家族機能

131 学習理論
learning theory

学習の諸事象に関する問題を説明し,解明していく理論で,心理学での伝統的な一領域.行動主義の立場では,学習をある一定場面での経験が後の類似の場面において行動の変容をもたらすことと定義し,動物から人間にいたるまでの広範な学習行動を含む.そのため,学習理論は動物の学習過程を実験的に研究することにより発展した.様々な理論があるが,学習を刺激と反応の結合ととらえる刺激―反応理論(S-R説)と,認知構造の変化や再構造化の過程とみる認知理論の二つに大きく分けられる.前者にはソーンダイクの試行錯誤,パブロフの条件反射,ワトソンの行動主義やスキナー,後者にはトールマンのサイン学習,ゲシュタルト理論などがある.両者の間で1920年代から50年代にかけて多くの論争がおきたが,現在では,包括的理論よりも学習に関する個々の具体的現象の説明に重点がおかれている.

132 拡大家族
extended family

*核家族とそれ以外の*親族からなる家族. 典型的には, 核家族が世代間で結合する*直系家族, 世代内で結合する*複合家族が相当する. また, 同居はしていないが世代間・世代内であたかも拡大家族のように緊密な交流がある場合に, これを〈修正(modified)拡大家族〉とよぶ.

133 革命
revolution

広義には, *産業革命, *科学革命, 流通革命などのように, 大規模で急激な社会変動をひろく革命という. 狭義には政治革命・社会革命をさし, 社会体制の変動をいう. 後者の代表例は, 近代市民革命とよばれるイギリスのピューリタン革命や名誉革命, フランス革命, *社会主義革命とされてきたロシア革命などである. 政治革命とされるためには権力関係の質的な変化が必要であり, クーデターのような支配階層内部での単なる政治指導者の交代は含まれない. 社会科学でも現実政治の世界でも, 階級関係の変化と社会主義革命の意義を強調する*マルクス主義的な革命理解が長い間支配的だった. だが1989年の東欧の民主化革命や91年のソ連邦の解体, これら諸国の再資本主義化にともなって, 〈社会主義〉の現実や〈革命幻想〉への失望感がひろがるとともに, *社会民主主義や永続的な社会改良の意義が再評価され, 政治体制・社会体制の新しい変動論が必要となっている. →階級闘争

134 学歴インフレ
inflation of credentialism

近代的な職業と高い地位を求めて*教育へのニーズが高まり, それに応えて教育機関が整備される. しかしこうして生み出された高学歴者の数に見合うほど雇用が提供されない場合には, 学歴の価値が下落し, 従来はより低学歴の人びとが就いていた職業に従事せざるをえなくなったり, 高学歴失業者が生まれる. こうした不利益を避けようとして人びとがさらに高い学歴を求めるために, 進学熱は過熱し, 学歴の価値は一層低下する. *ドーアが『学歴社会 新しい文明病』(1976)で, このような悪循環的なメカニズムを学歴インフレという〈新しい文明病〉として提起し, 教育のもつ選別機能のみが重視され, 教育の本来の機能が抑圧されていることを批判した. 特に高学歴者向けの雇用が拡大しにくい発展途上国ほど深刻である. →高学歴社会

135 学歴主義
credentialism

学歴が労働市場における職業的位階を決定する状況のもとで, 学歴資格が過度に重視される傾向. 学歴の位階と職業の位階には, 経験的な対応関係・符合関係がある. つまり, 高学歴者には高い*威信や所得をともなう職業が用意され, そうでない者には低い威信や所得をともなう職業が用意されている. この関係の成立・維持については, 社会科学的に様々な説や解釈がある. また, 単に学歴主義ではなく, 学校歴主義や卒業学校名・学部名主義に踏み込んだ分析がなされてもいる. →学歴インフレ, 高学歴社会

136 過剰都市化
over-urbanization

*発展途上国の都市に見られる現象で, 都市経済が必要とする以上の人口が都市に集中すること. 農村から都市への人口移動を, 労働力の移動として考えると, 都市が生み出す雇用機会に応じて都市人口が増加するはずである. しかし, 現実には, 都市の労働需要をはるかに超えた人口が都市に集中し, 都市における*失業率を高めている. こうした状態を過剰都市化という. しかし, ここで考慮されているのは正規の雇用機会だけであって, 現実には, 公

式統計に現れない様々な生業や麻薬取引などをする非合法集団からなる*インフォーマル・セクターがあり、そこに都市に移住した多くの人びとが参入し生計を立てている。彼らは、統計上は失業者であるが、有職者と、親族や同郷のネットワークで結びついて生活をともにしているのである。こうした点を考慮すると"過剰"都市化というとらえ方には限界も指摘される。→都市化、都市問題

137 華人
overseas Chinese

中国人、あるいは中国系の、海外に居住する人びとのこと。一時的な滞在者という意味を込めて、19世紀末から華僑とよばれた。1970年代以降は現地市民権を取るなど現地同化が進み、華人という語が用いられるようになった。アメリカの中国人は中国系アメリカ人などとも表現される。華僑・華人の数は、90年には3000万人を数え、東南アジアには90%が居住する。同郷団体などを核にネットワークを形成し緊密な相互扶助を行い、中国における先祖の村とのつながりを維持する。1800年頃までに自発的な*移民が東南アジアに流出し、19世紀にイギリス、アメリカ、フランスが公共事業のため旧植民地などで中国人移民を奨励したために華僑が生まれ、事務職、鉱山労働者、小商人として活動した。その経済的成功のゆえにマレーシアやインドネシアなどで排斥事件も発生した。多くの場合マイノリティであり教育投資と職業上の技術を重視し、言語、食事、子どもの頃に習得した儒教的価値、家族関係の規範などがエスニック・アイデンティティを構成する。

138 カースト
caste

インドのヒンドゥー教徒の間において発展した、ヴァルナ(ブラーマン、クシャトリヤなどの4区分)やジャーティ(出生。この4区分にあいまいな形で対応する数千におよぶ集団)の決定的な区別からなる社会構造のこと。こうした社会構造は、インド以外では比喩的に"カースト"とよばれる。カーストは、ポルトガル語のカスタ(色や生まれの意)に由来し、今日のような意味は16世紀まで存在しなかったといわれる。古くから存在するヴァルナ制度が、10-12世紀頃には、基本形を維持しつつ数千に分かれたジャーティからなる制度に転化した。ジャーティは世襲的な職業集団でアイデンティティを形成し、職業、婚姻、食事などを通じて排他的な関係をつくりあげている。浄・不浄に基づくカースト間の厳格な秩序は、ヒンドゥー教の輪廻思想により維持される。実際には、経済力をもとにジャーティ間で上昇も下降も生じ、上位カーストへの所属の主張も発生する。インド独立後、下位後進諸カーストへの優遇措置である留保制度(公務員に関する特別割り当て)も導入された。

139 家族
family

夫婦、親子などの親族関係によって構成される共同居住に基づいた生活の単位・集団。家族の定義は"家族は人類社会に普遍的に存在するか"という問題と対応するが、近年の人類学では家族の普遍的な定義は難しいという立場が有力である。歴史的には、多くの社会で*親族集団が社会構造上より重要な位置を占めていた時期があり、そこでは家族という単位はその中に埋没していたと考えられる。家族という単位が出現するには、少なくとも生産・消費の単位が親族集団から、その内部のより小さな単位に分化することが必要である。日本でも*同族が強力な単位であった時代から、その構成要素の〈家〉が自立し、さらに個人の自立が進むことで今日的な家族が出現したという段階が想定されている。伝統的な日本の〈家〉は、

親族以外の成員も含みうる点に特色がある.〈家〉と家族の異同については,〈家〉を家族とみなす立場と,〈家〉の中で親族関係にあるもの(親族的成員)が家族であるとする立場がある.後者の立場にたつと,〈家〉から非親族成員が排除されていくことで家族が成立するということになり,家族の成立は比較的最近のことになる.前者は家族を通歴史的に存在するものと考える立場であり,後者は親族集団の歴史的な一類型として考える立場ともいえる.前者の立場にたつ森岡清美は家族を〈感情的包絡で結ばれた,第一次的な福祉追求の集団〉と定義するが,これは*近代家族の定義であるという批判もある.→家族社会学

140 **家族解体**
family disorganization

広義には家族がその機能遂行を十分に達成し得ていない状態,狭義には特に機能遂行のための組織化の程度が弱体化している状態.解体とは必ずしも崩壊に直結するのではなく,従来のパターンが大きく変化して成員のニーズの充足度が低下している状態をさし,再び機能遂行状態が向上することもあり得る(再組織化).家族解体の具体例としては,夫の失業を機に家族内で経済的問題や不和が発生し,家族員の様々なニーズが不充足状態になることなどが相当する.こうした状態のなかで特に家族関係に問題が生じている場合が狭義の家族解体である.どちらの場合も解体が進展するとシステムが崩壊することが含意されている.→家族機能,家族ストレス

141 **家族機能**
family function

家族が,上位(全体社会)および下位(*パーソナリティ)のシステムに対して果たしている/果たすことが期待される,正または負の貢献.正負の〈貢献〉とはニーズの充足・不充足と考えてよい.*パーソンズは,産業化によって家族機能は縮小するが,子どもの*社会化と成人のパーソナリティの安定という二つの機能は家族の基底機能(root function)として他に代替され得ず,家族はこの機能に特化すると同時に,それゆえに存続すると考えた(全体社会の中での家族の機能).パーソナリティ・システム(個人)に対する〈貢献〉としては様々なものが考えられるが,森岡清美の〈感情的包絡で結ばれた,第一次的な福祉追求の集団〉という家族の定義は,これらを包括した"果たすことが期待される機能"を示したものと考えられる.

142 **家族計画**
family planning

夫婦が子どもの数や出生間隔について計画・調整すること.日本では1950年代頃から用語として使用される.家族計画の具体的な方法は受胎調節,避妊,人工妊娠中絶などによる産児調節であるが,特に夫婦間の避妊を家族計画とよぶこともある.貧困は多子と結びつくことが多く,貧困からの脱却や母子の保護のために家族計画の普及は重要な政策の一つである(→人口政策).

143 **家族国家観**
国家を一つの家族とみなすイデオロギー.明治以降の日本政府は〈*家〉の原理を国家にまで拡張し,皇室を〈総本家〉,天皇を〈慈父〉,国民をその〈赤子(せきし)〉とするイデオロギーをうち立て,近世儒教の家族観を社会有機体説で補強することによって*天皇制国家の基礎理念として利用した.このイデオロギーは公教育などを通じて第2次大戦終了時まで存続し天皇制国家を支えた.

144 **家族社会学**
sociology of family

家族を固有の研究対象とする社会学的アプローチ.日本では,第2次大戦後に森岡清美・小山隆らによって主導されたアメリカ

社会学の流れをくむ実証的・理論的家族研究に代表される．戦前の家族研究は社会史的・文化人類学的な制度研究(→有賀喜左衛門)が中心で，家族社会学とは区別されることが多い．例外として*戸田貞三の人口学的研究などがある．家族社会学は変化を扱う家族変動論と，構造を扱う家族構造論に大別することができる．アメリカでは後者が盛んであるが，日本の研究は伝統的に前者への関心が強く，後者に関する蓄積は少ない．また，*ジェンダー論や*労働市場論，*社会変動論など，家族が固有の研究対象ではないが家族についても論じる社会学の立場も存在する．これらは家族論とよばれ，家族社会学からは区分されることが多い．

145 家族周期
family life cycle

*世代的に再生産される家族の*ライフサイクル．家族成員の加齢とともに家族の抱える課題や経済状態は変化し，一定のパターンをたどる．結婚・出産・子の離家などの家族成員の経験するイヴェントを契機にいくつかの段階を設定し，このサイクルを把握しようとする立場が家族周期論である．代表的なものに，森岡清美『家族周期論』(1973)など．

146 家族主義
familism

家族の維持・存続・発展を優先する価値観あるいは規範．家族が社会構造上の基礎単位である社会では，個人は家族のために行動し，生きることを要求される．家族中心主義という意味での家族主義はひろく見られる．日本では様々な社会関係が家族関係に擬制されることが多かった．家族中心主義的な考え方は企業経営や紛争解決，政治などに利用されることも多く，日本の経営家族主義や*家族国家観は支配のためのイデオロギーとして家族主義を採用したものである．

147 家族ストレス
family stress

集合体としての家族が抱える問題状況．家族の目標・課題が充足されていない状態．個人レベルの心理的な*ストレスとは別の概念で，集合体レベルの問題発生状況をいう．成員によって認識された家族生活上の問題，たとえば家計上の問題，家事や育児の問題などが含まれる．経験的研究においてどのように測定するのかが最大の問題である．

148 家族制度
family institution

家族内の地位と役割に関する規範，相続・継承などの世代間関係に関する規範，親族関係に関する規範など，家族生活上の行動についての当該社会で共有されている規範の総体．家族生活にかかわる規範は成文化・法制化されたものと，地域・世代間で共有・継承されてきたものとに分かれる．かつての日本では，*直系家族制規範や長子相続・末子相続など地域固有の規範が強力に存在したが，今日ではこうした規範は多様化しつつあり，拘束力は大幅に失われている．公的な規定(たとえば夫婦同姓など)も同様に拘束力を減じつつある．これに対して明治民法上では*家制度として家族制度が成文化され，人びとに強い強制力を有した．現在でも家制度を家族制度とよぶことも多い．

149 家族の感情構造
emotional structure of family; family sentiment

1)家族内部の対人関係上に展開される愛情・憎悪などの感情のパターン．2)家族に社会的に期待される感情(愛情)のパターン．1)はミクロな対人関係の中で展開される感情を，2)は家族に対して社会がもつ"望ましい感情"を，それぞれ扱う．1)は*役割構造や勢力構造などとともに

家族を集団論的に理解する場合に想定される概念であり，家族内の二者関係の好悪などの構造化されたパターンをさす．社会学的には*地位/役割関係や勢力構造の結果として成立すると考えることが多い．2)は家族や子どもに対して"愛情をいだく"ことが自然だという規範が近代以降成立したという観点から社会史研究などによって提出された概念である〈家族感情〉．→家族の勢力構造，感情の社会学

150 家族の勢力構造
family power structure

家族内での意思決定場面において自己の要求を貫徹させることができる力を〈勢力〉とよび，家族成員間でのそのパターンを〈家族の勢力構造〉とよぶ．勢力が特定の*地位/役割に制度的に付随しているとき，家族研究ではこれを*権力とよぶが，権力であるか否かの実証的な判断は難しいために，〈勢力〉の概念がもっぱら使用される．〈地位/役割〉の影響力は勢力を規定する一要因(*規範)であり，このほかに資源(人的資本や対人魅力)，人間関係の要因(性格など)等の影響も扱われる．*意思決定構造は家族内での役割分化に対応し，役割の主たる担当者が家族内での決定権をもつことが多いため，支配－服従関係をそこから把握することは難しい．近年の研究は意思決定過程自体を観察し，背後にある潜在的な勢力構造を読み取る方向へ向かいつつある．→家族の感情構造

151 家族療法
family therapy

ある精神的・心理的病理を，個人的病理とはとらえずに，家族の関係や構造の構成物としてとらえ，治療する方法．精神的・心理的病理の発症や症状は，個人の精神構造に対する何らかの解体的作用やトラウマなどに関連づけられる個人的事件ととらえられがちである．これに対して家族療法では，個人の精神的・心理的病理を，家族という人的システムの構造および過程に準拠させてその原因を探求し，具体的な家族構造・役割構造の変革によって，個人の精神的・心理的病理の治療を行おうとする．

152 価値
value 〈独〉Wert 〈仏〉valeur

人びとによって"望ましいもの"と判断されている対象，あるいは人びとがそう判断する基準．"望ましいもの"は単に事実として好まれ，実際に選好されているだけではなく，選ばれるのが当然である，選ばれてしかるべきである，という〈当為〉あるいは〈正当性〉の判断を含んでいる．19世紀末までは，人びとに何が望ましいかを教えるのは〈*道徳〉であるとされた．20世紀初頭ドイツの哲学界に隆盛した新カント派は，"望ましいもの"を人びとの内面的な判断に基礎づけ，永遠に不変な絶対的存在とみなし，それを〈価値〉と名づけた．〈道徳〉〈倫理〉〈*規範〉とよび慣わされてきたものを，*内面化・絶対化したものが〈価値〉といえよう．*デュルケムは〈道徳〉，*ウェーバーは〈価値〉という用語を好み，*パーソンズは両者を総合しようとした．〈価値〉は，人びとの*意思決定のあり方を持続的に規定するものなので，*行為を分析する際，決定的に重要な変数となる．

153 価値合理的行為
〈独〉wertrationales Handeln

〈*価値〉に〈合理的に〉志向した，すなわち自己が信奉している価値に固有の正しさを自覚し，その価値から論理整合的に引き出される命令に厳格に従って行われる*行為．*ウェーバーが提示した行為の4類型の一つ．自覚的・合理的に行われる点で伝統的および感情的行為と区別さ

れ，結果を顧慮することなく信条を誠実に履行しようとする点で，結果に対する責任を重んじる*目的合理的行為と区別される．→行為類型

154 価値自由
〈独〉Wertfreiheit

社会科学において認識の*客観性を保つために，価値判断と事実判断を明確に区別し，価値判断を排除しようとする認識の方法．*ウェーバーの用語．価値判断排除，没価値性ともいう．ウェーバーは，社会科学は自然科学と異なり，認識に主観性が入らざるを得ないと考え，その上で，経験的事実の確定と，良い悪いを判断する態度とを厳密に区別すべく格闘する禁欲的で厳密な態度を，価値自由の原則として訴えた．

155 価値判断排除 ⇒ 価値自由

156 学校文化
school culture

学校組織と関連する，学校がもつフォーマル，インフォーマルな文化ないしは風土．学校は，フォーマルな規定からすれば，垂直的ならびに水平的な校務分掌に基づく組織であるが，他の組織と同様，文化的ないしはインフォーマルな媒介によって，その形式主義を緩和させている．教師下位文化や生徒下位文化がそのような機能をもつ．一方，*ブルデューは，学校教育において正統化されている知識，言語，学習ハビトゥス（学びの要領）などを学校文化とよび，上層階層文化との親近性および学校文化による生徒・学生の区別を強調した．→下位文化，ハビトゥス

157 ガットマン尺度
Guttman scale

アメリカの社会心理学者ガットマンが考案した*一次元的尺度．ガットマンは4種類の尺度を提案しているが，最も一般的に用いられたのは，コーネル・テクニックとよばれるものである．この手法では，データのパターンを表にまとめた上で，ひとつひとつ一次元性が確保されているかどうかをチェックしつつ，適合しない項目を除いていく．厳密に一次元性を確保しようとする手法として名高い．

158 寡頭制の鉄則
〈独〉ehernes Gesetz der Oligarchie

集団や組織は少数者による多数者の支配を必然とするという法則．ミヘルスが『政党政治の社会学』(1911)で定式化した．彼は自らの政治体験から，政党や組合組織の官僚制化と成員の心理を批判的に検討し，国家は民主主義，社会主義，共産主義を問わず，少数者の政治階級による支配を必然とし，大衆の運動も指導者集団を新たな支配階級に交代させるだけだとしてこの一般理論を導き出した．

159 過同調
overconformity

*マートンが「社会構造とアノミー」(1938)で提出した概念．マートンは，〈社会構造のなかで様々な地位を占めている人びとが文化的価値に適応する諸類型〉として五つのタイプを類型化した．その中の一つである〈同調〉は，文化的目標ならびに制度的手段の双方に承認の行動様式を示す類型であるのに対して，〈過同調〉ないし〈従順過剰〉(overcompliance)とよばれる行動は，〈過同調〉は制度的期待への過剰な*同調行動のことで，社会過程に逆機能が生じる，一種の*逸脱行動としてとらえられる．→機能分析

160 カードル
〈仏〉cadre

骨組み，枠組みを意味する言葉で，しばしば軍隊や共産党の幹部要員をさして使われたが，フランスでは一定の階層的・職業的地位をさし，統計用語にもなっている．企業等の組織における管理的職務に携わる者，または職務上，

創造, 決断, 責任などを自ら果たさなければならない人びとをさす. それゆえ日本式にいう管理職だけではなく, かなりの範囲の*専門職(教授, 教師, 研究者等)もカードルに含める. また, 一定以上の学歴資格をもつことも暗にカードルの要件とみなされていて, いわゆる"学歴エリート"という意味合いもある. その職務, 従業上の地位等を基準に, 上級カードル・一般カードルの区別も, しばしば行われる.

161 ガーフィンケル
Garfinkel, Harold
1917-

アメリカの社会学者. *エスノメソドロジーの創始者. ハーヴァード大学の指導教授であった*パーソンズから社会秩序の研究に対する関心を受け継ぐ. *シュッツとも個人的に親交を結び, 日常生活における常識的な活動や知識を主題とする現象学的アプローチを受け継いだ. 両者を結合してエスノメソドロジーを打ち立てる. 主著は『エスノメソドロジー研究』(1967). 社会の成員によって自明視されている常識的な知識を明るみに出すために, 〈違背実験〉とよばれる様々な実験を考案した. その後, 会話のなかで生み出され維持されている秩序に関心を向けるようになり, サックスとともに*会話分析の端緒を開いた. 1954年以降カリフォルニア大学ロサンジェルス校で教鞭をとり, 多くの後継者を育て, 社会学におけるエスノメソドロジーの地歩を固めた. →現象学的社会学

162 家父長制
1)patriarchalism 2)patriarchy

1)男性家長(家父長)が大きな権力をもち, 他の家族員はこれに従うような伝統的な*家族制度・家族規範. 2)子世代, 女性を親世代, 男性(父)が支配する社会的な制度・規範. 1)は〈*家族の勢力・権力構造〉に注目して構成された家族についての一類型であり, *ウェーバーのいう伝統的支配の一典型とされる(→支配の諸類型). この家父長制は家父長による家族成員に対する保護と恩恵の供与, 家族成員による家父長への服従と奉仕から成立しており, この支配原理が国家まで拡張されたものが*家族国家観である. 2)は*フェミニズムの立場からの概念である. そこでは, 様々な場面での男性による女性支配を生み出す根源的な原理・制度として家父長制が想定されており, 単なる家族の類型以上の社会秩序, 社会編成原理といった意味を有している.

163 過密・過疎問題
都市部における人口の集中にともなう問題を過密問題, 農村部における人口の減少にともなう問題を過疎問題という. 1960年代の高度経済成長期に, 日本では農村から都市への急速な人口移動が生じた. そのため, 都市では, 住宅・公共交通・上下水道・公園・学校などの施設が不足し, 混雑・騒音・大気汚染などの問題が起こり, 農村では, 労働力の流出によって人口と農家戸数が減少して, 村としての共同生活を維持することが困難となった(→農村問題). こうした問題に対処し, 国土の均衡ある発展を実現するために, 政府は, 62年から全国総合開発計画を策定し, 工場の地方分散を図った. 現実には, 大都市周辺部や地方都市においては, 工場の誘致によってある程度人口の定住が実現し, 大都市においても社会資本の整備と*郊外化によって過密問題は概して解消に向かったが, 多くの農山村は若年労働力人口の流出を抑えることができず, *高齢化が進んで, 過疎問題は農山村の存立そのものが危ぶまれるという最終局面を迎えつつある. →地域開発

164 仮面 ⇒ ペルソナ

165 カリスマ
charisma

非日常的とみなされる特別の資質．さらにはそうした資質をもつゆえに特別の権威を認められる人物のこと．"神の贈り物"という意味の神学用語を，*ウェーバーは，預言者や呪術者，軍事英雄やデマゴーグなどが共通にもつ権威を浮き彫りにするために，社会学の概念に作り直した．呪術性，啓示や英雄性，精神や弁舌の力によって特別の性質をもつとみなされた人物は，"指導者"として評価される．人びとは，指導者の"人格"および天与の資質に情緒的に魅了され，人格的・個人的な帰依を捧げる．指導者と帰依者は，熱狂・苦悩・希望から生まれた全人格的な絆によって結びついている．カリスマはこうして社会の構造変革を引き起こす力をもつ．ある人物が特別の資質をもつかどうかは証拠によって証明する必要があるが，証し立てに失敗した場合，カリスマは*スティグマへと変容する．カリスマによって作り上げられた制度は不安定で一時的なものとなる．→支配の諸類型

166 カルチュラルスタディーズ
cultural studies

旧来の*マルクス主義的アプローチの限界を乗り越えるべく，フランス*構造主義やグラムシの政治理論等を批判的に摂取して，現代の社会文化の横断的な分析を志向する研究・文化行動．産業構造の変化，それに対応した*移民の増加，*消費社会化にともなう労働者階級の意識の変化など，複雑な社会変化を経験していた1960-70年代のイギリス社会を前にして，文化の研究を単なる作品解釈や批評にとどめずに，政治的・経済的文脈と関連づけながら文化の生産・消費過程全体を重要視するアプローチが成立した．R.ウィリアムズ『文化と社会』(1958)，『文化とは』(81)，ホガート『読み書き能力の効用』(58)などがその先駆的な研究である．その後この視点は，ホールを中心としたイギリスのバーミンガム大学現代文化研究センターのサブカルチュア研究，*大衆文化研究に引き継がれるとともに，80年代以降はイギリスにとどまらずアメリカやアジア各国の文化研究にも大きな影響を及ぼすことになった．現在は，*グローバリゼーション，ポストコロニアル状況を視野に収めながら，複雑化した現代の文化経験や*アイデンティティの変容に関する多様な研究が行われている．→文化社会学，文化的再生産

167 過労死

過重労働あるいは労働による疲労蓄積からもたらされた死亡のこと．労働者が脳・心臓疾患が原因で死亡した場合でも，過去の労働時間，勤務形態などを労働者側（大抵は本人の家族）が労働基準局に立証し，そこで認定されれば，労働災害保険が適用され保険金が支給されるようになった．日本語に由来する英語 karoshi としてオックスフォード・オンライン英語辞典にも2001年に採録されるが，このことは過労死が日本特有の現象としてのみ理解されるべきものではないことを示している．→職業病，労働災害

168 環境
environment 〈仏〉milieu 〈独〉Umgebung

システムの外部に位置する諸要素および制約条件．そもそも，円・環・周囲などを意味するフランス語のヴィロン（viron）に由来する．様々な文脈で用いられるが，どの用語法にも共通するのは，注目するシステムにとって外部に位置づけられるものが環境とされることである．個人に

とって家族は環境であり，家族にとって地域社会は環境である．地球にとって宇宙は環境である．このように何を環境ないし環境の一部とみなすかは視点に応じて相対的である．個人にとっての身体的・生理的諸条件を，精神作用にとって外部的なものとして，生体内環境とみなすこともできる．時間や歴史，空間も環境の一部である．

　環境は通常，自然的・物理的環境と文化的・社会的環境に大別される．社会学では長い間，自然的・物理的環境は捨象され，文化的・社会的環境のみが考察の対象とされてきた．文化的・社会的要因に注目して，人間の行為や社会関係のあり方，*社会構造や*社会変動を説明することが社会学の課題であると考えられてきた．しかし1960年代後半以降，*公害問題・*環境問題の深刻化や*資源・エネルギー問題，*人口問題などが国際的に争点化するにつれて，〈成長の限界〉や，人間も*生態系の一部であることが意識され，自然的・物理的環境が社会の存続・維持・発展にとって最も基本的な制約条件であることが認識されるようになり，環境と社会との相互作用の考察を主題とする*環境社会学が登場した．→記号環境

169 環境アセスメント
environmental impact assessment

環境にマイナスの影響をおよぼす恐れのある事業について，事前にその影響を調査・予測・評価し，住民や環境大臣などの意見をふまえて，事業内容の変更や縮小・中止などの適正な対策をとらせる手続きの総体．公害や環境破壊を事前に防止するために，アメリカで1969年にはじめて法制化され，各国が続いた．日本では76年に川崎市で条例化されるなど地方自治体から制度化が進んだが，国レベルでは通産省・運輸省や産業界の反対で法制化が大幅に遅れ，97年に環境影響評価法がようやく成立し，99年6月から施行された．追認的で免罪符的なものに終わらないように，各段階における*情報公開の徹底と*住民参加が重要である．欧米では，個別の事業実施段階以前の政策立案・計画策定段階からの戦略的環境アセスメントが導入されており，日本でも導入が検討されている．自然環境への影響だけでなく，社会経済的影響を含む総合的な事前評価とすることも課題である．→環境権

170 環境権
environmental right

安全で，健康的で，快適な環境を享受する権利．日本では，憲法第25条の*生存権，第13条の幸福追求権に基づく新しい基本的人権として，1970年に大阪弁護士会が提唱した．当初のねらいは，実定法に明文規定のない差止め請求権の根拠とすることにあったが，裁判所は，権利の具体的な内容や性質が明確でないなどとして，環境権を根拠とする差止め請求を認めていない．しかし近年では，93年に制定された環境基本法第3条で，環境権に対応する考え方が環境政策の基本理念として謳われている．川崎市をはじめ，いくつかの自治体では環境基本条例で環境権をさらに明確に規定しており，基本的人権としての環境権は日本社会に浸透したといえる．日照権，眺望権，*入浜権，静穏権なども環境権の一種である．国際的には，72年の国連人間環境会議の人間環境宣言の第一原則で環境権が主張され，各国の環境政策に大きな影響を与えている．

171 環境社会学
environmental sociology

社会学的な視点から，環境と社会の相互作用を研究する学問．自然的・物

理的環境が焦点となるが、水田や人工林・景観などのような、人間によって改変された二次的自然や歴史的環境も含まれる。環境社会学が提唱されたのは、1970年代のアメリカにおいてだが、飯島伸子は独自に60年代半ばから*公害問題の社会学的研究を開始していた。環境社会学はおもに、公害問題を含む〈*環境問題の社会学〉と、環境共存的な人間のかかわり方に焦点をあてる〈環境共存の社会学〉の二つの領域からなる。環境問題の加害・被害構造、環境運動、環境政策、人びとの環境意識や環境をめぐる理念や価値、自然観、環境行動などがおもな研究対象である。アメリカでは、新しいエコロジカルなパラダイムに立って、人間特例主義的な既存の社会学全体を批判し相対化する新しい学問であるべきか、あるいは環境問題の社会学に重点をおくべきか、環境社会学の性格をめぐって論争がある。

環境的公正
environmental justice

*社会的公正を確保しながら、環境保全を図るべきだとする主張。環境正義と訳されることもある。欧米では長い間環境運動の多くは白人中産階級によって主導されてきた。しかし、有害廃棄物などによる環境被害や環境負荷は低所得層やエスニック・マイノリティなど社会的弱者の居住地域に集中することが多く、ガンの多発地帯などを生み出している。このように*環境問題と*人種差別や貧富の格差が密接に結びついている現状を、環境運動の閉鎖性・階層性を批判して、1980年代からアメリカで黒人団体などが主張し始めた理念が〈環境的公正〉である。94年に公布された〈環境的公正に関する大統領令〉により、工場などに操業許可を与える際に配慮すべき要件となった。近年ではこのようなアメリカ的な文脈にとどまらず、先進国による発展途上国への環境負荷の押しつけや、*地球温暖化問題などでの将来世代への問題の押しつけを批判する論理としても使われるようになってきた。

環境問題
environmental problems

人類の活動が原因となって、自然環境や歴史的環境に悪影響が生じること。局地的な*公害問題から*地球環境問題まで様々な環境問題がある。1970年代後半から、問題の多様化・複雑化にともなって、環境問題という言い方が一般化した。被害のあり方に注目すると、産業公害や騒音公害に代表されるような、健康被害や生活妨害をともなう〈汚染被害〉、希少生物の絶滅や自然海浜の破壊、環境ホルモンの影響などのような自然環境に対する〈自然被害〉、生活公害や歴史的景観・歴史的町並みの破壊などのように*アメニティが損なわれる〈アメニティ被害〉に大別される。環境ホルモンや*地球温暖化問題、放射性廃棄物問題のように、超世代的な影響が懸念される問題もある。共通の構造に着目して、環境問題は、生産過程ないし生活過程によって引き起こされる、環境に負荷を与えるような行為・物質・エネルギーの排出・処理にかかわる問題であるということができる。長い間、社会学や経済学は生産や消費にもっぱら焦点をあててきたが、環境問題は、生産と消費以降の、廃棄物の処理や環境リスクへの対応という新たな課題を提起している。環境問題および環境と社会の相互作用を扱うのが*環境社会学である。環境被害は一般に社会的弱者に集中しがちであり、近年は発展途上国の環境問題が深刻化している。先進国と発展途上国の利害調整をはかり、環境問題を克服するための理念として〈*持続可能な発展〉が説かれる。→環境的公正

174 観光
tourism

日常生活を営んでいる場所を楽しみのために一時的に離れて,別の場所へと空間的に移動し,一定期間滞在したのち,また元の場所に戻る*余暇活動の一種.広義には旅行(travel)と同じ意味で用いられるが,伝統的な"旅行"が一部のエリートや富裕階級にのみ許され,またしばしば労苦と危険をともなうものであったのに対して,観光は近代以降発達した"マス・ツーリズム"をさす場合が多い.それは,交通機関の発達,観光施設の整備,旅行代理店の出現によって,19世紀中頃以降,安全で安価なパッケージツアーが商品として大衆に提供されるようになって成立したものである.典型的には観光客は,旅行者とは異なり,ガイドに導かれて団体で行動し,あらかじめガイドブックで見たことのあるものを,しかも場合によっては現地の人びとによって特別に観光客用に用意されたものを,受け身で消費する.しかし,近年では,個人観光客など様々なタイプの観光客や,エコツーリズムなど新しい形態の観光が現れてきている.

175 慣習 ⇒ モーレス

176 間主観性
intersubjectivity 〈独〉Intersubjektivität

対象や世界が多くの主観の間で共通なものとして経験されること.共同主観性,相互主観性とも訳される.フッサールによって主題的に考察された.現象学では,対象は客観的に実在するものとしてではなく,意識の*志向性によって構成されるものとしてとらえられる.それにもかかわらず世界は人それぞれで全く異なるということが帰結せずに,誰にとっても共通なものとして経験されているという事実が,現象学において特に説明を要する問題として現れる.フッサールは,『デカルト的省察』(1931)において,世界をともに構成する複数の主観の超越論的構成という考え方(超越論的間主観性)によってこの問題の解決を試みたが,これに対しては独我論であるという批判がある.その後,メルロ゠ポンティは,私の身体と他者の身体の共振(間身体性)に,また*シュッツは,人びとが*生活世界で他者の存在を自明なものとして受け容れていること(他我の一般定立)に,世界の間主観性の根拠をもとめた.→現象学的社会学,客観性,身体性

177 感情移入
empathy 〈独〉Einfühlung

対象に自己を移し入れ,その際に生じる感情を通して,対象を内的に体験すること.19世紀後半,実証主義に反対して,精神的現象を対象とする科学の独自性が主張されたなかで,ディルタイの〈理解〉やクローチェの〈直観〉などとならんで,他者理解のための方法としてドイツの心理学者T.リップスによって提唱された.その後フッサールによって換骨奪胎され,他者の超越論的構成の論拠として取り入れられた.現象学では〈自己移入〉と訳される.社会学では,*ウェーバーの*理解社会学によって批判的に受け継がれた.

178 感情の社会学
sociology of emotions

感情を自然的で個体的な現象ととらえるのではなく,そこに潜む社会性を解き明かそうとする社会学研究の一分野.*ウェーバーの*行為類型論や*パーソンズの*パターン変数を代表例に,合理性を旨とする近代において,感情は非合理な存在と位置づけられてきた.しかし,心性(マンタリテ)への関心をもつ*社会史研究はむしろ近代こそ感情を強調する社会であるとし,感情の時代・文化による制

約性・相対性を明らかにしてきた．そのような研究と関心を共有する感情社会学は，喜怒哀楽や愛情などの感情現象の社会的構成に着目し，私たちが感情を経験するにあたって見出される同型性や規則を〈感情規則〉(feeling rules)として把握し，その規則によって感情の種類や強度・持続性が指示されると考える．また，感情の種類や程度，表出の仕方を変更する〈感情管理〉(emotion management)は，欠如した望ましい感情を喚起したり，逆に経験している感情を抑圧・消去させる営みであり，場にふさわしい感情表現が求められる．そのような感情管理が職業上の営みと結びつくとき感情労働となる．ホックシールドは優しさを要請されるフライト・アテンダント(ステュワーデス)と非情さを要請される借金取りを対比し，表面的ではなく心からそのような感情を経験する技術と状況が存在することを指摘し，感情が合理的に管理されるという近代の逆説を提起した．

官庁統計 official statistics

国家や地方自治体が実施する統計調査，あるいはその結果統計．近代国家は，国民社会の実態を統計的に把握することによって，統治の実効性を高めようとする．日本の場合，国や地方自治体は，政策立案のため，あるいはその前提となる国民社会・経済の実態を知るため，そして行政サーヴィスの実態を示すために，様々な統計調査を法律(統計法および統計報告調整法)に基づいて実施している．これらは，1)統計法に基づく指定統計(約140件)，2)統計報告調整法に基づく承認統計(約1万4000件)，3)統計法に基づく届出統計(主として地方公共団体が行うもの)に大別される．これらのなかには社会学的に意義のあるデータも少なくないが，利用者の立場からは個票レベルにまでおりたデータの集計ができないという限界もある．また，国際比較にあたっては，国ごとにデータの採り方が違うという点に注意が必要である．→国勢調査，センサス

官僚制 bureaucracy

複雑で大規模な組織を効率的に運営するための，組織運営の原理．*ウェーバーは近代官僚制の特質を，1)明確に限定された権限の原則，2)職務上の*ヒエラルヒーの原則，3)職務活動と私生活との分離の原則，4)文書による事務処理の原則，5)専門的訓練の原則，6)フルタイムでの職務活動の原則，7)職務遂行のための技術学としての規則の習得の原則，に整理している．彼は，資本主義の進展と組織の大規模化にともなって，いかなる分野の組織や，社会生活全般においても，組織が官僚制的な特徴をもつようになる趨勢は不可避であると述べた．技術性と非人格性によって特徴づけられる官僚制は，どんな目的に対しても貢献しうる本来高度に形式合理的な性格をもっており，いったん成立した官僚制は自己維持的で不可逆的な存在となる．官僚制は，*形式合理性と実質合理性の乖離，目的と手段との倒錯，*セクショナリズムなどの逆機能も随伴している．→支配の諸類型，合理化，合理主義

官僚制的パーソナリティ bureaucratic personality

*官僚制的組織のなかで活動する個人がしばしば身につけるにいたる反応・行為のパターンで，*マートンの用語．本来は手段であるはずの規則を守ることが自己目的化される〈目標の転位〉がおもな特徴で，ここには"規則を守っていれば安全"という保身の欲求も働いている．たとえば，小さな手続きミスを理由に顧客の要求を拒否する窓口職員の態度や，"前例がない""現行法に反する"として

新施策を拒む官僚の抵抗など.

182 機械的連帯／有機的連帯
〈仏〉solidarité mécanique/
solidarité organique

『社会分業論』(1893)における*デュルケムの言葉.未分化な前近代的共同体に見られる,類似した同質的成員による連帯形式を機械的連帯,分業が発達した社会における異質な成員による相互補完的な連帯の型を有機的連帯とよんだ.この意味で歴史的に交替する連帯の類型論ともいえるが,現代においても,同質・対等な成員による組織(学生の結社など)と,異質で多様な成員を擁する組織(地域コミュニティなど)との対照は見られ,この連帯の2タイプに対応するように思われる.→社会的分業

183 機会の平等
equality of opportunity

一般に学校教育や職業生活への参入における*平等についていわれるもので,性別,出自,国籍などにかかわらず等しく扱われることをいう.ただし,試験などの〈選別への参加の平等〉をさすのか,それとも〈無選別の平等〉をさすかによって意味が異なる.教育については,学費を低減したり無償にして参入の実質的障害を軽減する措置をともなうかどうかによっても,〈機会の平等〉の意味は異なる.単に競争を始める初期条件で*差別がないだけでなく,競争に不利を負っている者の不利を除く積極的措置が行われる場合は,結果を意識した〈機会の平等〉であるといえる.なお今日では,競争に参加する以前の行為者における*文化資本の有無など,社会文化的不平等が重視されるようになっており,そもそも〈機会の平等〉という観念が成り立つかどうかも議論の対象になっている.→結果の平等,社会的公正,教育の機会

184 危機管理
risk management; crisis management

危機を予防・回避し,対処・軽減するための方策を準備し,実行すること.各種事故,地震・台風などの災害,環境汚染,テロやハイジャック,他国からの攻撃,機密情報の漏洩,不祥事の発覚など,個人・家族・地域・組織・国家・国際機関など,様々なレベルで,生命・安全・財産やシステムを守るために危機管理が課題となっている.英語では,事前の危機管理はリスク・マネジメント,事後的な対応はクライシス・マネジメントと大別される.→リスク社会

185 聴き取り調査
intensive interview

対象者に直接面接して,集中的に話を聞く調査.聴き取り調査は,標準化された*質問紙を使う調査とは違って,質問や回答を構造化せず,特定の調査主題について,少数の情報提供者に口頭でくわしく訊ねる調査である.生活史法をはじめとして,あらゆるタイプの*事例研究において基本的な調査法である.また,質問紙を使った数量的調査においても,調査対象となる集団(地域や企業)の背景を理解したり,典型的な事例について情報を補充したりするのにも有効である.

186 企業意識
management identification

従業員が自分の勤務先企業に対してもつ同一感,忠誠心のこと.*終身雇用を前提とする日本型雇用システムにおいては,従業員と企業の長期的利益が一致するため,企業意識も高い水準で維持可能であり,労働組合と企業の双方に帰属意識をもつ〈二重忠誠〉の存在が指摘された.しかし1990年代以降,企業がコスト削減のために長期雇用対象者を限定し,パー

ト・派遣・出向者など多様な雇用形態・就業形態の従業員を増加させるにつれ，企業意識のあり方もまた多様となってきている．→尾高邦雄

187 起業家
〈英，仏〉entrepreneur

*イノヴェーションによって革新的・創造的な企業を生み出す経営者．経済学者シュンペーターは〈創造的破壊〉を唱え，経済発展における起業家の役割を重視した．技術革新，組織革新のいずれも投資リスクをともなうので合理的で進取の精神が必要とされ，*ウェーバーの〈*資本主義の精神〉の持主と共通性をもつ．戦後日本ではソニーの井深大，盛田昭夫，ホンダの本田宗一郎がその代表例で，近年は情報技術のベンチャー起業者が注目される．

188 企業内教育
employer-provided training

企業が従業員に対して行う技能・能力・資質の開発・向上策のこと．種類は，グループ・リーダー，作業長，管理職などの階層別教育と，機械工，営業担当などの職能別教育に，方法は*OJTとOFF-JTに分類できる．職業能力は実業高校，公的職業訓練などでも育成できるが，企業特殊熟練が存在して*内部労働市場が成立している場合には，OJTによる企業内教育が最も効果が高い．しかし訓練費用がかかるために，1）必要とされる熟練のレベルが高く労働力を外部労働市場から調達できないこと，2）訓練した労働者の長期勤続が予想されること，等が企業内教育の成立条件である．日本は*終身雇用が基本のため実施割合が高く，配置転換を前提に多能工化教育が進んでいる．しかし女性は結婚・出産などで中途退社の見込みが高いこと，中高年者はその後の勤続年数が短いこと，などを理由に良好な訓練機会からはずされやすく，その場合には自己負担や公的訓練・補助を利用して職業能力の維持・向上が図られねばならない．

189 企業別組合
enterprise union

企業あるいは事業所を単位として成立している*労働組合．産業別労働組合（産別），ナショナルセンター（連合など）を構成する単位労働組合（単組）であり，資金面・組織面・人材面で日本の労働運動の実質的な担い手である．*日本的経営を成立させている要因の一つで，*終身雇用を前提とした従業員の長期にわたる利害を代表するには，企業横断的組織よりも適している．労働運動が発生したイギリスでは従来は産業別労働組合，職業別労働組合が中心であったが，近年は単一組合交渉が主力となり，使用者は企業内の一つの組合としか団体交渉をしない慣行が生まれて，事実上，企業別組合に近づいてきている．製造業の衰退と急速な技術革新に対応するためとされるが，労使協調路線をとる企業別組合のもとでは，経営に対するチェック機能が働かず，公害など公共の利益に反する企業行動を許容してしまうケースもある．→労使関係

190 記号
sign 〈仏〉signe 〈独〉Zeichen

音声や文字・図形のような知覚可能な対象（記号表現 signifiant）を媒介に，特定の対象（記号内容 signifié）を指示するもので，両者のあいだにある関係が意味作用（signification）である．ソシュールによれば，記号表現と記号内容という二つの結びつきには"自然的"なつながりがないにもかかわらず，この両者が結びついて一つの記号が成立する．これが記号の恣意性であり，一つの記号が意味をもちうるのは，他の記号との〈差異の体系〉を構成し，この体系のなかで独自の価値

を有することに基づく．この見地から導き出された重要な観点は，対象世界の分節化が何ら自然なものではなく，〈差異の体系〉としての言語，すなわちラング(langue)に基づいており，各言語共同体に応じて異なるという点である．一方，ソシュールと並ぶ現代の記号学の創始者パースは，記号表現と記号内容の結びつきが恣意的であるシンボル(*象徴)のみならず，類似性に基づく〈イコン〉，近接性に基づく〈インデックス〉も記号の概念に包摂し，記号の総体的分析に努めた．→記号論

記号環境
sign-environment

新聞・雑誌・ラジオ・テレビ・映画など各種のメディアが発信する文字や映像や音声記号によって織り成された世界をさす．"いま・ここ"という身体に基礎づけられた世界を〈現実環境〉とするならば，これと対比して，*マス・メディアが構成する記号群が人間の生存の基本的な*環境となった現代社会を特徴づける概念として用いられる．しかし，あらゆる実在と現実を象徴化する人間の営為に照らしてみるならば，上記の〈現実環境〉と〈記号環境〉という二分法は正確さを欠く．山河や田畑や建物にいたるまで多くの現実の事物も，呪術的・宗教的な意味を付与された記号環境として存立してきたからである．しかし，現実の副次的な表象としてあったはずのメディアが造形する記号世界が増殖し，現実世界に決定的な影響力をもつようになった，という記号環境論の主張の重要性が失われるわけではない．

記号行動
sign-behavior

C.モリスが『記号と言語と行動』(1946)のなかで展開した概念で，*記号の受容によって起こされる行動のこと．*ミードの社会行動主義を学んだモリスは，記号と記号との関係(構文論)，記号と指示対象との関係(意味論)，記号と使用者との関係(語用論)という三つの分野から記号研究を構想し，特に語用論に注目した．彼によれば，目的追求行動を統制するものすべてが記号とみなされる．たとえば，曇り空は行為者に対して降雨を予測させ傘の携帯という行動をコントロールする記号であり，この記号過程に誘発された行動が記号行動である．この例にも示されるように，ここで概念化された記号とは，〈イコン〉〈インデックス〉〈シンボル〉から記号総体をとらえたパースの記号概念に基づく．

記号論
semiotics 〈仏〉sémiologie

自然および人間的事象に関して記号作用の観点から研究する学問分野．一般に，パースに始まる記号論(semiotics)と，ソシュールが構想した言語学・記号学(sémiologie)からなる二つの潮流がある．ただし一般には区別せずに記号論(学)の名称でよび慣わしている．記号に関する省察はプラトンやアリストテレスにまで遡ることができるが，現代の記号論は，*プラグマティズムの提唱者たるパースと構造主義言語学を創建したソシュールに始まるとされる．パースは，絵画など類似性に基づく有契的記号＝イコン，"煙"が"火"を知らせる記号であるといった場合の近接性に基づく有契的記号＝インデックス，そして道路標識や自然言語などが示すように"意味するもの"と"意味されるもの"の結合が無契性・恣意性によって特徴づけられる記号＝シンボルという三つの記号類型を提示するとともに，そこに記号の発展・高次化が見られると想定した．それに対してソシュールは，〈言語記号〉の共時的構造の解明にとりくみ，"意味するもの"と"意味されるもの"の結合の恣意性のみならず，

記号の意味の同一性が他の記号との差異の関係において確保されているにすぎないことを明らかにした．1960-70年代には，両者の記号論の再評価や*バルト，クリステヴァらの精力的な研究のなかで記号論ブームともいうべき状況が生まれた．こうした一連の研究と構造主義言語学の知的インパクトは，人文科学のみならず*文化社会学の研究方法に多大な影響を与えた．

194 疑似イヴェント
pseudo-event

D.J.ブーアスティンが示した概念で，*マス・メディアがつくり出す〈事実〉のことをさす．ブーアスティンはテレビメディアが圧倒的な影響をおよぼし始めた1962年に著した『幻影の時代』で，マス・メディアによる取材・演出・脚色の過程を経て文化的に製造される〈事実〉を〈疑似イヴェント〉とよんだ．それは，あるがままの〈事実〉ではなく，あくまで演出され，編集されたものである．だが，生き生きとした臨場感溢れる映像を前にしてオーディエンスはそれを現実と受け止めかねない．この転倒した事態を彼は〈疑似イヴェント〉として概念化した．→疑似環境

195 疑似環境
pseudo-environment

*リップマンが『世論』(1922)のなかで提起した概念で，〈現実環境〉と対比され，イメージによって媒介された，象徴化された*環境をさす．リップマンによれば，人間の環境に対する関係は，環境に対する実際の行動とその帰結というプロセスとともに，環境を有意味なものと位置づける象徴化の過程も内包する．この象徴化された環境を〈疑似環境〉という．彼によれば，現代社会の特質は，人間が〈現実環境〉と〈疑似環境〉のズレを検証できる直接体験の範域を超えて，〈現実環境〉による検証がほぼ不可能な〈疑似環境〉が*マス・メディアによって構成されることにある．→疑似イヴェント

196 疑似相関
spurious correlation

第3変数が2変数と相関をもつために，本来無相関である2変数間に見かけ上の相関関係が生じること．たとえば，年収，性別分業意識がともに年齢と強い関連を示す場合，前2者間に関連が生じてしまう．疑似的な関連かどうかを知るには，年齢を一定とした場合でも2変数間に関連が見られるかを検討すればよい．具体的には三重クロス表を用いたエラボレーションや*偏相関係数を計算するなどの方法がある．→クロス集計，多変量解析

197 技術革新 ⇒ イノヴェーション

198 希少性
scarcity

希少性とは，社会全体，集団，個人等が求める資源(物的資源，サーヴィス，社会関係などを含む)が有限であり，求められるだけの量を確保できない状態を意味する．希少な資源を人びとの間でどのように分けるかは重大な問題であり，市場，組織，政治システムなどはそれを解決するための仕組みだといえる．社会学では，特に学歴・収入・権力など，社会的資源の希少性を考察対象とする場合が多い．→価値

199 規則
rule; code

人びとの行為の仕方を一般的に定めているもの．法律，*道徳，マナー，ゲームやスポーツのルール，言語規則，*ハビトゥスとよばれる日常的慣習行動(食べ方，着方，化粧の仕方など)を組織するもの，等々がそれである．当人に"守るべき決まり"として意識されてはいない規則も多く，比喩的には人びとの中に埋め込まれた規則性というべきものもある．法律のように賞罰(*サンクショ

ン)が明示的なものもあれば，食事マナーや服装のようにそうでないものもある．一口に規則といっても，内容からいうと，功利的・技術的なもの("波が荒いので遊泳禁止")，価値的・倫理的なもの("人を手段として扱うなかれ")，そのいずれでもない言語規則("三人称単数ではdoではなくdoesを使うべし")など，様々なものがある．このなかで，言語規則のように，象徴体系や社会慣行の意味の解読を可能にする規則をコードとよぶことが多い．

200 議題設定機能
agenda-setting function

メディアの影響を検証する場合の有力な仮説．アメリカの政治コミュニケーション研究者であるM.E.マコームズとD.L.ショウが1972年に発表した「マス・メディアの議題設定機能」が発端となり，これ以降，実証研究とともに理論化への試みも活発になされている．その仮説の中心点は，数多くの論点やトピックのなかで*マス・メディアが繰り返し選択し強調した問題を，受け手の側でも重要な問題と受け止める傾向が生じ，マス・メディアが強調した争点とオーディエンスの重要視した争点に強い対応関係が見られる点にある．→送り手・受け手研究

201 ギデンズ
Giddens, Anthony
1938-

現代イギリスの社会学者．ケンブリッジ大学教授を経て，ロンドン・スクール・オブ・エコノミクス学長．*マルクス，*デュルケム，*ウェーバーの理論の現代的解釈を通して，近代社会理論の特質に検討をくわえ，近代(*モダニティ)とは何かという基本テーマを問い続けた．20世紀的な近代は，古典的な近代理論の射程を越え，新たな問題をはらんでいる(環境破壊，軍事衝突，全体主義)．また近代化は，*グローバリゼーションのなかで，様々なリスクをともないながら再帰的(reflexive)な性格を強めている．すなわち近代の社会生活の営みの特徴は，その営みについて得られた情報，知識に照らして絶えず思考され，吟味され，修正されていく点にあるとする．このような視点に立ち，〈*構造化理論〉を提唱し，上記の〈再帰性〉を中心に据えた社会理論の構築に努めている．著書は，『資本主義と近代社会理論』(1971)，『社会学の新しい方法規準』(77)，『社会の構成』(84)，『社会学』(89)など．

202 機能合理性／実質合理性
〈独〉funktionale Rationalität／materiale Rationalität

合理性概念はもともと多様な意味で使用されるが，*マンハイムは，*ジンメル，*ウェーバーらをふまえ，機能合理性と実質合理性の概念を提示した(『変革期における人間と社会』1935)．実質合理性は，所与の状況における諸事象の相互関係を洞察する思考活動にあらわれ，本能，衝動，欲求，感情などを実質的に非合理なものとする．機能合理性は，一定の目標を効率的に達成すべく機能的に組織化する．後者は観察者や第三者からみて予測可能だが，社会の産業化がすすみ分業と組織が発達するにつれ機能的合理化がすすむと，それはしばしば実質的に非合理な社会的危機を生み出すことを，マンハイムは指摘した．たとえば，官僚機構は機能的に合理的だが，規則や文書主義，組織の硬直化により，生産性をかえって低下させ実質的に非合理な結果を帰結させる．→形式合理性／実質合理性

203 機能集団
functional group

集団の類型の一つで，基礎集団と対比される．派生的集団，派

生社会とよばれることもある．基礎集団は，血縁や地縁をもとにして自然発生的に成立し，包括的に様々な機能を果たす集団であるが，それに対して機能集団は，特定の目的を果たすために人為的に作られた集団を意味する．家族，村落，民族集団などが基礎集団であり，政党，企業，病院，学校などが機能集団である．近代以降の社会は，機能集団が著しく増加することが特徴となっている．→ゲマインシャフト/ゲゼルシャフト

204 機能主義
functionalism

対象を，全体と部分に二分して，部分が全体に対してどのような働きをするかに着目して，相互連関の関係を追究していく立場．社会を有機体とのアナロジーでとらえる見方は人類の歴史とともに古いが，こうした社会有機体説は，19世紀の末から20世紀の初頭にかけ，社会学では*デュルケム，人類学では*マリノフスキー，*ラドクリフ＝ブラウンらにより，生物学の知見を借りて刷新された．functionを〈関数〉と訳し，実体概念との区別を強調する哲学的立場の興隆も一助となって，機能主義は確立した．胃という部分は，人体という全体に対して"栄養の摂取"という機能をもつ．胃になぜガンができるかは因果関係の問題であり，胃ガンの人体におよぼす帰結は機能連関を明らかにする試みである．*パーソンズは両者を構造＝機能分析という形で統合することをめざし，*ルーマンは全体/部分の代わりにシステム/環境という二分法によって基礎づけようとした．→システム理論

205 機能的要件
functional requisite; functional requirement

社会システムが存続するために充足しなければならない必要条件．これを充足できない場合，そのシステムは崩壊，あるいは構造変動にいたる．たとえば，社会の成員の社会化，共有されたコミュニケーションや認知のシステム，成員間の組織化や役割配分，葛藤や緊張を統制する手段などがその要件である．*パーソンズの*AGIL図式も機能的要件の定式化の一つである．→構造＝機能主義

206 機能分析
functional analysis

ある社会現象が，それを包み込んでいる全体社会・組織・集団の秩序あるいは構造の維持に対して，どのような貢献をしているか（プラスが順機能，マイナスが逆機能）に注目して，研究していく分析方法．*パーソンズの*AGIL図式，*マートンの顕在機能/潜在機能の区別が有名．たとえば"犯罪"という社会現象は，秩序侵犯という逆機能をもつが，犯罪の処罰は集合意識を活性化する働きがあるので，潜在的な順機能をもつともいえる．

207 規範
norm

社会的状況において人びとの従う*規則であり，特に*価値による行為の規整によって特徴づけられる．すなわち，人びとによって実現されるべき価値（目標）についての基準，その実現の際にとられるべき妥当な行為様式の指示，そしてそれへの同調または違背に対して適用される*サンクション（賞罰）を含む．規範の具体的形態としては通常，法，*モーレス，慣習などが区別されるが，これはある程度便宜的な分類である．現実の行為者である社会成員は，たとえば，家族の中のきまり，近隣の生活ルール，企業社会の規範，職業上の倫理，教会の一員であれば信徒の義務，財産取得に関する国の法律，等々の多様な，必ずしも整合していない規範のもとで行動している．たとえば競争を奨励する規範（企業）と隣人愛を奨励する規範（近隣，教会）は，時に行為者に矛盾

する交叉圧力を及ぼしてくる.ところで,規範を個人にとって外在的・拘束的とみる見方は一面的である.規範は個人によって時間をかけて習得され,内部化され,〈内なる命令〉の声となったり,ほとんど無意識に従われる行動様式となったりする.そうした内在化した規範への着目は,社会的行為の再生産過程や,正当的支配の成り立ちのメカニズムを明らかにする上で欠かせない.→社会化

208 規範的秩序
normative order

人びとが望ましいと思っている社会秩序のイメージ.人びとが実際に作り上げている社会秩序は事実的秩序とよばれる.*パーソンズが*ウェーバーの〈正当的秩序/単なる規則性〉という区別を継承し,規範的秩序と事実的秩序を定式化した.両者が一致することはほとんどないが,事実的秩序の存立にとって規範イメージの存在は決定的である.パーソンズは,規範的秩序が人びとの間で共有されていることを,事実的秩序成立のための必要条件とみなした.→ホッブズ問題

209 キブツ
kibbutz

イスラエルの集団農場で,子どもの保育,教育,食事も共同化し,女性も仕事に従事する男女平等社会を志向する.〈キブツ〉はヘブライ語で"集まること"を意味する.最初のものは1909年にガリラヤ湖畔に設立された集団農場,キブツ・デガニアだが,後には工業経営に重点をおくものも生まれた.多いのは200-300名規模のもので,今日イスラエル人口の2-3%ほど(約13万人)が暮らしている.かつて子どもたちは18歳になるまで親とは別居し,集団的に養育されていた.近年では家族への再評価の動きや,個人主義的な生活様式へのあこがれもあり,親子同居制をとるキブツも増えた.

210 逆都市化
deurbanization

都市人口,特に大都市圏の中心都市で人口が減少し都市が衰退する過程.欧米では,主として1970年代に中心都市の人口が減少し,大都市の衰退傾向が顕著になった.特にクラーセンやファン・デン・ベルクらは,ヨーロッパの経験に基づいて,中心都市と都市圏全体の人口減少が顕著になる段階を逆都市化とよんだ.日本では,これまで中心都市の人口減少は見られても,都市圏全体の人口減少は経験していない.→都市化,再都市化

211 客観性
objectivity

認識や判断が個人の主観を離れて普遍的に妥当すること.科学史家のクーンは『科学革命の構造』(1962)において,専門家集団によって共有された科学的に妥当とされる望ましい研究の枠組みを〈パラダイム〉と規定し,自然科学においても,客観性や真理はパラダイム依存的であることを明らかにした.その意味では絶対的な普遍性はありえず,何らかの共同主観的な価値前提や社会的・歴史的な枠組みのもとではじめて客観性が評価され論じられる.このような客観性の限界にきわめて自覚的だった社会科学者が*ウェーバーであり,彼は,論文「社会科学および社会政策の認識の『客観性』」(1904)で,知的廉直さを強調し,事実判断と価値判断の峻別を説き,自己の価値前提や認識の一面性,妥当性の限界についての徹底的な自覚化によってはじめて,価値をもちながらもとらわれないという意味での*価値自由と客観的な認識が可能であるとした.→間主観性

212 キャリア
career

個人が職業生活上たどっていく*職業あるいは職務のつながりのこと.職業経歴,職業的生涯ともいう.職業ではなくキャリアの用語を使用する場

合は，高度の技能ないしは専門的知識・能力を必要とする仕事を意味し，かつ長期の見通しを前提にしている．同一職業，同一職務を積み重ねていく場合には，長期の経験が職業能力の向上となり地位や所得の上昇に結びついてキャリアは成立するが，関連のない職業を転々としたり未熟練職種へ従事した場合は，加齢にともなう十分な所得を確保しにくく，キャリアは成立しない．

213 キャリーオーヴァー効果
carry-over effect

*質問紙調査で，先行する質問の内容が，後の質問の回答におよぼす効果．この効果が生じると，一連の質問がいわば"誘導尋問"のかたちをとることになり，後に続く質問を単独で訊ねる場合や，質問の順序を変えた場合と異なる結果が生じる．したがって，こうした効果が生じないように質問の配列を工夫しなければならない．→ダブルバーレル質問

214 救済宗教
salvation religion

現世の苦難に対して，たとえば死と再生といったように，人間の全体的な生のあり方・意味を転換することによって，根本的な解決策を与えるような宗教信仰のあり方．貧・病・争といった個別的な苦悩に呪術的な仕方で対応するような現世利益的な信仰の対極に位置する．*ウェーバーによれば，救いの信仰では，何から何へ救われるのかを解き明かす*合理化された世界像が前提とされ，人びとの生活態度を内面から体系化・組織化する上で大きな力をもつ．→呪術からの解放

215 旧中間層・新中間層
old middle strata (class) /
new middle strata (class)

小農民や中小零細の商工業者を旧中間層，専門・管理・技術・事務・販売などの職種に就いている*ホワイトカラー層を新中間層という．*マルクスによれば，資本主義の発展によって，少数の資本家階級の手にますます富が集積する一方で，ますます増大する労働者階級は窮乏化するとされる．この過程で，小農民や中小零細の商工業者たちは没落してプロレタリア化する運命にあり，この点で共通する構造的位置を占めている．これらの*階層を旧中間層という．これに対し，その後の資本主義の発展過程において，大企業に雇用される専門・管理・技術・事務・販売などのホワイトカラー層が成立してきた．これらの階層は，資本の機能を代行する新中間層（新中間階級ともいう）と規定される．旧中間層は概して保守的・伝統的態度をとりがちであるとみなされるのに対して，新中間層は，ときには政治的に無関心な大衆とみなされたり，権利意識の強い個人とみなされたり，市民意識の担い手とみなされたりする．

216 教育
education 〈仏〉éducation
〈独〉Erziehung

人間の知的・精神的・身体的成長をうながす多少とも継続的な働きかけ．"引き出すこと"を意味するドイツ語の〈教育〉はこの意味に関係する．社会的観点からは，社会生活に必要な知識，能力，態度の形成を図る働きかけであるとも定義され，この点では*社会化とほぼ同義である．*デュルケムは教育を，未成年者への〈系統的な社会化〉と規定した（『教育と社会学』1922）．学校教育は，教育課程や教員資格を定め，公の認可を要件とするなど，最も組織的・系統的でフォーマルな教育であり，通常その一部（一定年齢まで）は国民に対して義務化されてい

る．ただし，教育とは学校教育だけをいうのではない．行政の行う*社会教育のほかに，家族，地域，職場，仲間グループ（*ピア・グループ）内や，メディア＝視聴者関係など，あらゆる場で教育は行われる．また未成年者に限らずあらゆる年齢において教育はなされうるものであり，今日では生涯教育（*生涯学習）の考えが普及し，たとえば高齢者も学習主体として重要な位置を占める．一方，教育を権利とする考え方は強められ，たとえば国際人権規約Ａ規約の第13条は，〈教育についてのすべての者の権利を認める〉とし，外国人，障害者，その他マイノリティも自由に，差別なく教育を受けること，そのような教育機会が保障されるべきこと，を要請している．社会の中で教育（おもに学校教育）の演じる役割については，能力や技術をもった人材の育成，それぞれの地位への成員の適切な配置，個人の*社会移動の促進などがいわれてきたが，他方，教育が世代から世代への地位の再生産的伝達の役割を果たしているとの考察もあり，議論をよんでいる．今日多くの国で教育の機会の平等はうたわれているが，経済的能力や文化的能力（*文化資本）の不均等があるため，平等はなかなか実現されず，これは大きな社会の課題となっている．→学歴インフレ，高学歴社会，脱学校社会，同和教育，フリースクール

217 教育社会学
sociology of education

教育現象を社会学的観点・方法に基づき研究する分野．*デュルケムは教育を社会的事実ととらえ，社会により，歴史的時代により異なる教育実践を，当の時代の思潮や社会的要請と関連づけて考察し，教育社会学の祖の一人となった（『フランス教育思想史』1938）．今日では，教育の制度および実践の社会的諸条件の研究の必要は多面的に生じており，学歴と職業，教育と*階層間移動，教育制度と産業組織，大学の社会的機能，教育における選別の社会的要因，学校内相互行為，教育的社会化など様々な主題が教育社会学者によって取り組まれている．また，教育が社会の発展にどう貢献するか，人びとの地位の上昇や改善にどう寄与するかといった機能分析的アプローチばかりでなく，1970年代以降，社会における不平等やマイノリティの不利な地位を維持している要因を教育にもとめる批判的社会学からのアプローチも登場する．これはボールズとギンティス（『アメリカ資本主義と学校教育』1976），コリンズなどの研究とともに〈コンフリクト理論〉とよばれる．なお，*ブルデューの*文化的再生産論や，*バーンスティンの社会階級と言語コードの理論（→限定コード/精密コード）なども，これと類似した性格をもっている．

218 教育の機会
opportunity of education

上級学校への進学実績が，*階級，*階層，性，人種等による偏り（不平等）を示していないかどうかを問題化する発見的・評価的概念．教育機会の平等が*国民国家的な政策目標になったのは，とりわけ第２次大戦以降である．"総力戦"のもたらした国民国家の一体性の観念が，その後の公民権運動の展開等により，国民としての平等の実現，すなわち階級・階層・性・人種による制度的差別の撤廃へ向かい，社会保障制度の充実を中心とする政策課題となった．その変化は，教育分野にも及んだ．進学段階で複数の学校系列に分岐される複線型学校制度から，義務教育以降も上級学校への進学が限定されない単線型学校制度へと，多くの国で転換が起こり，教育の機会は社会的により平等に開かれるようになったが，

219 共依存 co-dependency

問題を抱えた人だけでなく、その人への世話や心配をする人自身もその人間関係を必要とし、心理的・病理的に相互依存しつつ他者を統制しあっている状態。*薬物依存のような物的存在、浪費癖のような強迫的な習癖だけでなく、人間関係そのものを嗜癖（addiction）の対象としてとらえたところに新たな着眼がある。*アルコール依存の夫に対して献身的な世話をする妻の行動は、夫にとってだけでなく、妻にとっても自己確認に不可欠であり、結果として夫と妻との支配―被支配の循環的な関係から抜けだせない。*ギデンズは共依存の問題を個人レベルから近代がはらむ文化・社会レベルの問題へと展開し、*アイデンティティ確立の強調が自己への厳しい再帰的なまなざしを生み、終わりのない存在証明の重荷が共依存的関係への嗜癖を生むと関連づけた。他方で、共依存批判には、結合より分離を重視する西欧男性型の自己発達モデルが背後にあり、共感や他者へのケアを担うように社会化される女性は、共依存的状況を強いられるという*フェミニズムからの再批判もある。

220 共同主観 ⇒ 間主観性

221 共同性 communality

多義的だが、最も一般的には、複数の行為者が、何らかの価値や利害を分かちあっているような関係のあり方をいう。近・現代社会において、個人の自由と自立性を前提として共同性の成立をどのように説明するのか、共同性の変容をどのように把握するのか、共同性は*社会学の最も中心的な焦点であり続けてきたといってよい。*デュルケムのいう*機械的連帯から有機的連帯へ、*テンニースの*ゲマインシャフトからゲゼルシャフトへなどは、*近代社会の共同性の特質を伝統的な社会と対比したものである。共同性の実現が期待される空間的な領域として*コミュニティがある。*ホッブズ問題とよばれる秩序問題も、共同性の契機を主題化したものととらえることができる。1)*価値や*規範の共有に依拠する*パーソンズ的な立場、2)利害の一致という契機を重視するロックや*合理的選択理論の立場、3)*権力や*支配などの強制力の存在を重視する*マルクスや闘争モデルの立場、4)*ハーバマスに代表される、コミュニケーションに注目し、合理的討議や意味の構成作用などによる相互了解を重視する立場、に大別することができる。集団論や*組織論・社会運動論の文脈では、共同性は、成員のリクルートメントをはかり、貢献をいかに確保するかという動員の問題として論じられてきた。バーナードの誘因と貢献のバランスによる説明、オルソンの*フリー・ライダー論の問題提起とそれに答えた*社会運動の*資源動員論に代表される。地域社会学や*都市社会学の文脈では、*都市化とコミュニティの変容という視点から、親族・近隣関係に代わる友人関係のネットワークの増大が注目されている。→統合

222 巨帯都市 ⇒ メガロポリス

223 儀礼 〈英,仏〉rite

内面的な信仰に対し、宗教的活動における形式化された外的行為の側面をいう。神など超自然的なものへの接近や働きかけの行為をさすことが多く、雨乞いや犠牲獣を捧げる供犠などが代表的なものである。他方、社会学では世俗的活動領域で〈儀礼〉の語を用いることがあり、

224 均衡モデル/闘争モデル
equilibrium model/conflict model

ダーレンドルフが提示した社会学理論の対極的類型.＊パーソンズ社会学を，1)社会秩序の存続・維持にのみ関心をもち，2)社会秩序の成立の条件を成員間での価値体系の共有に求める点にその本質があるとし，これを〈均衡モデル〉と定式化した．これに対抗する自己の立場を〈闘争モデル〉と名づけ，1)闘争はいたるところに存在し社会はつねに変動し続け，2)社会秩序は強制と＊支配に基づいて成立している，とした．安定や＊統合，合意問題への偏重という形でのパーソンズ批判は1950年代の後半から盛んになり，とりわけ日本では，＊機能主義対＊マルクス主義，という文脈で受容されてきた．闘争モデルの提示には，マルクスの階級論の不備を衝き，その展開を図るという意図が秘められている．コーザーも〈闘争の社会的機能〉に対する無関心という観点からパーソンズを批判し，マルクスと並んで＊ジンメルを闘争理論として高く評価した．→共同性，合意，コンフリクト

225 近代化
modernization

＊近代社会を特徴づけるような＊社会変動の方向を理念的・総括的にさす言葉．近代社会は，伝統的束縛からの〈個人の解放〉という契機と，社会的格差の増大や孤独とニヒリズムなどの正負の両義的側面をもっている．このような両義性のどのような側面に注目するのかに依存して，また改革のスローガンとしても用いられ，〈近代化〉は多義的で論争的な概念である．＊マルクス主義では資本主義化とほぼ同一視される．＊ウェーバーの場合には＊合理化と等値され，〈＊呪術からの解放〉や計算可能性の増大，＊官僚制化を近代化の共通の趨勢と見ている．＊パーソンズは＊パターン変数によって，＊個別主義から普遍主義へ，＊属性本位から業績本位へと，近代的な価値の特質を規定した．〈教育の近代化〉などのように，特定の分野の改革の方向性をさす場合もあるが，一般には，産業化，＊都市化，政治的民主化などを包括する上位概念として使われる場合が多い．漢字文化圏では，情報化や脱工業化など，社会変動のより今日的な趨勢を〈現代化〉ととらえ，近代化と区別することもある．近代化を，進歩や社会発展という観念と結びつけ普遍主義的で単線的なイメージでとらえがちであることを批判して，＊カルチュラルスタディーズなどは，各地域や民族の文化の固有性や社会変動の方向の多元性・多様性を強調している．近年は，経済成長中心の近代化を批判して，環境との共存を重視したエコロジー的近代化という概念が提唱されている．

226 近代家族
modern family

近代における家族の＊理念型．ショーターらヨーロッパの＊社会史研究者は現在の家族についての様々な常識・イメージが主として近代以降に成立したものであると主張し，そうした家族の理念型を〈近代家族〉とよんだ．その最大公約数は家族成員相互に情緒的な親密性が強調されること，家族が公共領域と分離した私的領域を形成すること，とされている．この派生物として〈子ども中心主義〉，専業主婦の出現，市場労働と区別された家内労働としての家事・育児の出現などが指摘されることもある．家族を相対化したこの概念がもつ意義は

大きいが，半面で近代の家族を画一的にとらえる側面をもち，経験的事実との対応に関する批判も提出されている．また西洋近代に特殊な家族のモデルをいうのか，産業化にともなって普遍的に出現する家族モデルと考えるのかについても議論が分かれる．→〈子ども〉の誕生，主婦

227 近代社会
modern society

16世紀半ばに西欧世界で成立し，その後*合理化され形態変化をたどる一方，19世紀の末から帝国主義と*グローバリゼーションにともない全世界に波及していった社会類型．経済的には資本主義・産業主義，政治的には*民主主義・*国民国家，社会的には*アーバニズム，文化的には*人間中心主義・科学主義といった諸原理によって成り立つ．歴史学では中世と現代とに挟まれた一つの歴史段階として理解されることが多いが，社会学では〈古い社会〉と対比された〈新しい社会〉(近=現代)をさす．ポストモダン論でその終わりが宣言された〈近代〉は，それ以前の*大衆社会論では"最新の"社会形態と形容されていた．*ハーバマスのように〈未完のプロジェクト〉としてまだ終わっていないという説も根強い．16世紀以降変貌を重ねる近代社会に共通する構造原理は近代性(modernity)，こうした変化を推進する理念は近代主義(modernism)，時期と地域で様々な変異体をもつ具体的形態は近代社会として，モダンの様々な位相が区別されることもある．→モダニティ，ポストモダニズム

228 グラウンデッド・セオリー
grounded theory

データに根ざした理論，およびそれを生み出す方法論．〈データ対話型理論〉とも訳される．B.G.グレイザーとストラウス(『データ対話型理論の発見』1967)により提唱された．その特徴は，主として*参与観察や文献調査などによって得られた*質的データを相互に比較しながら，理論を帰納的に作り上げていく方法論にある．具体的には，調査の過程で浮かび上がってくる項目を〈カテゴリー〉として〈コード化〉し，それらのカテゴリー間の関係を検討するとともに，事例間の比較を通してカテゴリーの一般性を高めていく．ある構造的条件のもとで新たな知見が得られなくなると〈理論的飽和〉に達したと判断され，構造的条件を変えてさらに比較がつづけられる．こうした比較対象の選択方針を〈理論的サンプリング〉とよぶ．比較を通して理論は修正され，再び〈理論的飽和〉にいたる．こうした方法によって獲得された理論がグラウンデッド・セオリーである．→質的調査法

229 クラスター分析
cluster analysis

*多変量解析の一種であり，多数のケース(調査票調査でいえば対象者)または変数を，相互の類似性に基づいて分類することを通じて，データ全体の構造を分析しようとする手法．たとえば，若者をいくつかのタイプに分けるといった場合は前者であり，多数の意見項目をいくつかに分類するといった場合は後者に当たる．データ間の類似性(非類似性)の度合いを〈距離〉，分類されたグループを〈クラスター〉とよぶ．距離の定義の仕方，分類の手順について様々な方法があるので，どの方法を用いるかによって違った結果が得られる場合があることに注意．

230 グループ・ダイナミックス
group dynamics

集団内の人間行動を観察，記録し，それを通じて集団現象についての一般的法則を発見し，実用的にも役立てようとする諸研究．直訳して集団力学ともいわれる．

心理学者レヴィンによって基礎が確立された．グループ・ダイナミックスは，一般的には心理学的な*社会心理学の一分野とされ，おもに実験的方法を用いた研究が行われてきた．具体的な研究領域としては，かつては集団の凝集性，集団的圧力，集団の分化と統合，リーダーシップと課題解決など，集団そのものの特性が中心となったが，現在では集団内の自己や他者の認知，相互行為，人間関係など，様々な領域に広がっている．また，次第に実験的方法だけでなく，理論モデルによる分析，現地観察調査，質問紙調査なども用いられるようになり，グループ・ダイナミックスと微視的な社会学的研究との境界がややあいまいになっている．→小集団，社会的ネットワーク分析

クロス集計
cross tabulation

二つ以上の変数の値(カテゴリー)を組み合わせて，行列形式で個体(ケース)数の分布を示す集計方法．変数xのカテゴリー数をI，変数yのカテゴリー数をJとすると，xとyのクロス集計は$I×J$のセルごとに行列形式でケース数を示したものとなる．ただし，単にケース数を示しただけでは，xとyの関連はわかりにくいので，行または列方向に百分率を計算したものを併せて表示することが多い．理論的に因果関係が想定されている場合には，*独立変数のカテゴリーごとに従属変数のカテゴリーの百分率を示すのが原則である．

2重クロス表の一般形式

y＼x	1	2	⋯	j	⋯	J	計
1	n_{11}	n_{12}	⋯	n_{1j}	⋯	n_{1J}	$n_{1·}$
2	n_{21}	n_{22}	⋯	n_{2j}	⋯	n_{2J}	$n_{2·}$
⋮	⋯			n_{ij}		⋯	$n_{i·}$
I	n_{I1}	n_{I2}	⋯	n_{Ij}	⋯	n_{IJ}	$n_{I·}$
計	$n_{·1}$	$n_{·2}$	⋯	$n_{·j}$	⋯	$n_{·J}$	n

グローバリゼーション
globalization

資本主義市場経済の世界的展開とともに，*国家の自律性が低下し，世界の相互依存関係が強まる現象．グローバル化，地球化ともいう．フランス語では〈世界化〉(mondialisation)が同じ意味で使われる．冷戦終結と社会主義経済崩壊後，意識され始めた〈国際化〉は，国境を越えるモノ，ヒト，サーヴィス，情報・文化などの動きや地球上の環境破壊などの国家による管理・制御が可能だとする国家主権を前提とした概念である．ところが，国家の管理が困難になり国家主権が動揺するという現実が認識されると，グローバリゼーションの概念がより頻繁に使われ始めた．これは，国境を越えた自由な経済活動を推進するグローバリズムを土台とし，一義的には経済現象だとみなされやすいが，政治，社会，文化のグローバル化も含まれ，多面的で*国民国家に広く深い影響を与えている(たとえば多文化社会化など)．さらに，国民国家を越えるEUなどの新しい地域共同体創出の動きを進めると同時に，国家内の地域の人びとのローカル・アイデンティティを強める現象も引き起こす(→地域主義)．他方，このなかで動揺する国民国家の再構築を求める排他的な*ナショナリズムが強まる動きもある．→異文化コミュニケーション，国際労働力移動

群集心理
crowd psychology
〈仏〉psychologie des foules

一時的かつ非組織的な集合体とされる群集に特有の心理．フランスの社会学者タルドやル・ボンらによって，群集，群集

心理の研究の発端が開かれた．群集は一時的かつ不定期である一方で，共通の関心や動因によって多くの人びとが一定の空間を占める集合体であり，構成員の役割や機能が明確に分化し継続的に組織された社会集団とは区別できる．ル・ボンは『群集心理』(1895)の中で，この心理の特徴を，感情に左右されやすいことや，同質性の高まりによる過激な行動への傾向などに求めたが，これらの見解は19世紀末の民衆に対する貴族主義的立場からの偏見を含むものであった．それに対し*デュルケムは，群集のエネルギーを〈集合沸騰〉の概念を通じて社会的関係の発現の原基と積極的にとらえ直した．この視点は*社会変動の原動力として群集行動をとらえるG.ルフェーヴルの視座に継承された．

234 経済人 ⇒ ホモ・エコノミクス

235 形式合理性／実質合理性

〈独〉formale Rationalität／
materiale Rationalität

*ウェーバーが提示した合理性の類型論の一つ．実質合理性がある特定の価値観点を設定して，その達成の度合いをさすのに対して，形式合理性は，特定の*価値とは無関係に，行為や思考の経過が技術的に正確に計算される程度を意味する．宗教は特定の価値に即した実質合理化を求めるので，実質合理性は世界各地で見られてきた．西欧近代に特有なのは高度な形式合理性である．西欧近代に特有な科学・法律・行政・経済などが求めてきたのは形式合理化の推進である．科学では実験科学と数理科学への指向性，法律では手続き論への傾斜，行政では合法支配，経済では高度な計算可能性が求められた．形式合理化は，世界に対する高い制御力(現世支配の合理主義)を人間に与える．高い形式合理性は，あらゆる価値にとって"手段"としてつねに有効なものであるが，"目的"については何ら教えるところがない．二つの合理性の乖離が，世界の〈*呪術からの解放〉の重要な帰結の一つである．→近代化，合理化，機能合理性／実質合理性

236 啓蒙主義

enlightenment 〈独〉Aufklärung
〈仏〉lumières

おもに18世紀のフランスで展開された，理性の力による人間と社会の進歩を唱えた思想．科学的知識に基づく迷信や偏見の批判，教会に対する宗教的寛容の要求，自然法思想に基づく旧体制の批判などの要素を含む．ヴォルテール，モンテスキュー，ディドロらによって代表される．フランス革命を思想的に準備した．啓蒙主義批判は19世紀にロマン主義によって展開されたが，*ホルクハイマーと*アドルノは，野蛮の克服をめざす啓蒙が，それ自体のうちに，ふたたび野蛮へと転化する〈啓蒙の弁証法〉を内包していることを示し，より根底的な批判を展開した．

237 ケースワーク

casework; social casework

問題をかかえた個々人や家族に特に焦点をあて，社会環境との調整や適応を個別的に援助する専門的方法で，問題を解決して自立意欲の醸成や能力発達をめざす．グループ・ワーク，*コミュニティ・ワークなどとならぶ*ソーシャル・ワークの一方法でもある．イギリスの慈善組織協会(COS)の友愛訪問員の活動を主たる起源としつつ，アメリカに移って専門的訓練を受けた有給のケースワーカー職が生み出された．インテーク(受理面接)—調査—診断—処遇の援助過程や，精神分析の影響を受けた*カウンセリングな

ど医学モデル的な対応が従来なされてきたが,近年は生活モデルとして対象者の側面援助,権利要求の媒介や代弁が重視されてきている.

238 結果の平等
equality of result

学校教育や職業生活において競争参加の資格等の*平等だけでなく,その達成結果においても平等が実現されること.そのためには,性別,出自,国籍などによる参加資格の*差別を取り除くだけでなく,競争に不利を負っている集団に対し,それを是正する積極的措置を講じなければならない.手段としては特別な経済援助,教育援助,採用枠(クォータ)の設置,税制上の優遇などがある.アメリカにおける*アファーマティヴ・アクションはこの〈結果の平等〉の理念に基づくといえる.〈*機会の平等〉に対置される概念というとらえ方もあれば,〈機会の平等〉の意味を消極的にではなく積極的に解釈するところに成立する平等観とする見方もある.→社会的不平等

239 ゲマインシャフト/ゲゼルシャフト
〈独〉Gemeinschaft/Gesellschaft

*テンニースが『ゲマインシャフトとゲゼルシャフト』(1887)で提示した概念.前者は,本質意志に基づく結合体とされ,感情融合により結合そのものに意義があるような関係のあり方をさし,後者は,選択意志に基づく形成体とされ,利害打算に基づいて選択的に形成されるような関係のあり方をさす.ゲマインシャフトには,家族・民族などの〈血のゲマインシャフト〉,隣人・村落などの〈場所のゲマインシャフト〉,教会・都市などの〈精神のゲマインシャフト〉があり,ゲゼルシャフトとしては,契約関係,大都市,世界などがあげられる.歴史的に見ると,ゲマインシャフトを基盤としてゲゼルシャフトが形成されたが,資本主義の発展とともにゲゼルシャフトが優勢な時代を迎えた.テンニース自身はゲゼルシャフトが優勢な時代におけるゲマインシャフト原理の復興に期待をかけたが,今日ではその文脈を離れて,社会的結合の類型を示す概念として定着している.→コミュニティ,共同性

240 ゲーム理論
game theory

様々な現象を,特定のルールに基づき複数のプレーヤーが行うゲームとして数学的に定式化し,その過程および帰結を演繹的に分析しようとする理論.ここでいうゲームとは,政治現象,経済現象,その他社会現象一般,広くは非社会現象まで幅広い内容を含む.プレーヤーとしても個人のほか,企業,政府,国家など様々な意思決定主体が想定される.ゲームのモデルは多種多様であるが,各プレーヤーが自己の利益(利得,効用)をめざして各種の戦略をとるときにどんな結果が生じるか,最適な戦略や典型的なプロセスは何かなどを分析する点が,ゲーム理論の共通の特徴といえる.今日では,数学,工学,経済学,経営学,心理学,政治学,社会学などにまたがる学際的分野として発展している.*囚人のディレンマのゲームなどが有名.→パレート最適,オペレーションズリサーチ

241 権威主義
⇒ 権威主義的パーソナリティ

242 権威主義的パーソナリティ
authoritarian personality

人間や社会事象を,それ自体の固有価値によってではなく,力や権威を基準とした上下関係のなかでとらえ意味づける態度を権威主義といい,これに適合的な*パーソナリティの型をさす.同名の著

書(1950)で，*アドルノたちは，これを反民主主義的イデオロギーを受け入れやすいパーソナリティ構造と規定し，その構成要素として*ファシズム，*エスノセントリズム，*反ユダヤ主義などに注目した．またフロムは，『自由からの逃走』(1941)において，*ナチズムを支持していったドイツの下層中産階級の特徴を，権威主義的性格に求めた．

243 言語
language 〈仏〉langue

狭義には，音声と文字という*記号体系を用いた*コミュニケーション手段といえるが，音声化，文字化されなくとも人間の思考の組み立てを可能にする記号の作用を担っているという意味で，広く認知・思考手段といえる．したがって当然，文化の重要な構成要素である．言語は，人びとの間のコミュニケーションに用いられるからだけでなく，その記号としての効力が社会の協約に基づいているという意味で，社会的なものである．たとえば"ox"という言葉がある特定の動物を意味するのは，記号と対象との自然的結びつきによるのではなく，その社会の決まりに基づくのである．ソシュールは，これを〈言語記号の恣意性〉という言葉で表現した(『一般言語学講義』1916)．言語は，使用される社会的文脈に応じてヴァラエティを示す(いわゆる地域方言，社会方言など)．そういう側面からみると，言語は，それを使用する者の社会的背景を表示するものである．トラッドギルはこれを，〈話し手について情報を伝えるという役割〉と述べている(『言語と社会』74)．→構造主義，記号論

244 言語ゲーム
language game 〈独〉Sprachspiel

言語の使用をゲームになぞらえて説明したヴィトゲンシュタインの概念．後期のヴィトゲンシュタインは，〈語の意味はそれが指示する対象である〉とする前期の写像理論を放棄し，〈語の意味はその用いられ方である〉とする考え方を展開した．この考え方によれば，言語の意味とは，ある文脈のなかで規則に従ってなされるその使用のことである．社会学では*社会的行為を"規則に従った行為"ととらえる見方に影響を与えた．→会話分析，規則

245 言語社会学
sociology of language

*言語の社会的な性質を明らかにし，その使用，その機能，また言語自体の変容を社会諸関係のなかで考察する分野で，その点で，*社会言語学と実質的に区別されるものではない．一般に言語学者が上のような分野に研究を進める場合，社会言語学の名称を用い，社会学者がその分野に進む場合に言語社会学と名乗る傾向がある．最初に意識的にこの分野で研究を進めた者にA.メイエ(1866-1936)がある．彼はソシュールに学び，*デュルケムの社会学的方法を適用し，言語を外から課される*社会的事実ととらえ，言語の意味の変化も，言語内在的にではなく，社会的諸条件の変化から説明されなければならないとした．20世紀後半からのこの分野では，*バーンスティン，*ブルデュー，ラボフらの研究が言語社会学上の労作といわれるが，社会言語学的業績と称されても何ら不都合はない．→デュルケム学派

246 現象学的社会学
phenomenological sociology

現象学の方法・概念・発想を取り入れた社会学のアプローチの総称．多様なアプローチを含み，明確な定義は困難であるが，代表的なアプローチとして三つを挙げることができる．

1) 最も早く1920年代に現れ，現象学から〈本質直観〉の方法を取り入れて，社会関係や集団の本質認識をめざしたもの．フィーアカントが代表的．シェーラーやリットもこの時期に属する．その思弁的性格が批判された．2) 意識と対象の志向的な相関関係を分析する〈構成分析〉の方法を用いて，社会的世界の諸対象の構成を，それらを構成した行為者の意識の志向作用に遡って解明するもの．*シュッツの『社会的世界の意味構成』(1932)によって確立された．社会的世界における他者や集団・組織・文化についての経験を，それらを経験している行為者自身が，自然的態度の内部で反省的に自己解明するという形をとる．自然的態度を括弧に入れて構成分析を行うフッサールの〈超越論的現象学〉に対して，この立場は〈自然的態度の構成的現象学〉とよばれる．3) シュッツの影響を受けて，60年代以降，おもにアメリカで展開されたもの．厳密に現象学の方法を用いているわけではないが，現象学的な概念や発想を経験的な研究に応用した．*バーガーとルックマンのリアリティ構成論や，*ガーフィンケルの*エスノメソドロジーが代表的である．→志向性，日常生活世界，リアリティの社会的構成，レリヴァンス

原初主義的アプローチ／環境主義的アプローチ
primordialist approach/ environmentalist approach

*エスニシティのとらえ方，その動員や運動のあり方を説明する二つのアプローチ．グレイザー，モイニハン『エスニシティ』(1970)で，対で提出されている．原初主義的アプローチは愛着，*アイデンティティなど心理的条件に関連づけて説明する．人びとが生まれ落ちる集団について，各々は基礎的な絆，愛着の感情をもち，それらは各自の基礎的なアイデンティティの根源となるとする．それらに原初的な愛着を抱くので，それらが否定される場合は反発し，*民族紛争・対立などが生じるのは当然と考える．環境主義的アプローチは，文化やアイデンティティも一種道具的なものととらえ，与えられた政治的・社会的の環境条件下で，人びとは環境適応として，民族特性やアイデンティティを活性化し，動員するものと考える．これは〈道具主義的アプローチ〉とよばれることもある．現実のエスニック・グループの研究では両アプローチの併用も必要となる．

限定コード／精密コード
restricted code/elaborated code

言語的コミュニケーションのタイプを構成する，二つの表現規制．*バーンスティンの概念．限定コードは〈当事者コード〉であり，絵などの説明を求められた場合，説明者と被説明者との間で文脈は共有されていることが自明とされ，いわば絵の中に入って，たとえば"あれが何々をしている"などの言語表現をもたらす．これに対して精密コードは，〈第三者コード〉であり，上記の場面では文脈の明示を要求し，いわば絵の外から，たとえば"老人が歩いている"などの言語表現をもたらす．バーンスティンによれば，この二つの言語表現とそれを構築する言語コードは，限定コードが労働者階級，精密コードが中産階級，と社会階級に対応している．また，二つの言語表現は情報量的には等価であるが，精密コードの使用を能力・学力ととらえる学校の場においては，労働者階級の能力・学力は低いとされることを指摘している．→文化的再生産

249 権力

power 〈独〉Macht 〈仏〉pouvoir

多義的で最も論争的な概念の一つ．*ウェーバーの〈他者の抵抗を排してまで，自己の意思を貫徹するすべての可能性〉という定義が代表的である．大きく三つの立場に整理できる．1)ウェーバーや政治学者のダールらに代表される，二者関係を前提に，権力が他者の行為を変容させる可能性に焦点をあてた個人レベルでの定義．最も主流に位置する．2)*パーソンズは，集合的な目標を達成するための協働的な行為を動員する集合体レベルの能力を権力と定義し，貨幣と同様に，権力も政治システムと他のシステムとの相互交換を媒介するメディアであるととらえた．3)*フーコーに代表される，*構造主義的な権力概念．監視塔からはすべての独房の内部を見通すことができるが，独房からは監視塔の内部が見えないという，理想的な刑務所〈一望監視施設〉のように，近代社会の構造的な場，それ自体がもつ不可視的な強制的メカニズムに，フーコーは焦点をあてている．→国家権力，支配，政治権力，地域権力構造，父権/母権，家父長制

250 権力構造

power structure

*権力がどのような人びとによってどのように担われているのかを示す，権力の社会的布置．権力が上位者に集中する集権的構造と下位者に分有される分権的構造に大別される．地域社会レベルの構造は*地域権力構造とよばれる．権力構造の基礎には，制度的権力と社会的資源の動員能力がどのように配分されているか，実質的な影響力を誰がもっているのか，という基本的な論点がある．*民主主義の形骸化を危惧し，現代社会はどの程度多元的で平等な社会なのかという問題意識から，権力を実体的にとらえ，経済的資源をもつ*エリートに権力が集中する側面を強調する，*ミルズやF.ハンターらの権力エリート論の立場や，権力を機能的にとらえ，様々な社会的資源をもつエリート間に権力が分散している側面を強調する*パーソンズやダールらの権力多元論などがある．両者の間では，1950年代から60年代にかけて，アメリカで実証研究の方法論を含む論争があった．→パワー・エリート，家父長制，社会構造

251 言論・出版・表現の自由

freedom of speech or the press or expression

近代の*民主主義社会における最も基本的な*人権で，思想・信条を自由に表現し，事実や意見を干渉されることなく伝達できる権利のこと．言論・出版・表現の自由の権利は民主主義的な政治過程にとって不可欠な権利として，言論弾圧に対する長期間にわたる闘いのなかで獲得された．日本国憲法21条1項でも〈集会，結社及び言論，出版その他一切の表現の自由は，これを保障する〉として，口頭，文書，演劇，映画，ラジオ，テレビ，インターネットなど，表現媒体を問わず，個人や集団による一切の表現活動を保障している．この包括的な自由の保障には報道の自由も含まれる．もっとも，この権利の保障も絶対のものではなく，憲法12条は〈この憲法が国民に保障する自由及び権利〉を国民が〈常に公共の福祉のために〉利用する責任があることを明記している．この観点から，わいせつ文書や名誉毀損にあたる場合などは，表現活動が一定の制約をうける．近年，プライヴァシーの権利，知られたくない権利の保障とのかかわりで，表現の自由，取材の自由の制限に関する議論が行われる一方で，国民の〈*知る権利〉に応える表現・

取材の自由が一層重要性を増している．→プライヴァシーの保護，ジャーナリズム，マス・コミュニケーション

252 講 こう

日本における伝統的な結社の形態の一つ．元来は，仏教寺院において仏教経典を講ずる集会をさすものであったが，中世以降は，寺院の外に様々な宗教集団が講として成立（宗教講），また有名な寺社を参詣するために費用を積み立てる参詣講や，純粋に経済的な*相互扶助機能を果たす無尽や頼母子*講などの経済講も現れた．集団としての講の特徴は，平等な成員間の相互扶助的な関係にあり，家の間の系譜関係や上下関係を組織原理とする同族団と対照的である．→同族，アソシエーション

253 行為

action 〈独〉Handeln; Handlung

人間が行う活動．社会を構成する基礎的な単位．*ウェーバーによれば，行為の要件は，それが行為者本人にとって意味をもっていることである．この主観的な有意味性と理解可能性とによって，行為は行動一般から区別される．まばたきとウインクは外側から観察すれば同じように見えるが，まばたきが，まばたきをしている本人にとって意味をもたないのに対して，ウインクは，ウインクをしている本人にとって"合図を送る"という主観的意味をもつ行為である．また外側からは何も活動していないように見える場合でも，たとえば頭の中で計算をしていたり（内的な行為），"見て見ぬふりをする"行為をしていたりする場合がある（不作為）．そして，ウェーバーによれば，これらの行為が連結され，特定の仕方で編成されることによって，社会が形づくられるのである．このように，行為を，社会を構成する基礎的な単位とみなす考え方は，その後*パーソンズや*シュッツによって受け継がれた．→行為理論，社会的行為，社会的相互行為，理解社会学

254 合意
consensus

複数の行為者の間で，政策や*規範，*役割，利害調整などに関して同意が存在すること．社会理論の*均衡モデルと闘争モデルが対比されるように，合意は一般に*コンフリクトと対比して理解されているが，基本的な*価値は共有しつつも優先順位に関しては意見の対立がある場合などのように，通常はコンフリクトも何らかの部分的な合意を前提にしている．特にライヴァル間の競争に代表される希少な資源や地位の獲得をめぐるコンフリクトは，対象とする資源や地位の価値に関して合意があるがゆえに，同じものの獲得をめざして争いあっているとみることができる．一切の合意のないコンフリクトは極限状態であり，合意はコンフリクトの解決にいたる交渉の基礎でもある．コンフリクト研究は同時に，社会的合意形成の困難さや容易さを規定する諸条件に関する研究であるといってもよい．価値の多元化と利害の複雑化につれて，合意形成は今日の*公共政策の大きな課題である．→ガヴァナンス，公共性，社会統合/システム統合

255 広域行政

既存の自治体の範囲を超えた広域を対象とする行政．たとえば，廃棄物処理などの問題について自治体が単独では対処できない場合に，複数の自治体が〈一部事務組合〉などを設置して対処するのは，その典型例である．広域行政には，地域生活の広域化に対応する側面と，行政の側において規模のメリットを追求する側面がある．近年の地方分権改革では，分権の受け皿として市町村合併による行政の広域化を進める動きがあり，広域行政が自治体の合併そのものを意味する場合も少

なくない．→地方自治

256 行為理論
theory of action

社会学の基礎的な理論の分野の一つで，社会の成員としての人間の*行為に関する諸理論．通常，社会学を*社会的行為の因果的な説明をめざす科学とした*ウェーバー（『社会学の根本概念』1922）を出発点とし，*パーソンズの*主意主義的行為理論（『社会的行為の構造』37）へ，という流れが重視され，そこから行為の一般理論へ，さらには*システム理論へと議論が展開される傾向がある．しかし本来は，社会的存在としての人間がいかに行為するかについての知見，仮説，理論を広く含むべきもので，行為と社会規範の関係を多面的に扱った*デュルケムの『自殺論』(1897)，非論理的行為の特質とその社会的均衡系への影響を考察した*パレートの*残基/派生体論，間主観的な生活世界と行為を論じた*シュッツの現象学的理論，さらに相互行為（インタラクション）の過程を明示的に取り上げ，意味，規範，関係などの生成，変容を扱った*ブルーマー，*ゴフマン，等々にも注目することができる．心理学や精神分析学に拠る行為理論ももちろんあるが，ここでは触れない．→社会的相互行為

257 行為類型
types of action 〈独〉Handlungstypen

*ウェーバーが用いた概念で，より正確には，*社会的行為の類型である（『社会学の根本概念』1922）．彼は，社会的行為について，*理念型的に次の四つの類型を設定した．1)*目的合理的行為．外界の事物および他の人間の行動についてある予想をもち，この予想を自分の目的のために条件や手段として利用するような行為．2)*価値合理的行為．ある絶対的価値（倫理的・美的・宗教的その他）そのものへの，結果を度外視した意識的な信仰による行為．3)感情的行為．直接の感情や気分による行為．4)伝統的行為．身についた習慣による行為．網羅的な類型化とはいえないが，〈*呪術からの解放〉というウェーバー社会学のテーマに照らしてみると，感情的行為や伝統的行為が非合理的なものであるのに対し，伝統的世界を打破する推進力として価値合理的行為が，また近代の合理的世界に支配的な行為類型として目的合理的行為が，位置づけられる．これによって社会発展の歴史的研究や*比較社会学的研究に有用な武器が提供されたといえる．その後の行為の類型論は，何らかの形でウェーバーの影響を受けている．

258 公益
public interest

不特定多数の人びとに共有された利益．公共の利益ともいう．"公共事業"などをめぐって，公益の名のもとに，不利益を被る者や少数者を排除しているという批判や，公益の観念そのものに懐疑的な見方もある．日本では長い間，政府や行政が公益の主要な担い手とされ，公益の定義を事実上独占してきたが，近年，市民活動やNPO活動が活発化し，市民側が定義し担いあう〈市民公益〉という考え方が広がってきた．→公共性，公共財，NGO・NPO

259 公害
environmental pollution

生産・流通・消費などの社会的活動によって自然や生活環境が侵害され，健康被害や生活に悪影響が生じること．熊本水俣病，新潟水俣病，イタイイタイ病，四日市ぜんそくの4大公害問題をはじめとして，高度経済成長のひずみとして産業公害や都市公害が深刻化するにつれて，1960年代後半から日本では〈公害〉の語が広く用いられるようになった．大気汚染・水質汚濁・土壌汚染・騒音・振動・

地盤沈下・悪臭・原子力災害など多岐にわたり，私企業の生産過程からのみでなく，空港公害や新幹線公害などのように公共事業や公共施設が原因となるもの，隣人のピアノ演奏や飼い犬の鳴き声による生活妨害なども含まれる．70年代後半以降，環境破壊の規模の拡大と問題の多様化につれて，*環境問題という言葉が用いられる場合が増えている．〈公害〉という場合には，重大な健康被害や生活妨害をともない，加害―被害関係が明確で，影響のおよぶ範囲が相対的に局地的であるという含意が強い．→生活公害

260 郊外化 suburbanization

都市圏が周辺部に向かって拡大していく過程，あるいは，都市圏が拡大されて周辺部が都市圏に組み込まれていく過程．*都市化の過程で，当初，都市中心部に集中していた人口は，やがて周辺部に居住地を求めて拡散していく．この過程が郊外化である．郊外化によって都市は，中心都市と郊外からなる都市圏となる．初期の郊外は上層中産階級の居住地であったが，戦後，住宅の大量生産・大量供給が可能になると，郊外は中産階級の典型的な住宅地とみなされるようになった．アメリカでは，郊外は，*過同調を特徴とする組織人の世界として批判的にとらえられることもあったが，日本ではむしろ無秩序な住宅開発がスプロール問題として指摘される一方で，新中間層を主体とするコミュニティ形成に期待がかけられた．→再都市化

261 高学歴社会 highly-educated society

高学歴者の割合が高まった社会のこと．以下の二つの側面がある．1)*脱工業社会，知識社会の視点からのもので，工業化が進展した後は知識が重要となるので，教育年数を長期化させて高学歴化を進め，知識水準が向上した労働者や多数の専門技術職を輩出させねばならないとされる．2)発展途上国のように，教育が普及しても近代的部門の職業が十分に準備されない場合は，学歴は恵まれた職業への選抜・配分機能，地位の正当化機能を果たすものとなりやすく，人びとは競って高学歴者となりたがり，その結果*学歴インフレが引き起こされる．現代社会，特に途上国の学歴インフレを警告したのは*ドーアの『学歴社会　新しい文明病』(1976)であり，また現代社会における知識の重要性を説いたのは*ベル『脱工業社会の到来』(73)である．

262 効果分析 effect analysis

*マス・メディアを通じて受け手の行動や判断に影響をおよぼそうとする〈説得的コミュニケーション〉の効果の分析．クラッパーは『マス・コミュニケーションの効果』を1960年に刊行，ホヴランドやラザースフェルドに代表されるそれまでの効果研究の知見を整理して，メディアの効果が直接的なものではなく，対人関係などに媒介されていること，さらにその効果が受け手の態度や行動を変容させるよりむしろそれらの従前を強化する傾向をもつことなど，一般に限定効果仮説といわれる知見を提出した．その後70年代に入り，培養理論，*議題設定機能など，メディアの効果を強調する強力効果仮説が主張されるようになった．実験室内で行う統制実験による社会心理学的手法と，*社会調査との二つの方法がある．→送り手・受け手研究

263 交換理論 exchange theory

個人間，集団間の*社会過程を，報酬(物質的なものだけでなく精神的なものを含む)の交換過程とみなし，そこから安定した社会関係が成立するための条件や，*権力が発生するメカニズムの解明，規範や制度の

生成過程等を解明しようとする社会理論.交換は人類に普遍的に見られる現象であり,人類学,経済学でも古くから取り上げられてきた.しかし通常,社会学で交換理論とよばれるのは,20世紀後半にアメリカの*ホマンズ,*ブラウらの社会学者によって定式化されたものをさし,社会的交換論とよばれることもある.交換理論は,直接的にはスキナーの心理学の影響を受けて成立したものであり,人びとが何らかの報酬と費用によって*動機づけられ,他者との関係を形成・持続するという,*功利主義的な人間像が前提となっている.また,個人に先立つ集団や社会の存在を前提とせず,むしろ個人から集団や社会の存在を演繹的に説明しようとする点で,*方法論的個人主義に立つ社会理論である.→コミュニケーション,相互扶助,贈与

264 **公共財** public goods

原理的に非排除的で,競合性が成立せず,共同消費されるような財のあり方.具体的には治安や公衆衛生,*環境,一般道路,橋など.通常の商品は対価を支払わなければ消費できないが,公共財の場合には何人も利益を得ることを妨げられない.*フリー・ライダーを防ぐことができないため,私企業によっては供給されがたい.公共財を公的部門が供給する根拠はこの点にある.入場料や使用料などで利用者を制限する場合には準公共財という.

265 **公共性** publicness 〈独〉Öffentlichkeit

公的な空間や財(情報を含む)のもつ性質や価値.これらをもっぱら政府が担うものと考えるのは日本的な誤解である.多義的に,第1に,不特定多数の人びとに開かれた財や情報のあり方をいう.第2に〈公共哲学〉のように,参加と貢献を動機づける*市民社会の統合原理をさす.第3に,*ハーバマスが提唱したように,市民による公論形成,社会的*合意形成の場のあり方をさし,この場合は〈公共圏〉ともよばれる.第4に,*公共政策が満たすべき政策的公準の意味で使われる.

266 **公共政策** public policy

不特定多数の人びとの利害や関心にかかわる政策.集団や個人が一定の価値や目標の実現のために準備する活動案や計画,活動方針案などを総称して政策という.政策の中でも,公共政策は政府・自治体,政党,研究機関,*NGO・*社会運動組織などによって立案され,社会的支持を求めて提出される.複数の代替案の中からの最適な政策案の決定,利害調整と合意形成,価値や諸資源の公正な配分などが,公共政策の一般的な焦点である.英語では公共政策を研究する学問としての公共政策学も public policy とよばれる.これは,政治学者のラスウェルらが,既成の政治学からの脱却と合理的・科学的な政策研究のための学際的な協同をめざしてシンポジウムを開催し,その成果をまとめた編著『政策科学』(1951)で提唱した*政策科学とほぼ同義で,これを契機としてアメリカで自覚的に追究されるようになった問題解決志向的な学問をさす.

267 **合計特殊出生率** ⇒ 出生率

268 **広告** advertising

企業・広告主が,消費者に対して,商品やサーヴィスの購買意欲を喚起する目的で,商品に関する*情報を伝達する活動をさすが,意見広告や各種のキャンペーンも含まれよう.商品やサーヴィスの存在を知らしめるという意味での広告は,19世紀の新聞産業の商業化とともに確立してきたといわれるが,消費者の購買意欲を効率的に喚起するために心

理学や説得的コミュニケーションの技法が用いられ，現在の*マーケティングに繋がる組織的な戦略ができあがってきたのは20世紀前半である．テレビの普及とともに広告の社会的影響力が格段に強まり，*消費社会の進展につれて広告はコミュニケーションの重要な一分野となってきた．成熟した消費社会では，広告は商品・サーヴィスの特性の単なる告知だけではなく，*ボードリヤールが指摘したように，その示差的な*記号システムが様々なイメージを生産する文化装置として機能する．社会全般に拡散した広告が人びとの心的世界におよぼす影響については，*文化社会学や*カルチュラルスタディーズによって研究が進められている．

269 公衆 public

近代市民社会において社会的争点を討議し*世論を形成する主体と想定された理念的な概念．公共的/公的と訳される public の概念はもともとギリシアに発するカテゴリーで，各個人に固有の家（Oikos）の私生活圏から画然と区別される，自由な市民が構成する共同の国家の生活圏を意味する．この概念を社会学的な概念としてはじめて提出したのは『世論と群集』(1901)を著したタルドで，彼は公衆を群集や大衆とは明確に区別し，〈広大な地域にばらまかれ，めいめいの家で同じ新聞を読みながら座っている〉人たち，つまり教養と財産をもつ新聞の読者と考えた．社会に共通の問題を把握し討議する主体である．*ハーバマスは主著『公共性の構造転換』(62)のなかで，この主体類型を18世紀市民社会の形成過程のなかにとらえ，公衆・*公共性概念の現代性を析出した．→市民社会

270 公衆衛生 public health

社会的存在として，生活環境からの影響を受ける公衆の健康の維持・増進を目的とする諸活動と，それを支える理論と技術．人びとの健康の維持・増進には，個人の努力だけでは解決できない社会的要因が複数の領域やレベルでかかわっており，医学・自然科学や社会科学の知見を応用してそれらを解明するとともに，健康維持・増進に向けた実践の向上がめざされている．具体的には環境衛生，伝染病予防，衛生教育，疾病予防と早期発見の諸活動などが，地域社会や組織活動を基盤として進められている．1842年，イギリスのE.チャドウィックが長年の調査に基づき，大都市部の下層労働者の平均寿命の短さが劣悪な生活環境によることを示し，個人の衛生や栄養状態，住宅や上下水道の整備などの改善を求める報告書をまとめ，48年公衆衛生法が成立したことを契機に取り組みが本格化していった．→都市問題，環境権

271 口承文化 oral culture

口伝えに伝承される，文字を用いない文化．口伝文化ともいう．話し言葉は文字のない社会や文字を使わない民衆の間での主要な言語表現で，口から耳へと繰り返し語られることによって文化を伝承する．語り自体は個人が行うが，伝えられるものは広い意味での共同体の集合的な記憶であり，個人の独自性は細部での即興的な語りを除いては現れにくい．昔話や伝説，民謡，わらべ歌，ことわざなどがある．→伝承，民俗学

272 構造化理論 theory of structuration

*ギデンズの提唱するもので，社会の生成，構造化，構造変容などの過程を理解するアプローチとして提出された．社会的行為者は，様々な資源を動員する実践によって社会の生産にかかわるが，その実践はつねに再帰的なものである．行為者は，所与の構造に規定されるが，また自身がメンバーである社会の条件につい

て知識をもち,自分の行動をモニターしつつ行為する.それゆえ,〈構造の二重性〉ということが強調される.すなわち,構造が行為を規制するという側面と,行為の実践によって構造それ自体が変容するという側面であり,現実の社会生活はこの二重性において生産,再生産される.以上の考え方は,『社会理論の最前線』(1979)や『社会の構成』(84)で展開された.このような構造,実践,行為者のとらえ方は*ブルデューの再生産理論と共通する面が多く,*構造主義,*構造=機能主義,*主観主義を批判しながら社会理論を自覚的につくり直そうとする志向を表している.→モダニティ

273 構造=機能主義
structural-functionalism

*パーソンズが第2次大戦後に提唱した方法論的立場.部分の全体に対する貢献に注目する*機能分析と,要素間の因果連関に注目する構造分析とを統合しようとする立場.構造と機能は,既存の構造下でとる変数の値によって,AGILという四つの*機能的要件のすべてが充足されない場合,新しい構造の創出が必然化される,という定式で連動されている.この定式化により,*機能主義は均衡状態の分析ばかりでなく変動現象も分析可能となる.機能主義については,*AGIL図式を提唱したり,*サイバネティクスから階層的制御理論を借用したり,機能的要件の明細化と経験化が最晩年まで企てられていた.それに対して構造については,連立方程式の常数項という規定,あるいは*役割・集合体・*規範・*価値という構造カテゴリーの提唱がなされた程度で,まとまった議論はなされてはいない.因果分析と要件分析の接合という所期の目標が真に達成されたかどうかは議論の分かれるところである.→システム理論,ホッブズ問題

274 構造主義
structuralism

構造というものを諸々の要素の間の関係からなる全体とみなし,対象とする事象を,要素間の関係および要素の変換の結果として研究する立場.この考え方はソシュールの言語構造論,さらには*レヴィ=ストロースの人類学研究に多くを負っている.後者は,たとえば神話研究において,物語の個々の要素(人物や逸話)ではなく,それらが結びつくことでおびる意味(たとえば人間の出生の説明)をとらえることが重要であるとし,その意味に照らしてこそ,個々の要素も位置づけられうるとした.この方法は,神話や文学あるいは特定の慣行や儀礼の分析に新生面を開いたが,他方,非時間的・静態的な分析にとどまっているという批判も根づよい.これに対する応答として,発生的構造主義がある.ピアジェは,変換や自己制御を重視しつつ認知構造の発達を扱い,*ブルデューは*ハビトゥスを通しての実践による構造の再生産に注目し,ともに構造への静態的アプローチの打破をめざした.

275 構築主義
constructionism

スペクターとキツセが『社会問題の構築』(1977)で提起した,*社会問題研究の方法.本質主義や実在主義を批判し,"現実"は言語によって構成されるという考えのもとに多くの事例研究がなされ,広く知られるようになった.構成主義の訳語が用いられることもある.スペクターとキツセは,*ラベリング理論の系譜をくみつつ,従来の研究が社会問題を所与の"客観的な状態"としてとらえていたことを批判し,社会問題とは〈クレイム申し立て活動〉,すなわち"ある状態が存在し,その状態は問題である"ととらえる人びとによる活動によって,構築されるものであるととらえた.言語論的転回の影響も受けて

認識論的な問題へと発展し，人類学や歴史学，精神医学など広い分野で言説分析と結びついて，*ジェンダー，*セクシュアリティ，家族，歴史などに研究対象を拡大した．

276 公的扶助 public assistance

貧困者・低所得者への所得保障を目的とする，社会保険や家族手当とならぶ*社会保障の一制度．イギリスの救貧法を制度的始まりとし，現代の日本では*生活保護制度がおもに該当する．社会保険が保険原理に基づき，保険料の事前拠出と定型化された事故要件により給付を行うのに対し，公的扶助は原因を問わず貧困な状態にある人へ租税を財源に給付を行う．貧困状態の確認にミーンズ・テスト(資力調査)をともなうため，*スティグマが発生することもある．社会保障のミニマム水準の保障と，社会保険や*社会福祉を補完する最後のセーフティ・ネットの役割を期待されている．→シヴィル・ミニマム

277 行動科学 behavioral science

人間(動物を含むこともある)の行動を研究する諸学問分野が，各学問の枠を越えて共同研究を進めつつ，理論と研究方法の統合をめざそうとする試みを意味する．*パーソンズとシルズの『行為の総合理論をめざして』(1951)が示すように，1950年代以降アメリカを中心に行動科学を確立しようとする動きが盛んになった．しかしその後，必ずしも各分野の共同研究は進まず，理論や研究方法上の統合も実現されなかった．ただし，社会学と心理学の間に見られるように，一部共通の理論枠組みや分析技法が用いられることは少なくない．

278 公と私 public and private

全体的・社会的な，あるいは不特定多数にかかわる事柄・領域と，個人的・限定的な事柄・領域．"おおやけ"と"わたくし"という大和言葉，公私という漢語，英語の翻訳語の3層の文脈が複合している．日本では〈公〉は伝統的に朝廷・国家・政府をさす場合が多く，公的な事柄は私的な事柄に優先する傾向が強い．英語では，パブリックは誰に対しても開かれた開放性を意味し，プライヴェートは特定の範囲の人びとにしか接近を許さない閉鎖性を意味する．→公共性，プライヴァシーの保護

279 合法的支配 ⇒ 支配の諸類型

280 公民権運動 civil rights movement

1950年代半ばから60年代半ばのアメリカで起こった，人種隔離や教育・雇用・参政権等をめぐって，黒人とその他マイノリティたちが展開した差別撤廃運動．第2次大戦後，戦争に貢献した黒人の地位向上意欲が強まるとともに，黒人差別の矛盾が明らかになっていった．54年に連邦最高裁が，公立学校での〈分離すれども平等〉という従来の解釈を違憲とする画期的な〈ブラウン判決〉を下したこと，また，翌年にはアラバマ州モントゴメリーで黒人女性ローザ・パークスが白人男性にバスの座席を譲らず逮捕された事件をきっかけにバスボイコット運動が発生し，さらに60年代初頭のノース・カロライナ州の大学での座り込み運動などが端緒となり，公民権運動が広がった．この運動は，63年の首都ワシントンでのデモ大行進とその指導者マーチン・ルーサー・キングの〈私には夢がある〉という有名な演説で頂点に達した．64年には公民権法が成立したが，この運動はアメリカ内外のその後の*エスニック・マイノリティの権利承認・地位向上運動の引き金となった歴史的意義をもつ．→平等，市民社会，市民権

281 合理化 rationalization

一般にあらゆる現象を理性に従ったものとして理解し、理性にかなう方向に現実を整序し編成しようとする態度。*ウェーバーは、近代社会の根本的な特質を、〈呪術からの解放〉＝合理化に求めた。実証的な科学・技術、合法的支配、司法制度、*官僚制、市場経済などの進展は、非合理的な恣意を排して社会生活の予測可能性を高め、即物的で形式合理的な運用をもたらす反面、本来めざされるべき実質合理性の乖離ももたらす。→形式合理性／実質合理性

282 功利主義 utilitarianism

人間は快楽を追求し苦痛を避けようとするものであるとする人間観から出発し、快楽(幸福)の増大を善、苦痛(不幸)の増大を悪とみなすことを道徳の原理とし、〈最大多数の最大幸福〉を法と統治の原理とする、おもに19世紀のイギリスで展開された思想。ベンサムによって確立され、J.S.ミルによって受け継がれた。人間を、合理的に自己の利益の増大を追求するものとみる合理的な人間観と、社会の利益を個々の成員の利益の総計と考える原子論的な社会観を特徴とする。*デュルケムは方法論的集団主義の立場からその原子論的な社会観を強く批判した。*パーソンズはこれを受け継ぎ、功利主義の帰結を〈*ホッブズ問題〉として定式化し、この解決のために〈共通価値による統合〉を導入して、社会システム論を展開した。これに対して、功利主義を継承する立場から展開されているのが*合理的選択理論である。→方法論的個人主義／方法論的集団主義

283 合理主義 rationalism

理性を最高原理とするような態度、世界観。文脈に応じて多義的だが、特定の目標の実現をめざして最適な手段を選択しようとする手段的合理主義、あるいは特定の究極的な価値を最優先してその実現のために諸要素を系統的に組織化しようとする価値合理主義に大別される。伝統的権威を排除し、人間の理性や知性、科学的知見に信頼をおく点で*人間中心主義的である。感性や感情を重視し行動原理とする情緒主義・ロマン主義と対立する。

284 合理的選択理論 rational choice theory

行為者はそれぞれ利得・コスト計算に基づいて選択肢を比較秤量し、*意思決定するという前提に立って、行為の戦略や社会的帰結、制度形成の論理などを説明しようとする立場。経済学の功利的な行為者のモデルを社会現象に広く応用したものといえる。*価値の共有と*規範の内面化を重視する*パーソンズらの社会システム論に対立する。個人の自律的な意思決定を前提とする*方法論的個人主義の立場に立つ。*ゲーム理論、*交換理論、*ホマンズの社会行動論、公共選択理論、経済学者オルソンらの集合行為論などが含まれる。おもに数理モデルなどに依拠し、*囚人のディレンマに代表されるように、個人レベルでの合理性の追求とその社会的帰結の不合理性や集合的意思決定の原理的困難さなどをモデル化するのにすぐれている。明晰で演繹的な命題構成に特徴があるが、*功利主義的・個人主義的な前提に対しては、センの〈合理的愚か者〉をはじめとする批判も根強い。

285 高齢化 aging of population

一般には人口構造の高齢化をさし、高齢者人口が全人口に占める割合、いわゆる老年人口比率によって、その進行度合いが議論される。高齢者人口としては65歳以上人口が措定されることが多い。また、平均寿命が長くなることや、特定集団やカテゴリーの平均年齢が高くなることを高

齢化という場合もある．基本的に人口高齢化は，医療技術の高度化や生活水準の向上により，高齢者がより長くまたより多く生存することによって進行するが，他方で分母たる全人口の相対的減少すなわち*出生率の低下によっても生起する．多産多死―多産少死―少産少死という人口構造の大きな転換によって，先進国の多くでは高齢化が如実に進行しているが，日本では高齢化が21世紀初頭に世界最高の比率に達すること，またそれまでの速度が世界最高であることが特に注目されている．高齢化の進行はおしとどめようがないことなので，高齢者をそのまま非生産年齢人口と把握するのではなく，就業継続による税金の納入，年金受給開始年齢の延期，社会参加や疾病予防への努力など，能力を活用しうる政策運営が期待されている．他方で，それ自身が産業化社会の見方であると批判し，高齢者の衰えや弱まりをも人生の成熟や，生の終了・完成に向かう自然な出来事とみなす価値観も提起されている．→老年社会学

286 **高齢社会**
aged society

人口*高齢化の進行が一定水準に達して安定状態にあるような社会．1956年の国際連合の定義により，65歳以上人口が全人口に占める比率（老年人口比率）が7%に達した社会を〈高齢化社会(aging society)〉とすることになっているが，その後，人口高齢化の増大が比較的安定期に入った状態を〈高齢社会〉として区別し，その目安として7%の2倍の14%とする見方がある．医療や年金，福祉サーヴィス費用の増加などのため高齢化社会や高齢社会を問題視する考え方に対して，具体的な身体の衰弱を勘案して，65歳から74歳までを前期高齢者，75歳以上を後期高齢者として，各々の時期の人生課題や社会による取り組みの必要度に応じた議論をすべきだという考え方もある．また，人口高齢化は*出生率の低下によっても加速されるため，人口構造を変化させる両要因をならべて〈少子高齢社会〉という表現も増えてきている．他方で，高齢社会においては，高齢期の人びとの生活保障を構想することが産業社会の価値規範の問い直しにつながったり，様々な社会的責務からの解放がラディカルな人生観・社会観を生み出す可能性も有している．→老年社会学

287 **国際結婚**
intermarriage; mixed marriage

国籍の異なる者同士による結婚．欧米には〈混合婚〉などの言葉はあるが〈国際結婚〉という表現はない．結婚可能年齢は，当事者それぞれの本国の法律に依拠する．国境を越えた人の移動とともに国際結婚も増え，相違する国民やエスニック集団間での結婚にともなう問題も発生する．日本人の国際結婚は1990年代に急増（1%から4.2%へ），配偶者を得にくい農村でも増加した．滞在許可のための偽装結婚や文化対立ゆえの離婚も生じているが，日常の生活の場での多文化共生も成立させている．

288 **国際社会学**
international sociology

一国の社会と他国社会との関係や，国家を越える人びとの相互作用を扱う，社会学の分野．イギリスには雑誌 *International Sociology*（1986年創刊，季刊）があり，編者の一人は〈歴史の深みのなかでローカルに知り，現在をグローバルに語ろう〉と主唱する．日本の国際社会学は，1970年代半ばに，社会学の側からでなく国際関係学との関連で，次のような課題において提唱された．1)国際社会の研究．たとえば，世界的規模での*民主化などに注目し国際社会の形成を分析

する．2)国際関係の社会学．国家間の社会現象や国境を越えるトランスナショナルな社会現象とその背景を，社会学の理論や手法で分析する．3)80年代末から主張された〈国際的な地域社会〉(国境をまたがって展開する地域社会)の研究．これは特に，途上国に表出する植民地支配とその遺制，地理的に分割された文化的・歴史的な自立性も備えた*国民国家の実態とその変容，ヨーロッパ統合のような〈国際的な〉地域統合を問う．

289 国際労働力移動
international labor migration

様々な形態があるが，おもなものとして，植民地や*発展途上国から先進国へ，あるいは途上国間での，労働者の国境を越えた求職のために起こる移動がある．恒常的な国際労働力移動は，西欧列強の植民地化の拡大とともに始まる．19世紀には植民地開拓・開発のため西欧からの人の移動が起こるが20世紀後半の移動方向は逆転した．第2次大戦後，ヨーロッパ先進諸国では少子高齢化や，〈*ゆたかな社会〉の国民の肉体労働回避行動により工場労働者が不足したため，旧植民地やその他の途上国から，2国間協定などにより*外国人労働者を大量に受け入れた．1970年代以降のヨーロッパ経済の停滞と脱工業化は単純労働力需要を減少させ，外国人労働力受け入れ停止国が増えたが，定住した外国人労働者の家族呼び寄せや庇護を求める難民の形で，その後も人の国際移動は続いている．現在，国際労働力移動は先進諸国と発展途上国の間だけでなく，発展途上地域間で盛んである．→移民，出稼ぎ，プッシュ要因/プル要因

290 国勢調査
Population Census

日本の人口の状況を明らかにするために，統計法(昭和22年法律第18号)第4条第2項の規定に基づいて国が行う，個人および世帯を対象とする全数調査．大正9年(1920)以来，5年ごとに行われているが，昭和20年は実施されず，昭和22年に臨時国勢調査が行われた．10年ごとの大規模調査(大正9年，昭和5, 15, 25, 35, 45, 55年，平成2, 12年)と，その中間年に行われる簡易調査に大別される．結果は，総務庁(平成13年(2001)以降は総務省)統計局によって集計表のかたちで公表されるが，個票は公開されない．国勢調査の調査項目は，性別・年齢・配偶関係・国籍・就業状態・従業上の地位・職業・従業地・世帯の種類・世帯員数・住宅の種類など，社会学にとって基本的な人口属性を含んでいる．またいくつかの項目については，都道府県別だけでなく，市区町村別や町丁目別集計なども公表され，地域別の人口構成を示す基本データとしても重要である．→官庁統計，センサス，デモグラフィー

291 国籍
nationality

*国家へと個人を所属させる法的な結びつきをいう．アメリカでは国籍の代わりに〈*市民権〉(シティズンシップ)の語が使われる．国籍という観念は近代国家の産物であり，国家の主権に参画する成員の資格・範囲を定めるという積極的意味があるが，実際には国籍の決定は親子の血のつながりによる場合が多く(血統主義)，変更困難で，しばしば宿命的なものとみなされてきた．しかし現代では，個人の自由，移住の事実などを尊重し，国籍の離脱・取得，また国によっては生地による国籍付与(生地主義)や重国籍なども認めるようになっている．なお，国籍のない者(外国人)にも社会的諸権利や地方参政権など市民権の一部を認める国が近年増えていることも注意したい．→移民，定住外国人

292 国内総生産・国民総生産
gross domestic product, gross national product

一国の経済活動の水準を示す指標．国内総生産（GDP）は，国内で生産される生産物（財，サーヴィス）の価値を合計したものであり，国民総生産（GNP）は，それに国民の海外からの所得を加え，海外への所得支払いを差し引いたものである．現在では，国内総生産の方が多く用いられている．国内総生産，国民総生産等の諸集計量は，一国の経済活動の大きさを表すだけでなく，国民の生活水準の指標にもなると想定されてきた．しかし，市場価格をもたない便益は含まれておらず，生活水準の指標としては不十分であることもしばしば指摘され，その後，余暇時間，家事労働，通勤時間，交通事故等を含めた〈NNW〉（国民純福祉）の作成が試みられた．最近では，環境資源がもたらす便益の増減を加え，環境保護や修復に要する費用を差し引く〈グリーンGNP〉も提案されている．→福祉指標

293 国民
nation

近代の産物で*国民国家の成立に不可欠な成員．*国家の構成員でその*国籍をもつ*市民であるが，必ずしも文化・言語・宗教などの同質性を前提とするものではない．古典的な国民国家は，国民は文化的・言語的同質性を前提とした民族であることを要請した．その結果，異文化・異言語*マイノリティ国民は*同化を強制され，ときには*市民権を制限され周辺化されて当然と考えられていた．しかし，文化的・言語的に同質な国民国家は世界にほとんど存在しないこと，異文化マイノリティの文化・言語維持と発展が当然の権利であることが近年認識され始めたため，国民と*民族概念を区別し，国民を政治的共同体の成員一般とみなすリベラルな国民概念が強まった．とはいえ，今日でも国民の*民族アイデンティティの維持を求める*エスノセントリズムに立つ国民概念は，依然として存在する．→エスニシティ，ナショナリズム

294 国民国家
nation state

国家主権が当該*国家に所属する成員，すなわち*国民にあるとする国民主権国家．一般に，不可侵の領土，文化と歴史経験の共有による国民の一体性や連帯が強調される．*国家権力は歴史上，国王や貴族など一部エリート支配者が独占するのが普通だったが，17世紀のイギリスのピューリタン革命と名誉革命，18世紀後半のアメリカ独立戦争やフランス革命を経て，人民とその代表の議会に主権が移行し，このような国家概念が生まれた．その結果，人民は臣民から*市民となり，参政権を得ていく．そのため，*政治参加のできる国民（市民）の定義の厳密化が一層必要となり，国籍の法制化などが行われる．なお，20世紀における*移民の増大，地域統合の進展により，国民国家の相対化も論じられている．→近代化，ナショナリズム

295 国民性調査
national character survey

統計数理研究所国民性調査委員会が5年ごとに実施している*社会調査で，おもに日本人の価値観，意見，生活意識等について調べている（報告は『日本人の国民性』にまとめられている）．対象者は厳密な層化多段抽出法によって抽出された全国の有権者3000-6000名．1953年に始まり，98年までで10回実施されている．調査項目は漸次入れ替わるが，10回を通して調べられた項目もいくつかあり，戦後の日本人における，価値観や国民性の変化についての貴重なデータとなっている．→層化抽出法，多段抽出法

296 **誇示的消費**
⇒ 見せびらかしの消費

297 **個人主義**
individualism

いろいろな意味で使われる言葉であるが,社会学では,価値ないし行動原理としての個人主義と,方法としての個人主義を区別する.伝統的な共同体が衰退し,個人が共同体の要請よりも自らの価値,意思,欲望に基づいて行為するようになるとき,行動原理としての個人主義が誕生する.しかし,個人の欲望の合理的充足が強調され,他の個人も含めた他者すべてが手段視されるような形式は,*功利主義的個人主義とよばれ,一般にいう利己主義と近くなる.一方,個人の自由や意思の尊重をあらゆる個人に拡大し,等しく認め,個人の尊厳の規範性,目的性を主張していくような個人主義は倫理的個人主義とよばれ,区別される.この二つの個人主義は典型にすぎず,現実の個人主義は両義性をおびている.以上に対し,*方法論的個人主義は,社会現象の分析単位にかかわる方法的立場をさすもので,上に述べた個人主義とは一応別箇のものである.

298 **個人内コミュニケーション**
intrapersonal communication

*身振りや*言語など外的言語を介した個人間コミュニケーション(interpersonal communication)に対し,内的言語によるコミュニケーションをさす.身振り,表情,言語など各種の*記号を媒介にして自己と他者が相互作用するコミュニケーション過程は,記号を介した環境世界の認知のプロセスでもある.つまり,発話や身体的行動には表れない,内的な過程(知覚,推論,記憶,予測)を必ずともなう.しかもこの内的過程は,内的言語によって進行する.個人間の社会的コミュニケーションはこの内的言語に媒介された内的コミュニケーション=精神過程と一体となっている.*オートポイエーシス理論を提唱したヴァレラとマトゥラーナはこの両者の関係を構造的カップリングと名づけて,自己創出的システムの理論化の焦点とした.また彼らの理論から多大な影響を受けた*ルーマンは,情報の選択と伝達の仕方の選択とを区別できる*自我の成立によって,はじめて*コミュニケーションはコミュニケーションたりうると指摘し,*システム理論の立場からの統一的理解を試みている.→社会的相互行為

299 **国家**
state 〈独〉Staat 〈仏〉État

国家とは,確定された領土をもち,そこに住む人びとを管理統制する統治機構であり,近代以降では通常,立法・行政・司法機構,警察・軍隊組織をもち,成立している.現代では,*国民を一元的に管理する単一国家と,州政府などとの垂直的分権を通して間接的に管理する連邦制国家に区別されるが,国家は様々な類型に分けることができ,歴史的にも多様であった.たとえば,古代ギリシアの都市国家は民主制が実施された共和国だったが,土地と奴隷を所有し政治活動に参加できるエリート市民のみの直接民主制だった.17世紀以降の英米仏の市民革命を通して,国王専制や封建的貴族制は否定され,国民主権を根幹とする*国民国家が一般化した.またこれは*福祉国家としても重要性をもった.人口規模が大きい現代国家の多くは,間接民主制(代議政治制)と普通選挙制度を採用して国民主権原則を維持するが,国家と行政機構の巨大化は,中央集権的なテクノクラート・官僚主導の行政国家化を進めたため,市民参加,分権化が求められる課題となっている.→多民族国家

300 国家権力
state power

国家が，各種の政策を実施し，所期の目的を達成するためにもつ*権力のこと．権力は，反対や抵抗を押し切ってでも人に一定の行為を実行させたり，思いとどまらせる力であるため，国家権力は*ウェーバーのいうように〈正当な物理的強制力の独占〉という側面から特徴づけられうる．しかし，*民主主義的な手続きを経て策定された政策の多くは抵抗なく実施されるので，権力が*合意のもとで行使されることも多い．国家権力は，すでに国際連合(国連)などの国際機構の成立，地域統合(ヨーロッパ統合など)やグローバル化などのため，対外的には無制約でありえなくなっているが，依然として強力な力であることに変わりはない．暴力・武力の独占を背景に国家秩序を維持するだけではなく，経済・福祉政策や，教育政策を通しての国民の再生産，生活向上をも図っている．

301 コーディング
coding

調査票上の情報を数値，記号などのコードに変換する作業．通常は調査票上にコードを記入する，別紙(コーディングシート)に転記するなどの方法をとる．これらが一定のメディアに入力されることでデータとなる．→社会調査，プリコーディング/アフターコーディング

302 コード
code

言語活動を行う場合の規則・拘束の体系．メッセージを構成する場合に必要な，連辞(syntagme)のレベルにおける*記号間の結合にかかわる規則と，範列(paradigme)のレベルにおける使用可能な記号の選択にかかわる規則が含まれる．ヤコブソンによれば，弁別特性，音素，形態素，語，そしてこれらの結合の規則を意味する．*バルトは，この概念を*非言語コミュニケーションの領域に適用してファッションやモード(*流行)を分析した．文化現象を解読する上でコードは重要な概念である．→限定コード/精密コード

303 子どもの権利
rights of the child

従来，親または大人の監督・保護の対象とされ，権利享有の主体とみなされなかった子どもの*人権を，固有の権利として認める考え方．1989年の国連第44総会で採択された「子どもの権利条約」に負うところが大きい．途上国等で見られる子どもの売買，有害労働，売春，戦闘行為参加などの防止がまず切実な要請であるが，先進諸国でも*児童虐待，ポルノグラフィなどの問題があり，子どもの権利条約を94年に批准した日本政府は，児童虐待防止の法整備に着手した．一方，より積極的には，子どもが適切な教育を受ける権利，意見表示の権利なども含むと考えられ，20歳からの参政権など，従来の社会的処遇に問題を提起しうる．また，親の行為の責任から切り離して，子どもの固有の権利を認めるという意義もある．なお，〈児童の権利〉とよばれることもあるが，上記の条約は〈18歳未満のすべての者〉に適用するとしており，〈児童〉という言葉は適切ではない．

304 子どもの社会学
sociology of childhood

子ども期を対象とする社会学．対象年齢は様々で*幼児期や*青年期を含むものもあり，*社会化や*ライフコース研究，子ども観の社会史的研究などがある．従来，〈子ども〉は，*パーソンズに代表される社会化論において社会化の対象としてのみ位置づけられることが多かった．しかし，1960年代なかば以降，*象徴的相互作用論や*エスノメソドロジーなど，行為の主観的意味や相互行為による*リアリティの社会的構成を重視する理論が登

場し、他方でアリエスによって、自明視されている〈子ども〉という観念が歴史的社会的につくられたものだというテーゼが示され(→〈子ども〉の誕生)、多様な視点から論じられるようになった。そして、子どもは社会の関係性の中で定義され、子どもに向ける大人やメディアのまなざしを相対化すべきこと、子どもを社会化の対象ではなく行為主体として研究することなどが主張された．

305 〈子ども〉の誕生

フランスの歴史家アリエスの著書の邦訳題名(原題は『アンシャン・レジーム期の子どもと家族生活』1960)で、同書の中心的な問題提起の内容を示す。アリエスは、ヨーロッパ中世においては、子どもは"小さな大人"(未成熟な大人)とみなされ、固有の子ども期、子どもの世界というものは認められなかったが、その後、*近代家族の生成にともない固有の子ども期、子どもの世界が認められるようになったとする。人びとの心性(マンタリテ)のレベルに焦点をあてたユニークな研究であるが、これがヨーロッパ世界を超えてどれだけ一般化されうるかは議論の余地もある．→心性史

306 ゴフマン
Goffman, Erving
1922-82

カナダで生まれ、1953年シカゴ大学で学位を得たアメリカの社会学者。L.ウォーナーやE.ヒューズの人類学と*ブルーマーの*象徴的相互作用論を学び、シェトランド島で社会人類学のフィールドワークを経験(49-51)、日常的な対面的相互行為に作用している規則や戦略を描き出すミクロ社会学を展開した。*行為を劇場における演技であるかのようにとらえた『行為と演技』(59)をはじめとして、『出会い』(61)、『*アサイラム』(61)、『集まりの構造』(63)、『*スティグマの社会学』(63)、『*フレーム分析』(74)、『語りの形態』(81)など多くの著書があり、〈*印象操作〉〈表領域と裏領域〉〈焦点の定まった相互行為と焦点の定まらない相互行為〉〈役割距離〉〈儀礼的無関心〉〈パッシング(身元隠し)〉など独自のキーワードを駆使して、行為者の外面的なふるまいが、秩序を維持しつつ、*アイデンティティを構成していくさまを分析した。差別論、社会運動論などのほか、*ギデンズの*構造化理論にも重要な影響を及ぼした。→意味の社会学、自己呈示、演劇論的モデル

307 個別主義/普遍主義
particularism/universalism

行為者がある客体に対して行為するときに依拠する価値志向の組。*パーソンズが示した*パターン変数の一つ。ある状況において行為者がある客体と関係を結ぶとき、一つのディレンマに直面する。個別主義は、特定の対象に対する特定の関係によって客体を取り扱うことをいい、普遍主義は、自己と客体の特定の関係にかかわりなく、その客体をある社会カテゴリーの一員とみなし、他のメンバーと同じ基準を適用し、同じようにふるまうことをいう。たとえばある教師が、ある生徒を試験の成績のみに基づき評価する場合は普遍主義、知人や親族の子として配慮し評価する場合は個別主義となる。また、同一基準による査定は普遍主義的、身内びいきは個別主義的といえる。パーソンズは普遍主義は限定性と、個別主義は無限定性の価値とそれぞれ親和性が高く、特に前者は*近代化の過程で強まるとした．

308 コーホート分析
cohort analysis

コーホートとは、通常同時代に出生した一群の人びとを意味し、異なるコーホー

トの間で，*出生率等の人口学的特性，*社会移動量，社会意識などの違いを比較検討しようとする分析をコーホート分析とよぶ．年齢別に現れた違いが，年齢の効果によるのか，それとも加齢しても変化しないコーホート自体の特性によるのかを見分けるために行われることが多い．また，時間の経過とともに生じた変化が，おもにどのコーホートにおいて生じたものかを明らかにするためにも行われる．→世代

309 コーポラティズム
corporatism

特定の優勢な経済・社会団体が政府に影響を与える傾向が強い政策決定過程，または政治システムをいう．その原型は，政府が国家全体の権威主義的統制のために経済・社会団体を一元的に支配しようとした*ファシズムの統治形態にあるが，現代の形態はこれと区別して，ネオ・コーポラティズムとよぶことが多い．それは，議員，議会などの狭義の立法過程のほかに，特定の経済・経営団体や労働・社会団体が，政府の政策決定につねに影響を与える関係を維持している場合をいう．政府，労働組合，使用者団体の三者の協調がこのコーポラティズムの典型と見られてきたが，近年では環境保護団体やエスニック・コミュニティが影響力を行使することもある．

310 ゴミ問題
waste problem

廃棄物にかかわる社会問題．ゴミ（廃棄物）は，おもに一般家庭から排出される生活ゴミ（一般廃棄物）と事業活動から生じる産業廃棄物，放射性廃棄物に分けられる．これまでの*公衆衛生的な視点からは排出ルールに基づく安全な処理が重視されてきたが，今日では，資源循環という視点から，生産段階から廃棄・再生の段階までが重視されるようになり，ゴミの減量・リサイクル・再利用・再資源化に課題が移りつつある．処分場不足，処分場確保のための社会的合意形成ルールの制度化，ダイオキシンなど有害な環境汚染物質の排出の抑制，分別の徹底化，堆肥化，ゴミ処理費用の有料化，不法投棄の防止策，有害廃棄物の国際的移動の禁止，容器や包装の資源化，費用負担の原則などが，ゴミ問題にかかわる社会学的な論点である．→生活公害，環境的公正

311 コミュニケーション
communication

*情報，*記号を媒介にした他者との有意味な相互作用の過程．コミュニケーションは多様な形態をとるが，その過程を特定化するには，記号を介した意味作用の存在が不可欠である．たとえば，他者を殴るという行為は，"怒り""嫌悪"の記号の表現行為・解読行為から成り立つかぎりでコミュニケーションでもある．また，未開社会における*贈与や女性の交換も，贈られる象徴物＝記号を媒介とする共同体間の相互作用であるかぎりで，コミュニケーションといえる．

コミュニケーション理論は，三つの代表的なモデルに整理できる．まず，情報の〈伝達〉に着目し，〈発信者〉〈メッセージ〉〈受信者〉から構成する最も一般的なモデルがあり，シャノン，ウィーヴァーやヤコブソンらに代表される．第2に，communication の語源の communion（キリスト教の儀式としての聖体拝領）にまで遡り，その本質を，意味の共有／交換にみる〈意味論的〉見地がある．これらに対して，ベイトソンやワツラヴィックらによる第3の視点は，コミュニケーションを〈コミュニケーションについてのコミュニケーション〉，つまりコンテクストの階層性の様々なレベル（論理階型）

にまたがって営まれる過程ととらえ、〈伝達〉モデルや〈意味論的〉モデルが前提とする意味や情報の同一性は、その内容によってあらかじめ保証されるものではないことを明らかにした。単純な〈伝達〉モデルを批判し、コミュニケーションを情報の伝達・理解という二つの選択過程からなる自己準拠的な過程(→自己言及性)とみなす*ルーマンの理論も、この第3の見地をより一層精緻化した試みといえる。

コミュニケーション総過程論

基本的には*マルクス主義の立場から、個人間コミュニケーションと*個人内コミュニケーションとの相互の関連性を重視して、コミュニケーション過程全体をトータルに把握することをめざした理論の総称。戦後に本格的に紹介・導入されたアメリカのマス・コミュニケーション研究は*社会心理学的方法に基づくものであった。それに対して、マルクスの交通(Verkehr)概念を基盤に、歴史的かつ社会的存在としての人間を重視して、個人内コミュニケーション、個人間コミュニケーション、メディアに媒介されたコミュニケーションの重層性からその構造全体をとらえ、現代社会の特質を分析することが重視された。日高六郎・佐藤毅・稲葉三千男編『マス・コミュニケーション入門』(1967)、山田宗睦編『コミュニケーションの社会学』(63)、中野収「コミュニケーションの構造」(63)などが代表的論考である。しかし、理論の体系化という点では多くの課題を残したままに終わった。現在は、*情報・情報過程という基本概念に立脚して社会情報過程のトータルな分析を指向する社会情報学が提唱されている。

コミュニケーション的行為
communicative action
〈独〉kommunikatives Handeln

*ハーバマスの社会理論のなかの基本的な行為概念で、自己と他者の了解志向的で言語媒介的な相互行為。ハーバマスは初期の論文「労働と相互行為」(1968)で、目的合理的な*行為類型としての〈労働〉と、了解志向的な行為類型としての〈相互行為〉の概念を設定した。その後オースティンやサールの言語行為論を検討するなかで書かれた『コミュニケーション的行為の理論』(81)では、言語行為が提出する真理性要求、正当性要求、誠実性要求のそれぞれの妥当性を検証する相互行為をコミュニケーション的行為として定式化した。その含意は、*アドルノや*ホルクハイマーが批判した目的合理的な合理性に矮小化された近代合理主義の潜在力を、了解志向的なコミュニケーション的次元からとらえ直し、妥当性要求をめぐる対話の進行に基づくコミュニケーション的合理性の存立根拠を明らかにすることにある。→目的合理的行為

コミュニケーションの2段の流れ
two-step flow of communication

*マス・メディアの影響が一方向的なものではなく、対人コミュニケーションに媒介されているとする仮説である。1940年のアメリカ大統領選挙の際の有権者の*投票行動を調査したラザースフェルドが『ピープルズ・チョイス』(1944)で提唱した。マス・メディアが提供する観念が個々の受け手に直接受容されるわけではなく、受け手が所属する社会集団のなかの*オピニオン・リーダーにまず受容され、次いで*パーソナル・コミュニケーションを介して受け手へと、2段の流

れを経るという仮説である．その後多くの修正や批判を受けたが，メディアの直接的効果を重視した皮下注射的な〈効果モデル〉を批判し，*マス・コミュニケーションとパーソナル・コミュニケーションの接合過程を明らかにした点で，メディア研究の分野でもとりわけ重要な仮説である．→効果分析，送り手・受け手研究

コミュニケーション・メディア
communication media

〈意味〉を伝える〈媒体〉と広義に規定すれば，身体，言語，衣装，建築もその概念に内包されうる．一般には新聞，ラジオ，テレビ，電話，電子ネットワークなどの総体をさす．それに対して，*ルーマンは，これを〈象徴的に一般化されたメディア〉とよんで特別の意味を付与している．通常われわれがメディアという場合，そこには二つの側面がある．第1は媒体の物質的素材（石板，パピルス，羊皮紙，紙，電気光，フィルムなど），第2は*記号表現のシステム（絵文字，表意文字，表音文字，映像）で，この両者が結合した形態（巻物，綴じ本，電話，映画など）がメディアである．各メディアは，この素材の特性と記号表現の形式的特徴という，二つの側面から織り成されるマテリアルな特性に応じて独自のメディア的リアリティを造形し，異なる効果を及ぼす．この一般的理解とは異なり，ルーマンは*情報の受け手が伝達された情報をそのまま受容するのではなく，受容するか否かを選択的に判断する過程に着目し，情報の受容を促進するメディアがあることを指摘した（→コミュニケーション）．それが，コミュニケーション・メディアとしての貨幣，真理，権力，愛である．→マス・メディア，マルチメディア

コミュニティ
community

用語法はきわめて多様．多くは，何らかの意味で共同生活を営む人びとの集まりをさすか，一定の地理的範囲において成り立っている共同生活のシステムをさす．前者の場合には〈*共同性〉が，後者の場合には〈地域性〉が定義要件となり，どちらか一方または双方を要件とする場合がほとんどである．主要な用語法を以下に挙げる．1) よく参照されるマッキーヴァー（『コミュニティ』1917）の概念は，一定の地域において成立する共同生活の領域をさす．地域の範囲は，村や町から国，さらにはリージョンにまで拡大される．これを基盤とし特定の関心に基づいて形成される集団が*アソシエーションである．コミュニティの器官とされる地方政府や国家もアソシエーションである．2) *テンニースの*ゲマインシャフトも英訳はコミュニティである．この場合は，近隣や村落などの"場所のゲマインシャフト"だけでなく"血のゲマインシャフト"である親族や民族，"精神のゲマインシャフト"である教会や都市なども含まれる．類似の用語法として，近年では"親密な紐帯のネットワーク"をさすウェルマンの用語法がある．3) *人間生態学では，一定の地理的範囲における人びとの競争的相互依存関係（共棲）をさす．これはコミュニケーションと合意に基づくソサエティから分析的に区別された空間的秩序を意味し，*鈴木栄太郎は〈前社会的統一〉とよんだ．4) ネイバーフッド，自治体，特に両者の中間の地理的範囲における住民・機関・施設からなる共同生活のシステムをさす．一例として，ジャノウィッツの〈有限責任のコミュニティ〉は，村落とは異なる都市コミュニティの特徴を，住民が選択的に関与する共同生活のシステムに求めた．類例として日本では，

おおむね小学校区くらいの範囲に成立する，〈市民としての自主性と責任を自覚した個人および家庭を構成主体として，地域性と各種の共通目標をもった開放的でしかも構成員相互に信頼感のある集団〉とする国民生活審議会コミュニティ問題小委員会報告（『コミュニティ』69）の概念や，普遍的価値意識と主体的行動体系によって特徴づけられた地域社会類型とする奥田道大の概念などがある．→地域社会，市民社会

317 コミュニティ・ケア
community care

施設ではないコミュニティという場所や，そこでの成員をサーヴィス提供の担い手として，ケアを図っていこうとする考え方や方法．第1に，〈地域社会の中でのケア〉を意味し，隔離された社会福祉施設や病院などを脱して，生活問題を抱えた人たちが地域社会の中で生きていくことに主眼がある．そのためには，必要なサーヴィスがケア・マネジメントを通じて，パッケージとして組み合わされて提供される仕組みが求められる．大規模で画一的な施設処遇の問題点の指摘に対応する形としては，痴呆性老人や障害者のグループホームなどがあげられる．そのことは，一方で施設側も地域への開放的な取り組みをめざす，〈施設の社会化〉という動きにもつながっている．第2に，〈地域社会によるケア〉として，ケア活動を支える重要な行為者として，地域の諸組織がかかわっていくということを意味する．*ヴォランティア活動の組織化，*住民参加型福祉サーヴィス提供組織，NPOなどの取り組みがそれに該当し，さらには当事者自身の参加・参画も模索される．地域社会はそのような取り組みに対して受容的な側面をしめす場合もある一方，迷惑施設ととらえて阻害する例も存在する．→地域福祉

318 コミュニティ・ワーク
community work

生活問題の解決を*地域社会での諸活動によって達成・支援しようとする，*ソーシャル・ワークの専門的一方法．1910年代からアメリカで成立したコミュニティ・オーガニゼーションの方法を受け継ぎ，60年代から*ケースワーク，グループ・ワークとならんで体系化されてきた．具体的な内容としては，コミュニティ・ワーカーの専門的参加とその相互の連絡・調整の体制づくり，地域社会内におけるニーズと社会資源との連携化，諸住民組織の連絡・協働と民主化，行政参画の促進などがあげられる．これらを通じて，*コミュニティの自己決定や自治達成への専門的援助が期待されている．

319 雇用保険
employment insurance

*失業による所得の中絶を補填する失業給付を中心に，失業者削減政策を含む社会保険制度の一つ．以前は失業保険とよばれたが，オイルショック直後の1974年に制度改定されて雇用保険となった．国を保険者，事業主を保険加入者とする強制保険で，失業手当のほか，それぞれの条件を満たした場合には就職促進給付，教育訓練給付，高齢者への雇用継続給付，育児休業・介護休業給付などが支給される．老齢，疾病，失業は貧困の3大原因であり，老齢に対する公的年金，疾病に対する健康保険と並んで，雇用保険は失業が貧困の原因となることを防ぐ*社会保障制度の重要な柱である．

320 ゴールドソープ
Goldthorpe, John H.
1935-

イギリスの社会学者．社会階層およびマクロ比較社会学を研究．オックスフォード大学ナフィ

ールド・カレッジ教授. ロックウッドらとの共著『豊かな労働者』(3巻, 1968-69)ではイングランド中部ルートン市の労働者調査から, 労働者のブルジョワ化と労働に対する手段主義的態度を指摘した. その後, 『現代イギリスの社会移動と階級構造』(80), 『恒常的流入』(92)では, 主として*階層間移動研究に力点がおかれ, 後者では欧米11ヵ国と日本の1970年代のデータによって*社会移動の比較研究がなされた. また, 彼の発案になる〈ゴールドソープ階層体系(class scheme)〉は階層分類の基準となる職業分類体系で, 各国共通の比較分析に利用された. 近年は, 大規模な統計データ分析と合理的行動理論とを結びつける研究を行なっている.

321 コールマン
Coleman, James Samuel
1926-95

アメリカの代表的な数理社会学者・教育社会学者. コロンビア大学でラザースフェルドの指導を受け博士号を取得, 長くシカゴ大学で教鞭をとった. *合理的選択理論の立場から, *理論社会学のミクロ的基礎づけに大きな役割をはたした. 主著に『社会理論の基礎』(1990)がある. *教育社会学の分野でも, 特に人種間の*教育の機会均等の問題に対して, 大規模な統計調査に基づいて, 従来の学校に限定した平等化政策の有効性に疑問を投げかけ, 反響をよんだ.

322 婚姻
marriage

性関係をもつことが社会的に承認された異性間または同性間の持続的な関係. 多くの社会では男女間の持続的な関係をさし, 当事者には様々な権利・義務が課される. 権利の主要なものは性関係の公認であり, このため例外はあるものの既婚者が配偶者以外と性関係をもつことは認められないことが多い. 人類学では, 婚姻を集団間の女性の交換ととらえることが一般的であるが, 近年は欧米などで同性の婚姻も認められるようになり, 婚姻の概念は大きく変化している. 婚姻の発生頻度は人口1000人に対する婚姻件数の比率である普通婚姻率によって測定されるが, 高齢者や乳幼児が分母に含まれるために人口構造の影響をうける. このため, 未婚人口を分母にした年齢別未婚初婚率などの特殊婚姻率が用いられることもある. これらのマクロ統計指標は事実婚を含まない点に注意が必要である. →離婚, 内縁, 婚外子, 晩婚化

323 婚外子

法的な結婚関係にない男女から生まれた子. 非嫡出子. 嫡出子とは法的な夫婦関係から生まれた子をさす. 非嫡出子は父が子の認知をした場合と, 認知していない場合の両者が含まれる. 明治民法下では前者を庶子, 後者を私生子と分類した. 非嫡出子は嫡出子に比較して法的には不利な扱いをうけるが, 事実婚の普及によりこうした格差が問題とされている.

324 コンティンジェンシー理論
contingency theory

特定の外的諸条件に対して, どのような*組織編成ないし組織の構造が適合的であるかを明らかにしようとする理論. 条件適応理論と訳されることもある. 1960年代にイギリスで提唱され, 世界中に広まった. "理論"という言葉がついているが, 実証研究を基礎においた, いわゆる*中範囲の理論である. それまでの*組織論では, 外的諸条件を考慮に入れず, 普遍的にあてはまる合理的な組織のあり方を追究したのに対し, 外的諸条件に応じて, 合理性の高い組織構造は異なってくると考えたところが大きな特徴であった. 安定した環境のもとでは権限が集中し職務が明確化した"機械的管理システ

ム"が適合し,不安定な環境のもとでは権限が分散し職務が限定されない"有機的管理システム"が適合するといった,バーンズとストーカーによる命題が有名である.

325 コント
Comte, Auguste
1798-1857

フランスの哲学者.フランス革命後のヨーロッパ社会の再組織化の課題を踏まえて実証哲学を唱え,〈社会学〉の命名者となる.若き日に*サン＝シモンの協力者をつとめ,その*実証主義思想を哲学的に体系化した.『実証哲学』(6巻,1830-42)の4巻目に〈社会学〉の名が示される.コントは人類の知識の発展段階を,〈神学的〉〈形而上学的〉〈実証的〉という3段階でとらえ,その〈実証的知識〉の段階では,観察が重視され,確実で有用な知識が求められ,社会の建設・改良に役立てられるとした.この人知の発達を扱う社会動学に対し,社会静学では,個人―家族―社会という図式により,調和的な社会秩序の法則が論じられている.これに対して前科学的,歴史哲学的といった批判も寄せられるが,社会学的思考の誕生時の状況を示している点で興味深い.ほかに著書として『実証精神論』(44),『実証政治学体系』(51-54)がある.

326 コンフリクト
conflict

両立不可能な目標をめぐる心理状態,もしくは社会関係.個人内部での心理的コンフリクト(葛藤)と,複数の当事者が争いあう社会的コンフリクト(紛争・闘争)がある.社会的コンフリクトは,複数の当事者が相互の目標の両立不可能性を意識し,しかもなお双方とも両立不可能な目標の達成を動機化し続けているような社会関係である.社会学では,集団間コンフリクトに研究の焦点がある.希少な地位の獲得をめぐって,同じ目標をもつ行為者間で争われるコンフリクトが競争である.コンフリクトは社会のいたるところに存在し,社会秩序は*合意によってではなく,強制と支配に基づいて成立しているとみる見方が,社会理論の〈闘争モデル〉であり,*マルクス主義や*ハーバマスなどの批判理論に代表される.これに対して,成員の間で基本的な価値をめぐる合意が存在し,コンフリクトを特殊な*逸脱的現象とみる見方が,*パーソンズに代表される〈*均衡モデル〉である.→階級闘争

サ 行

327 災害社会学
sociology of disasters

災害に関する社会学的研究.災害には地震や噴火のような自然災害と事故や公害のような人為災害があるが,ともに突発的で一過性の集合的*ストレスである.おもに災害を契機とする個人,集団・組織,地域社会,全体社会などの変化に焦点がおかれ,避難行動や援助行動,被災者の情報接触,*不安とストレス,被災者団体の形成と運動展開,地域の連帯,防災計画・防災体制,復興過程,防災都市づくりなどをめぐる諸論点が具体的な研究テーマとなってきた.短期間の急激な*社会変動と見て,社会変動論を適用しようとする研究,災害状況を一種の実験室と理解し,極限状況の観察や知見から社会学の理論構築をはかろうとする研究,災害被害の抑制・軽減のための政策立案に貢献しようとする研究などがある.アメリカでは1920年代以来の歴史をもつが,日本では70年代以降,特に頻発する地震災害や地震予知に関して大規模な

社会調査が継続的に行われてきた．→危機管理

328 最低生活費
minimum cost of living

日本国憲法第25条で定められる〈健康で文化的な生活〉を維持するために必要な最低限の生活費．労働者本人の生活費だけでなく，*労働力の再生産として子どもの扶養費用も含まれる．生活水準が低い時代には，生存に必要なカロリーの計算に基づく食費が算出された．現在は生活水準が向上したので最低生活費も相対化されて，*公的扶助(*生活保護)支給のための基準として使用されている．最低生活の保障は，*人権を構成する社会権の保障として国家の責任とされている．→生存権，エンゲル係数，貧困

329 再都市化
reurbanization

いったん都市人口の減少を経験したのちに，再び都市圏の中心都市で人口が増加する過程．1970年代以降，都市圏の人口が減少した西欧の経験を踏まえ，80年代に入って，ファン・デン・ベルクやクラーセンらが*都市化，*郊外化，*逆都市化(反都市化)，再都市化の四つの段階を想定する〈都市圏の発展段階〉理論を提起した．そこでは，都市圏を中心部と周辺部に分け，中心部に人口が集中する段階を〈都市化〉，中心部よりも周辺部の人口が増加する段階を〈郊外化〉，中心部で人口減少が著しくなる段階を〈逆都市化〉，周辺部での人口減少が著しく中心部では人口が増加に転じる段階を〈再都市化〉とした(表参照)．四つの段階のうち，逆都市化までは現実に進行したが，再都市化は将来予測に属する問題とされている．日本の場合，本格的な逆都市化は経験していないものの，中心都市では人口減少から人口増加に転じる都心回帰現象が現れており，再都市化に向かっているとみることもできる．

330 サイバネティクス
cybernetics

従来，全く別のものと考えられてきた動物と機械を，*情報による自動制御システムとして統一的に扱おうとする考え方．アメリカの数学者ウィーナーが『サイバネティクス』(1948)で提起し，これまでの自然観を革新するとともに，*システム理論や*情報科学・コンピュータの発展，脳科学の進展，現代哲学などに大きな影響をおよぼした．経済学者ランゲの〈経済サイバネティクス〉や政治学者K.W.ドイッチュの政治制御モデルなど，社会科学に応用する試みもある．→ホメオスタシス

331 サーヴィス産業
service industry

農林業や製造業のように物財を生産する代わりに，サーヴィスという目に見えない財を提供する産業の総称．狭義には第3次産業のサーヴィス業(娯楽，保健・医療，教育，公務など)をさすが，広義には第3次産業全体を意味し，卸・小売の流通業，金融・保険業，情報通信業，交通・運輸業などを含む．*ベルは『脱工業社会の到来』(1973)で，物財が潤沢に供給されるようになった結果，人びとの欲求はサーヴィスの向上に向かうと予

都市圏の発展段階

発展段階	類型	人口変化の特徴		
		中心部	周辺部	都市圏
都市化	1 絶対的集中	++	−	+
	2 相対的集中	++	+	+++
郊外化	3 相対的分散	+	++	+++
	4 絶対的分散	−	++	+
逆都市化	5 絶対的分散	−−	+	−
	6 相対的分散	−−	−	−−−
再都市化	7 相対的集中	−	−−	−−−
	8 絶対的集中	+	−−	−

言した．当時の日本ではこの議論は時期尚早であったが，2000年度*国勢調査では就業者の約65％が第3次産業に従事している．先進国ではコンピュータ，インターネットの普及拡大による情報通信業の興隆と*高齢化にともなう医療・福祉サーヴィスの拡大がサーヴィス産業の発展に貢献している．サーヴィス産業は高度な専門知識を必要とする知識集約型産業の側面をもちながら，他方，清掃，警備，コンピュータ入力など対事業所サーヴィス業に典型的に見られるように，多くの未熟練労働を抱え込んだ労働集約型産業でもあるという側面をあわせもつ．→産業構造，知識産業，脱工業社会

332 サーヴィス労働者
service workers

サーヴィス職種に従事している労働者．教育・医療・福祉・公務などのほか，情報通信サーヴィス・娯楽・旅行などの*サーヴィス産業に多いが，法務・会計・清掃・警備など，産業分類上は製造業に属する企業にも多い．*脱工業社会ではサーヴィス労働者の増大が顕著であるが，その職種を見ると，高度の知識を必要とする高賃金の専門技術職と，そこから派生する単純なサーヴィス業務をこなす低賃金未熟練労働者に二極分化する傾向にある．→知識産業

333 サピア＝ウォーフ仮説
Sapir-Whorf hypothesis

用いる*言語の違いによって，物の見方，感じ方，考え方が異なるとする言語相対主義の仮説．言語学者E.サピアとB.L.ウォーフがそれぞれに唱えた説に，後世が与えた名称．たとえば，極北に住むイヌイットにとっては雪とは一種類のものではなく，様々に分類し，よび分けられている．海藻を多く食する日本人は，コンブ，ワカメ，アラメ，ヒジキなどをよび分ける種々の呼称をもっているが，"海藻"一般をさすほとんど1語しかもたない国民もある．また，当の言語が単数・複数を区別するか，敬語をもつか，細かい時制を使い分けるかなどによって，話者の思考は影響を受けるわけで，ひいては思考の型にも関係してくる．ただし，その関係は，言語が思考に影響するという面と，逆に人びとの生活諸条件が特定の言語表現を発達させる面との双方向から理解すべきだろう．

334 サブカルチュア ⇒ 下位文化

335 差別
discrimination

ある個人や特定の集団に属する個々人について，何らかの理由をもとに，権利を認めなかったり排除したりすること．差別には，居住地の隔離，政治参加の拒否，教育や雇用機会の制限や社会参加の規制などが含まれる．差別の根底にはしばしば異なる文化をもつとされる集団への*偏見がある．差別の対象には人種・文化・言語的に異質な集団のほかに，女性，障害者，高齢者（→エイジズム）や子どもなどの*マイノリティ集団がある．差別が一回的な人びとの行為としてではなく，制度の機能として行われる場合（女性の選挙権を認めない，特定人種の入国の禁止など）は，制度的差別とよばれる．→人種差別，性差別

336 サルトル
Sartre, Jean-Paul
1905-80

フランスの哲学者．実存主義の哲学・文学から出発し，人間の自由と，現実参加の実践（アンガジュマン）によって被る〈被決定性〉の関係に考察を加えた．のちに知識人として積極的に政治的・社会的問題にかかわるが，一方，*マルクス主義との対話を行うなかで社会学的集団論や精神分析を援用し，独自の実践，

*疎外，社会動態の理論を打ち立てようとした．後者に関係する著作として，『方法の問題』(1957)，『弁証法的理性批判』(60)などがある．

337 残基/派生体
residue/derivation
〈伊〉residui/derivazioni

*パレートの概念．人間の非論理的行為を構成する二つの要素．非論理的行為は，人間の感情や心的状態を示す恒常的要素(残基)と，その行為を論理的に正当化する可変的要素(派生体)からなり，社会学的に重要なのは残基であるとした．残基は，結合，集合体維持，感情の表出，社会性，統合，セックスの六つの範疇に区分され，その配分により社会の変動と均衡が決定される．→行為理論

338 産業革命
industrial revolution

18世紀後半から19世紀初頭にかけてイギリスで起きた急速な技術進歩に基づく社会的・経済的変化のことで，イギリスの歴史家トインビーが1882年に唱えた．水力，蒸気機関を動力に利用する機械の普及によって，これまでの家内工業が資本主義に基づく工場制工業に変化したことで，繊維，鉄鋼，炭鉱，機械などの産業が飛躍的に発展し，蒸気機関車・蒸気船を利用した運河，鉄道の交通機関の整備と結びついた．エンクロージャー(囲い込み)運動などの農業革命の影響もあり，産業革命は人口を都市に集中させた(*都市化)だけでなく，人口の*過密と過疎，労働者階級の成立，女性・児童労働保護を目的とする工場法の成立，*労働組合の成立と労働運動の展開，*就業構造の変化，都市貧困層の増大にともなう社会不安の拡大などの変化をもたらした．産業革命は19世紀にはフランス，アメリカ，その後ドイツ，ロシアで起きた．日本では19世紀末に明治政府の主導で繊維工業から始まり，日露戦争を経て第1次大戦前後に重工業が発展した．→産業社会論

339 産業構造
industrial structure

一国の経済に占める各種の産業の割合のことで，就業人口，雇用者数，*国内総生産(GDP)，国民所得，事業所数などで示す．経済学者C.クラークは国民所得が高まるにつれ，就業者の比率が第1次産業から第2次産業へ，そして第3次産業へと変化するというペティ＝クラークの法則を発見した．農業部門はどの国でも労働生産性が低く，一方で情報通信業などの知識集約型産業を抱える第3次産業は高付加価値で所得も高いため，*発展途上国と先進諸国との経済格差は容易には埋めにくい．しかし先進諸国側も，発展途上国の工業化による国際競争の激化，自国資源の枯渇，技術革新等が原因となって不断に自国の産業構造の転換を進めねばならず，それに失敗した場合には産業が衰退し失業者が増大して，社会の不安定化を招く．日本の場合，国内製造業の海外移転による産業の空洞化問題(雇用の減少と技術水準の停滞・低下)が，中国・ASEAN諸国の急速な工業化によって生じている．→就業構造，産業社会論

340 産業者
〈仏〉industriel

*サン＝シモンの用語で，彼が到来を展望した産業社会の担い手とされた集団．王侯，貴族など社会に寄食する不生産階級に対置されたもので，社会成員の要求を満たす物的手段の生産，流通のために働くすべての者をさす．1810年代のフランスはまだ*産業革命以前で，この産業者はおもに小生産者，農業者，商人を意味していた(のちに銀行家を加える)．しかし18世紀的社会を打破しこれと訣別する，産業者による計画

化,公共財管理,議会的政治指導のあり方にも言及し,来るべき産業社会を素描したことの意義は大きい.おもな文献として『産業者の教理問答』(1823-24)がある.→産業社会論

341 産業社会学
industrial sociology

職業,仕事,雇用,労働,企業をめぐる諸問題を,合理的行動をとる"経済人"(*ホモ・エコノミクス)として抽象化せず,感情をもち非合理的行動もとりうるとする人間像のもとで研究する社会学.学説上は*人間関係論のアメリカ由来の産業社会学,企業経営中心のドイツ由来の経営社会学,*マルクス主義階級論を下敷きにした労働社会学,社会的分業や労働疎外を問題としたフランス労働社会学などに細分化できる.日本では企業を生活共同体としてとらえる〈企業コミュニティ〉の概念を中心に,*年功制や*企業別組合の日本型雇用システムを分析してきた歴史がある.研究内容は時代の制約を受け,近年は1)技術革新ではコンピュータ,IT(情報技術)の影響,2)労使関係では非正規従業員の問題,3)雇用・労働条件では若年と中高年者の*失業,および相対的に地位の低下した*ホワイトカラーの処遇と*キャリアに,その力点が移動している.また日本でも男女平等の実現や仕事と家庭の調和の問題,*外国人労働者の問題などが研究課題として注目されるようになってきた.→尾高邦雄

342 産業社会論
theories of industrial society

産業化(工業化およびその関連事象)とともに社会の構造がどう変化するか,またどのような社会条件のもとで産業化が進展するかなど,産業化を中心に現代社会のあり方と変動を分析しようとする諸研究を示す.産業化論ともいう.代表的な著作に,*ベル『イデオロギーの終焉』(1960),ロストウ『経済成長の諸段階』(60),富永健一『社会変動の理論』(65)などがある.脱工業化,情報化の進んだ現在では,産業社会論で論じられた諸現象がそのまま続くのか,それとも大きく変化するのかが注目の的となっている.→脱工業社会,消費社会,情報社会

343 産業廃棄物問題
industrial waste problem

企業などの事業活動によって排出された廃棄物にかかわる*社会問題.日本では,廃棄物は家庭ゴミなどの一般廃棄物と放射性廃棄物,産業廃棄物の3種類に分けられ,産業廃棄物は,廃棄物処理法および政令で品目が指定され,排出企業に処理責任があるとされる.近年,周辺の環境汚染が現実化し,産業廃棄物の処分場は立地が難しくなり,最終処分場の不足と不法投棄問題が深刻化しつつある.廃棄物の減量化・再利用化が課題である.→公害

344 サンクション
sanction

行為者に向けられた賞罰のこと.それによって,ある行為を妥当なものとして是認したり,不当なものとして否定したりする.サンクションには肯定的なものと否定的なものがあり,たとえば,否定的なものには,嘲笑や非難,罰則や処罰,肯定的なものには,賞賛の表明や報酬の授与などがある.サンクションは,法や社会規範を強化する手段であり,社会秩序の維持や*統合の機能を果たしている.→逸脱,社会統制,規範

345 サン＝シモン
Saint-Simon, Claude Henri
1760-1825

フランスの思想家,*実証主義思想および*産業社会論の先駆者.貴族の家系に

生まれ，啓蒙思想の影響を受ける．フランス革命後の社会の再組織化の課題を踏まえ，一時期*コントの協力を受けながら科学思想の研究に従事．観察に基づく知識の積極的な社会的役割を強調する実証主義の思想に到達する．他方，新しい社会の建設は，王侯・貴族などの不生産階級に代わる*産業者の主導によるべきであるとし，産業社会の意義，仕組み，管理システムを素描した．そこには産業の計画的管理の思想や，国民の多数者への福祉の思想もうかがわれ，*社会主義思想との親近性をみる見解もある．著書は『ジュネーヴ人への手紙』(1803)，『産業体制論』(21-22)，『産業者の教理問答』(23-24)など．

346 参与観察法
participant observation

研究の対象となる社会的世界の成員としてかかわり，行動をともにしながら観察する調査方法．参与観察法は，人類学の*フィールドワークにおいて採用されている方法である．この方法を近代都市の研究に応用すべきであると説いたのは*シカゴ学派の*パークであったが，自覚的に参与観察法を実践したのはW.F.ホワイトの『ストリート・コーナー・ソサエティ』(1943)が最初であろう．近年，社会学の解釈学的性格が強調されるようになり，参与観察法の重要性が再評価されつつある．→エスノグラフィー，質的調査法

347 シヴィル・ミニマム
civil minimum

自治体レベルで保障・充足されるべき最低限の生活水準．和製英語．ウェッブ夫妻が提唱した〈ナショナル・ミニマム〉をヒントに，松下圭一が，生活権・社会権に基づく政策公準として1960年代半ばに提唱した．*社会保障・*社会資本・社会保健を，自治体が量的・質的に拡充・整備していく際の論拠とされた．美濃部亮吉知事時代の東京都政の理論的な指針となり，70年代以降の自治体の地域政策に大きな影響を与えた．→生存権

348 ジェンダー
gender

男女を区別し，性別を意味する言葉．セックスが男女の生物学的・解剖学的な差異を示すのに対し，ジェンダーは社会や文化によってつくられた*性差をいう．

男女は生まれながらに決定されるのではなく，社会的文化的に構築されるという考えは，M.ミードやボーヴォワールの業績の中で示されていたが，この認識がジェンダー概念とともに広く知られるのは第2波フェミニズム以降である．そこでは心理学者のストーラーがセックスとジェンダーという区別（『性と性別』1968）を採用し，*性差別の変革可能性が主張された．*フェミニズム理論ではジェンダーは単なる男女の差異ではなく支配関係であり，男性が主体，女性が他者となる象徴秩序とかかわる，非対称的な構造をもつことを強調する．さらに80年代後半以降，セックスとジェンダーをめぐる新たな議論が展開され，なかでも歴史学者J.スコットは，ジェンダーを〈身体的差異に意味を付与する知〉と定義し大きな影響を与えた（『ジェンダーと歴史学』88）．これをうけ，J.バトラーは，生物学的なセックスを基盤としその上にジェンダーが後天的につくられるという認識を逆転させ，ジェンダーがセックスをそのようなものとして構築しているのであり，セックスもジェンダーとみなされると主張した（『ジェンダー・トラブル』90）．このように，ジェンダーは様々な意味を含みながら，社会における男女の問題を検討する上での鍵概念となっている．→女性学，女性性/男性性，構

築主義

349 ジェンダー・アイデンティティ
gender identity

"自分の性は女である""男である"というような，性別についての統一した自己認識．性同一性，性自認と訳されることもある．多くの社会は，成員を女性か男性のいずれか一方に帰属させる．性別についての認知にとどまらず，性行動や性対象選択などの性的指向性，女らしさや男らしさについての*ジェンダー役割意識を幅広く規定し，女性/男性としての人格全体にかかわる概念である．かつては，性自認は解剖学的な性別に規定されると考えられたが，マネーとタッカーの研究によって，性自認の核は出生時には固定されておらず，赤ん坊と世話をする人やその他の環境との相互作用により18ヶ月になるまでにほぼ獲得されることが明らかにされ，ジェンダー・アイデンティティの用語が使われるようになった（『性の署名』1975）．また，マネーらはいったん性同一性が確立するとそれを修正するのは困難であるとし，性同一性障害の問題について提起している．→性的アイデンティティ

350 ジェンダー秩序
gender order

特定の仕方で*ジェンダーに基づく社会制度や社会関係を産出していく構造モデル．コンネルは，個々の制度におけるジェンダーの構造特徴を〈ジェンダー体制〉，全体社会レベルでの構造構成を〈ジェンダー秩序〉と概念化した．ジェンダーを男女という実体でとらえるカテゴリー還元主義や本質主義的議論に陥ることをさけ，家族，学校，国家，市場，仲間集団などあらゆるタイプの組織や制度がジェンダーに関する構造的特徴をそなえ，それを構築する日常行動が存在するという認識に基づき，その社会的実践の規則的なパターンをジェンダー秩序とした．たとえば，労働の場で"女性向きの職業"が形成されていることや若い女性に無償労働としての育児を負わせること，情動レベルでの異性愛主義，男性に権力を与える*家父長制的な力関係などが典型的なジェンダー秩序として指摘されている（『ジェンダーと権力』1987）．

351 ジェンダー役割
gender role

男女の性別に応じてわりふられ期待される行動様式や態度．社会や文化によって具体的な*役割の内容は異なるにせよ，ジェンダー役割は生物学的な性差に基づくものと考えられ，"男らしさ""女らしさ"といった観念と結びつき，"自然"なものとして自明視されてきた．たとえば，男性は経済的報酬をともなう生産活動や意思決定を行う活動を担い，女性は人の世話をするケア役割が期待されてきた（→母性イデオロギー）．*フェミニズムの登場により，ジェンダー役割の自明性への異議申し立てがおき，ジェンダー役割がいかに社会的につくられ人びとに獲得されていくか，そのプロセスの解明が試みられ，ジェンダー役割の社会化研究や，ジェンダー役割を形成する*家父長制や生産システムの分析など多くの知見が生み出されている．そこでは特に，男性役割と女性役割の間にある権力関係が問題にされている．→性別分業，女性性/男性性

352 ジェントリフィケーション
gentrification

典型的には，インナーエリアの劣悪な地域が再生され，専門職や中産階級の居住地域に変化すること．大都市の中心部に近い地域は，建物の老朽化が進んで，

*移民や下層階級の居住地となりがちである．しかし時として，そのような地域に若い専門職が流入して住宅に投資し，やがて地域の評価が高まって中産階級が移り住み，地域の階層的地位が上昇することがある．また，*都市再開発によって下層階級の居住地が中産階級の住宅地に変貌することもある．こうした変化は，1970年代に注目され，ジェントリフィケーションとよばれた．→インナーシティ

353 自我
self; ego 〈独〉Ego

知覚や思考，*行為などを行う主体のこと．自己という訳語を使うことも多いが，その区別は明確ではない．人間を考察する科学での中心的概念として様々な意味で用いられている．デカルトやカントなど近代哲学では，意識や思惟の主体であり，主体自身への再帰的作用である自己意識をもつものとされる．また，*フロイトは衝動や*無意識と*超自我，そして外的現実の間を調整する人格の一部として〈自我ego〉を考えた．その他，*ミードは，社会的に学習した*役割からなる客我meと知覚の主体である主我Iとの相互作用により〈自我self〉が形成されるとした（→アイ/ミー）．このように自我は他と区別され，統一的・連続的な*パーソナリティの中核をなすが，行為の主体であると同時に*社会的相互行為のなかで形成されるものであり，社会学や社会心理学では人びとの相互行為を理解する上での重要な準拠枠となっている．

354 シカゴ学派
Chicago School (of sociology)

1920年代から30年代にかけてシカゴ大学社会学科を拠点にして展開した学派．当時のシカゴ大学では，*パークと*バージェスの指導のもとに，大学院生たちがシカゴを対象とする経験的研究を行い，その成果はシカゴ大学出版から『社会学シリーズ』として出版された．経験から意識が形成されるとする*プラグマティズム哲学を方法論的な基礎におきつつ，*トマスやパークの社会解体論やバージェスの同心円地帯理論を分析枠組みとして，新興都市シカゴに発生していた社会問題を〈道徳的秩序〉の問題として解明した．パーク，バージェス，マッケンジーによる『都市』(1925)は，シカゴ学派のアプローチを示す綱領的文書であり，ここで示された方針のもとで，アンダーソン『ホーボー』(1923)，スラッシャー『ギャング』(27)，モウラー『家族解体』(27)，キャバン『自殺』(28)，*ワース『ゲットー』(28)，ランデスコ『組織犯罪』(29)，ゾーボー『ゴールド・コーストとスラム』(29)など，一連のシカゴ・モノグラフが生み出された．40年代に入ると，*パーソンズのいるハーヴァード大学や数量的研究の拠点であるコロンビア大学の追い上げによって，シカゴ学派は衰退過程に入ったが，シカゴの伝統を*象徴的相互作用論に読み替えることによって，かえってアメリカ社会学において批判的伝統を確保するにいたった．→都市社会学

355 資源・エネルギー問題
resource and energy issue

資源・エネルギーの安定的供給と温暖化防止など環境汚染にかかわる*社会問題．1960年代の世界的な高度経済成長は安価な石油資源によって支えられていたが，72年のローマクラブの『成長の限界』の刊行と73年秋のオイルショックを契機に，資源枯渇，特に石油資源の枯渇の危機が，南北間の，また産油国と非産油国の間の，利害対立と利害調整の争点となった．80年代後半から*地球温暖化問

題が争点化してくると，資源・エネルギー問題は同時に*環境問題でもあるという新たな様相を呈するようになった．温暖化対策上も，資源・エネルギーの効率的利用と，太陽光発電や風力発電のような再生可能なエネルギー利用の普及，燃料電池など環境汚染のない技術開発が大きな課題となっている．資源・エネルギー問題の解決は，〈*持続可能な発展〉を実現するための基本的な条件であり，欧州では，環境NGOなどと協働で持続可能な都市づくりの多様な実験が試みられている．→オルターナティヴ・テクノロジー，内発的発展

356 資源動員論
resource mobilization theory

*社会運動の形成・発展・衰退を，当該の運動体が動員可能な社会的諸資源の量や戦略の適合性によって説明しようとする考え方．*相対的剥奪論に代表される，孤立した個人を前提に社会運動の非合理性や非日常性を強調してきた従来の社会心理学的なアプローチを批判して，1970年代後半にアメリカで生まれ，社会運動論の主流となった．60年代の*公民権運動や学生運動への関与経験をもとに理論化され，社会運動組織や運動の戦略・戦術，マス・メディアの役割を重視し，社会運動を目的達成のための合理的な行為ととらえる．運動組織の母体として，また潜在的に動員可能な成員の貯水池として，地域住民組織など既存の社会的ネットワークの役割を重視する．戦略・戦術面におもに着目する政治社会学的な立場と合理性を強調する経済社会学的な立場とがあり，前者は特に政治的機会構造論とよばれる．成員の*アイデンティティや価値観などを軽視しているという批判もある．→新しい社会運動，集合行動，フレーム分析

357 志向性
intentionality 〈独〉Intentionalität

"意識はすべて何ものかについての意識である"という，意識の根本的な特性を示すためにフッサールによって用いられた用語．たとえば知覚はつねに何ものかについての知覚である．この場合，知覚する作用が志向作用（ノエシス）であり，知覚される対象が志向対象（ノエマ）である．志向対象は外界に実在する事物ではなく，志向作用によって〈意味〉として構成される対象である．志向作用と志向対象はつねに相関している．→現象学的社会学

358 自己言及性
self-reference

自己自身に回帰的に関係すること．自己準拠性ともいう．"自己"をどのように規定するかによって，様々に用いられる．命題のレベルでは"嘘つきのパラドックス"に典型的にみられる．"すべてのクレタ人は嘘つきである"という命題は，クレタ人によって述べられる場合には，自己自身に回帰して，パラドックスを生み出す．"すべての知識は存在によって拘束されている"という*知識社会学の命題も同じように自己言及的である．より一般的にいえば，社会学はそれ自体，それが対象としている社会の一部分をなしていることから，社会学そのものが自己言及的な構造をもっているといえる．"自己"という現象もまた自分が自分を意識するという自己関係によって成り立っている．*自省性は意識のレベルで現れる自己言及の形態である．*ルーマンは，社会システムを，*コミュニケーションがコミュニケーションに継続的に接続することによって維持されている自己言及的なシステムとしてとらえた．→オートポイエーシス

359 自己実現
self realization

*ユングが心理学に導入した概念．ユングの心理学において，自己実現は〈個性化〉(individuation)と同義で使われており，自己自身になることを意味する．ただし，ユングの思索の深まりに対応して，子どもが母親的なものから離脱すること，社会的な顔・*役割から解放されること，そのために意識的な精神活動の側面に対して無意識のイメージやアニマ/アニムス（男性に潜む女性性/女性に潜む男性性）を統合して"こころ"(Psyche)の全体性を回復する，といった多様な意味が与えられた．社会学ではあまり厳密な概念規定がなされずに，社会的な顔・役割から離れて自己の目標を実現するといった意味で使われる場合が多い．→疎外，欲求段階説，余暇

360 自己成就的予言
self-fulfilling prophecy

社会状況についてのある思い込みが，人びとがそれを信じそれに基づいて行動することで，結果として実現し，当初の予想を正当化するような社会的プロセスのこと．*マートンが『社会理論と社会構造』(1949)のなかで示した概念．たとえば，"落ちこぼれ"という*ステレオタイプを周囲から押しつけられた子どもが，実際に落ちこぼれらしいふるまいを実現してしまうことも，この一例といえる．

361 自己組織性
self-organity

*環境との相互作用の中で自らの構造をつくりかえる性質が自己組織性であり，そのようなシステムを自己組織系とよぶ．このようにみると，機械は自己組織系ではないが，生物は個体レベルでも種のレベルでも自己組織系であり，吉田民人が「情報科学の構想」(1967)以来強調してきたように，生命現象の本質は遺伝子情報による自己組織性にあるといえる．宇宙や社会や歴史も自己組織系ととらえることができる．明治維新以降の日本の近代化過程も自己組織性的な社会変動とみることができる．"ゆらぎ"を通じた秩序形成を数理モデル化した熱力学の散逸構造論をはじめ，1970年代後半以降に諸科学に大きな影響を与え，社会学では*ルーマンが，コミュニケーション理論などを取り込みながら，自己組織性に焦点をあてた社会システム論や*社会進化論を精力的に展開した．しかし極度に抽象的でアナロジー的な議論にとどまっており，実証分析や政策分析への適用は今後の課題である．→オートポイエーシス，自己言及性，自省性，システム理論

362 自己中心性
〈仏〉**égocentrisme**

心理学者ピアジェの概念．感覚運動期につづく幼児の認知発達の段階である前操作期に見られる特質で，自分の目に映じるがままに世界をとらえ，他者の視点や，自他を超えた客観的視点からの把握がありうることに気づかない傾向をさす．幼児が，母親をもっぱら自分のために存在すると考えたり，夜道を歩きながら"お月さまが自分の後をついてくる"とみたりするのがその例である．もっぱら自分の利益を追求する大人の行動傾向である"利己主義"とは区別される．ただし，自己中心性は大人にも見られなくはなく，自分の人間観をあてはめ，周囲の者をすべて善意の人びとと思い込んで行動するような場合も，ここでいう自己中心性を表しているといえる．

363 自己呈示
self-presentation

対面的相互行為において，演技者（パフォーマー）である行為者が，観客（オーディエンス）である他者に対して，自分自身についての情報を呈示すること．*ゴフマンの概念．言葉だけでなく，視線・表情・身振り・

姿勢・服装などによってなされる．意図的になされるものも，意図されないものもある．呈示された自己は他者による承認を必要とし，他者の協力によって維持される．呈示された自己が，他者と共同でそのつど状況にふさわしいものとして維持されることによって，相互行為が円滑に進行する．ゴフマンによれば，自己はもはや人間の内面に隠されているものではなく，状況の表層に位置するものである．〈本当の自己〉もまた，たとえば*役割と距離をおいていることを示すことによって他者に対して呈示される一つの自己でしかない．→印象操作，演劇論的モデル

364 自殺
suicide

自分のふるまいにより自分の生命を絶つ行為のうち，死への意志や覚悟をともなうものをいう．ただし死への意志にあまり重きをおかない見方もある．心神耗弱のもとで行われる自殺や，周囲への抗議のアピールのための自殺もあるからである．自殺の社会的要因に初めて組織的に目を向けたのは*デュルケムの『自殺論』(1897)で，彼は個人的動機論に批判的で，*個人主義，*アノミー，集団本位主義など自殺を生みやすい社会・文化的構造を幅広く論じた．自殺の*動機として病，失恋，破産といった単一の理由をあげるのはたいてい無理であり，マッキュロッチとフィリップは，自殺者は様々に絡み合った*ストレスのもとにおかれ心的に混乱しているのが普通だとする（『自殺行動の深層』1972）．自殺の"動機"は表面的観察から導かれることが多いが，それを手がかりに複雑な動機連関や社会的要因に迫っていく出発点とはなりうる．なお今日，自殺者の心理構造の特質，精神疾患との関連，相互行為過程とのかかわり，自殺統計の問題点など，多様な角度からの研究が必要とされている．

365 市場化
marketization

自由競争のもとで利潤追求を目的とする市場経済に経済活動を委ねること．中国のような社会主義国家がその経済活動の一部を市場化する場合と，国家が運営主体であった年金・医療などの社会保険，保育・介護などの福祉，電話・郵便・電気・ガス・鉄道などの各種公共サーヴィスの民間移管をさす場合（*民営化）とがある．また家庭内で行われていた家事サーヴィスの商品化による市場での購入，政府補助金により価格が維持されていた農産物への補助金廃止などをさす場合もあり，市場化の意味は適用分野により異なる．

366 自助組織
self-help group

広義には，近隣住民などが*相互扶助的に生活を支えあったり，緊急対応（消防や災害対策など）をする組織づくり一般をさすが，近年は，生活上・心理上の問題を抱えた当事者同士が集まって情報交流や相談・援助を行い，自主的な問題解決をめざすセルフヘルプ・グループをさすことも多い．後者の場合，事情の類似した者同士の語らいが，専門家ではできないピア・カウンセリングの機能を果たすことも多い．他方で，社会的な広がりを求めて自らNPO組織となっていく例もある．→アルコール依存症，フリースクール

367 システム理論
system theory

研究対象をシステムとしてとらえ理論的に考察しようとする立場を，ひろくシステム理論とよぶことができる．ベルタランフィの『一般システム理論』(1968)に代表されるように，システム理論の特徴は対象の実体や学問領域を超えた汎用性と抽象性にある．社会現象に適用されたシステム理論は特に社会システム論とよばれ，*パレートを先駆者として，*パーソンズ，

*ルーマンの仕事は社会科学全般に大きな影響を与えた．システムのとらえ方には，要素間の相互依存性に注目する相互連関分析と，*環境との相互作用を前提として，環境に適用するための制御システムとみる*機能分析の二つの立場がある．パーソンズは『社会体系論』(51)で両者を統合し，*構造＝機能主義として社会システム理論を体系化した．パーソンズをふまえながらも，実体論的思考を極力排し，『社会システム理論』(84)などで，*自己組織性の観点からシステム理論を徹底化したのがルーマンである．→サイバネティクス

368 私生活主義
privatism

国家や職場などの〈公〉領域に対して，〈私〉の領域である個人の生活と利益に価値をおき，その充足をはかる意識．*ライフスタイルといえるが，1960年代以降，経済構造や産業構造が変化し，労働生活と私生活が時間的空間的に分離するなかで成立し，家庭や家族を志向するマイホーム主義や公的なものから逃避する私生活埋没主義という側面も見られる．他方で個人の生活防衛の立場から*住民運動や*消費者運動などと連なる契機ももつ．→公と私，プライヴァタイゼーション

369 自省性
reflexivity

人間が単に*行為したり認識したりするだけでなく，自分の行なっている行為や認識について反省的に認識できること．またそれに基づいて行為や認識が修正されること．再帰性とも訳される(→ギデンズ)．*エスノメソドロジーでは，行為の説明が行為と独立に存在しているのではなく，それ自体が行為を構成する，行為の一部分であるという，行為と説明との循環的な関係をさすために用いられ，相互反映性と訳される．→自己言及性

370 持続可能な発展
sustainable development

非可逆的な自然環境の破壊をしない，再生困難な天然資源を消費し尽さない，将来の世代の必要充足能力を脅かさない，という原則のもとで実現しようとする発展のありかた．天候変化，熱帯の脱森林化など環境破壊に直面し，グローバル・コミュニティという視点が不可欠となり1980年代末から注目された．何が持続的であり，誰にとって非持続的かなど判断が困難な点を含むが，世代内・世代間における公平性は，21世紀のグローバル社会に不可欠な指導理念である．持続的発展を支援する政策が要請され，少なくとも三つの政策があげられる．1)成長が天然資源にもたらす*エコロジー的な影響を測定し，現在の試みをさらに促進する．2)天然資源に価格設定がなく過小評価となるため，環境財・環境サーヴィスに適切な経済価値を設定し(たとえば，CO_2排出権など)，設定手法を整備する．3)天然資源の劣化を抑える制度や組織を構築し，インセンティヴ(誘因)を導入することである．→社会開発，内発的発展，環境の公正

371 下請制度
subcontract system

製造業・建設業などにおいて，工程の一部や部品生産を子会社，関連会社，その他の*中小企業に外注したり，請負させたりする制度．買い手側企業から見ると系列関係，売り手側企業から見ると下請関係，という色彩が強い．日本の場合，1970年代までは寡占的な大企業に対して技術力も劣り従属的な地位にある下請中小企業，という〈二重構造論〉の見方が強かったが，近年は，中核企業と(部品)サプライヤーの関係であり，相互に長期取引関係を形成しているという見方がひろがってきた．

372 視聴率・聴取率
rating

放送番組がエリア内のテレビ受像機全数(ラジオ受信機全数)のなかでどの程度セット・イン(受信)されたかを示す比率(テレビは視聴率, ラジオは聴取率). 日本では, 1961年にアメリカの調査会社ニールセンの日本支社がはじめて視聴率調査を実施, 翌年に電通と民放各社が出資して設立したビデオリサーチが開始した. 現在はビデオリサーチが独占している. テレビ受像機に取り付けたメータで1分ごとにどのチャンネルがセット・インされたかを記録して世帯視聴率を出す. この比率の高低がスポンサー獲得・CM料金に直接響くため, 各局とも視聴率競争にしのぎを削ることになる. 世帯視聴率のほかに, 広告効果を高めるため性別や年齢ごとの個人視聴率調査が94年から導入された. 一方で長年, 視聴率に代わる番組の質的評価の必要性が叫ばれている.

373 失業
unemployment

就業意欲と労働能力をもちながらも*労働市場で仕事に就くことができない状態. 自らの意思で退職する〈自発的失業〉という概念もあるが, 基本的には〈非自発的失業〉をさす. 原因によって, 1)景気悪化による労働需要不足に由来する〈需要不足失業〉, 2)*産業構造の地域的, 国際的構造変化あるいは離転職にともなう〈構造的・摩擦的失業〉に分類できる. イギリスの社会改良家C.ブースは*貧困原因の一つが失業にあり, 貧困は個人の怠惰や規律不足によるものではないとしたが, こうした考え方は『*ベヴァリッジ報告』(1942)に引き継がれ, 失業給付の根拠となっている. しかし失業は家計費のみならず, 個人の自尊心や社会的共同性の喪失を意味し, 存在としての人間の尊厳が傷つけられる. 日本は高度経済成長と日本的雇用慣行によって世界でも稀な低失業国であったが, 景気悪化により1999年以降, 5%前後という過去最高の失業率となった. しかしOECD諸国の中では依然として低い. →雇用保険

374 失業率
unemployment rate

労働力人口に占める完全失業者の割合. 景気判断の指標として重視される. 労働力人口とは15歳以上人口のうち, 就業者と完全失業者を合わせたものであり, 完全失業者とは, 1)仕事がなくて調査週間中に少しも仕事をせず, 2)仕事があればすぐ就くことが可能で, 3)求職活動中の者をさす. 就業者とは調査週間である毎月, 月末の1週間に1時間以上収入をともなう仕事をした人である従業者と, 仕事をしないが賃金を支払われた休業者によって構成される. 総務省の労働力調査によって毎月の数値が示される.

375 しつけ

乳幼児期・児童期を中心としてなされる基本的な生活習慣・行動様式の習得過程, または習得させる行為. *社会化の一形態であるが, 社会化の担い手が社会化への明確な意図をもつ場合が相当する. 受け手によって学習される内容は社会生活の基本ルールであるから, すべての社会成員に対して期待される. 習得が不十分な場合には担い手・受け手双方にネガティヴな評価がなされる.

376 実証主義
positivism 〈仏〉**positivisme**

経験的に確かめられる知識をもっぱら重視する立場であり, そのような知識を肯定的・建設的に用いるということも暗に意味されている. *サン=シモンの影響を引き継ぎ, 神学的・形而上学的な知を否定し, 実証的な知の意義を体系化した

*コントは,〈実証的〉の意味を次の六つにまとめた.〈肯定的〉〈相対的〉〈現実的〉〈有益〉〈確実〉〈明確〉.したがって実証主義は,観察を重んじる経験科学的志向をもち,批判的認識をしりぞけ,既存の事実の秩序に肯定的立場をとる点に特徴がある.それゆえ実践面では,〈秩序と進歩〉の標語のように,漸進的改革の主張を基調とした.これはコント社会学の創成にかかわる立場,理念であった.なお,19世紀後半には,人間および社会事象の説明において自然主義的決定論をとる立場を〈実証主義〉とよぶ用法も生まれた.

377 | **質的調査法**
qualitative methods

*参与観察調査,文献調査,*聴き取り調査,*生活史法など,*質的データ(ソフト・データ)を収集し分析する調査法の総称.ハード・データを収集して仮説を検証する数量的調査に対して,質的調査法は,仮説の構成や知見の解釈においては有用であるが,*客観性や代表性の面では弱点のある調査方法とみなされてきた.しかし,このようなとらえ方自体,数量的調査に対して周辺的で補助的な位置づけを与えるものにすぎない.社会現象が,そもそも*行為の意味を理解し解釈することによって成り立っていることを踏まえれば,質的調査法は社会的リアリティをとらえるうえで本質的で不可欠なものであり,この点からその意義を再評価する動きが強まっている.→フィールドワーク,事例研究法,グラウンデッド・セオリー,エスノメソドロジー

378 | **質的データ**
qualitative data

1)統計的な処理の対象にならないデータ,2)統計的な処理の対象となるデータのうち,順序尺度や名義尺度によって構成されているデータ.質的データは,〈量的データ〉に対する用語であるが,二つの異なる意味で用いられる.1)は,文書資料,聴き取り資料,*参与観察結果などの形態をとるデータで,それ自体としては統計的な分析の対象とならない〈ソフト・データ〉である.2)は,〈カテゴリカル・データ〉のことで,統計的処理は可能だが,間隔尺度や比率尺度によって構成される量的データとは扱いが異なる.→変数と値,質的調査法,統計的方法

379 | **質問紙法**
questionnaire method

調査票,あるいは"アンケート用紙"などとよばれる質問紙を使った調査法.質問紙法は,多数の人びとに対して同じ質問を同じ順序で行い,しばしば同じ回答選択肢のなかから回答を引き出すもので,調査の標準化と*数量化をねらいとする方法である.調査員が口頭で(あるいはカードなどを提示して)訊ね,回答者が口頭で(あるいはカードを指さして)回答して,調査員が質問紙に記入する他計式のものと,回答者自身が質問紙に記入する自計式(自記式)のものとがある.前者は,個別面接調査法や電話調査法などで用いられ,後者は留め置き調査法,郵送調査法,集合調査法などで用いられる.→聴き取り調査

380 | **児童虐待**
child abuse

子どもに対して大人が身体的・精神的な暴力や危害を加えたり,不当に扱って,子どもの生活や生命,心身の発達を阻害する行為.おもに家庭で養育者たる親が子どもに行うものをさす.内容的には,殴る・蹴るなどの身体的虐待,蔑み・暴言・冷淡などの心理的虐待,性的対象にする性的虐待,養育放棄・無視などのネグレクトがある.発生要因としては,養育者の性格や社会的環境,養育者の子ども時代の虐待経験,育児の経験や知識の不足などが指摘され,子

もへの治療と養育者の環境整備や*カウンセリングが必要とされている．ほかに，家庭外での施設内暴行，労働搾取，児童買春などが広義に含まれる場合もある．
→ドメスティック・ヴァイオレンス，性暴力

381 児童福祉 child welfare

児童の生活上の困難や障害を解決・緩和することを通じて，児童の生活保障と心身の健全な成長発達を促進するための社会的諸施策と実践活動．家庭養育の代替・補完・支援的な機能が期待され，具体的には学齢までの子育てたる保育，家庭環境が充分でない子どもたちへの養護，問題行動を起こす少年の自立支援・教護など各側面での活動があげられる．理念的には，1959年の児童の権利宣言を基礎にしつつ，89年に国連で採択された「子どもの権利条約」に示された，子どもの最善の利益や意見表明権などの新たな考え方が主張されるようになった．そこでは，恩恵的な最低生活保障の色合いの強いwelfareから，個人の尊重や自己実現，子どもの権利擁護を基調とするwell-beingへの理念の転換が試みられている．日本では47年に児童福祉法が成立したが，長らく児童保護的な制度にとどまり，子ども全般の福祉増進の要素は乏しかった．しかし，90年代に入り，*少子化対策としての〈子ども家庭支援〉，児童福祉法改正による子どもの自立支援という要素が盛り込まれつつあり，児童福祉の概念を，〈子ども家庭福祉〉という概念に広げる動きもある．→子どもの社会学

382 死の社会学 sociology of death

身体的な死や〈死にゆく(dying)〉過程にかかわる社会性や文化性，ならびに葬送儀礼の諸現象などを分析する社会学の一領域．死は，*デュルケムの『自殺論』(1897)や*ウェーバーの『プロテスタンティズムの倫理と資本主義の精神』(1904-05)に見られるように，自覚的ではないにしても，社会学の確立期の隠れた主題であった．死が老齢の先にあり遠くに感じられる現代社会において，死は避けられ忌み嫌われる"ポルノグラフィ"と化したともいわれ，研究上の関心が高くない時期がつづいた．しかし，近年，医療技術の進展による死そのものの問い直し，また，〈死にゆく〉過程が着目されることで，社会学的な関心も高まってきている．自然科学のみで可能と考えられた身体的な死の確定も，*脳死と心臓死の関係，臓器移植の議論に見られるように社会的・文化的また倫理的な要素を含むものであることが強く理解されつつある．また，闘病の過程でも患者の〈クオリティ・オブ・ライフ〉を重視して，延命より痛みや症状の緩和の重視，*インフォームド・コンセントや*ホスピスに基づいて当事者の意思を確認・尊重する方向に向かっている．他方で，死にゆく他者と家族や医療関係者がいかに充実した人間関係を作り，近親者が重要な他者の死をどう受容してグリーフ・ワーク(悲しみの作業)を果たすのかという課題もある．死の社会学は，生の意味を問い，死者・死にゆく者と生き残る者の相互行為のあり方を問う〈生の社会学〉でもある．→生命倫理，尊厳死

383 支配 domination 〈独〉Herrschaft

*制度化された権力関係．権力関係が持続的になり，日常化されて支配関係に移行するには，正当性観念が人びとの間で共有されている必要がある．権力格差は正当化されることにより"権威"が生じる．支配権の基盤をなすのが権威である．権力関係が安定化するには，秩序維持にたずさわるスタッフの存在が不可欠であ

る．強制スタッフの成立とともに権力関係は支配関係へと移行する．支配権は何らかの程度で組織化された集団を前提として実効性をもつ．→権力

384 支配階級
ruling class

ある社会における*階級がいくつかに分かれ，それらの間に*支配─被支配の関係が成り立つとき，支配する立場に立つ階級を意味する．現在の多くの先進社会では，階級間の境界があいまいで誰が支配階級に属するのか不明確となる傾向があり，また支配の及ぶ範囲が限定される傾向が見られる．→寡頭制の鉄則

385 支配の諸類型
〈独〉Typen der Herrschaft

*ウェーバーが提示した支配の類型化が有名で，合法的・伝統的・*カリスマ的，という三つよりなる．制定された規則によるのが合法的支配で，典型は*官僚制．服従は人ではなく規則に対して行われ，支配者も被支配者も同じように規則に従属する．昔から存在する秩序と，支配者の人格のもつ神聖さに対する信仰に基づくのが伝統的支配で，典型は*家父長制．"主人"の命令は，厳格に伝統に拘束された領域と，自由な恩恵と恣意の領域とに二分されている．支配者の人格とその人のもつ天与の資質とに対する情緒的帰依によるのがカリスマの支配で，典型は，預言者・軍事的英雄・偉大なデマゴーグの支配．服従は指導者個人に対してなされ，その人の制定法上の地位や伝統的な権威ゆえではない．カリスマ的支配は，人びとを内面から変革し，既存の秩序をくつがえす力をもつが，支配関係を永続化する力に乏しい．カリスマの世襲を介して伝統的支配に，あるいは官職カリスマを仲立ちに合法的支配のいずれかにいたり着く．→伝統主義

386 資本主義
capitalism

生産手段を私有する資本家が労働力を商品として購入して商品生産を行い，資本の自己増殖作用によって富を蓄積し企業活動を拡大し，経済活動の主体となっているような経済体制および社会体制．*マルクスが『資本論』(1867-94)などで，その基本的構造と動態の解明に努めた．20世紀に入って株式会社制度が発展し，*所有と経営の分離がすすみ，政府による市場への調整的介入によって，*ハーバマスらが〈後期資本主義〉や〈組織化された資本主義〉とよぶような新たな事態が出現し，他方で団結権や争議権など労働者の諸権利が認められるようになり，*階級闘争の制度化がすすんだ．さらに脱工業化・高度情報化の進展や，ソ連・東欧における社会主義政権の崩壊にともなって，1980年代以降マルクス経済学は世界的に影響力を後退させている．*グローバリゼーションと*サーヴィス産業化が急速にすすむなかで，現代の資本主義をどのように把握すべきか，社会科学の大きな課題である．→社会主義，社会民主主義，世界システム

387 資本主義の精神
〈独〉Geist des Kapitalismus

貨幣を不断に増加し続けることを，消費や幸福のためではなく，職業義務として引き受けるような倫理的態度(*エートス)．『プロテスタンティズムの倫理と資本主義の精神』(1904-05)の中で*ウェーバーが定式を与えた．資本家にとっては，利潤は投資に回し資本を無限に増殖させることが，労働者にとっては，最大限の賃金を獲得するように労働することが，人生の目的であり，果たさねばならない職業上の義務である．資本家と労働者など近代人に共通するのは，職業労働を倫

理的義務とみなす〈職業人〉という人間類型である．→プロテスタンティズムの倫理

388 市民
citizen
〈独〉Bürger 〈仏〉citoyen; bourgeois

歴史的には*市民権という法的な成員資格をもつ都市の正規のメンバー．近代自然法思想と市民革命を経て，市民権は身分的な特権を脱して普遍化され，人間は，人間という資格だけで同じ*人権をもつと観念されるようになったが，長い間女性や黒人などは市民の範疇から実質的に排除されてきた．市民革命期の市民の典型的なイメージは，経済的には自由で独立した小商品生産者であり，政治的には公権力を言論で批判する公衆であり，社会的には自発的結社やサロンなどに集う〈教養ある市民〉だった．このような市民は，資本主義化と産業革命を経て，資本家と労働者に階級分解し，資本家のみが市民社会の正規のメンバーとなった．やがて，普通選挙権と労働者としての諸権利，社会権の獲得を通して労働者は市民化し，婦人参政権運動と女性解放運動を経て女性が市民化し，アメリカでは*公民権運動を経て黒人が市民化した．今日では，障害者や高齢者・子どもも諸権利を獲得し市民化したといえる．→公衆，国民

389 市民運動
citizens' movement

共通の理念や利害に基づいて広く一般市民が担い手となる*社会運動．特定の地域的な利益を防衛するために一定地域の住民が担い手となる場合には*住民運動という．市民運動は，個人が自主的・自発的に参加し，地域に限定されない課題に取り組み，普遍的な価値の実現や権利の防衛をめざす場合が多い．日本では1950年代以降，平和や環境・公害問題，差別・人権問題など様々な争点をめぐって展開されるようになってきた．

390 市民権
citizenship; civil rights

公民権といわれる場合もある．一般には一つの政治共同体の成員に認められる諸権利をいい，政治共同体として*国家ばかりでなく，自治的都市や地域統合体（特にEU）をさすこともある．市民権の構成要素としては，今日では自由権（言論・信教の自由など），参政権，社会権（社会保障の権利など）があげられる．*国民国家のもとではこれらの権利のおもな享有主体は*国民であるが，すべての国民が市民権を行使できるわけではなく，未成年者，法によってその権利を停止された者は，その一部または全部から除外される．また，外国人にも市民権の一部（自由権と社会権）の行使を認めている場合も多く，日本でも自由権，社会権においては国民と外国人の差別は縮まりつつある．EUにおける欧州市民権は，加盟国国民に相互的に地方参政権などを認めるもので，国家を越える新たな市民権の方向をさし示している．→国籍

391 市民社会
civil society
〈独〉bürgerliche Gesellschaft

*市民としての資格をもつ人びとによって作り上げられる社会．市民資格の内容に従い，三つの意味が区別されるが，そのいずれもが*国民国家の限界を明らかにする点で共通する．1)*市民権（公民権）をベースとする公共圏としての市民社会．市民権は，一方では既存権力からの自由を意味し（良心の自由，人身保護，法の前の平等），他方では既存の権力を批判し，新しい権力を樹立する権利を意味する（言論・結社の自由，普通選挙権

など). 国家との関係が焦点をなし，"私民"を"公民"へと開いていくことを可能にするのが市民権で，20世紀のアメリカの*マイノリティや，ソ連・東欧諸国の民衆を鼓舞したのは18世紀の社会契約論に由来するこうした市民社会概念である(→公民権運動). 2)経済的権利をベースとする市場社会としての市民社会. 〈経済人〉のもつ，身体を含めて自分の財産を利益の極大化をめざし処分する能力が経済的権利である. ヘーゲルの市民(ビュルガーリッヒ)社会観念と重なる. 3)社会的権利によって構成される*コミュニティとしての市民社会. 国家と市場から区別された第3の領域は，NPOなどが活躍するヴォランタリー・セクターである. 人びとの命を支える家族や病院，文化的生活を支える地域や学校，それらが機能不全に陥った際のセイフティーネットとしての友人・*ヴォランティア・自発的結社，*地域福祉など，こうした要素の織りあげる生活圏がコミュニティである. →公共性，公衆

392 自民族中心主義
⇒ エスノセントリズム

393 社会
society
〈仏〉société 〈独〉Gesellschaft

きわめて多義的な概念で，"人が三人集まれば社会ができる"といわれるような微視的人間関係から，政治，経済，教育，軍事などの諸制度を含んだ国民社会のような全体社会までをさして使われる. 社会の本質を人びとの*合意・共同に求めるか(*コント，*テンニース)，分業・相互作用に求めるか(*デュルケム，*ジンメル)，あるいは対抗，闘争に求めるか(*マルクス，*ウェーバー)，は論者により，設定される認識課題により異なる. いずれにせよ，人と人の関係の成立が，社会の成立の前提である. その関係が複雑化しつつ規則化され，*サンクション(賞罰の規則)が付されると*制度とよばれるが，この制度が文化，法，政治，経済などに専門化，分化しながら相互連関を形成しているのが，*近代社会の特徴である. なお，制度を理解する際，人と人，集団と集団の相互作用過程はつねに重要であり，この相互作用を通して制度も絶えず微妙に変化している.

一方，一社会を構成しているメンバーとその集団が互いに利害や理念(文化)を異にし対立するのはよく起こりうることで，優勢な集団を基盤とする統治権力が通常，正統的な理念を提示し，利害の操作や配分を行なっている. それに対する異議申し立てや対抗的利害・理念への訴えも当然起こりうる. 全体社会(国民社会)をとらえる場合，政治，法，経済，文化などの制度のそれぞれの相対的な自律性を認識することは大切であるが，一定の社会的基盤に立つ統治権力のもとに政治，経済，文化などが多少とも支配・統制されていることも見逃してはならない. なお*グローバリゼーションの進展のもと，国民社会の自律性は揺らぎ，従来の社会の観念が問い直される可能性も出てきている. →権力，社会的相互行為

394 社会移動
social mobility

時間の経過とともに，人びとの*社会的地位が変化していくこと. 親から子への移動を〈世代間移動〉とよび，同じ人間が時間とともに移動する場合はそれと対比して〈世代内移動〉とよぶ. 社会移動研究においては，特に職業移動(職業間の社会移動)に注目する場合が多い. 職業移動の中では，職業構成の変化によって強制的に生じる〈構造移動〉(たとえば農業人口が減って自動的に子が親の農業を継ぎにくくなるなど)と，一定の職業構成のもとで地位が上がる人

と下がる人が生じることによる〈循環移動〉とが区別される．近代化以前の社会では社会移動は小さかったが，近代化とともに就学，職業選択，転居などについて社会的制約が弱まり，また職業構成の著しい変化が生じたため，社会移動が多くなったといわれている．このような変化は，社会的地位が低い人びとがその地位を高めるチャンスが多くなることを意味しているから，社会の開放性や平等さを示す現象であり，望ましいことだと考えられてきた．

社会移動研究においては，移動増大の傾向がなお続いているのか，それとも社会の成熟とともに停滞ないし減少しているのか，という問題が中心テーマとなっている．日本社会におけるその動向については，*SSM調査のデータを用いて様々な分析が行われている．→階層間移動

395 **社会運動** social movement

現状への不満や予想される事態に関する不満に基づいてなされる変革志向的な集合行為．社会運動を，パニックやマス・ヒステリーなどの*集合行動から区別するのは，運動の志向する目標や価値の〈変革志向性〉である．かつては労働者階級をおもな担い手とする*階級闘争的な革命運動が社会運動の典型と考えられたが，1960年代以降，〈*新しい社会運動〉とよばれるように，人種差別反対運動，女性解放運動，環境運動，マイノリティの運動など多様化を強めている．運動の目標や闘争手段も，直接行動による異議申し立て型の運動から，マス・メディアや各種の情報メディアを有効に活用し，裁判闘争を行なったり，運動組織やネットワークを重視するなど，目的合理的で，制度化された形態をとる運動が増えている．今日では専門家などと共同で，*NGO・NPOとして，社会的な問題提起や政策提言を行い，政策形成や制度改革に大きな影響力を発揮する社会運動組織も存在する．→資源動員論，ネットワーキング

396 **社会化** socialization

個人が他者との相互作用を通じて，自己を発達させ，その社会（集団）に適合的な行動様式を獲得する過程．社会の観点からみれば，個人に社会（集団）の*価値・*規範，技能・知識などを習得させ，個人をその社会（集団）に適合的な存在にしていく過程であり，個人の観点からみれば，他者との相互作用を通して，その社会（集団）にふさわしい行為を身につけていく過程である．社会全体だけでなく特定の社会集団についてもいうことができる．*パーソンズの社会システム理論においては，システムが存続するための機能要件として，社会統制とともに特に家族における子どもの社会化が重視されたが，その後，社会化は成人期以降も続く継続的な過程であること，自己や*自我の発達過程でもあることなどが強調されるようになり，言語的社会化，道徳的社会化，*職業的社会化，*政治的社会化など様々な次元で研究されるようになった．→第一次社会化／第二次社会化，内面化

397 **社会開発** social development

貧困者のための基礎的必要，幼児死亡率，栄養，識字率など社会生活にかかわる*開発．〈経済開発〉と対置され，それがもたらすひずみを補うべきものとされる．1960年代初めにバランスのある経済社会の開発が国連などによって目標として掲げられ，70年代中頃から開発機関が目標実現に不可欠なものとして重視し始めた．国家や国際機関が推進してきた経済重視の開発が期待された成果を達成できず，結果として，成長と平等や民主主義との相関関係が疑問視され，欧米型の開発は

影響力を失う．そして，開発の課題のいま一つの中心は，人間と社会の向上，すなわち教育や保健などを中心とした社会開発に移されることになった．→開発社会学

社会学

sociology 〈仏〉sociologie 〈独〉Soziologie

社会関係・*社会構造とその生成・変動を，人間の社会的行為やそれを規制する文化(*価値や*規範)と関連づけながら，理論的・経験的に研究する社会科学の一つ．経済的，政治的，法的諸関係をも含んだ社会構造において，それらの関係に還元できない社会諸関係があるという認識から社会学への要求が生まれる．

歴史的にいえば，社会学の誕生は，近代市民社会の成立，身分的に自由な行為者の登場，その彼ら相互間の新たな関係の形成を背景とする．19世紀中頃の*コント，*スペンサーをはじめ，19世紀末から20世紀初頭にかけての*デュルケム，*ジンメル，*ウェーバーらによる社会学の確立も，その背景を反映している．社会諸関係は，全体社会レベルでは集団間関係，地域社会の配置，コミュニケーション様式，文化間関係などとして現れ，個々の組織等のレベルでは成員間の地位関係，相互行為のパターン，規範のあり方などとしてとらえられる．これらの社会関係は*制度化されるのに応じて社会構造の要素となっていく．ただし，社会構造は固定的なものではなく，構造化・再構造化(構造の変容)の動的なプロセスのなかにある．したがって社会学の研究は大別すると，1)*行為(社会関係を形成し，それを担っている行為者と行為)，2)*社会過程(相互行為を中心とした社会過程)，3)集団間関係とその規制の原理(協働，支配・序列化，不平等も含めて)，4)社会構造(構造化とその矛盾，変容)，5)*文化(行為，関係，構造に意味を与える意味・表象体系)を，おもな焦点とする．

一方，これまでの社会学研究の積み重ねのなかで得られた知見で無視できないものがある．いくつか挙げると，社会を構成する成員の地位的・文化的多様性(*ジェンダー，*民族等)と下位集団や*下位文化の考察が不可欠であること．また，行為者の主観的意味世界と客観的構造の関係を解き明かす上で*社会的相互行為を重視しなければならないこと．*権力と*支配の現象は社会学固有の主題ではないが，行為者間，集団間の関係を考察する上で無視できない要素であること．そして文化的要素は，社会関係を形成し，意味づけるとともに，それらの差異化や序列化の力としてもとらえられなければならないこと，などである．

社会学は，方法として*客観性を要求されつつ，社会諸問題へのアプローチを通して実践的課題にかかわる．今日，社会的不平等，競争と選別，*逸脱，*組織や*家族と個人，*環境問題，文化的・民族的紛争等々の社会学的解明が期待されているが，それら*社会問題の存在を素朴に前提するのではなく，行為—関係—構造のかかわりを視野におき，問題の多様な意味・側面を明らかにすることが求められる．それが社会問題への社会学的アプローチの貢献であろう．

社会学はその自律性を保ちながらも，隣接科学に開かれていることで，有意味な研究を進めることができる．たとえば市場メカニズムや財の配分についての経済学の知見，相互行為や制度化を規制している法制・権力関係に関する法学や政治学の分析，社会的行為者のパーソナリティや文化的背景に関する心理学・人類学・宗教学の理論などは，つねに社会学

的考察の中に摂取されている．経済社会学，法社会学，政治社会学といった分野の存在もそのことを示している．

399 社会過程
social process

社会システムの静態的側面が*社会構造であり，巨視的にみた動態的側面が*社会変動である．これに対して*社会的相互行為に焦点をあてて，いわば微視的にみた動態的側面が社会過程である．社会過程の考察を社会学の主題とした論者の代表は*ジンメルである．彼は実体的な社会の存在を否定し，広義の社会を心的相互作用としてとらえて，その過程で生じる〈社会化の諸形式〉を考察の対象とする形式社会学を確立した．ジンメルに代表される社会過程に注目する立場は，*パークと*バージェスを経て，*ミード，*ブルーマー，さらに*ゴフマンらに引き継がれ，*象徴的相互作用論や*エスノメソドロジー，*バーガーらの*日常生活世界論を生み出し，現在も有力な社会学の潮流となっている．*ホマンズや*ブラウらの*交換理論も，*合理的選択理論の立場から操作主義的にモデル構成された社会過程論である．パークとバージェスの競争・闘争・応化・同化の4類型をはじめ，社会過程の分類が様々に試みられている．

400 社会教育

日本において学校，家庭以外の場で行われる教育活動の総称．1921年に文部省の行政文書で使われるようになる．social educationはその英訳である．大正期には知識・教養教育が中心であったが，29年から45年までは戦争遂行のための国民教化の役割を担った．戦後は公民館を中心とした青年団や婦人会の学習活動が典型的である．70年代以降，転換期を迎え，*生涯学習・生涯教育の下位概念であると同時にその中心を担うものとして位置づけられるようになってきた．

401 社会計画
social plan; social planning

社会システムの変動を意図的・合目的的に制御する過程，およびその指針となる政策目標や手段の体系をさす．社会の状態は〈計画化された変動〉と計画化されざる〈自成的な*社会過程〉に大別されるが，今日ではあらゆるレベルの社会システムで，意図的・合目的的な*社会変動としての社会計画が観察される．狭義には，経済計画以外の国土計画や地域計画，都市計画，社会福祉計画などのみを社会計画というが，経済計画を含んで広義の意味で用いることが多い．→社会工学，社会開発

402 社会契約
social contract 〈仏〉contrat social

一般に，政治共同体やその主権を成り立たせるための社会成員の契約をいうが，事実としてよりも理論として唱えられることが多い．〈万人の万人に対する闘争〉である自然状態を克服するための主権への服従契約を説いたホッブズ，平等で自由な個人の自己譲渡によるより高次の正統な全体の設立を論じたルソーなどが代表的である．しかし社会成員相互の契約―委託によって機関をつくり，首長を任じるという考え方は*民主主義の理想でもあるため，地方自治，首長の選挙などに関連してよく社会契約の理念が援用される．→市民社会，ホッブズ問題

403 社会言語学
sociolinguistics

*言語の使用，その機能，また言語自体の変容を社会諸関係のなかで考察する分野．言語は社会成員の間で使われるものであるから，言語使用者の*社会的地位，使用される社会関係，それらに応じて生じる言語の変容などは重要な研究主題である．性，

社会階級，民族，地域などによる言語使用の特徴については数々の研究があり，*バーンスティンの言語コード論，*ブルデューの言語資本論，2言語の社会的場面での使い分けに関するファーガソンのダイグロッシア論などが著名である．近年，クレオール語研究などの分野も開拓されている．→限定コード/精密コード，言語社会学

404 社会工学
social engineering

社会を制御可能なシステムととらえ，システム工学の手法を駆使して，所与の目的と制約条件のもとで予測や評価を行い，問題の解決や改善にとって最適な手段を発見しようとする方法．情報科学の進展とコンピュータの発展，*テクノクラシー化の進行と*政策科学への社会的要請などを背景に，1960年代以降シンクタンクなどを具体的な担い手として，*公共政策の分野でアメリカを中心にさかんになった．ローマクラブによる『成長の限界』(72)のシミュレーションは社会工学的手法による代表例である．目的の優先順位や価値前提，利害調整に関して社会的合意が存在する場合には有効性を発揮しうる．日本でもたとえば，都市計画や国土開発などの社会基盤整備，*環境アセスメントなどに使われる．しかし代替的な選択肢や前提となる政策枠組みそのものの改革の可能性の検討を閉ざしたまま，既存の政策を正当化する道具として，つじつま合わせ的に利用される場合も少なくない．

405 社会構造
social structure

社会システムの要素間の関係の，相対的に安定的なパターン．*パーソンズは，社会システムの複雑な相互連関関係を単純化してとらえるための工夫として，一定の変数を定数として扱うことを提唱し，これを社会構造とよんだ．*権力構造，*産業構造や階層構造，組織構造なども社会構造である．パーソンズは，*個別主義と普遍主義，*属性本位と業績本位など5組の*パターン変数の組み合わせによって，社会構造の特性を記述しようとした．社会構造は，社会の状態を説明する概念とみることもできる．社会構造は1)相互連関の枠組みとして，行為の自由度を一定の範囲内に制約している社会的要因であり，2)制御メカニズムとして，より上位の構造が下位の構造を多層的に制御しているととらえることもできる．3)特定の地位に社会的諸資源を配分するメカニズムの機能も果たしている．一定のパターン化された行為様式が遂行され，役割行為が営まれるのは社会構造の働きによる．→社会過程

406 社会史
social history

多義的な言葉であるが，次のように区別できよう．1)従来の歴史研究の主流である政治史や経済史に属さないその他の社会的・文化的現象の歴史を広くさす場合，2)歴史の表舞台に登場することのまれな下層階級，庶民，マイノリティの生活，行動，風俗などに光をあてる歴史的研究，3)政治，経済，社会，文化など人間活動の総体を視野に入れる全体史(*アナール派など)，4)一定の社会学的主題，仮説，分析ツールによる社会生活の特定側面の歴史的考察．上記3)と4)は現代の社会史研究として比較的共通性をもつ．全体の視野をもちつつ，*アイデンティティ，文明化(*エリアス)，家族戦略，性(*フーコー)，*逸脱，*社会運動等に焦点をしぼった研究が行われていて，研究への社会学者の参加も進んでいる．→心性史，歴史社会学

407 社会事業
social work

大正中期から第2次大戦直後までの貧困者への社会的救済制度をさす，日本での歴史的呼称．*ソーシャル・ワークの訳語的な意味も有しつつ，明

治期以降の生活問題対策が，憐憫や民生安定的な意味あいから慈善事業・救済事業と呼称されたのに対して，貧困・困窮の社会的な性格や社会的対策の必要性が，大正期に強く認識されるようになってからの名称である．1938年制定の社会事業法は，国策的に公私の社会事業の統制管理を目的としていた．戦後は社会事業とほぼ交代して，*社会福祉事業という用語が普及・使用されていくことになる．

408 社会システム ⇒ システム理論

409 社会実在論／社会名目論

social realism/social nominalism

社会と個人の関係をどうとらえるかに関する，二つの対立する考え方．社会名目論によれば，実在するのは個人だけであり，社会は諸個人の集まりにすぎず，名目的なものでしかない．*社会契約説や功利主義が典型的．社会唯名論ともいう．これに対して，社会実在論では，社会は，諸個人の集まりを越えた，独自の実在としてとらえられる．社会有機体説が典型的．両者は社会の本質規定をめぐる対立であったが，今日では方法論上の対立に形を変えている．→方法論的個人主義／方法論的集団主義

410 社会資本

1) social overhead capital
2) social capital

1) 道路・港湾・上下水道など人びとが共同利用する*公共財．社会的共通資本ともいう．また，社会的一般生産手段と社会的共同消費手段に分けてとらえる立場もある．これらは，民間によって供給されにくいため，国家によって直接供給されることが多い．2) 様々なソーシャル・サポートを提供してくれる人びと，あるいはそのネットワーク．これらのサポートが個人や組織の目標達成に有効な手段となることから，サポート提供者は個人や組織の保有する社会資本としてとらえられる．→シヴィル・ミニマム

411 社会主義

socialism

19世紀西欧で，経済的自由主義を批判し，生産手段やその他の所有を社会的に管理し，平等と調和的な社会発展をめざす思想として出発．*サン＝シモン主義のような*産業者による産業管理の思想から，生産手段を根幹とする私的所有制（資本制生産）の廃止とプロレタリア主導の革命を唱える*マルクス主義まで，多様な思想・理論を含む．後者は，それぞれ独自の形でながらロシアや中国で実現する．20世紀西欧では，一部の産業の公有化，私有財産の（廃止でなく）制限，所得の再配分などに重きをおく社会主義がマルクス主義と競いながら成立し，その議会制民主主義との結合から，*社会民主主義の思想と実践が成立する．やや視点を変えれば，*労働組合，*社会保障，私権を制限する*公共性などの制度や観念も，社会主義思想なしには成立しえなかったといえる．

412 社会進化論

theory of social evolution

古典的には，*スペンサーの〈軍事型社会から産業型社会へ〉の進化という仮説に代表される，生物進化論を応用して*社会変動を説明・記述しようとする立場をさす．今日的には，社会変動により高次の水準での達成に向かう不可逆的で単線的な方向性を見出そうとする理論的な立場を，現代的な社会進化論ととらえることができる．古代社会以来の歴史観や世界観を大別してみると，矛盾が拡大し社会の状態は悪化しつつあるとみる〈下降モデル〉や，上昇期と下降期が何度も

繰り返されるという〈循環モデル〉、やがて決定的な破局が訪れるという〈破局モデル〉が支配的で、単線的な〈上昇モデル〉は、近代社会以降に有力になってきた見方である。高次の水準に向かう社会変動という視点は、*マルクスの史的唯物論や*ウェーバーの*合理化論、*デュルケムの*社会的分業論などにも見られる。現代の社会学者で社会進化論を自覚的に展開しているのは*パーソンズ、*ルーマン、*ハーバマスなどである。パーソンズは『社会類型——進化と比較』(1966)で、環境に対する社会システムの〈一般的な適応能力〉の増大という方向への社会進化を仮定し、それを専門機関のように機能ごとに分化したより高次の構造分化の進展によって説明した。ルーマンは、社会システムは構造分化によって複合性を縮減しつつ、システムとしての複合性を増大させ続けているという独自の社会進化論を展開した。ハーバマスは未開社会から近代社会にいたる社会進化をモデル化している。

413 社会心理学
social psychology

人びとの心理現象を社会的な背景・文脈と関連づけて分析し、説明しようとする科学。また、一定の社会集団に共有されている心理や、集合心理現象それ自体を研究対象とする場合もあり、後者は社会学的な社会心理学とよばれることもある。個人のレベルに焦点を合わせた場合、*パーソナリティ、(社会的)*態度、社会の認知などが対象となるが、集団レベルでは、*コミュニケーション、相互作用、リーダーシップ、集団標準や集団規範の形成などが研究対象とされる。実験的に統制された集団を用いると、変数間関係を厳密につかむことができるが、反面、被験者が等質になりがちだったり(たとえば学生のみ)、そのため複雑な社会的影響をとらえることが難しくなる。そうした厳密性をある程度犠牲にして、現場の当事者へのインタヴューなどが行われることがある。社会学研究者には、どちらかといえば後者のタイプの研究が多く、それと質問紙調査を併用したりする。たとえば、*流言の発生・伝播の現場におもむいての当事者たちへのインタヴュー、その地域一円住民への質問紙配布などがそれである。特定集団の心的傾向、意識、*イデオロギーなどの研究の場合は、文献に基づく研究が行われることもある。

414 社会政策
social policy 〈独〉Sozialpolitik

政府(中央政府・地方政府)が市民生活の安定や向上を目標として行う各種の公共的な政策の総称であり、経済政策と対比的に用いられる。日本における社会政策の理解には大きく二つの系譜がある。一つはドイツの社会政策学の流れをくむ理解であり、資本制下の労働問題を主要な対象とし、労働力の創出・保全・掌握の諸機能を果たすものとして社会政策をとらえる。この場合、社会政策は労働政策とほぼ同義になる。もう一つは英米のソーシャル・ポリシー論の流れをくむ理解であり、人びとの所得や身体・生活において起こりうるリスクの予防や解決を再分配・規制などの方法を通じて行う諸政策をさす。この場合、社会政策には雇用・労働、*社会保障・*社会福祉、住宅の各政策、広くは教育政策などまでが含まれる。

社会政策は歴史的には16世紀末のイギリスでの救貧法、産業革命初期の工場法、19世紀後半のドイツの社会保険などに基づき展開してきた経緯から、階級・階層の管理機能への関心が一般に高いが、近年は年金保険・医療保険に影響をもたらす人口構造の変化や世代間関係、

*ジェンダーや*エスニシティ，障害などマイノリティの権利保障の問題への着目も拡大している．また，*グローバリゼーションの影響を受け，社会政策を一国内の完結した国内管轄事項として議論することの難しさが増している．さらに，社会政策の進展は第2次大戦以降の政府中心の*福祉国家体制の確立と軌を一にしているが，福祉国家の管理社会的側面への批判もあり，社会政策への市民の参加・参画の必要性も強く議論されている．
→福祉政策

415 社会生物学 sociobiology

順位制やなわばり，親子関係や繁殖などに関する動物の社会行動を，突然変異と自然選択，環境への適応に着目する進化論の視点から研究する生物学の一分野．アメリカの生物学者ウィルソンが『社会生物学』(1975)を刊行して以来，この名前がひろがった．ウィルソン自身は，動物社会の研究に基づいて人間社会を扱う学問と規定したが，人間行動の場合には学習や文化の伝播が大きな役割を占めることから，彼の立場には批判が多い．

416 社会調査 social research

社会現象について，観察・質問などを通じて直接的にデータを集め分析する作業．このデータには，人びとの生活実態や経験，人びとの意識や価値観，人間関係，集団の構造や規範などの内容を含む．社会調査の特徴は，統計資料，新聞記事などから間接的に情報を集めるのではなく，直接的に情報収集するところにある．社会調査は社会学に限定されたものではなく広く社会科学全般に共通の手法であるが，社会学では，直接社会調査によって情報収集する必要のある分野が多く，社会調査は不可欠である．また，学術研究に限らず，官庁，マスコミ，民間企業，非営利団体も盛んに社会調査を行なっている．

社会調査には，大きく分けて調査票（いわゆるアンケート用紙）を用いて大量の対象者（サンプル）について調べる調査票調査（→質問紙法）と，調査票を用いないインタヴューや観察などを通じて，少数の事例について調べる*質的調査（事例調査ともいう）とがあり，それぞれの中にも様々な手法がある．調査票調査が盛んになった20世紀中葉以来，調査票調査と質的調査のどちらを重視すべきかについては，長い論争が続けられたが，今日では補完的な二つの手法として両者とも広く実施され，技法的にも著しく発展を示した．調査対象と調査目的に応じて，適宜使い分けることが必要である．なお，社会調査という言葉が，事実上は調査票調査と同じ意味で用いられる場合もあるので注意が必要である．

417 社会的行為 social action

〈社会的〉の指示内容に従い三つの意味をもつ．1)他者に指向した，すなわち他の人びとの*行為と関連をもち，その過程がこれに左右されるような行為．*社会的相互行為と概念的に重なる（→行為類型）．2)言語など文化によって構成された行為．シンボル（*象徴）によって媒介された行為．行為と行動とを分けた場合の行為に概念的に重なる．3)福祉の制度・施策の創設や充実を求める集団的・自発的行為．福祉の文脈で用いられ〈ソーシャル・アクション〉と片仮名書きされる．

418 社会的公正 social justice

正当性に関する究極的な価値基準の一つ．どのような人びとに，どのような社会的資源を，どれだけ分配するのが適切かという分配的公正と，そもそも適切な分配の方法をどのようにして決定するのかという手続き的公正の両面がある．社会的公正に関す

る代表的な考え方としては，普通選挙権のように成人の全員に平等に分配する〈均等原理〉，機会の平等を前提に貢献度に応じて分配する〈応能原理〉，必要度に応じて分配する〈必要原理〉がある．ロールズのように社会的弱者への配慮を重視する考え方も有力である．近年では男女間の公正や，健常者と障害者との間の公正，移民や少数民族などの*マイノリティの公正，先進国と途上国との間の公正，また*地球温暖化問題に代表されるように，将来世代と現在世代との間での世代間の公正が問題視されるようになってきた．さらに〈自然の権利〉訴訟や絶滅危惧種の保護問題のように，動植物を含めて社会的公正を考える立場もある．→環境的公正，社会的不平等

419 社会的時間
social time

時間とは人の誰もが先験的に同じ形式で経験するものではなく，社会的に構成されたものである，とする見方に基づく観念．各社会のもつ固有の暦や歳時記は，それぞれの国民や民族がその生活をどのように時間的に分節化してきたかを示し，社会的時間の観念を示唆する．社会学では，*デュルケムが『宗教生活の原初形態』(1912)において，認識や思考を成り立たせる一カテゴリーである時間が社会生活に起源をもつことを主張し，また M. アルヴァックスは，個人における記憶が社会の経験を手がかりとして構成されるものであるとした(『集合的記憶』50)．こうした先駆的考察に基づき，時間経験そのものの比較研究(真木悠介『時間の比較社会学』81)や，宗教，死，*家族周期，移民などに即しての時間意識の研究が展開されている．

420 社会的事実
〈仏〉fait social

広義には〈社会現象〉などと同じ意味で用いられるが，狭義には，*デュルケムが社会学研究の対象とした事実をさす．デュルケムは『社会学的方法の規準』(1895)で，貨幣制度，法，言語などを社会的事実とし，個々人にとっての外在性と拘束性によって特徴づけ，観察の与件として(＝物として)扱わなければならないと述べ，特に心理的事実と区別すべきことを説いた．この主張は，社会的事実を心的現象に還元することを戒め，その*創発特性を指摘したものといえるが，他方，社会的事実を心理的事実から過度に切り離したとして，批判をよぶことになった．

421 社会的性格
social character

ある社会集団の大部分の成員が共有している，性格構造の本質的な中核．フロムが『自由からの逃走』(1941)において示した概念．職人気質，権威主義，男らしさなどはその例である．社会的性格は，集団に共通する基本的経験と生活様式の結果生み出されるが，一度形成されると，人間のエネルギーを動員・組織化することで，逆に*社会過程を生産する力となる．→権威主義的パーソナリティ，都市的パーソナリティ

422 社会的相互行為
social interaction

〈社会的相互作用〉ということもある．社会的な場で複数の主体が影響をおよぼし合い，それによって互いの関係を変容させていく過程をさす．これが言語などの*象徴を用いつつ心的レベルで行われるとき，*象徴的相互作用ともいわれる．*ジンメル，*ウェーバー，*ミード，*ブルーマー，*ゴフマンなど多くの社会学者が，この社会的相互行為の独自の性質に注目してきた．ある人間行為を社会的相互行為としてとらえることは，その行為の社会的性格や社会的な変容可能性に注目することを含意する．たとえば，

*自殺も，他者への抗議や非難の訴えを込めている場合，社会的相互行為でありうる．そこでは他者の反応が期待されていることが多く，他者が気づき謝罪などの反応をすれば，当人が途中で行為を停止するなど変化が生じることもある（自殺未遂）．また商品の売買価格は，需要と供給の関係で決まると経済学的タームでいわれるが，買い手の値引きの懇請や売り手の同情などで決まる局面があるならば，社会の相互行為の結果であるといえる．→社会的行為

423 社会的地位
social status

学歴・職業・権力・収入・財産など，人びとが共通に求めるもので*希少性をもち，人びとが競って求めるため，しばしば不平等に与えられるものを社会的資源とよぶ．社会的資源が人びとにどれだけ，どのように与えられているかを示す概念が社会的地位である．"○○大学卒""年収200万円""中学校教員"といったものが社会的地位といえる．日常用語で用いられる，"課長""部長"といった組織上の地位より意味が広い．→地位/役割，階級，階層，職業階層

424 社会的ディレンマ
social dilemma

個々人が自己利益を追求する結果，社会的に不合理な結果が帰結してしまうこと．人びとが協力行動か裏切り行動（非協力行動）かの選択に迫られた際，協力行動を選択すると個人的な不利益にも甘んじなければならないため，全員が裏切り行動を選択し，破滅的な事態に陥るメカニズムをさす．〈*囚人のディレンマ〉を拡張したもの．自己利益の追求による共倒れを寓話化した〈共有地の悲劇〉や*フリー・ライダー問題が有名．交通渋滞や*生活公害・*地球温暖化問題などは社会的ディレンマの構造をもっている．→ゲーム理論

425 社会的ネットワーク分析
social network analysis

複数の点をいくつかの線で結んだパターンをネットワークという．社会的ネットワークとは，行為者を点とみなし行為者間の関係を線とみなした社会的諸関係のパターンであり，その幾何学的特性を分析するのが社会的ネットワーク分析である．ここで行為者は個人であってもよいし，組織のような集合的行為者であってもよい．学説史的には，*機能主義社会人類学を背景とする流れ（マンチェスター学派）と，*小集団研究を背景とする流れ（*ソシオメトリー，*グループ・ダイナミックス，グラフ理論など）があり，1970年代にH.ホワイトを指導者とするハーヴァード大学グループによって数学的理論として発展した．社会的ネットワーク分析の特徴は，具体的な社会的諸関係を直接分析の対象とするところにある．数学的理論としては，複数の個人間の関係がすべてわかっているという前提で，様々な測定尺度（ネットワークの密度，行為者の中心性，行為者間の距離など）が開発されてきているが，用語法は必ずしも統一されていない．また経験的分析としては，企業間関係のように数学的理論を直接適用できる場合と，転職研究のように個人を中心とする関係データ（パーソナル・ネットワーク）から理論的な推論を行う場合がある．また，ネットワークの効果を分析する研究だけでなくネットワークの形成過程を分析する研究もある．

426 社会的不平等
social inequality

*社会的地位の違いにより，社会的資源（学歴，収入，権力など）と，それを得るための

機会が，人びとの間で等しく与えられていない状態．社会的資源自体については〈結果の不平等〉，それを得るための機会については〈機会の不平等〉とよばれる．広義には，個人ではなく社会，集団，家族等についても社会的不平等を考えることができる．社会的不平等は，不平等を生み出す制度，たとえば差別的な給与体系，排他的な就職条件などからも生じるが，地位の獲得競争の存在する現代産業社会では，制度上平等が保証されても社会的不平等は存在し続ける．地位獲得競争に勝った者と負けた者を必然的に作り出すからである．社会学の社会階層研究では，このような非制度的条件から発生する社会的不平等に着目しており，その実態を明らかにし，発生メカニズムを探ることが課題となっている．→差別，機会の平等，結果の平等

427 社会的分業

social division of labor
〈仏〉division du travail social

経済的・技術的分業と区別していう場合もあれば，全体社会の単位，機能の分化をさして広義に使う場合もある．『社会分業論』(1893)のなかの*デュルケムの概念が有名で，彼は都市一農村，職業などに関して広い意味で分業を論じ，分業の社会的・道徳的結果に目をむけた．すなわち異質な個人あるいは社会的単位の間に進む分業は，細分化・断片化を促すのではなく，それらの間の有機的な相互依存的関係(有機的連帯)をつくりだすと考えた．→機械的連帯／有機的連帯

428 社会統計学

social statistics

現在では，数理統計学的技法の中で，特に社会学的なデータに応用可能な様々な技法を意味する．ただし，同じ言葉がかつては全く異なる意味で用いられた．まず20世紀前半には，マイヤーらが主導したドイツの社会統計学のことをさした．この意味の統計学は，研究対象が社会現象全般におよび，また数理統計学の成立以前でそれを基礎としていなかった点で，現在とは大きく内容が異なる．また，1960年代に社会学における統計分析が盛んになる以前のアメリカでは，社会科学全般，特に経済学のための数理統計学という意味で用いられた．

現在の社会統計学は，内容的には数理統計学の一部といえ，技法の多くは数理統計学者が開発したものである．また心理学で用いられるものと共通の技法が多く，社会学独自のものは少ない．ただし，*パス解析のように，社会学の中で発展してきた技法もあり，今後は独自の展開を示していくと思われる．特に社会学のデータに多く見られる，カテゴリー的なデータの処理法が発展することが期待されている．→統計的方法

429 社会統合／システム統合

〈独〉soziale Integration／Systemintegration

*ハーバマスが，*生活世界とシステムにそれぞれ対応する行為連関の形態をさすために用いた対概念．人びとの生活が実際にそこで営まれている生活世界において，了解と*合意を志向する*コミュニケーション的行為を通して達成される行為連関が〈社会統合〉である．これに対し，生活世界から分離した経済システム(市場)や国家システムに見られる，成果や目的を志向する戦略的行為を機能的に結びつけた行為連関が〈システム統合〉である．

430 社会統制

social control

社会内部に発生する*逸脱的傾向(犯罪，暴動，中毒や依存症

など)を妨げ，人びとの行動を社会秩序維持の方向に導く過程．具体的には，まず警察や司法諸機関の活動が念頭に浮かぶが，社会学ではさらに多様なメカニズムが考えられている．たとえば，逸脱が発生する以前に人びとの心理に働きかける広報活動や情報操作，スケープゴート(いけにえ)を作ることによる威嚇や問題のすり替え，報酬や表彰など正の*サンクション(賞罰)，一部逸脱を容認することによる不満の緩和などである．また，顕在化した権力をもつ特定の機関ではなく，世評，噂話，嘲笑などを通じた自然発生的でインフォーマルな統制過程も含む．さらに，人びとの態度や性格を秩序維持的なものにするための教育も，広義には社会統制の中に含まれる．なお，全体社会ではなく特定の集団内での社会統制を考えることもできる．

431 社会病理学
social pathology

〈社会病理〉を扱う社会学の一部門．社会を生物のような有機体と考えれば，生物に病理があるように社会にも病理があるということになる．具体的には，貧困，失業，犯罪，少年非行，買売春，自殺，離婚，労働争議，戦争などが"病理"とされる．社会病理学は，これらの問題を社会の産物であるととらえる点で社会学的・構造的であり，"治療"が可能(必要)であると考える点で実践的・規範的である．しかし，社会問題を"病理"としてとらえることがどの程度有効であるのか，そもそも何をもって"病理"とするのかといった問題を抱えていることも否定できない．こうしたことから，社会病理学は今日では〈*社会問題の社会学〉として再定義される傾向にある．→構築主義，逸脱

432 社会福祉
social welfare

人びとが抱える経済上・身体上・精神上の生活問題を予防・解決し，最低生活水準の確保やより良い生活をめざす，社会的諸方策の理念・制度や実践．〈社会福祉〉の理念としては，*生存権や基本的人権などの法的権利から，幸福な状態や安寧・厚生などの望ましい目標概念までが該当し，近年はウェルビーイング(well-being)や*生活の質(QOL)という考え方も含まれるようになっている．制度としては，狭義には老人・児童・障害者などへの社会福祉サーヴィスをさし，広義には医療保険・年金保険などの*社会保障や生活問題解決の諸方策をも含む．実践としては，第三者による単なる問題解決ではなく，当事者・家族の自立・自己決定の援助に社会福祉の意義がおかれ，それを支援する社会福祉士などの専門資格の整備がめざされている．他方で"福祉の世話になる"という表現に残存するような*スティグマをともなう恩恵的な意識を払拭するために，契約制度の導入や中流階層への対象拡大なども進行しつつある．

社会福祉の制度の展開と社会構造との関係について，R.ティトマスに〈残余的福祉モデル〉〈産業的業績達成モデル〉〈制度的再分配モデル〉という分類の試みがある．第1のモデルは救貧的なものとして，第2のモデルは国家や社会への個人の貢献に連動したものとして，第3のモデルは平等原則に基づく社会統合をめざすものとして，社会福祉がとらえられている．日本では，明治期から昭和前期の慈恵救済，感化救済，*社会事業の各時代を経て，戦後改革期や高度成長期に福祉6法や国民皆保険・国民皆年金体制の成立として，制度的な整備をみた．近年の特徴としては契約や選択，計画の実施が強く志向された介護保険法・社会福祉法の成立があげられる．→福祉国家，公的扶助，ノーマライゼーション，ソーシャル・ワーク

433 社会変動 social change

*社会構造の変動を社会変動という．社会の状態の変化には，人口や経済成長率のような定量的な指標の増減によって把握される水準変動と，構造変動の2側面がある．構造変動は，その方向性・趨勢に注目して*近代化・産業化・*都市化・情報化・*高齢化などととらえられる．創始者の*コント以来，社会学の基本的な課題は，近代以降の社会変動の説明・予測・記述にある．社会システムを，環境に適応して目標達成を指向する制御システムと考えると，以下のような社会変動モデルを仮説することができる．すなわち，外部環境の変化などによって環境への適応能力が低下し所与の社会構造のもとでは十分に目標達成ができなくなると，構造変動が生じるか，当該社会システムは衰退に向かい，一定水準で目標を達成しうるような社会構造を獲得すると，当該社会システムは安定するというモデルである．明治維新や第2次大戦後の戦後改革は，近代日本の大規模な社会変動の代表例である．→社会進化論

434 社会保障 social security

人びとの生活や生命を，所得や医療・社会福祉サーヴィスの政策などを通じて，*生存権確保の観点から総合的に達成していこうとする社会的諸施策の総称．1935年アメリカ連邦社会保障法によってはじめてこの言葉が法律的に使われたが，各国で社会保障に先立って異なる起源で個別に成立していた*公的扶助と社会保険を，第2次大戦後，生存権思想を基礎に前者を救貧機能，後者を防貧機能と位置づけ，関連づけることにより本格的に確立した．具体的にどのような制度まで含めるかについては考え方に多少の相違があるが，一般的には社会保険，公的扶助，社会手当，*社会福祉サーヴィス，*公衆衛生，医療などから構成され，日本では恩給や戦争犠牲者援護，住宅対策や雇用対策などが広義に含まれることもある．社会保障には*所得再分配機能もあるが，*階層間の垂直的再分配と階層内の水平的再分配の両面があり，前者からみて後者が制度間格差の助長として問題視されることもある．近年は社会保障を社会連帯的制度とみるか，拠出―給付の個人的損得の対象とみるか活発な議論もある．

435 社会民主主義 social democracy

一般には暴力革命とプロレタリア独裁を否定し，議会制民主主義を通じて平和的・漸進的に平等・友愛・人権尊重などの*社会主義の理念を実現しようとする思想と運動の総称といえる．必ずしも理論的に体系化されたものではなく，歴史的にみると，各国独自の政治状況や運動の状況に規定され，*マルクス主義を認める広義の立場から，否認する狭義の立場まで多義的であった．1917年のロシア革命の後，社会主義運動の中でレーニン主義的なソ連型の共産党が威信を高めたために，社会民主主義は長らく〈改良主義〉という批判に曝されてきた．第2次大戦後，イギリス労働党やドイツ社会民主党はじめ西ヨーロッパや北欧諸国で，社会民主主義政党は長く政権与党として社会福祉政策や環境政策などで実績を重ね，ソ連や東欧諸国の社会主義政権の崩壊後には，社会民主主義は社会改革の統合的な理念として評価が高まり，今日では保守主義に対抗する最も有力な政治潮流となっている．→労働組合，福祉国家，革命

436 社会問題 social problems

社会的な原因で生み出され，解決すべき課題として人びとに指定され，社会的な制御・解決がめざされる事象．社会問題たる事象をどう把握

するかによって，社会学的な議論としては大きく原因論と*構築主義論に分けられる．原因論は，社会問題の実態とその発生原因を客観的に探り出し，ときに政策や実践活動を通じて問題の解決や制御をめざす．代表的な議論としては*アノミー論や社会解体論，問題発生を資本主義の構造的帰結として理解する*マルクス主義の理論などがある．一方，構築主義論は1960年代以降アメリカ社会学において活発となった*ラベリング理論の流れをくむものであり，統制側の社会的反作用や統制強化が逸脱者を作り出すという発想を進めて，"これは問題だ"とする〈クレイム申し立て活動〉が人びとに受容されていく過程に焦点をあてる．近年では，嫌煙権運動や*ドメスティック・ヴァイオレンス，*セクシュアル・ハラスメントなどは，新たなクレイム申し立てが人びとの認識や制度・政策を構築的に変更させていった例である．逆に，構築的な新たな問題の成立は，過剰反応であるという側面もあり，ベッカーはこれを〈道徳企業家（moral entrepreneurs）〉のモラール・パニックととらえている．→シカゴ学派

437 **シャドウ・ワーク**
shadow work

産業社会がその生産活動のために必然的に要求する，賃金が支払われない*労働．*イリイチが同名の著作（1981）で提出した概念．通勤や試験勉強なども含まれるが，典型的なのは家庭でおもに女性が担う家事労働で，無償であるため市場経済の中では貶価され，かつ見えない"影の労働"となる．賃労働とシャドウ・ワークに分裂した産業社会の*性別分業は，貨幣経済に組み込まれない段階の人間生活の自立・自存の労働における分業とは峻別される．→近代家族，労働力の再生産

438 **ジャーナリズム**
journalism

ラテン語のdiurnalis＝毎日の，フランス語のjournal＝日記，に由来する．ジャーナリズムは，18世紀，新聞や雑誌の定期的刊行にともなって，日々の事件や政治問題などについて逐次，報道，解説，批評する活動をさすようになった．活版印刷術の発明は書物とともに新聞や雑誌の刊行を促し，17-18世紀の市民革命期は言論・表現の自由をめぐる闘いのなかでジャーナリズム活動が開花いた．政府の言論支配に抗議したミルトンの「アレオパジティカ」，デフォーの「レヴュー」，スウィフトの「エグザミナー」などをはじめとし，18世紀初頭には，新聞は現実の政治状況を揺るがすまでになった．19世紀に入り，電信技術の発明や新聞産業の拡大と商業化が進展すると，新聞の役割は言論の主張よりも事件報道に力点が移行する．しかし，政治的争点に関する主張を展開する言論機関としての性格は失われることなく，ジャーナリズム活動の特性は後発のラジオ・テレビにも引き継がれた．*ハーバマスは，19世紀後半のメディア環境の変化を，新聞を媒介に市民自身が世論形成した批判的公開性が，政府の広報活動の拡大にともない操作的公開性へ構造転換したととらえる．1920年代の大衆化したアメリカ社会を前に，*リップマンも，*マス・メディアが政治を動かす原動力となるなかで，むしろジャーナリズム活動は弱体化し，*ステレオタイプ的な表現が市民の社会政治意識に悪影響をおよぼしていると主張した．これらは，現在のジャーナリズムが克服すべき実践的課題でもある．近年のインターネットやナローキャスティングなど様々な電子メディアの登場は，マス・メディアの独占的な地位を揺るがし，ジャーナリズムのあり方に

反省を迫っている他方で，この新しい状況のもとでジャーナリストにはより高度な倫理性と専門性が要請されている．→言論・出版・表現の自由，知る権利

439 シャーマニズム shamanism

神・霊など超自然的存在と直接接触・交流し，予言・治病・祭儀などを行う呪術・宗教的職能者（シャーマン）を中心とする宗教形態．神・霊との交流を行うときのシャーマンは，トランスとよばれる意識の変容状態に入ることが多く，この状態はおもに脱魂型と憑依型の二つに分けられる．シャーマンをめぐる信仰は世界各地に見られ，日本では東北地方のイタコやゴミソ，南西諸島のユタなどがある．また*新興宗教のなかにシャーマニズムが取り込まれている場合もある．→宗教，見えない宗教

440 主意主義的行為理論 voluntaristic theory of action

*パーソンズが『社会的行為の構造』(1937)で提示した行為＝社会理論．*行為を条件的・事実的要素と規範的・理念的要素という対立項の媒介過程ととらえ，行為が条件への受動的適応ではなく，価値実現をめざす能動的過程である点を強調．本能や遺伝の力を強調する*実証主義の伝統から行為の条件的要素を，究極的目的を強調する理想主義の伝統からは行為の規範的要素を引き継ぎ，この二つの要素を*功利主義の伝統に由来する目的―手段図式で結合を図った．目的―手段図式が基本をなすゆえに，人間のもつ意志を理性と対立させない点で経済学と同じように，行為の合理性に着目した理論といえる．その際*ウェーバーの影響を受けて，目的合理性ばかりでなく価値合理性をも含み込み，合理性概念の拡張が図られている（→行為類型）．*ハーバマスは，コミュニケーション的合理性というアイディアによって合理性概念のさらなる拡張を図り，『コミュニケーション的行為の理論』(81)を提示した．→行為理論

441 習慣 habit

日常生活の中で繰り返し学習することによって，固定的な仕方で遂行されるようになった行動パターン．十分に学習された行動は，当初の動機に拘束されずに，特定の文脈や時間，場所，状況などによってほぼ自動的に無意識的に行われるようになる．この意味で，習慣は，意識的・目的的な行動とも，本能による行動とも異なる．また，思考習慣，言語習慣のように，表象的・言語的な水準においても用いられる．*トクヴィルは，〈心の習慣〉という言葉で社会の人びとの道徳的・精神的な態度をあらわし，*ベラーは著書『心の習慣』(1985)でこの概念を用いた．基本的に個人的な行動にかかわる概念であり，社会集団全体にかかわる慣習(custom)と区別される．→モーレス

442 宗教 religion

最も一般的には，俗なものから区別された聖なるものへの帰依，およびそれを表現する*儀礼によって特徴づけられる表象・行為の体系といえよう．この場合，聖なるものとは，超人間的な絶対者(神)，それとの神秘的な出会い体験，その他の非日常的体験，また*タブー化され距離化されたもの，などきわめて多様である．また儀礼としては，苦行，祈り，供犠，祭礼など様々なものがあり，それらを共同で行う場合，教会が形成される．教義が体系化され，戒律が定式化されるにいたる場合も，そうでない場合もある．

一方，宗教は，これを求める人びとの生活条件からみると，何らかの苦難に関係している．人びとの経験している災厄，病，死の恐れ，貧困，人間関係不和，個

人的悩みなどがそれである．宗教はこれらの苦難および，そこからの救済についての統一的な意味づけを与えようとする体系とみることもできる．*世俗化は現代の大きな社会趨勢といわれるが，それは必ずしも宗教の衰退を意味するものではなく，私化と結びついた宗教(個人的宗教)の登場，社会紛争や民族紛争にともなうファンダメンタルな宗教(*イスラーム原理主義など)の復興も見られる．
→聖と俗，救済宗教，新興宗教，見えない宗教

443 就業構造
employment structure

就業人口の存在形態を，その諸属性から分類したもので，男女，年齢，産業別・職業別比率，従業上の地位(自営業主/雇用者など)，雇用形態(正社員/*パートタイム労働/*派遣労働者など)，企業規模，年間就業日数，所得などを明らかにする．日本では5年ごとの〈*国勢調査〉と〈就業構造基本調査〉，毎月実施される〈労働力調査〉が，世界各国については，ILO の *Yearbook of Labour Statistics*，OECD の *Employment Outlook* の各年版が，最新数値を掲載している．現在先進諸国では，就業構造における性別の職業分離，人種による職業分離が問題とされており，女性やマイノリティが低賃金で不安定な単純労働に集中していることが不平等の拡大につながるとして社会問題視されている．日本では戦後の経済成長で農林漁業従事者が急減する一方，専門・技術職などの*ホワイトカラーが増大し，女性の雇用労働力化が進み，またパートタイマーの増加を中心に就業形態の多様化が進展している．→産業構造，不安定就労

444 宗教社会学
sociology of religion

*宗教と社会の関係を広く考察する社会学の一分野．宗教の社会的起源，教会・教団・宗教運動などの集団的性格，民衆の心理と宗教の関係，*社会変動と宗教の相互関係などが，主題となる．*デュルケムは『宗教生活の原初形態』(1912)で，聖一俗の二分的な思考をもって宗教を定義し，この思考自体が社会生活に起源をもつとして，認識，分類，*所有，*道徳などと宗教の関連を論じた．それに対し*ウェーバーは，宗教の合理化を重視する観点に立ち，呪術から宗教を峻別し，人びとの苦難とその解釈の方向が宗教の発展(合理化)に与える影響を考察した．さらに宗教の経済倫理に及ぼす影響に着目することで，社会発展への宗教(倫理)のかかわりという巨視的な問題に取り組んでいる(『プロテスタンティズムの倫理と資本主義の精神』1904-05など)．日本の*近代化と宗教のかかわりを扱った*ベラーの『徳川時代の宗教』(57)も，この視角を一部受け継いでいる．宗教の現代的形態と現代の社会生活との関連にも様々な考察が充てられているが，たとえばルックマンは，制度化された宗教が一般に後退するなか，個々人がそれぞれに追求する内的な宗教，すなわち〈*見えない宗教〉が優勢になっていると論じる．現代の個人に特有の不確実感，*アイデンティティ危機，自分さがし願望などが様々な新宗教を生み出している過程は，宗教社会学の重要な解明課題であろう．→呪術からの解放

445 集合行動
collective behavior

共通の集合的な衝動のもとで，相互作用によって類似の反応が引き起こされ拡大して起きる行動．パニック，マス・ヒステリー，*流言，暴動などをいう．1920年代に*パークが命名し，*ブルーマー，R.H.ターナーなど*シカゴ学派が，循環反応や組織化・*制度化をたどるプロセスに

着目して理論化し，スメルサーが社会システム論の立場から体系化した．集合行動の社会的背景は，急激な都市化などの，*社会変動のもとでの社会不安である．非日常性と非合理性，情動性を強調する集合行動に対して，集合行為(collective action)は，個々人の行為が合成され集合体レベルでの行為に統合されることをさし，利得計算に基づく合理性を重視する．*社会運動は，アメリカでは70年代前半までは集合行動の一種とみなされてきたが，*公民権運動における知見と70年代後半の*資源動員論の登場を契機に，*目的合理的な集合行為としてとらえられるようになった．→群集心理

446 集合表象
〈仏〉représentation collective

*デュルケムによって強調された，諸個人の意識の相互作用，結合から生まれる一種独特の表象で，個人に外在し個人を拘束するものとされた．宗教における聖なるもの，愛着される集団，個の人格の尊厳などの表象に彼はこのような性格を認め，社会は本質的に表象からなっているとも論じた．この集合表象論はその後の宗教研究や文化研究に影響を与え，無意識的文化(*レヴィ＝ストロース)や*ハビトゥス(*モース，*ブルデュー)の概念にも，それがうかがわれる．反面，集合表象を個人表象から切り離し，実体化してしまったとする批判もある．

447 終身雇用
life-time employment

日本型雇用システムの秩序原理の一つで，従業員は定年まで勤務して中途退職せず，企業も景気動向に左右されず従業員の雇用を継続する，という*労使関係の規範．従業員全員が現実に定年まで勤続するわけではないが，終身雇用が望ましいという共通認識がある．しかし1990年代以降は日本経済が停滞したためにこの規範が重荷となり，終身雇用を出向を含む企業グループでの雇用保障と読み替えたりして，終身雇用の対象外である非正社員を増加させている．→年功制，日本的経営

448 囚人のディレンマ
prisoner's dilemma

協力しあうことが互いの利益であるにもかかわらず，裏切りへの誘因が存在する状況．*ゲーム理論によってモデル化・定式化された．アメリカに司法取引の制度があることから寓話化された．別室に拘禁され互いに相談できない2人の容疑者には自白するか(裏切り行動)，黙秘するか(協力行動)の二つの選択肢がある．両者がともに黙秘すれば容疑事実は確定せず軽い余罪の刑を科されるだけである(最適な解)．一方だけが自白すれば自白した側は情状酌量で刑が軽減されるが，黙秘した方には最高刑が科され最悪の結果になる．2人とも自白すれば，容疑事実は確定し，双方にとって好ましくない結果が帰結する．それぞれ最悪の事態を恐れて，結局，2人とも自白を選ぶことになる．個人的には合理的な選択が社会的な不合理を帰結すること，また*信頼を欠いた状況での協力行動の難しさをたくみにモデル化し，社会学や心理学に大きな影響を与えた．→合理的選択理論，社会的ディレンマ

449 従属理論
dependency theory

周辺地域から中心地域への余剰流出という搾取関係に注目し，支配と従属の点から*発展途上国を分析する理論．途上国の発展にはこうした余剰流出の関係の変更こそが不可欠として，1960年代後半からフランク『世界資本主義と低開発』(67)，『従属的蓄積と低開発』(78)などがラテ

ンアメリカの事例に依拠して説き，これが欧米，アフリカなどに広がった．中心での資本蓄積や不均等な国際分業に直面する周辺諸国は，中心からの切断が必要であるし，従属は外部から課されたものであるとみなす．これに対し，〈*中心—周辺〉の二極構造理論では変動を視野に入れられないとの批判がなされた．カルドーゾは歴史構造的アプローチを唱え，従属の内的構造と内部・外部の力の相互関係に注目し，従属的連携的発展を唱え，オドーネルは官僚主義的権威主義国家論を展開し，途上国における国家，国際資本，国内資本の同盟関係に注目した．グローバリズムに直面する途上国の批判に応え，従属の内的構造と内外の相互関係を視野に入れる実証分析の必要性は高い．
→ウォーラースティン，世界システム

450 住宅問題
housing problems

産業化と急激な*都市化による住宅の絶対的不足や，住宅の過密・狭小・不衛生・老朽化などがもたらす生活環境上の諸問題．産業革命期以降に都市部で顕著に現れたが，現在でも途上国の*スラムやスクォッター(不法占拠)などの形，日本でも老朽化した木造賃貸住宅の存在，地価高騰による家賃や住宅購入費の上昇，*ホームレスの増加などの形で，住宅問題は現れている．住宅問題は，専門知識の必要性，商品価格の高さ，借家人の弱い立場，劣悪な建築物がもたらす近隣への影響などの点から考えて，公共的な問題として取り組む必要がある．そのため，公共政策として最低居住水準や誘導居住水準などの住宅基準の確立がなされている．その上で，住宅政策の具体的方策として，持ち家居住のためには住宅金融，住宅税制，直接供給などが，賃貸居住のためには家賃統制や借家権保護の目的で賃貸住宅の公的・私的提供や住宅給付(家賃補助)などがなされるようになってきている．量的拡充から質的充実への流れは，階層別住宅供給政策の色合いを強めつつある．介護が必要な高齢者や障害者に向けては，バリアフリーをめざすいわゆるハートビル法の設置，個々人の住宅改造(ハウス・アダプテーション)やケア付き住宅の提供などがめざされている．住宅保障も基本的人権に属するとし，住宅基本権として確立しようとする動きもある．

451 集団主義
collectivism

社会システムの編成原理や行動原理のパターンの一つで，個人の自律性より社会や集団へのコミットメントを優先するもの．*個人主義と対置させられる．多様な文脈で用いられる概念であり，集団が構成メンバーの単なる集まりではなく一つの有機的結合だとみる*社会実在論や，集団の利害や他者との結合を重視し自分の行動を抑制する日本的集団主義の議論を生み出した．その他，社会思想上では*社会主義の基本的モラールを意味することもある．→方法論的個人主義/方法論的集団主義

452 住民運動
local citizen's movement

一定の*地域社会に居住する住民が，自らの地域社会に生じた問題を解決し，居住の権利や生活権を守るために組織する運動をさす．日本では，1960年代から70年代にかけて，高度経済成長の負の遺産である*公害・環境破壊が各地で多発する一方で，工場立地政策や原発建設をめぐる問題が噴出し，資本や国家・地方公共団体の政策に対抗する住民運動が大きな盛り上がりをみせた．その後，住民運動の沈静化といわれる状況が続いたが，現在は60-70年代に造成された郊外型団地のコミュニティ再建，高齢者問題への自主的取り組み，地域の福祉ネット

ワーク構築，さらには地域社会独自のアイデンティティ形成や経済発展を展望した〈まちづくり〉〈*まちおこし〉運動など，行政機関との連携を視野に入れた広義の住民運動が多角的に展開されている．さらに近年，*住民投票条例制定と住民投票の実施を求める運動が示すように，地域の問題の解決に際して住民自身の判断と自己決定を重視した住民運動が生まれており，幅広い住民の*政治参加や新たな*意思決定システムの確立をめざす運動として注目される．→住民参加, 市民運動

453 住民参加
citizen participation

国や地方自治体などの公行政が行う計画策定や事業実施に地域住民が直接関与すること．1960年代後半から70年代にかけて，国や自治体の実施する公共事業に反対する住民の運動が盛んになった．工業用地の開発や道路建設などが必ずしも住民の意向に添うものではなかったからである．こうした経験をもとに，住民からも行政からも，計画策定や事業実施の過程で住民の意見を反映させつつ進める方法が模索され，しだいに定着してきた．また，コミュニティセンターや公園・学校など，身近な公共施設の維持管理に住民が積極的に関与することも住民参加とよばれる．決定過程への参加と維持管理への参加は区別されるべきであろうが，公共的意思決定の柔軟化，行政の効率性と有効性の確保，住民自治の発展などの点で，住民参加のもつ意義は大きい．→住民運動, 住民投票, 環境アセスメント

454 住民投票
local referendum

地域の重要な案件について，その賛否や最も適切だと思われる案を有権者自身が直接投票によって判断すること．日本では，住民投票には大きく分けて三つのタイプがある．1)地方自治法76-85条により，有権者の3分の1以上の連署により議会の解散，議員と長の解職を求める直接請求がある場合，2)首長提案，議員提案，請求に同意する有権者の署名(有権者の50分の1以上)による直接請求，のいずれかにより自治体が〈住民投票条例〉を制定し，これに基づいて住民投票を実施するケース，3)憲法95条に基づく地方自治特別法の制定要件として住民投票を行うケースである．第3のケースは1951年以降実施されていない．それに対し，原発建設，産業廃棄物処分場建設，基地問題，さらに市町村合併などの問題を争点とした第2のタイプが，90年代に広がりを見せた．その背景には議会を通じた従来の*意思決定システムに対する住民の不満があるといわれる．一般の市民の直接的な*政治参加の道をひらき，間接民主性を補完する機能として注目されている．→住民参加

455 重要な他者
significant other

*ミードの自我形成論のなかの概念で，ミー(Me)が形成される初発の段階で重要な役割を演じる具体的な他者．ミードは，ジェームズやクーリーの*自我の社会性を重視する視点を受け継ぎ，自我が他者とのかかわりにおいて形成されることを一貫して主張した．子どもは，〈ごっこ遊び〉などに典型的に見られる遊び段階では，父母や友人たちなどが示す態度や反応，さらに彼らが自己に対して抱く期待やイメージを了解し，取り入れることを通じて，自我を形成する．この個別具体的な他者が〈重要な他者〉といわれる．→アイ/ミー，一般化された他者，内面化

456 受益者負担
benefit principle

利益を受ける者に利益に応じた費用負担を求める考え方．*公共財の費用負担の原則の一つ．

応能者負担の原則では，租税などのように，受益の程度にかかわらず，全員が支払い能力に応じて負担する．他方，受益者負担の原則では，公共料金などのかたちで，消費者が利用の程度に応じて費用を負担する．通常の商品は，受益者負担の原則で売買される．効率性という観点からは受益者負担が，*社会的公正の観点からは応能者負担が好まれる．

457 主観主義
subjectivism

対象や*行為を*主観性・主体性の産物としてとらえる考え方．認識論では，対象を，主観から独立に存在するものとしてではなく，主観によって構成されるものとしてとらえる立場をさす．カントに代表される．社会学では，行為を観察者の観点から構造的要因によって説明する立場(客観主義)に対して，行為者自身の観点にたって行為の"主観的意味"を理解することによって行為を説明する立場をさす．*ウェーバーの*理解社会学が代表的．なお，構造的要因の軽視という非難の意味を込めて用いられる場合もある．

458 主観性・主体性
subjectivity 〈独〉Subjektivität

認識や*行為の担い手としての人間，またその人間がもつ性質・能力をさす．認識論ではおもに〈主観性〉が使われ，*行為理論では〈主体性〉が用いられる場合が多い．カント以降の認識論では，対象は認識する主観から独立に存在するものとしてではなく，主観によって構成されるものとしてとらえられる．*ウェーバーの行為理論では，行為者は"主観的意味"を結びつけて行為する主体性をそなえるものとみなされている．これに対して，*フーコーは近代的な主観性・主体性を"服従"を通して形成されたものとしてとらえ，〈主体化〉のメカニズムについて考察している．→間主観性

459 熟練の解体
deskilling

労働費用節約のために，労働者のもつ熟練(技能)が不熟練労働へと絶えず分解されること．マルクスが提起し，ブレイヴァマンが『労働と独占資本』(1974)で展開した，労働*疎外あるいはME(マイクロエレクトロニクス)やITなどの技術革新の影響をみる際のキー概念．しかし内外の実証的研究によれば，熟練技能者は技術革新に対して自己努力し，企業も再訓練・再配置・多能工化を進めるので単純労働者に転化することはなく，単純労働は機械に代替されるか，パートや*派遣労働者などの周辺労働者に担われていく．→OJT/OFF-JT，不安定就労

460 呪術からの解放
〈独〉Entzauberung

呪術や迷信が支配する〈呪術の園〉から世界が解放されていく〈*合理化〉の過程を言い表すために*ウェーバーが用いた表現．狭義には，呪術が*宗教によって駆逐されていく過程をさす．この過程を究極まで推し進め，呪術と迷信を徹底的に根絶して世界の合理化を成し遂げたのがプロテスタンティズムである．広義には，世界を無意味な因果的メカニズムとしてとらえる経験的認識が広まるにつれて，世界から意味づけが失われていく主知化の過程をさす．この過程が進行していくなかで，今度は宗教そのものがしだいに非合理的なものとされていく．→世俗化，救済宗教

461 手段主義 ⇒ 道具主義

462 出生率
fertility rate; birth rate

生まれた子どもの数をある1年間の年次や*コーホート別，ならびに個人・夫婦・人口集団のレベルごとに計測した数値．

一般には、当該1年間の総出生数を総人口で割って、人口1000人あたりの数値を出した普通出生率のことをさす。また、近年、*少子化問題から社会的関心を集めている合計特殊出生率は、ある年次における15-49歳の年齢別出生率の合計を、女性が一生の間に産む子ども数であると仮定した場合の出生数である。ある国の*人口動態が多産多死から多産少死、少産少死という人口転換を経る過程において、死亡率の低下が先行し、それを追って出生率の低下が起こるが、少産少死の先進諸国の多くは人口規模を維持するのに必要な人口置換水準をさらに大きく割り込む合計特殊出生率となっている。

463 シュッツ
Schütz, Alfred
1899-1959

ウィーン生まれで、おもにアメリカで活躍した哲学者・社会学者。主著『社会的世界の意味構成』(1932)では、*ウェーバーの*理解社会学の哲学的基礎づけを試み、社会学者が*理念型を用いて行為の意味を理解するのに先立って、社会的世界のなかで社会生活を営む行為者の意識において意味がどのように構成されるのかを、フッサールの現象学やベルクソンの生の哲学を用いて記述した。これによって〈*現象学的社会学〉の立場を確立したが、ユダヤ人であったため、39年アメリカに亡命。亡命後は*プラグマティズムなども受容しつつ、*多元的現実論を展開した。『著作集』(4巻、62-96)のほか、*パーソンズとの往復書簡集などが死後出版されている。"昼は銀行員、夜は現象学者"といわれたように、56年にニュー・スクール・フォー・ソーシャル・リサーチの教授となるまで、ほぼ生涯、銀行勤めのビジネスマンであった。*バーガーとルックマンのリアリティ構成論、*ガーフィンケルの*エスノメソドロジーなどに大きな影響を与えた。→日常生活世界、リアリティの社会的構成

464 主婦
housewife

一般に、家庭で無償の家事育児労働を担う既婚女性のことをいう。産業化以降、生産労働から切り離された"家庭"の中で〈主婦役割〉が誕生したが、この*役割が女性にとって"本質的なもの"とされていること、無報酬であるために経済的依存を生むことなど、*性別分業と抑圧の問題が提起され、これが*フェミニズムの中心的テーマの一つとなっている。その役割に"愛情"という価値が付加されることも主婦の特徴である。→近代家族、ジェンダー役割

465 順位相関係数
rank correlation coefficient

順序尺度から算出される2変数間の*相関係数。変数が*母集団で*正規分布することを仮定しない統計量で、0のときに無相関、1または-1のときに完全な相関を示す。検定は母集団で相関係数が0であると仮定したときの標本統計量の出現確率から行われる。→統計的検定

466 準拠集団
reference group

評価や行動の基準を提供する社会集団。たとえば、自分のおかれた境遇を満足のいくものと考えるかどうかは、部分的には自分を誰(どの集団)と比較するかに左右される。この比較の基準を提供するのが準拠集団である。それは、自分の所属する集団(たとえば、同年齢集団や同期に入社した人びと)であってもよいし、自分が所属していない集団(たとえば、高校卒の人にとっての大学卒の人びと)や他の個人であってもよい。同様に、意見や態度の決定にあたって拠りどころとなるような集団や個人も、準拠集団である。このように準拠集団概念の適用範囲は広いが、ある人にとって準拠集団が一つとは限らないから、

どのような人びとが、どのような場合に、どのような集団に準拠するのかを明らかにする必要がある。→相対的剥奪

467 生涯学習
lifelong learning

学習を、学齢期に限らず、子ども期から老年期まで、一生を通じた人びとの成長や成熟に即して取り組む行動と考える思想や実践活動。〈生涯教育〉ともいわれるが、学習者の視点と主体的取り組みが重視され、〈生涯学習〉の語が使われる。生活領域の拡大や変化の早さによって学校時代に身に付けた知識・訓練の有効な期間が短くなる一方、学習可能な中高年期の存在、自己判断・自己決定の機会の増加や必要性がこの動きを促進している。学習権の保障や多様な教育機会の提供などが課題となっている。

468 生涯教育 ⇒ 生涯学習

469 障害者雇用
employment of disabled persons

障害をもった人たちの自立の一端を就業によって支えるべく、企業全体の常用労働者に占める障害者の割合を法定雇用率として定めるなどの政策が、身体障害者雇用促進法(1960)や同法改正を受けた「障害者の雇用の促進等に関する法律」(87)において決められている。努力義務から法定義務となり、雇用を積極的に進める事業所には各種助成金制度が整備される一方、未達成事業所には雇用納付金の納付義務が課される。身体障害者を対象に始まった同制度は、現在知的障害者も含めた雇用率(1.8％)が適用されるようになり、精神障害者も助成対象となってきている。他方で、事業所内に同じ障害をもつ仲間のいない障害者の孤立問題が指摘されたり、雇用が飛躍的には進まない現状に、各地で障害者の共同作業所ができたりしている。

470 障害者福祉
welfare for disabled persons

身体障害、知的障害、精神障害などをもつ人たちの生活や自立を保障するための、社会的諸施策と実践活動。障害者に対する保護という従来の考え方を超え、近年では社会環境のバリアフリー化や、障害者の完全参加と平等を達成し自己実現を図るための支援体制がめざされている。具体的には、知的障害者に関して、施設ケア重視から*コミュニティ・ケアやグループホームへの転換を促す*ノーマライゼーション理念の提起や、身体障害者に関して*リハビリテーションによる日常生活動作能力(ADL)の改善だけでなく、重度障害者を含めて*生活の質(QOL)の向上を果たそうとする障害者の自立生活運動などがある。日本の施策としては、1949年に身体障害者福祉法、60年に精神薄弱者福祉法(現・知的障害者福祉法)が制定された。精神障害者には長らく精神衛生法や精神保健法で対応してきたが、93年の障害者基本法、95年の精神保健福祉法の制定により福祉的対応がなされるようになった。また、制度運営の方式が、各施設に措置費が支給される制度から障害者個人に支援費が支給される制度に変化し、障害者による意思決定と公的責任の関係がいっそう問われるようになった。

471 状況の定義
definition of situation

*トマスと*ズナニエツキが『ヨーロッパとアメリカにおけるポーランド農民』(1918-20)において用いた概念。〈状況〉とは、社会的価値と個人的態度の組み合わせをさし、〈状況の定義〉とは、行為を選択するために、自分自身を含む状況全体を意識的に再構成する反省過程をいう。

『ポーランド農民』は，領主制のもとにおかれていたポーランド農民が，アメリカの大都市シカゴに移住して*文化変容を経験する過程に焦点を当てたモノグラフである．ここで，トマスらは，新しい環境のもとでポーランド農民の伝統的社会組織が解体し再組織化されていく過程に注目した．この変容過程の媒介となるのが，〈状況の定義〉である．旧来の社会的価値とそれに対応する個人的態度の変容は，新しい条件のもとで行為者が状況を定義するという主観的過程を通して生じるとする．この見解は，経験によって意識が変化するという*プラグマティズム哲学の影響をうけており，〈*社会的事実は社会的事実によって説明されなければならない〉とする*デュルケムの見解に対する批判を含んでいる．→象徴的相互作用論

472 少子化 declining birth rate

*出生率や出生数が社会的に低下傾向にあること．合計特殊出生率が人口置換水準を割り込んだ段階から，理論上人口は縮小再生産に向かうが，医療や生活水準の上昇による平均寿命の延びや人口構造の*高齢化により，人口減少や少子化が問題になるまでには一定時間がかかる．日本でも，1975年の合計特殊出生率が1.91と2.00を割り込んで以降，継続的な低下傾向にあったが，60年に1度の"ひのえうま"で極端に合計特殊出生率が低下した年(66年)の1.58をついに下回った89年には〈1.57ショック〉として，少子化が問題視されるようになった．その後も低下は続き，2004年現在1.29となっている．日本の合計特殊出生率の低下には，夫婦が子どもを産まないという要因より，*晩婚化やシングルの一般化で未婚・非婚だから子どもを産まないという要因が指摘されるが，見方を変えると，男女の家事分担，女性の職場復帰条件，保育環境などに問題があるため，女性が子どもを産みにくいという事情も無視できない．少子化が問題となるのは，長期的な労働力人口の減少による経済生産力の低下や，人口のアンバランスによる若年層での社会保障費用負担の増加に，警鐘が鳴らされていることによる．保育政策や育児休業制度の充実で出生率の再上昇を実現した北欧のケースが参考にされているが，北欧においてもその上昇率には限界があった．

473 小集団 small group

成員間が対面的関係にあり，相互行為が行われており，かつ相互に個人的な印象や知覚を有しているような小規模の人びとからなる集団のこと．集団の大きさは一概に定義できないが，多くても20人ぐらいの規模とされる．具体的には，家族，仲間集団，職場集団などである．小集団への関心は，*ジンメルや*デュルケム，クーリーの*第一次集団論などにその萌芽が見られるが，その後，精神分析学での家族への注目，*トマスと*ズナニエツキのポーランド農民の研究，そして1930年代以降のメイヨーらの*インフォーマル・グループ，モレノらの*ソシオメトリー，レヴィンらの*グループ・ダイナミックスなどの研究を基礎として，第2次大戦後，飛躍的に発展した．小集団研究は理論的，方法論的，実践的に重要な関心領域となっており，集団治療(*エンカウンター・グループなど)やグループ・ワーク，リーダーシップ論など，教育，福祉，企業組織など様々な分野の研究と結びつき展開されている．

474 小集団活動 small group activities

班など職場の*小集団が単位となって品質向上・作業改善の目標を設定し実績を上げる活動のこと．QCサークル(quality control circle），ZD（zero defects）運動などの総称．本来はアメリカで製造業の品質向上対策として考案された活動が，日本に輸入され本家以上に定着し普及した．基本的には現場従業員の自主管理活動として位置づけられているために，活動は就業時間外に行われるが，内容が企業に貢献するために物的・知的に企業からの援助がある．→人間関係論

475 **少数者** ⇒ マイノリティ

476 **象徴**
symbol

広義には，それ自身以外の何かを指示する*記号，物体，行為である．しかし，それが内包する意味はそれぞれの文脈で異なり，一義的にとらえることは困難である．〈そこにない，あるいは知覚できない何かを喚起する〉という意味で，象徴を記号に含めることには意見の一致がある．しかし，〈自然な類似性によって喚起する〉と限定すると異論がでる．たとえば，数学や言語学でのシンボルは一般に記号とよばれ，〈自然な類似性〉による対応関係が排除され，意味の一義性をその特徴とするからである．この用法に対して，たとえば"鳩"の絵が"鳩"を〈指示する〉（イコン）だけでなく"平和"を〈意味する〉ように，字義通りの意味を通じて，類似的に第2の意味を指示する記号を，象徴と理解するのが一般的である．また精神分析においては，*無意識的思考，葛藤，欲望を間接的かつ形象的に示す表現様式をさしている．人間の象徴化能力の所産である〈象徴〉と〈象徴されるもの〉との恒常的関係は，神話，宗教，民間伝承など多様な分野に認められる．

477 **象徴的相互作用論**
symbolic interactionism

言語を中心とするシンボルを媒介にした相互作用を通じて，〈*状況の定義づけ〉や*役割の認識など，社会的意味世界が絶えず解釈され再構成される過程に注目し，個人と社会の関係の基本的問題を明らかにしようとする社会学的アプローチないし理論．*ミードの高弟の一人である*ブルーマーが命名した象徴的相互作用論という名前で展開される理論と研究は多様であるが，その基本的な発想はアメリカの*プラグマティズム，とりわけミードを源流とする．プラグマティズムは精神活動が果たす役割を，個人の内観を重視する立場から離れ，具体的な*行為の展開過程，特に具体的な問題を解決する行為に見る立場に重心をおいて，その視点から社会を改良していこうとする思想である．このプラグマティズムの考え方は，クーリーやジェームズの自我論を経てミードの社会行動主義に結実した（『精神・自我・社会』1934）．それは，行為の意味世界が行為者の意味解釈を通じて再構成され，それを通じて相互行為の連関も再調整されていく動的なプロセスに，社会秩序が成立する起点を見る．この自己再帰的なシンボルに媒介された相互行為の特質を強調したのが，ブルーマーである（『シンボリック相互作用論』69）．彼やH.D.ダンカンやR.H.ターナーそしてT.シブタニらによって1960-70年代に精力的な研究が行われた．象徴的相互作用論は，日本でも，*構造=機能主義理論や，*マルクス主義社会学などの当時の主要な社会理論に対抗する理論として注目され，独自の展開をみせている．

478 **象徴暴力**
〈仏〉violence symbolique

『再生産』（1970）において*ブルデューとパスロンの用いた概念．その根底にある力関係を覆い隠しながら，コミュニケーションを正当なものとして（たとえば"真理"として）人びとに押し付け

479 | **賞罰** ⇒ サンクション

480 **消費者運動**
consumers movement

一人ひとりでは弱い立場にある消費者が生産者に対抗し、監視し、消費者の利益の擁護と拡大をめざす*社会運動．消費者生協も消費者運動の中心的な担い手である．おもに商品の安全性，表示や価格の適正，販売方法・契約の妥当性などを追求してきた．アメリカでは商品テストや不買運動がさかんである．最近では，有機農産物の共同購入などを通じて生産者との連携をめざしたり，安全性をめぐって製造者の責任を問う場合も増えている．→生活協同組合

481 **消費社会**
consumer society

人びとが消費に対して強い関心をもち，高い水準の消費が行われ，それにともなう様々な変化が生じる社会．第2次大戦後の先進諸社会で，経済成長が持続し消費生活が豊かになった状況を示す言葉として自然発生的に生まれ，1970年代以降次第によく用いられるようになった．ただし，先進社会の豊かさを単に肯定的にとらえるのではなく，それにともなう文化的・社会的な変化に批判的な目を向けようとするニュアンスを含んでいる．たとえば，消費生活に熱中する一方で人びとが政治的関心を失う，消費生活の豊かさが人びとの教育や仕事に対する意欲を失わせる，商業主義化され消費の対象となることによって文化（文学，美術，音楽など）の質が変化する，過剰な消費によって環境問題が深刻化する，といった現象を視野に入れた概念である．

日本では80年代以降この言葉がしばしば用いられるようになったが，その際，消費財のもつ意味が，生活必需性や道具としての有用性ではなく，シンボル的（記号的）で遊び的な面を中心とするようになった社会，という意味で用いられることが多かった．しかし，このような傾向は，消費社会の重要な特徴の一つではあっても，消費社会の本質とはいえない．→広告，マーケティング，性の商品化

482 **消費者行動**
consumer behavior

消費者が行う様々な行動の中で，従来はおもに購買行動に関心が向けられてきた．購買行動は国民経済的にも，企業の*マーケティング活動にとっても重大な関心事だったからである．しかし消費者行動が社会的に大きな影響をもつようになった現在では，消費者の情報収集行動，使用行動，廃棄行動，消費者の社会的行動（たとえば消費者運動やリサイクル運動）などを含めた，多面的な分析が行われている．→意思決定，依存効果，デモンストレーション効果

483 **消費者の権利**
rights of consumers

消費者が，その安全と利益を確保するために保証されるべき権利．*消費社会の発達につれて，消費者が健康・安全を脅かされ，また経済的損失を被る〈消費者問題〉が大きな*社会問題となってきた．それに対処するため，1962年にアメリカのケネディ大統領が「消費者の利益保護に関する特別教書」を議会に送ったが，その中で消費者は，安全であることの権利（健康で安全な商品を求める権利），知らされる権利（適切な消費者情報を与えられ

る権利),選ぶ権利(競争的価格が保証され十分な品質・サーヴィスが保証される権利),意見がききとどけられる権利(適切な政策と行政的処置を保証される権利)の四つの権利をもつと考えられた.その後この考え方は,多少のヴァリエーションはあるものの,各国の*消費者運動団体や消費者行政に受け継がれていった.日本では,68年に制定された消費者保護基本法などにその精神が生かされている.→オンブズマン

484 **情報**
information

情報に関しては様々な定義があるが,ベイトソンの定義に従えば,情報は〈差異を生む差異〉である.今日,情報概念は物質とエネルギーと並ぶ最も根源的な概念であるとされる.一つの契機は,クリックとワトソンによる遺伝情報の発見とその後の分子生物学の発展であり,第2に高速の情報処理を実現したコンピュータ技術が知識工学,生命工学の発展を促し,生命活動を一種の情報処理過程とみなす科学観が登場したことによる(→サイバネティクス).外的環境に適合して生命活動を維持するために,あらゆる生物は外的環境の中から特定のパタン(差異)をつくりだす選択行動をつねに行なっている.この選択はそれ以前の選択の結果に基づく自己言及的な性格をもつが,広義にはこの〈差異を生成する差異〉が情報と定義される.この情報観は,言語システムを差異のシステムとしてとらえ,差異の生成の根拠を〈価値〉に求めたソシュールの*記号論とも論理的に整合的であり,自然科学の概念と考えられてきた情報と,人文社会科学の概念と想定されてきた*記号概念との統一的理解が図られるようになった.情報進化論的存在論の立場から吉田民人は,広義の情報を〈物質/エネルギーのパタン〉,狭義の情報を〈有意味な記号の集合〉と規定し,包括的な定義を行なった.さらに近年では正村俊之が,オリジナルパタン,媒介パタン,コピーパタンという3項の写像関係から情報をえる議論を展開している.

485 **情報科学**
information science

1940年代に始まる電子計算機の開発を背景に,コンピュータ技術の理論と応用に関する学問分野として確立した.情報科学は,ウィーナーの*サイバネティクス,シャノンの情報理論,フォン・ノイマンのプログラム内蔵型計算機の提唱によって,その基礎が確立された.情報工学を中心におもに理系の研究者が行なってきたが,近年ではコンピュータ技術を基盤とする社会情報過程が,社会生活全般にきわめて大きな役割を果たす状況が出現したことや,ゲノム解析における生物学と情報工学との結びつきが深まり,生命情報,社会情報現象をも対象とする文理融合型の包括的な研究分野としての〈情報学 informatics, information studies〉に再組織化されつつある.

486 **情報技術**
information technology

ITと略称される.情報の伝達,貯蔵,変換,加工にかかわる技術の総体を意味し,写真・映画・放送技術も包括するが,狭義にはコンピュータ技術ならびにコンピュータを相互にネットワークする有線・無線の通信技術をさす.暗号解読を目的として1940年代に開発された電子計算機は,戦後も一貫してアメリカの軍事技術開発と深く結びつきながら発展してきた.当初は,大規模で複雑な計算を高速でかつ正確に行い,膨大な量のデータを処理する大型コンピュータの開発が先行したが,LSI(大規模集積回路)技術の急速な発展を基盤に,70年代に入るとマイクロコンピュータが登場,77年にはアップルからApple IIが発売され,

量産のマイクロプロセッサで個人でも買える小型・高性能のパーソナル・コンピュータの時代が幕開けした．他方，70年代にアーパネット（ARPANET）でパケット交換技術が開発され，また伝送媒体に光ファイバーを用いた通信方法も開発される等，通信技術の技術革新はコンピュータの利用に一大変革を引き起こした．こうしたコンピュータのハード/ソフト技術や通信技術の開発は現在進行中であり，社会生活のあらゆる側面に多大な影響をおよぼしつつある．

487 情報公開
freedom of information

狭義には国や地方公共団体の保有する行政文書を市民の開示請求権の行使に基づいて公開する情報開示請求制度を，広義には公的機関の裁量により行われる情報提供制度をさす．最も早く情報公開法が制定されたのはスウェーデンであるが，この普及に大きな影響を与えたのはアメリカで，1966年に情報公開法が制定され，これが世界の趨勢となった．国民主権の理念に立脚して，日本で行政文書の開示を請求する権利への関心が高まったのは70年代に入ってからである．79年に「情報公開法要綱」が自由人権協会によって作成され，「情報公開権利宣言」が〈情報公開法を求める市民運動〉から提起されるなど，*市民運動が大きな役割をはたした．情報公開条例は，82年に山形県金山町と神奈川県で，地方自治体として国に先駆けて制定．その後，全国的に広がり，カラ出張や官官接待などのチェック，福祉・環境保護・開発政策の監視と市民側からの提案等，多大な役割を発揮してきた．国のレベルでの情報公開法の制定は大幅に遅れ，99年「行政機関の保有する情報の公開に関する法律」がようやく制定された．→知る権利，オンブズマン，環境アセスメント

488 情報社会
informational society

コンピュータ技術ならびに高速大容量の通信ネットワーク技術を社会生活の基盤とする社会システムのこと．情報社会という概念は，梅棹忠夫や林雄二郎が1960年代に，農業社会，工業社会に続く社会として指摘したことにはじまる．同様の認識は*ベルの『脱工業社会の到来』（73）でも指摘され，70年代にはこの概念が一般に使われ始めた．論者によって多少の違いがあるとはいえ，財の生産に代わって情報の生産が経済活動の主軸となること，それに対応して知識労働者が重要な役割をはたす，という認識は共通していた．日本では，こうした認識を背景として，70年代前半から今日に至るまで，経済発展を押し進める原動力として情報技術の開発と情報通信の基盤整備が，企業ならびに政府主導で行われてきた．近年，アメリカの情報ハイウェイ構想（93年），日本の「高度情報通信ネットワーク社会形成基本法」（2000年）などに見られるように，情報通信技術が新しい産業・生活基盤となるとの見方が各国で共有され，グローバルな高速通信ネットワークが急速に整備されつつある．

489 職業
occupation; vocation; profession

職業社会学を構想した*尾高邦雄は，職業を構成する要素として，1)生計維持（経済的側面），2)個性の発揮（個人的側面），3)*社会的分業の一端を担う（社会的側面）の三つを指摘した．経済的側面では収入が職業によって決定されるためにその人の生活水準が予測され，個人的側面からは職業が必要とする職業能力，技能，知識，学歴，職務満足度などが規定され，社会的側面からは*社会的地位，信用・尊敬の程度が規定されるように，

職業は社会生活を営む上での最も基本的な活動である．社会階層の測定が職業を基準としているのもこうした職業のもつ包括的な性格に由来する（→職業階層）．しかし，日本社会では一部の専門技術職や職人を除いて職業集団の影響力が弱く，職種別賃金も成立していないため，欧米諸国のように職業が社会階層を規定する度合いが低く，雇用者自身も自分の職業よりも，勤務先企業の方にアイデンティティをもちやすい（→企業意識）．→キャリア，威信

職業階層
occupational stratification; occupational stratum

*社会的地位の指標のうち，特に職業について*階層（社会階層）をとらえた場合，そのような階層を職業階層とよぶ．職業に関する人びとの序列ないし不平等状態の全体を意味する場合と，それをいくつかに区分したときの各グループを示す場合とがある．職業は，他の社会的地位との関連が大きく，人びとの*アイデンティティの源泉にもなっているので，階層研究の中心になってきた．特に*社会移動の研究では，ほとんどの場合，職業階層間の移動が研究対象にされてきた．区分としての職業階層は，最も大まかには，マニュアル層（おもにオフィスワークに従事する職業），ノンマニュアル層（おもに生産の現場で働く職業），農林漁業層に分けられるが，そのほかにも分析目的に応じて様々な分類が用いられる．このようなカテゴリー化された職業階層のほか，職業に対する社会的評価をもとにして，人びとの職業上の地位を数量的に表すことも多い．*SSM調査では，このような数量化された職業的地位を〈職業威信スコア〉とよんでいる．→威信，職業分類

職業的社会化
occupational socialization

個人が職業人として一人前になっていく学習過程のことで，それぞれの職業上の知識，技術，職業遂行に必要な価値，規範，役割行動を習得し*内面化すること．単に職業上で必要とされる知識・技能を学習するだけでなく，職業倫理や職業の社会的責任の自覚を意味する．職業につく前に家庭や学校でも，職業的社会化は始まる．これによって個人と社会とは繋がり，文化の継承が世代を超えて可能となるが，他方，この*社会化が行き過ぎると，教師臭さや銀行員臭さのような各職業の役割期待への*過剰同調が生ずる．

職業病
occupational disease

特定の職業に従事する人が罹りやすい疾病．労働基準法により職業性疾病として行政認定されるものもある．有害物に接触・吸引したり，特定の機械を使用することによって発病する．典型例は，鉱山での塵肺症であるが，その他，熱中症，職業性難聴，有害化学物質による中毒・アレルギー，職業癌，腰痛などがある．職業ストレスによる精神障害や自殺も認定されることがある．近年は*産業構造の変化によって連続的な長時間労働，夜勤・交代勤務が増加し，高齢者と女性の就業者が増大したため，その健康維持対策が考慮され始めた．→労働災害，過労死

職業分類
occupational classification

職業を一定の目的のために分類すること．日本では*国勢調査の基本となる総務省統計局の日本標準職業分類があり，専門・技術，管理，事務，販売，サーヴィス，保安，農林漁業，運輸・通信，生産工程・労務の9分類の下に364の小分類があ

る．1997年に11年ぶりに改訂され，情報処理技術者の中分類への格上げ，男性の就労にともなう看護婦の看護師，保母の保育士への改称などの変化があった．職業は階層分化の基盤であるため，職業分類は階層研究・*社会移動研究に不可欠の分析用具である．→職業階層

494 職住分離

個人の生活空間において，職場と住居が離れていること．近代都市の空間的特徴の一つに，土地の用途が機能的に純化され，商業地(業務地区)，工業地，住宅地が相互に分離されることが挙げられる．そのため*都市においては，典型的には郊外の住宅地に住み都心の業務地区に通勤する職住分離の生活様式が一般的となった．しかし，これは都市のホワイトカラーを典型とするものであって，自営商工業者の場合には職住一致，工場労働者の場合には職住近接の生活様式が多い．→郊外化

495 職人 ⇒ 熟練の解体

496 植民地主義 colonialism

ある国が，通常は地理的に離れた領域を，従属的な領域として政治経済的に支配し，支配のための文化政策を含んで展開する諸政策とその主張．植民地主義は，今日，二つの点で再検討されている．第1に，各国の植民地支配が従属領域にもたらした変化の確認である．間接統治と直接統治(イギリスとフランス)や宗主国の強弱(スペインとポルトガル)の相違は，独立後にも異なる影響を維持する．第2に，植民地化の過程(接触前，直後，再編期)における，二つの社会に生じた相互作用の確認である．植民地化以前のものとされる統合組織は，植民地行政当局の介入により変容させられ，また，植民地化への抵抗を経て当該社会の社会文化的なダイナミズムは失われたり弱体化した．しかし，口頭の歴史や民衆劇は，受動的ではなかった民衆の姿をしばしば伝えている．〈新植民地主義〉とは，独立後も旧植民地権力とその支配を何らかの方法で維持しようとする関係をさして使われる．→植民地の解放，オリエンタリズム，異文化理解

497 植民地の解放 decolonization

20世紀半ば以降世界的規模で生じた，他国あるいは他民族の植民地権力による支配からの独立，あるいは再独立による主権の回復．大戦間にイギリスの植民地と保護国，大戦直後から主要なアジア植民地，さらに遅れてアフリカ植民地が独立した．植民地下での変動は，従属地域に*民族アイデンティティや民族社会の成立をうながし，その担い手も見出した．宗主国はこの運動を抑制する力を失い，世界的な意識の変化も解放を促進した．19世紀初頭のラテンアメリカではクリオーリョ(植民地生まれの白人)による解放と独立があったことに較べて，20世紀における解放の過程には，しばしば住民の抵抗，戦い，大量の犠牲が必要であった．→植民地主義，民族自決主義

498 女性学 women's studies

女性の視点から既存の学問の男性中心主義を批判し認識の転換を行う理論的・学問的実践．1960年代に誕生した第2波フェミニズム運動は，従来，科学的・中立的とされてきた学問領域においても男性の視点による知のゆがみが内在することを明らかにした．その影響をうけ70年代にアメリカで成立した女性学は，歴史学や心理学，社会学や文学批評など様々な領域でめざましい成果をあげた．当初は認識主体としても対象としても女性が不在であることを批判し，男性が規定する研究に女性を"付

け加える"ものが多かったが，やがて男性中心の科学がもつ客観性や真理性そのものを再検討し，認識枠組みの転換を要求するものとなった．その後，フェミニズムは黒人女性や先住民女性から白人女性中心主義であるという批判にさらされることになり，女性学がもつ批判的視点も男性中心主義に向けられるだけでなく，人種や階級，性的マイノリティなど差別と権力をめぐる問題状況を広く敏感に問うものへと変換がもとめられている．

日本には70年代後半に〈女性学〉という名で紹介され，その後大学の制度の中に講座・科目として開設され，広くとりあげられている．社会学では，マス・メディアにおける女性像や男性像，家庭や学校・職場における*ジェンダー役割規範，身体や*セクシュアリティの言説の分析など多様な調査，研究が蓄積されている．→フェミニズム，女性史

499 女性史
women's history

女性解放思想の影響をうけて誕生した，女性の視点から歴史を見直す動き．従来の歴史学が男性中心的で，人間の半分を占める女性が歴史の中で見えない存在となっていることを批判した．日本では『母系制の研究』(1938)をはじめとする高群逸枝の著作や井上清の『日本女性史』(49)が先駆的である．その後，*女性学や*社会史，*ジェンダー論の影響もうけ，地域女性史，家族史，身体史，*セクシュアリティの歴史など様々な分野で成果を生んでいる．→フェミニズム

500 女性性/男性性
femininity/masculinity

女性，男性という*ジェンダーに帰属される特性．ふるまい，態度，容姿，衣服などによってあらわされる．"女らしさ""男らしさ"という用語が使われることも多い．1960年代に始まった第2波*フェミニズムは，女性性や男性性が*ジェンダー役割の*ステレオタイプを構成し，女性を抑圧し続ける権力構造が存在することを問題にした．そこでは，女性性や男性性が社会や文化の中で形成されていくことが強調された．クリステヴァは，男性中心文化の中では女性性は〈他者〉をあらわし，男性性は象徴的秩序に統合されているのに対し，女性性は象徴的秩序の周縁にあるものとした．他方，女性に固有の文化をもとめ，女性性のすぐれた特性を探求し賞揚するフェミニストもいる．男性学が興隆するにつれて，男性性の特徴，そのもつ意味についての考察も始められている．

501 女性労働
female labor; women's labor

出産，育児が固有の*ジェンダー役割とされてきた女性が，男性を前提とした*労働市場に参入し，雇用労働者として就業することにより様々な問題が生じてきた．産業革命当初の女性労働問題は，児童とならんで〈社会的弱者〉である女性の長時間労働や低賃金，工場・宿舎の劣悪な環境など労働条件そのものが問題であった．しかし，近年の日本や欧米先進諸国に共通する女性の大幅の職場進出は，男女の賃金格差，性別職務分離，昇進差別，*セクシュアル・ハラスメント，仕事と生活(家庭)の調和，パート・派遣労働など新たな問題を提起している．2001年現在，日本の雇用者総数に占める女性の割合は40.4％に達し，過去30年間一貫して増加傾向にある．こうした変化にともない，*キャリアとして職業を選択する女性，子育て後にパートで再就職する女性，専業主婦を選択する女性など女性のライフスタイル全体が多様化した．→男女雇用機会均等法，M字型就労曲線，主婦

502 所得再分配
redistribution of income

通常,市場経済を通じて,給与,営業収益などのかたちで所得が与えられることを所得分配とよぶが,それに対して,政府や地方自治体の政策によって所得分配が補正されることを所得再分配という.資本主義経済では,所得は市場の中で与えられるのが原則であるが,その場合,競争に任せておくと,所得の格差が大きくなり,低所得層は当該社会における最低生活水準すら実現できなくなることが多い.そこで,*社会的公正を一つの政策課題とする現代資本主義のもとでは,政府や自治体が,高所得層の税負担を相対的に大きくする,*社会保障を充実させる,職業教育を行うなど,直接的または間接的に低所得層に所得を再分配する仕組みを制度化している.

503 所有
property

抽象的にいえば,ある対象を自己のものとすることであるが,近現代の資本主義社会では,所有権のもとで特定の財産を独占的に利用し処分することを意味する.近代的所有は,人びとを経済活動へと動機づけ,著しい経済発展のもとになったものの,所有者の反社会的な行動,所有権を失った者の生活困難,所有をめぐる紛争の激化など,様々な問題を生じさせた.そのため,いかにして所有に基づく反社会的行動をコントロールし,*社会的公正や社会統合を実現するかが大きな課題となった.一部財産の国有ないし公有(→公共財),協同組合等による財産の共同的管理,社会保険や*公的扶助,公共の福祉を優先した所有権の部分的制限,所有権者でなく使用権のみをもつ者(借家人など)についての使用権の保護,所有者の社会的責任の追及などは,そのための方策である.他方,株式を通じた部分的所有が一般化するにつれ,所有者(株主)が実体的な財産(金融資産,ビルや工場,組織等)を支配できなくなり,経営者が実権を握るという現象(所有と経営の分離とよばれる)も生じてきた. →支配

504 知る権利
right to know

広義には*市民が広く必要な情報を収集し受け取ることができる権利であるが,狭義には政治決定に関する情報や,政府・地方公共団体が保有する情報を収集し受け取ることができる権利.近代社会において〈表現の自由〉〈取材の自由〉は国家による抑圧からの自由を意味すると同時に,国民の〈知る権利〉に応えるものとして確立されてきた.ところが,*マス・メディア産業が発達し巨大化し,市民が情報を一方的に受け取る〈受け手〉の立場におかれる状況が成立したこと,さらに政府・自治体の機能拡大によって公的機関が保有する情報が増大する一方,公的機関がマス・メディアを使って効果的に伝達を行い,広報活動を通じて自らに都合のいい情報を伝達できる状況も生まれた.こうした状況を背景にして,市民が情報の公開を求め,知る権利を制度化することが必須の課題となってきた.日本では,2001年に施行された情報公開法は,その権利の具体化として重要な意義をもっている. →情報公開,言論・出版・表現の自由

505 事例研究法
case study

研究の対象範囲(*母集団)から一つ,もしくは少数の事例をとりあげて集中的に調査する研究方法.研究の対象となる全範囲(たとえば,すべての非行少年)を実際に調査することは難しい.そこで多数の事例について統計的な調査を実施する(→統計的方法)か,少数の事例について集中的な調査をするかの選択になる.事例研究法は,少数の事例について様々な角度か

506 親権
parental authority

未成年の子に対して親がもつ監護教育・財産管理の権利・義務のこと．現行の日本の民法では，親権は子の親夫婦が共同で行使する．*離婚の際には夫婦が協議の上，親権者をどちらかに定めるが，合意が成立しない場合には家庭裁判所の調停・審判，普通裁判所の決定によって定める．親権が特に問題にされるのは離婚の場合で，通常は子どもを引き取ることと親権は対応する．→子どもの権利

507 人権
human rights 〈仏〉**droits de l'homme**

古典的には，生来自由，*平等である人の尊厳はどんな外的力によっても侵すことができないとする観念から主張されてきた基本的権利．アメリカの独立宣言（1776）やフランスの人権宣言（89）によって表明され，圧政的な支配者や*国家権力に対しその不可侵が主張された．その内容としては，思想・信条・身体の自由，結社の権利，参政権など自由権的なものが中心だった．その後20世紀には，積極的，社会的に意味が拡大され，*社会保障，労働，教育などの権利（社会権）も人権と解されるようになる．今日では，男性と平等であるべき女性の権利，情報アクセスの権利（*知る権利），快適で健全な環境への権利（*環境権），家族生活を営む権利なども人権として認識され，子どもも人権の享有主体であることが確認されている．→言論・出版・表現の自由，子どもの権利，市民権，生存権

508 人口移動
spatial mobility; migration

人びとが居住する地域を変えること．通常，人口移動は居住する地理的空間の変化のみを意味し，人びとの*社会的地位の変化である*社会移動とは区別される．近現代社会においては，産業化の進行とそれにともなう*産業構造の変動が人口移動の大きな要因となったため，その経済的側面に着目されることが多く，一般的には，雇用機会の少ない地域（おもに農村）から雇用機会の多い地域（おもに都市）へと人口が移動すると考えられてきた．現在でも基本的にその状況は変わっていないが，最近の特徴としては，外国への*移民が増加し国際的な人口移動が顕著になったこと，戦争や民族紛争，飢餓など非経済的理由による人口移動が社会問題化してきたこと，おもに*発展途上国において，農村から必ずしも雇用のあてのない都市への移動が増加していることなどがあげられる．→過剰都市化，過密・過疎問題，国際労働力移動，難民

509 新興宗教
newly-risen religion

既成宗教の伝統的権威に対立したり，乗り越えようとして成立し，それらとは異なる新しさを唱える宗教．新宗教，新新宗教などとよばれることもあるが，成立時期の着目の仕方によって〈新〉と認知される時期は異なる．幕末維新期では天理教，大正から昭和初期では大本教，ひとのみち，霊友会，戦後では立正佼成会，創価学会，1970年代以降では阿含宗，さらに近くは幸福の科学やオウム真理教などが，各々の時期のおもな新興宗教として登場してきている．新興宗教を創唱する者の新しい宗教体験が伝統的崇拝の再生・復活・革新などの形に整理・解釈され，やがて教義・儀礼・組織が制度化されること

で，一般信者が参加可能なものとなって本格化してくる．そこでは，信者の*カリスマ的指導者への帰依がなされる思想運動という要素とともに，現世での運命転換を求める関心も強い．近年の特徴として，中年層より若年層の参加，〈貧病争〉の解決から*アイデンティティ追求（自分探し）へ，原理主義的教団とオカルト的呪術主義の隆盛，内閉的隔離型と自由参加型への活動の二極分化，メディアの効果的利用と商業主義の相乗効果などが指摘されている．→見えない宗教

510 人口集中地区
densely inhabited districts

*都市地域を示すために昭和35年国勢調査から導入された地区定義で，人口密度が1 km²あたり約4000人以上の基本単位区が相互に隣接して，合計の人口が5000人以上となる地域をいう．人口密度が4000人に満たない基本単位区であっても，隣接する周囲の基本単位区がこの基準を満足する場合には人口集中地区に含まれる．市町村合併や新市の創設による市域の拡大によって，〈市〉が必ずしも都市地域であるとは限らない状況に対応して設定されたもの．

511 人口政策
population policy

人口に直接かかわる現象（増加率，年齢構造，地域分布など）の変更を目的として，人口変動要因（出生・死亡・移動）に政府が働きかける政策．日本では第2次大戦時には"生めよ増やせよ"という人口増加促進政策がとられたのに対し，戦後は一転して人口抑制政策に転換したものの，中絶への法的対応や避妊手段の規制では，間接的で慎重な政策にとどまった．他方で，*過密・過疎の解消を意図した人口分散化のための地域振興策（全国総合開発計画など）が取られてきたが，東京圏など大都市部への人口集積は続いてきた．1990年代以降は，人口置換水準を大きく下回る*出生率に危機感がもたれ，子育て支援のエンゼルプランなどが政府から提唱され，少子社会が問題視されている．他方，中国では人口抑制のため，1組の夫婦は子どもを1人しか生まないことを提唱する〈一人っ子政策〉が79年から強力に進められ，それ自身には成功したものの，*高齢化比率の急上昇や"小皇帝"と揶揄される子どもの甘やかし問題が指摘されている．途上国を中心とした世界全体の人口爆発（population explosion）にどう対処していくのかは，国連ひいては人類全体の課題であり，やがて多産少死社会が生み出す途上国高齢化問題へも警鐘がならされている．→家族計画

512 人口動態
vital statistics

出生・死亡，転入・転出によって示される地域の人口変化．ある地域の1年間の人口変化は，その地域における1年間の出生数から死亡数を引いた〈自然動態〉と，その地域における1年間の転入数から転出数を引いた〈社会動態〉の和として示される．自然動態が正の場合を自然増，負の場合を自然減といい，社会動態が正の場合を社会増，負の場合を社会減という．都市の住宅地域は，*都市化の過程で社会増による人口増加を経験したのち，やがて自然増中心の人口増加に転換し，高齢化によって自然増が0に近づくと，次世代の世帯分離とともに社会減による人口減少へと転じる傾向がある．

513 人口問題
population problems

発展途上国の人口爆発・食糧不足，先進諸国での出生減による少子高齢化問題，大都市の人口過密，農山村の過疎問題など，人口にかかわる社会問題．一定の時間と空

間内に限定された人間の数を人口という．マルサスの『人口論』(1798)を代表として，おもに相対的過剰人口と人口抑制策が論じられてきた．人口は労働力や婚姻，後続世代の出生，年金，学校・住宅などの社会資本整備，地域の活性化，選挙制度など，様々な問題に影響をおよぼす．中国は1979年から〈一人っ子政策〉をとってきたが，そもそも出生は最もプライヴェートな問題であり，女性には*リプロダクティヴ・ヘルス/ライツ(性と生殖の自己決定権)がある．一世代に30年前後の時間がかかることもあって，人口抑制は一般に容易ではないが，近年は発展途上国も含め，世界的に*出生率が低下している．地球の全体は現在約60億人だが，2050年には93億人を超すものと予測されている．→過疎・過密問題，人口政策，資源・エネルギー問題，少子化

514 新国際分業
new international division of labor

先進諸国，新興(中進)諸国そして*発展途上国間の，国家間分業・貿易関係および多国籍企業内の超国家的な分業・貿易体制のこと．〈国際分業〉は，かつて先進国の製造業に原材料を供給するとともに，その製造物を消費する市場としての発展途上国と先進国との間の比較的単純な分業関係をさしていた．1970年代以降，欧米・日本などの先進国の脱工業化・高度情報化・サーヴィス経済化が進み，低賃金や緩やかな環境規制を求めて製造業の海外進出(空洞化)が加速すると，東南アジアや中南米の新興経済諸国では海外投資を受け入れて工業化や経済成長が進んだ．その結果，先進国と中進国，そして依然として第1次産業に特化し巨額の債務を抱えた後発の途上国という，3者からなる国際分業体制が顕著になった．また，その中で先進国の多国籍・超国籍企業が企業内国際分業を開始し，製品・サーヴィス・原材料・部品などをめぐる複雑な貿易が活発化する．こうして〈新国際分業〉が論じられ始めた．→産業構造

515 人種
race

人類集団を分類する基準の一つで，おもに遺伝的に受け継がれた生物学的な特徴(肌の色，容姿，髪の毛の色など)に基づくもの．ただし人種概念の成立を疑問視する見解も有力である．人種の分類は多様だが，一般的なものに，ネグロイド(黒人)，モンゴロイド(黄色人)，コーカソイド(白人)の3区分にオーストラリアの先住民を含むオーストラロイドを加えて4区分とするものがある．これら人種の観念は，ヨーロッパ人による大航海時代とその後の世界の植民地化がもたらした産物である．人種の違いは当初，多様な自然や風土への適応の結果にすぎないものとされたものの，ヨーロッパ人は19世紀の植民地活動を正当化するために，白人(ヨーロッパ人)を優秀な人種とし，その他を劣等なものと位置づけた．フランスのゴビノーやイギリスのチェンバレンの人種論，社会進化論の発展が白人優越主義の普及に大いに寄与した．人種観念は，同じ人種内の異文化集団間の序列化にも利用され，20世紀のヒトラー率いるナチス・ドイツのユダヤ人やロマの絶滅の企てを生み出した．今日，こうした人種概念は社会科学では厳しく批判されている．

516 人種差別
racial discrimination

人種的偏見，および*人種主義に基づく不平等な状態の維持・正当化の行為．人種差別は，人種的違いのある異文化集団や異言語集団を劣った人間集団とみなし，教育，雇用，社会・政治参加などの面で平等な扱いをせず劣った地位に押し込めておく

ことをいう．近年は，"生物学的に劣等な人種"の存在を明示化するような露骨な差別に比べ，"人種的な劣等性"に言及せず，互いの文化や生活習慣の違いを尊重すると称して互いの接触を避ける，という排他的で*分離主義的な差別が強まっている．前者を古典的人種差別，後者を新人種差別ということも多い．

517 人種主義
racism

人種集団間の間に優劣を想定して，差別や不平等を正当化する教義・信念のこと．ただし，ここでいう〈*人種〉は，当該社会で構成されたもので，*国民，*民族，言語集団，宗教集団なども含んで多義的に使われる．アフリカ系への差別，*反ユダヤ主義，イスラーム移民排斥など種々の現象が，人種主義の名でよばれる．もともと人種主義とは，人種の違いと文化の発展程度が相関すると考え，白人人種を最も社会的に進化した集団として頂点におき，その序列が生得的で不変なものとみなす．同時に，同じ人種内の文化集団を序列化し，文化の違いを生物学的な根拠に求め，異文化集団への差別や排斥を正当化した．今日では人種概念は生物学的に有効な学術概念であるとする考え方は否定され，社会的な概念であるとみなされている．途上国－先進国間でグローバルに人が移動する今日，先進諸国では人種主義は多様な形をとっている．→人種差別

518 心性史
〈仏〉histoire des mentalités

*社会史の一つの次元をなすもので，民衆における集合的な心性（信仰，感性，記憶，特定の表象など）の持続，あるいは変容の歴史に焦点をあてるもの．習俗，儀礼，共同体慣行等の記述，流布した物語や民衆本などを資料としながら，覆われた民衆の心的世界に迫ろうとするもので，フランスの*アナール派の歴史家にすぐれた仕事が多い．アリエスの『〈子ども〉の誕生』(1960)，『死と歴史』(75)などが代表的な心性史の試みといえる．→感情の社会学

519 親族
kinship

個人から見て親子・きょうだい(sibling)などの血縁関係と婚姻関係によって形成される血縁的関係．個人との位置関係から定義される親族的地位（親族カテゴリー）は人類に普遍的に存在するとされる．親族的地位の分類は当該の社会構造を反映し多様だが，多くは地位に対応した権利・義務関係をもつ．*核家族内で定義される親族を1次親族とよぶ．まず*定位家族では父，母，きょうだいが定義され，父・母は自分の1次親族である父・母・きょうだいをもち，子にとっては祖父母，オジ，オバが父方，母方に定義される（2次親族）．生殖家族では配偶者と子が1次親族，配偶者の父・母・きょうだい，子の配偶者と孫が2次親族として定義される．こうして拡がる親族網のどの範囲までを親族とみなすかは当該社会固有だが，一定の組織化によって*親族組織や親族集団が成立する．→家族

520 親族組織
kinship organization

*親族関係の中で一定のルールによって組織化が行われた結果成立した組織．特に集団として地位・役割を分化させている場合に親族集団とよぶ．ルールに着目すれば，共通の先祖をもつ親族を組織化した祖先中心的親族(ancestor centered kin)組織と，個人から見て一定の範囲の親族カテゴリーの人を組織化した個人中心的親族(ego-centered kin)組織に大別される．前者を出自集団(descent group)，後者をキンドレッド(kindred)とよぶ．前者は集団性をもつことが多いが，後者は個人ごとに範囲が異なり，流動的なものと

なる．両者は一つの社会で並存し，日本では*同族が前者に近く，親類や親戚は後者に相当する．→家族制度，父系制/母系制

521 身体性
corporeity
〈独〉Leiblichkeit 〈仏〉corporéité

身体を，意識と対象という両義性をおびた，人間の根源的なあり方にかかわる身体的実存としてとらえる現象学的な見方．デカルトに代表される精神と物体の二元論的考え方では，両者は相互に異なるものとして把握され，物体たる身体は精神によって対象として知覚され，生理学的に観察・分析されるにとどまる．しかし，身体は知覚や経験の対象であると同時に，知覚や経験そのものが身体を媒体としてなされる．眼で見て，耳で聞いて，手で触るなど五感の働きは，身体が単なる客観的な物的器官ではなく，対象世界が現れ出ること自身を支えるものであることをしめす．身体は精神と物体，主体と客体，超越論性と経験性のどちらにも還元できない両義性をおびた存在として，世界経験そのものにかかわる媒体といえる．メルロ=ポンティはさらに身体を世界へと向かう*志向性という運動に満ちた〈世界—内—存在〉としてとらえた（『知覚の現象学』1945）．他者の身体とその機能的な共同性が感じさせる自他の融合は間身体性ととらえられ，性行為や*介護・介助などがもたらす間身体性に，共生する身体の可能性もみとめられる一方，暴力によるその破壊もありうる．

522 身体の社会学
sociology of the body

身体現象を歴史的・社会的・文化的に規定された性質をもつものとしてとらえ，研究する社会学の一分野．社会学に連なる研究としては，身体技法（technique du corps）という視点から文化的にコード化され，習得された所産として日常的な所作をとらえた*モースの研究，身体の政治的解剖学や象徴性，テクノロジーに着目した*フーコーの研究，身についた感じ方やふるまい方を*ハビトゥスととらえ，その存在に社会構造や*行為を媒介する*文化的再生産のメカニズムを読み解いた*ブルデューの研究が代表的なものである．そのように社会的な制度が埋めこまれた日常的な身体に対し，身体のもつ躍動感・生命感を非日常的に解き放つものとして，*祭りや*遊びが位置づけられる．身体は自らが主体として行動したり感覚を感ずる準拠点であるとともに，客体として他者から評価・接触されるという二重性をおびている．評価される身体に注目すれば，相互行為での*印象操作による*自己呈示を描いた*ゴフマンの研究や，相手との身体距離や位置関係がもつ社会的意味を〈プロクセミクス〉として焦点をあてた文化人類学者E. T. ホールの研究などがあげられる．また，行動としての身体に着目すれば，性や保健医療，*スポーツも身体の社会学と重なる領域となる．→身体性

523 心的外傷
psychic trauma

強い精神的な苦痛をともなう経験によって形成された心理的な傷．*精神分析学の用語で，幼児期に形成された心的外傷が成人期のヒステリーなどの精神疾患を生むと考えられた．今日では災害・犯罪被害などの悲惨な体験が，その後も継続的に追体験されることで精神の健康や社会的適応が阻害される心的外傷後ストレス障害（PTSD）が注目されている．→ストレス

524 ジンメル
Simmel, Georg
1858-1918

ドイツの哲学者・社会学者．社会・文化・芸術など多方面にわたる著作・講演活

動を行なった．ベルリン生まれ．ベルリン大学で歴史学，民族心理学，哲学などを学ぶ．同大学私講師，員外教授，シュトラスブルク大学正教授．複雑化する社会における個人の問題に関心をもち，*社会実在論と社会名目論をともに排し，広義の社会を諸個人間の心的相互作用としてとらえた．『社会分化論』(1890)では，社会圏の拡大とともに個人が社会から分化し，個人相互も分化して個性が発達するとし，個性を交差する社会圏の交点としてとらえた．『社会学』(1908)においては，心的相互作用のなかから現れてくる社会化の諸形式こそ狭義の社会であり，宗教・政治・経済など内容が異なっても共通に見られる〈上位と下位〉，闘争，模倣などの形式を扱うのが特殊科学としての社会学であるとし〈形式社会学〉を提唱した(→社会過程)．同時に，〈生の哲学〉への関心を深め，『貨幣の哲学』(1900)，『宗教の社会学』(12)などにおいて，生の内容から諸形式が生み出される*社会化と社会分化の諸過程を考察，晩年の『生の哲学』(18)では，生がつねに生成過程にある活動であるとともに，芸術や学問のような文化形象を生み出すことを明示，生の自己疎外を現代文化の悲劇として論じた．また，『社会学の根本問題』(17)では，形式社会学は純粋社会学とよびかえられ，社会化の形式そのものが相互作用の内容となる特殊事例〈社交〉に注目した．ジンメル社会学は，闘争理論(→均衡モデル/闘争モデル)，*交換理論，*小集団理論などの先駆をなし，早くから英訳されてアメリカ社会学にも深い影響を及ぼした．

信頼 trust

不確実性のもとで他者が予測どおりに協力的な行為をすることへの期待．他者の能力に対する信頼と意図に対する信頼に大別される．家族・親族・友人など個別的な人間関係への信頼を超えて，一般的な他者やシステム・制度全般に対して一定の信頼をおくことができることを前提に，近代市民社会は成立している．契約や法など，信頼を担保する制度的なメカニズムも発達してきた．山岸俊男(『信頼の構造』1998)をはじめ，*社会心理学で研究がさかんである．→社会的ディレンマ，囚人のディレンマ，フリー・ライダー

信頼性 reliability

同一対象への測定において，何度測定しても同じ結果が得られることであり，測定における結果の安定性をいう．たとえば体重計に何度のっても同じ結果が得られれば，その体重計には信頼性があるといえる．ただし，体重計が真の体重以外の重量を一貫して表示している場合には信頼性は高いが妥当性は低いということになる．質問項目の信頼性は，1)同一対象者から2時点でデータを採取し，時間的な安定性をスピアマン＝ブラウンの信頼性係数などによってチェックする(再検査法)，2)同一の概念を測定する複数の項目を用意して，それらの項目がその概念を同一方向に同程度測定しているかどうか(内的一貫性)をクロンバックのα係数(信頼性係数)によってチェックする，といった方法がとられる．α係数は加算尺度(→一次元的尺度)の使用時には必ず必要とされる．

数理社会学 mathematical sociology

数学的モデルを用いて，社会現象の構造や過程を解明しようとする社会学の一分野．数学的モデルはデータに先立って理論上の仮説として作られ，そこから何らかの論理的帰結が導かれる．そして，その帰結が現実の社会現象に適合しているかどうかが，検証される．その意味で，物理学や理論経済学と同じように"演繹的"方法をとるものであり，その点が大

きな特徴となっている．数学的モデルとして用いられるのは，たとえば，*囚人のディレンマのモデル，マルコフ連鎖のモデルなどである．なお，広い意味では，数学ではなく記号論理学を用いた分析も数理社会学に含めることがある．また，*社会調査等で得たデータを*統計的方法を用いて分析する場合(*社会統計学)にも同じように数式を用いるが，この場合にはデータが先にあってそれを分析する過程で何らかの一般的結論に達するという"帰納的"方法をとるので，数理社会学とは区別し，計量社会学とよばれることが多い．

528 **数量化** quantification

調査票調査などを通じて得られたカテゴリー的なデータに適切な数値を与え，統計的分析をしやすくすること．一つの項目(たとえば一つの質問に対する回答)に一つの数値を与える場合もあるし，複数の項目から一つの数値を導き出す場合もある．前者の場合，便宜的に1,2,3といった数値を与えていく場合もあるが，より厳密には，〈林の数量化理論〉などの数理統計学的手法を用いて適切な数値を求める．*ガットマン尺度は，後者の場合に当たる．→質問紙法

529 **鈴木栄太郎** すずき えいたろう 1894-1966

*農村社会学者・*都市社会学者．〈行政村〉と区別された〈自然村〉概念を手がかりに戦前の農村社会を研究し，主著『日本農村社会学原理』(1940)を著した．戦後は，日本の農村は都市に規定されているという観点から都市研究に進み，『都市社会学原理』(57)において〈都市とは社会的交流の結節機関をもつことで農村とは異なる集落である〉とする結節機関説を提唱，〈正常人口の正常生活〉に焦点を当てた社会構造・*生活構造の分析枠組みを提出して，日本の地域社会学・都市社会学に大きな影響を与えた．

530 **スティグマ** stigma

他者や社会集団によって個人に押しつけられた"好ましくない違い"を表す印であり，烙印のこと．*ゴフマンが『スティグマの社会学』(1963)の中で提示した．スティグマには，たとえば身体的なもの(障害，性別など)，記録的なもの(前科など)，集団的なもの(人種，宗教など)があり，スティグマを負ったものは様々な社会的不利を被る．その概念は*逸脱や*差別問題に対して多くの示唆を与えている．→ラベリング理論，カリスマ

531 **ステレオタイプ** stereotype

社会集団の成員に*内面化された，画一的な観念，硬直した見方や態度，思考のパターンのこと．*リップマンが『世論』(1922)の中で用いた概念である．*マス・メディアが構成する*疑似環境が人間の現実認識に多大な影響をおよぼすなかで，ジャーナリストが社会的出来事を単純化し，定型化したパターンで表現しており，そうした固定的で画一化したものの見方が社会集団に共有されている大衆社会的状況を，リップマンは鋭く見抜いた．そこで彼はジャーナリストの高度な専門教育とメディア分析の必要性を説いた．→ジャーナリズム

532 **ストリート・チルドレン** street children

アジア，アフリカ，ラテンアメリカなどの*発展途上国の大都市中心部や周辺スラム地域に居住し，貧困家庭に属するか家族解体により，孤児として生活する*ホームレスの子どもたちで，世界全体で3000万人におよぶとの推計もある．子どもたちは，学校に行かず路上で簡単な仕事やごみ収集など生活費を獲得する

活動に従事して家計を補助し，帰る家のない子どもは公園や空き家，時には下水道に集まって暮らすという報告もある．

533 ストレス
stress

環境的要因によって個人の内面に不快な状態が発生しているとき，抑うつ，*不安，身体的な不調など，個人によって経験される不快な主観的状態をディストレスとよび，ライフイヴェントや日常生活上の慢性的問題など，一般的にディストレスを生み出すと想定される環境的要因をストレッサーとよぶ．両者の関連がストレスであり，ストレスとは脅威的な環境と人との関係であるという定義もある．ストレスが大きいのは両者の関連が大きい場合で，たとえば受験勉強でイライラする，就職できずに元気のない毎日を送るなどの状態をさす．ストレッサーがディストレスを生み出していなければ，ストレスは小さいということになる．ストレスは目標達成の過程で経験される過渡的な状態であることもあり，一概に有害とはいえないが，精神疾患の発生や健康状態の低下をもたらすことも多く，適切な対処が求められる．→家族ストレス

534 ズナニエツキ
Znaniecki, Florian Witold
1882-1958

ポーランド生まれで，おもにアメリカで活躍した哲学者・社会学者．フランスで哲学を学んだのち，ポーランドで調査旅行中の*トマスと出会い，その後訪米中に第1次大戦が勃発，そのままシカゴに滞在してトマスの共同研究者として迎え入れられた．その成果がトマスとの共著『ヨーロッパとアメリカにおけるポーランド農民』(1918-20)である．同書はトマスとの緊密な討論に基づいて書かれており，執筆分担の明示はないが，ズナニエツキは，シカゴにおけるポーランド人社会の調査と方法論の整序に貢献したと推測されている．その後，一度帰国してポーランド社会学会の設立に尽力，再び渡米して40年以降イリノイ大学教授を務めた．この間，『社会学の方法』(34)など*質的データに基づく理論的一般化の方法論について研究した．

535 スペンサー
Spencer, Herbert
1820-1903

イギリスの社会学者．*社会進化論と*個人主義を結びつけ，自由主義的な社会観を展開し，〈産業型社会〉の意義を強調した．技師，雑誌編集者などを経て，在野の研究者として著述に専念．『綜合哲学体系』(全10巻)のもとに『社会学原理』(3巻，1876-96)を著す．そこでは，社会を，未分化の単純社会から分化・分業の進む複合社会へ，と進化論的にとらえ，これを〈軍事型社会から産業型社会へ〉の移行と重ね合わせた．彼は社会とそこにおける協働を生物有機体とのアナロジーで記述したが，自身は個人主義者，自由放任の礼賛者であった．〈産業型社会〉(industrial type of society)の特徴も，それが自発的な協働に基づくという点に求めている．

536 スポーツ社会学
sociology of sport

スポーツを社会現象としてとらえ，スポーツ内部における個人・集団・組織の関連と，それを取り巻くより広い社会の制度や構造との相互関係を研究する社会学の一分野．スポーツと政治・経済の関係，ビッグイヴェントとしてのスポーツ，スポーツと社会階層などマクロ的なテーマ，スポーツ種目の成立・変遷やスポーツルールの変容など中間レベルのテーマ，*小集団としてのチームの動き，選手のアマチュア/プロ問題とそのキャリア過程，ファンの心理と行動などミクロ的なテーマが存在する．高度消費社会での市

民活動やレジャーとしての"するスポーツ"の普及，大競技場やテレビを中心とするメディアを媒介とした観客・スペクテーター（spectator）の増加による"見るスポーツ"の成立が，この領域の進展に大きな影響を及ぼしている．*ジェンダーや，*エスニシティなどマイノリティの位置づけとその処遇，身体活動としてのスポーツと暴力との親和性など，スポーツの背後に潜む社会的な問題の研究も進んでいる．→身体の社会学

537 スラム slum

密集化し劣悪な居住条件にあり，必要な都市ファシリティを欠如させた建物群や，そうした建物の集中する地域をさす．都市中心部から郊外へ出る中間層や上流層の住宅が，細分化され，最低居住単位や道路・給水などの規定から逸脱し，建築規定（居住密度など）に反して賃借され，これらが老朽化してスラム地域が成立する．ただし都市に点在する小規模な劣悪な居住群は，政府・行政当局からはスラムとして認定されずに施策の対象とされないこともある．一方，途上国都市には居住条件の良くないスクォッター（不法占拠住宅）が存在する．所有しない土地，たとえば，占拠を排除しない公有地や宗教関係の土地，都市周辺部や河川敷などを占拠し建設された住宅のことである．不法占拠住宅のうち居住条件が劣悪なものはスラムに該当するが，占拠を排除しない土地が多く存在するときや，政府や政党の政策により占拠が容認されやすいときには，スラムに該当しない不法占拠住宅群もたびたび成立する．→都市問題，都市再開発，住宅問題，ストリート・チルドレン

538 生活協同組合 consumers' cooperative

消費者が，地域や職域単位で共同で小口の出資を行い，生活物資の購買や医療・共済・住宅供給などの事業を行う協同組合．そもそもは*消費者運動的な性格が強かった．営利を目的とせず，収益は配当金として組合員に還元することや，組合員参加による民主的運営を原則とする．店舗生協だけでなく，共同購入を行う日本独自の無店舗生協もある．近年は安全性や*環境問題への関心の高まりを受けて，生協が独自に商品開発を行う例も増えている．

539 生活公害

一般市民の日常生活の場面で生じる*公害問題．加害者と被害者が明確に分かれていた産業公害に対して，洗剤公害，*ゴミ問題，空き缶公害，放置自転車公害，近隣騒音問題などのように，一般市民が加害者的であり，しかも同時に被害者的な立場に立つ点に特徴がある．一人がもたらす環境負荷はわずかだが，消費社会の進展にともなって，大量に集積し・累積する結果，社会的な影響が拡大する，*社会的ディレンマの構造をもつ．

540 生活構造

多義的な概念だが，歴史的背景によりおもに四つに分けて考えられる．1)*労働力の再生産のパターン，2)家計構造あるいはそれを規定している*世帯の生活経験，3)個人を中心とする社会的諸関係と社会集団への参与のパターン，4)生活行為の体系を構成する諸要素の安定的パターン．最初にこの概念が提起されたのは太平洋戦争中である．戦時社会政策学において，大河内一男は窮乏化する国民生活の構造に焦点を当て，労働力再生産の社会的意義を強調するなかで，1)のとらえ方を示した．また，戦後の窮乏生活のなかでもこの研究系譜は受け継がれ，特に中鉢正美は家計構造の逼迫過程の研究から過去の生活経験が履歴効果をもつことを発見し，これを生活構造と名づけた(2)．これとは別に1960年代の*都市化を背景と

して，社会集団の分化と生活空間の広域化が生じると，コミュニティ生活の統一性を個人の側から検討する必要が生じた．ここから倉沢進によって3)の概念が提起されることになる．ただし，*鈴木栄太郎のように，集合的な*生活時間と生活空間の構造を生活構造ととらえる見解もある．さらに70年代に入ると，高度経済成長のひずみが日常生活の様々な場面に出現し，個人または家族の生活を総合的にとらえる枠組みが求められた．ここから青井和夫らによって，多様な社会的場面を貫く生活行為の体系を分析枠組みとして用意する4)の概念が提起された．→ライフスタイル

541 生活史
life history

個人の生涯の全過程やある時点までの道程を，周囲の人間関係や歴史的社会的状況をおりまぜながら，詳細に記録したもの．歴史学や民族学では，ある地域や集団の生活様式や生活財の変化を考察する〈生活の歴史〉という意味でも用いられる．社会学的には，おもに*トマスと*ズナニエツキの『ヨーロッパとアメリカにおけるポーランド農民』(1918-20)で，移民の個人的生活記録を実証研究に用いたことに端を発する．具体的な生活史の資料としては，自伝，伝記，個人的記録（日記・手紙），生活記録（経歴や履歴）などがあり，本人の筆記や口述，調査者による資料構成などの作成方法が用いられる．個人が経験した客観的な事実とともに，個人が主観的な意味世界をどのように構成するのかの理解にも重点がおかれ，その語り口にも着目がなされる．口述による収集も多く，生活史研究は語り手と聞き手の相互行為の産物と考えることもできる．大量観察調査に基づく統計分析などに対し，*質的調査の代表的方法（生活史法）とされるが，両者を相互に的確に位置づけあう研究方向が模索されたり，*現象学的社会学や解釈学，*エスノメソドロジーなどの理論的視点と交流させる試みもある．

542 生活時間
time budget

個人が一定の期間（典型的には平日の24時間）に，様々な生活行動をどのように時間配分したかという，個人の時間配分のパターン．個人の*生活構造の時間的側面をとらえた概念で，もともとは労働科学において，生活時間を労働時間・余暇時間・生理的必要時間に分けて，労働時間の影響を分析する枠組みがつくられた．今日ではNHKが番組視聴行動を視野に入れた国民生活時間調査を1960年から，政府（総務庁，現・総務省）が社会生活基本調査において生活時間の調査を76年から，それぞれ5年ごとに実施している．

543 生活世界
life-world 〈独〉Lebenswelt

人びとの生活が実際にそこで営まれ，現実に経験されている世界．あらゆる個別的経験の普遍的基盤として，科学的認識に先立って自明のものとして与えられている．後期フッサール現象学の重要概念であるが，その後*シュッツによって社会学的に使用された．また，*ハーバマスは生活世界をシステムと対比させながら，〈生活世界の植民地化〉について議論を展開している．→日常生活世界

544 生活の質
quality of life

多面的・包括的な人びとの生活満足度・充足度．QOLともいう．*社会計画論や*社会福祉の文脈では，経済指標に代わって，社会指標や*福祉指標・生活指標などによって，生活の質的な充実度を概念化し，測定・評価するために提起された．客観指標を重視する立場と主観指標を重視する立場がある．近年は*障害者福祉や高齢者福祉，介護，

医療などの分野にもひろがり，従来のサーヴィスのあり方を批判・反省し，サーヴィスを受ける当事者側の生活の質を高めることが新たな目的・価値として提起されている．障害者や高齢者の自立支援という観点から，施設の量的な整備という尺度に代わって，障害者や高齢者の生活の質が重視される．医療の分野では，患者本位の医療という観点から，治療法の選択や延命治療に関連して，広範な切除などを避け，延命中心の医療に代わって，患者の生活の質が高いレベルで保てるような治療法を選択するようになってきた．→リハビリテーション，ホスピス

545 **生活保護** daily life security

戦前の救護法を廃止して，1946年に規定された最低生活保障のための日本の*公的扶助制度．50年にさらに新法に改められている．日本国憲法第25条の〈健康で文化的な最低限度の生活〉を無差別平等に国民に保障し，生活困窮者の自立を助長することを目的に制定された．生活保護基準は厚生労働大臣によって決められ，生活・教育・住宅・医療・介護・出産・生業・葬祭の八つの扶助によって構成されている．焦点たる問題は戦後の最低生活水準の規定や保護請求の権利性から次第に，漏救と濫救，*スティグマ性，資産活用と就労指導の是非，外国人やホームレスへの適用の問題へと移ってきている．→最低生活費

546 **正義** justice

人間の行為や社会制度の妥当性を判断する評価基準の一つ．プラトン以来，国家や政治制度，為政者の理想像をめぐって正義は論じられてきた．正義は特定の*価値の実現という観点から，また貢献・負担と利益の分配との間の正当化の原理として論じられてきた．後者は〈分配的公正〉とよばれ，社会学や社会心理学では*社会的公正観の研究として扱われている．正義をどのように根拠づけるかは法哲学や政治哲学・社会哲学上の最も重要な争点であり続けてきた．何が正義であるかを確定できるとする価値絶対主義と不可知論的な価値相対主義，*社会契約説のように自然状態を仮定する自然論的立場と〈最大多数の最大幸福〉を説いたベンサム的な*功利主義との間の対立などがある．言語的なコミュニケーションによる相互了解によって合理性の基礎づけをはかる*ハーバマスの考え方は正義論にも大きな影響を与え，相互の対話による社会的合意が正義の根拠として重視されるようになった．

547 **正規分布** normal distribution

グラフに描くと左右対称の山形になる一種の関数で，数理統計学の基礎となるもの．ガウス分布ともよばれる．*母集団から標本を何度も抜き出し，そのつど標本の平均値を求めたとして，平均値を横軸，それぞれの出現確率を縦軸にとってグラフを描くと，その形は正規分布に近似することが，数理統計学的に証明される(中心極限定理という)．この性質を利用して，*統計的検定の諸方法が考案された．

548 **性差** gender difference; sex difference

男女の差異．生物学的な性差，社会的な性差，心理的な性差などがある．19世紀末，男女の心理的差異を研究する性差心理学が登場し，様々な特性について男性度・女性度を測定するM－F尺度の開発などが進められた．当初，性差は生物学的差異に由来するとされていたが，1960年代に始まる第2波フェミニズム以降，性差は社会的につくられること，また男らしさと女らしさは対極に位置する一次元的なものではなく，それぞれ別

の軸をもつ二次元的なもので,一人の人間が両方の特性をもつことなど新たな観点が示された.*フェミニズムの視点からも,性差をどう考えるかはつねに焦点となってきた.両性の差異を重視せずに男女の対等・平等を強調する普遍主義の立場,"産む性"としての本来的な女性性を重視する本質主義の立場,男女二つのカテゴリーに分類してとらえること自体を問うポスト構造主義の議論などがある.→ジェンダー,女性性/男性性

549 政策科学
policy science

おもに実証科学的,計量的な手法を用いて,政府・地方自治体など公共機関の政策を構想・立案し,また事前的ないし事後的に評価しようとする学際的研究領域.政策科学への社会要請は高まり,研究機関や研究成果は増加している.しかし政策科学は,具体的な政策目標を所与として,それを実現するための手段・方法を研究するという技術的性格が強く,社会的価値の設定や政策目標の選択という高次元の問題に解答を与えるには適さない.→公共政策

550 性差別
gender discrimination;
sex discrimination; sexism

性差に基づく*差別.女性に対する不利益や抑圧をさす場合が多く,女性差別と同義で用いられるのが一般的である.*性の商品化や*性暴力,就業や賃金格差,職場での処遇,*性別分業,マス・メディアにおける表現から慣習にいたるまで,多岐にわたって性差別の問題が現在とりあげられている.

性差別への取り組みは*フェミニズム運動の中ですすめられてきたが,19世紀末から20世紀初頭の女権拡張運動では,参政権や教育,財産などの権利が男女平等でないことが問われ,"平等"の概念が中心的であった.1960年代以降の第2波フェミニズムにおいて,女性問題はただ同等の権利を与えれば解決するものではなく,男女を区別し,男性を優位に女性を劣位におく社会の仕組みの変革が必要だと認識されるようになり,性別という指標に基づき女性を不利益に扱う権力作用として性差別やセクシズムといった概念が用いられるようになった.*ジェンダー役割分業に性差別の根拠が求められ,男性を賃労働,女性を家庭での無償労働にわりあてる性別分業の仕組み,男性を優位におく*家父長制,それらを正当化し,しばしば差別とは気づかせない力をもつジェンダー役割文化やその社会化のプロセスなど,構造的な側面とイデオロギー的な側面が相互連関してセクシズムを維持する.こうしたメカニズムの解明がフェミニズムによってすすめられている.→セクシュアル・ハラスメント,男女共同参画社会

551 生産様式
〈独〉Produktionsweise

労働力が道具・機械等を通じて物質界に働きかけることが生産であるが,生産様式とは,この生産に見られる一定の様式を意味する.*マルクスの用語.しかしながら,経験的に何をもって生産様式とするかについては,マルクス自身必ずしも明確にしておらず,様々な論争があり見解が分かれた.生産様式とは,人びとが物質界に働きかけて自身に必要なものを造り出す能力を意味する〈生産力〉と,生産にあたっての人びとの社会関係を意味する〈生産関係〉とが統合されたものである,という見方があったが,必ずしもそれに賛同しない立場もあった.また,これまで人類史上に登場した生産様式は,時代順にアジア的(原始共産主義的)生産様式,古代的生産様式,封建的生産様式,資本制的(近代ブルジョワ的)生産様式の

四つに分けられ，20世紀に見られた*社会主義的経済体制は，その次の発展段階として成立する生産様式とされた．

552 政治意識
political consciousness

政治に関して人びとが抱いている様々な信念，感情，意見などの総称．類似した用語に政治的態度があるが，政治意識という場合は特に人びとが意識化し，外部に表明しうるような内容を中心とする．様々な領域あるいはレベルが含まれ，最も抽象的なレベルでは，政治への関心，政治の有効性についての感覚などがある．もう少し具体化したレベルでは，選挙への関心，政治活動への意欲，行政への信頼感などがあり，さらに具体化したものとしては，政党支持，特定の政策についての意見，首長や政治家に対する評価などがある．直接ではなく間接的に政治にかかわる，生活満足度，*階層意識，労働組合への帰属意識などを政治意識の中に含めることもある．政治意識は，*投票行動やその他の政治的行動の要因となるので，*政治社会学や政治学の関心をよび，おもに*質問紙調査を通じて多くのデータが蓄積され，分析されてきた．現在では，政治意識の実態だけでなく，政治意識の要因や形成過程にも研究が及んでいる．→政治的社会化，政治参加

553 政治権力
political power

社会関係において，人びとの行動をその意思に反しても統制できる力を*権力というが，一定の領域（territory）を占める政治共同体において成員のすべてが従うべきものとして成立している権力を政治権力という．近代の政治権力は，組織された物理的強制力に支えられた法的手段をもつが，成員の多少とも自発的な服従をうながすだけの権威または正当性をおびなければ機能しえない．そのため成員の参加のシステム（首長や議員の選挙）や法治主義が制度化され，行政官僚制の中立がうたわれたりしている．一方，政治権力の行使は今日，メディアの利用，ソフトな宣伝などにより生活の隅々にまで及ぶようになり，政治的とみなされる公的領域と非政治的とみなされる私的領域の区別は曖昧化している．→パワー・エリート

554 政治参加
political participation

政治的統治者の選出や政策決定プロセスに成員が参加すること．代表的な例としては，*投票行動や各種選挙への立候補，さらに公職への就任などの政治参加が挙げられるが，政治集会への参加，*市民運動への参加，*政党や*圧力団体への加入などもまた重要な領域をなしている．近年は，*反原発運動，*情報公開を求める市民運動，在日外国人の就労を支援する運動，性的マイノリティに対する差別撤廃運動，政治的意思決定プロセスに対する女性の参画を推進する運動，さらに地域社会において直接自らの意思を表明する機会として*住民投票条例制定とその実施を求める運動など，多様な運動が政治参加の新たな形態とみなしうる側面をもっており，政治参加の裾野の広がりとして注目される．→住民参加

555 政治社会学
political sociology

政治現象を社会的行為者，集団関係，*社会構造，社会意識などとの関連で研究する分野．政治が，広範な民衆，結社，団体を動員するようになる20世紀の大衆民主主義のもとでこの分野は重要性を増した．*ウェーバー，H.D.ラスウェル，S.ノイマン，*丸山真男らを先駆とし，多様な研究が展開されてきた．政治社会学のおもな研究対象としては，*世論，*投票行動，*圧力団体，政治的意思決定過程，*政治文化，*政治的社会化などがある．

556 政治的機会構造
political opportunity structure

*社会運動の生成・展開・停滞を規定する制度的・非制度的な政治的条件の総体. アメリカの*資源動員論の政治社会学的潮流と, ヨーロッパの社会運動の比較国家論的な政治分析を統合した説明枠組みで, 1980年代以降重視されるようになった. 1)制度的政治システムの相対的開放性と閉鎖性, 2)政策当局の政策遂行能力, 3)支配的エリートの側に運動側を支援する同盟者が存在するか否か, 4)政策当局の社会統制の能力, の4項目が焦点となる. →政治参加, 民主主義

557 政治的社会化
political socialization

子どもが成人になるまでの間に, また成人に達して以降, 特定の集団や*政治文化との接触のなかで, 政治に関する知識や態度, 価値, 行為様式などを習得していく過程. 通常の*社会化と同様に, 一般に家族, 遊び仲間, 学校, 職場集団, マス・メディアなどが重要な役割をはたす. 政治や*政治参加・*社会運動などに対する関心, *投票行動や政治的有効性感覚, 政府や議会・政治指導者に対する信頼度などを規定する要因として注目されてきた.

558 政治文化
political culture

政治過程ならびに政治システムに対する当該社会の成員が暗黙裡に共有する態度, 信念, 感情のセット. 比較政治研究の領域で重視される概念である. 当該社会の政治システムの行動を基礎づけ, 政治過程に秩序と意味を付与するもので, 一般に政治風土といわれる政治的慣行をも含む. 日本の政治文化をモデル化する試みとして京極純一や高畠通敏等の仕事がある. 近年, *ジェンダーや*人種や*エスニシティといった契機をはらむアイデンティティ・ポリティクスの視点から政治過程そのものをとらえ直す試みがあるなかで, 政治文化の再考も進んでいる.

559 正常/異常
normal/abnormal

何が*社会問題かを論じたり, 所与の統計データ(ある水準の犯罪率など)を重大か否かを判断するとき, 研究者は正常/異常(病理的)の判断をしているといえるが, その規準を明らかにするのは容易ではない. 社会的に共有されている*価値, 理想にしたがい現象への評価を下すことは社会学研究でもよく行われる. しかし, 社会的立場や価値観点によって正常/病理の見方が異なるのも事実で, たとえば人工妊娠中絶を敬虔なキリスト教徒は異常な行為とみなし, 世俗的合理主義者はむしろこれを許容しうる行為とみる. 絶対化された価値に基づき正常/異常を論じることに社会学は批判的である. *デュルケムは, ある現象が, その社会の型や構造的特質と結びついているかぎり正常とみなされるべきであるとした(『社会学的方法の規準』1895). たとえば個人主義的傾向の強い社会では, 一定の頻度で自己本位的*自殺が生じるのは異常ではなく, それに反し集団本位的自殺が生じるのは異常とみるべきであるとした. また, より操作的な見方から, 平均値からのズレの大きさによって異常を規定することも行われる. たとえば過去10年間の離婚率の平均とのズレの大きさから, 当該時期の離婚増加を異常とみるといった手続きがそれである. しかし, 今日こうした相対主義には批判もあり, *人権という価値を普遍化することで, 正常/異常の規準をそこに求めようとする試みなども支持を得つつある. →社会病理学

560 青少年問題
youth problem

子どもから成人への移行期にある人びとの成長発達や

課題達成を阻害する諸要因と，それらにより彼らが引き起こす*社会問題．青少年期は15歳前後から20歳くらいまでで，早期の労働力化からの解放と教育期間の延長により，近代においては社会人としての責任が猶予された*モラトリアム期と位置づけられる．この時期は身体のいっそうの成熟，自我の確立と集団への適応，大人社会に参入していくための知的・技能的準備などが課題とされる．そのため，それらを阻害し，健全育成を妨げる家族関係や仲間集団のあり方，過剰なメディア情報や暴力・薬物の流通，*非行や少年犯罪などが問題として批判的に論じられる．近年は，彼らの反社会的行動というより非社会的行動が問題視される状況にもある（→ひきこもり，不登校，いじめ）．他方で，青少年問題というとらえ方は，大人たちのイメージにすぎない青少年の純粋性・無垢性への期待が背後にあることも多く，有害コミック論やメディア・バッシング，非行の凶悪化による早期発見対策など，大人たちの側の過剰反応たるモラール・パニックというとらえ方も可能である．→青年期，発達課題，反抗期

561 生殖技術
reproductive technology

人間の生殖過程に関する技術．人工授精や体外受精，代理母など不妊治療の技術，避妊薬の開発，中絶技術，出生前診断などがある．生殖技術の発展はめざましいが，不妊治療の際の身体的・精神的負担の大きさ，家族観や人間観なども含めた倫理的問題，階級や南北間の格差など多くの議論を引き起こしている．*生命倫理の観点や，女性の健康と性にかかわる権利についての視点が重要となっている．→リプロダクティヴ・ヘルス/ライツ，中絶論争

562 精神障害
mental disorder

医学的には精神機能に何らかの障害が見られる状態で，その程度により日常生活での社会的営みや人間関係，ならびに本人の心理状態に支障や異常をきたすもの．精神障害や精神疾患の概念や範囲自体が厳密には確定しきれず，アメリカ精神医学会のDSM-Ⅳなど，行動科学的に定義された操作的診断基準が用いられている．日本の精神保健福祉法においては，統合失調症，精神作用物質による急性中毒や依存症，知的障害，精神病質などが精神障害と規定されている．社会学的には*ラベリング理論の影響のもとに，精神障害の疾病的な性質よりも，社会の反作用として形成・評価される*逸脱性・異常性に着目するモデルが提起されており，その処置が刑罰対象から治療対象へと変化する医療化現象の一端としても位置づけられる．→メンタル・ヘルス

563 精神分析学
psychoanalysis 〈独〉Psychoanalyse

*フロイトによって始められた神経症の治療法とその基礎をなす心理学的理論の総称．『精神分析入門』(1916-17)がよく典拠とされる．治療法としては自由連想法を用い，患者自身の気づいていない抵抗と転移を意識化させ，理解を促し，症状の消失に導くものである．ここからフロイトは*無意識の心的構造の解明へと進み，意識，前意識，無意識を区別し，*自我，*超自我，エス（イド）の3レベルからなる精神構造を仮定した．エスは性的エネルギーであるリビドーの貯水池，超自我は道徳など社会規範が取り込まれた部分，自我はその2者を調停するものとされた．リビドーは人間の成長期に応じて様々な形をとり，葛藤を引き起こすが，その一つが母親への愛着と父親への

敵意からなるとする幼児期の(特に男児の)エディプス・コンプレックスである.こうした幼児体験とその抑圧が意識に与える影響を重視した点にも理論の特徴がある.以上の説は従来の意識過程中心の心理学をくつがえす大きなインパクトをもったが,後にこれを汎性欲説と批判する*ユングらが離反,より社会学的見方を強調するフロム,ホーナイらはフロイト左派とよばれる流れを形成した.また今日,フロイト精神分析学は男女の性の傾向の違いを本質化した,とする*フェミニズムの側からの批判もある.

生存権
right to live 〈独〉Recht auf Leben

根源的には〈人間の生きる権利〉,実定法上は〈人間に値する生存の保障を求める権利〉.基本的人権には,国家の干渉を排除することによって充足される自由権と,国家の積極的な関与によって充足される社会権がある.生存権は,"人間は誰でも生きる権利がある"という根源的な意味では自由権であるが,実定法上は,国家の積極的介入によって充足されなければならないという意味で社会権として位置づけられる.19世紀の資本主義社会は国家介入をできるだけ排除することによって経済活動の自由を保障したが,失業や貧困に陥った人びとが国家によって救済されることはなかった.20世紀に入って,国家が積極的に*社会問題に介入する必要が認められ,生存権は社会権として資本主義国家の憲法に謳われるようになった.日本国憲法では,第25条〈健康で文化的な最低限度の生活を営む権利〉が生存権を規定したものとされている.このような経緯から当初,生存権は経済的貧困との関連で考えられてきたが,公害・環境破壊によって人間の生存が脅かされるようになると,生存権との関連で*環境権をとらえる見解も現れた.なお,*福祉国家が解体し規制緩和と自己責任が強調される時代に,生存権がどのように位置づけられるかは,検討すべき重要な問題として残されている.
→社会保障,社会福祉,生活保護

生態学的誤謬
ecological fallacy

地区別集計などのアグリゲート・データ(集計データ)上の相関関係(生態学的相関)から個人のレベルの相関関係を推測するときに生じる誤り.たとえば,地区別集計で"高学歴者の割合が高い地域ほどマイノリティの割合が低い"という結果を得たとする.この学歴とマイノリティ比率との相関関係から,"マイノリティは学歴が低い"と推論するのは危険である.なぜなら,マイノリティの比率の高い地域では,マイノリティだけでなくマジョリティの学歴も低いかもしれず,マイノリティの比率の低い地域では,マジョリティだけでなくマイノリティの学歴も高いかもしれないからである.

生態系
ecosystem

ある地域の生物群とその周囲の*環境全体によって構成される相互依存的なシステム.1935年イギリスの植物生態学者タンズリーが提唱した.海洋,湖沼,陸地,砂漠なども生態系であり,地球は最大の生態系である.草原生態系,森林生態系など生物相による分類もある.植物は土からの養分と太陽エネルギーを取り入れて光合成をし,草食動物は植物を食べ,肉食動物は草食動物を食べ,動植物の排泄物や屍体は微生物によって分解されて土に還元され,ふたたび植物に利用される.生態系はこのような物質循環・エネルギー循環からなっている.人間も生態系の一部であり,生態系に大きく依存している.レイチェル・カーソンは『沈黙の春』(62)で,殺虫剤散布によ

る生態系の危機は人類の生存を脅かす危機であることを警告し，*環境問題の認識と環境対策の前進に大きな影響を与えた．*地球温暖化や環境ホルモンなどは生態系の危機の新たな原因である．→エコロジー，リスク社会

567 性的アイデンティティ
sexual identity

性自認および性行動や性対象選択などの性的指向を規定する核となる一貫した自己意識．自己の性別がいずれに属するか，また性的対象がどの性別に向かうかについての意識は，生物学的要因ではなく社会的・文化的要因により後天的に形成されるというのが*フェミニズムでの基本的立場である．*ジェンダー・アイデンティティの概念が用いられることもある．

568 性的倒錯
sexual perversion

性行動の規範からの偏りや*逸脱．小児愛，獣姦など性対象に関するもの，サディズム，マゾヒズム，*フェティシズム，服装倒錯，窃視症，露出症など性的欲求を満たす方法に関するものがある．近年では*同性愛を含めないようになった．"正常な"性行動を前提とする概念であり，背徳の意味が付与される傾向があるが，他方で，現代社会では性的倒錯も商品として消費されるようになり，その概念もゆらいでいる．

569 制度
institution

正当なものとして社会的に受け入れられ，その拘束力が社会的に是認されているような*社会構造．*価値や*規範，確立した行為様式の体系でもある．法や*組織・集団は，このような意味での制度の典型例である．制度を前提にすると，ある状況のもとで望ましい行為様式が定められていることになる．欲求や行為期待が制度に従って水路づけられ，同調に対しては報酬が与えられ，違背に対しては制裁が科され，相互に欲求充足の確実度が高まることになる．→統合

570 政党
political party

利害関心や政治目標を共通にする人が集合し，構成する恒常的な政治団体で，近現代の議会制のもとで発達した．その機能は，国民の利益・要求をくみ上げ，その支持に基づき政権を担当すること，政治過程への影響力を行使することにある．20世紀は政党政治の時代となり，西欧では保守政党ー労働者政党の2大政党化が進むが，20世紀後半には，有権者の価値観が多様化し，シングルイシュー政党も登場，今日では比較的優位を保つ大政党とその他の少数政党が連合・連立政権を維持することが多くなった．なお，政党の構造の研究として，寡頭制化の傾向を指摘したミヘルスの『政党政治の社会学』(1911)が有名である．→寡頭制の鉄則，無党派層

571 制度化
institutionalization

様々な文脈で多義的に用いられるため一義的な規定は難しいが，正当性の獲得と社会的受容を核とする概念である．最も一般的には，人びとが一定の行為規範を正当なものとして受容し，それに即した行為様式を習得する過程を〈行為の制度化〉という．このような場合に，行為規範は制度として外在的で拘束的なものとなる．*社会運動論の文脈で，"労働運動の制度化"や"社会運動の制度化"という場合には，第1には，長い間否定的に扱われてきた労働組合や社会運動組織が企業や政府から実質的な影響力をもつ存在として是認され，正当な交渉当事者として受容されるようになることをいう．第2には，このような社会的受容を前提として，運動の側が，運動目標や戦略を定めるにあたって，示威行動や直接行動などよりも，

572 聖と俗
the sacred and the profane

人間の意識や身体経験,社会事象を聖と俗の2領域に区分して,両者の差異や相互関係を宗教理解や文化理解に用いる分類カテゴリー.ハレとケ,日常と非日常なども類似する対概念である.*デュルケムは『宗教生活の原初形態』(1912)において,宗教は聖なるものを俗なる世界から隔離・保護するところに成り立つとし,聖の表象によって高められる集団生活の凝集の内に,社会の集合力の源泉を見ようとした.他方,カイヨワは『人間と聖なるもの』(39)などにおいて,聖なるものに含まれる畏怖と自由,怖れと憧れの両義性に着目し,それを〈遊〉として分離することによって,聖―俗―遊の3項モデルへと拡張した.また,*バーガーは聖の働きを俗との対抗だけでなく,世界の混沌(カオス)に対する秩序(コスモス)の意味づけにも求めた.聖なるものは人間とその秩序を超える価値を志向するため,既成の序列や規範を批判する機能をもつが,反転して極端な理想主義から人間を抑圧・疎外する力となることもある.

573 青年期
adolescence; youth

子ども期と成人期の中間の時期.18-19世紀以降,産業化がすすみ*近代家族や学校などの諸装置が発達していく中,成人前の修業期間が長くなり重要な*ライフサイクル段階となった.身体的・性的成熟とそれへの対応,*アイデンティティの模索,社会的役割の学習や大人文化への挑戦といった特徴が見られる.産業社会の進展にともない青年期はひきのばされ,現在では11,12歳から30歳あたりまでをこの時期に含む.→反抗期,モラトリアム

574 青年文化
youth culture

おもに青年期に属する人びと特有の行動様式や価値意識によって体現される*下位文化.産業化による生活の安定が若年者の就業時期の延期や教育期間の延長をもたらし,青年期や青年文化を本格的に成立させた.青年文化は当初おとな文化の権威に対して自由や遊びを主張する*対抗文化的性格を有していたが,次第に消費社会の中核たるユース・マーケットでの自己表現や対人関係での自閉的なやさしさを特徴とするものに変化してきている.しかも,青年期を過ぎても青年文化から離脱するのではなく,その文化享受を継続し,〈永遠の青年期〉と評される中年の者も多くなっている.また,青年という概念がもつ*発達課題的なイメージを払拭するため,若者文化といわれることもある.→モラトリアム

575 性の商品化
commercialization of sexuality

性に関する行為や情報を商品として扱うこと.買売春や風俗産業,ポルノグラフィなどが代表的だが,消費社会化や情報化が進展する中で,"セクシーな広告"のように,性を消費の対象とし,商品価値の序列をつける現象をも含む.電話やインターネットを利用するなど,多様な形態が登場している.商品化されるのは多くが女性の性であり,その*性差別的あり方への批判,また性をモノのように売買することへの倫理的批判などの議論が続いている.

576 性別分業
sexual division of labor

広義では男の仕事,女の仕事という役割分担を意味するが,通常は女性は家庭で

無償の家事・育児などの再生産労働，男性は生産労働に従事するという近代社会における分業をさす．今日的には*ジェンダーに基づく分業だが，ジェンダー概念が普及する以前から用いられてきたので性別分業という．社会的観念としての*ジェンダー役割に対応した男女別の労働の分化をさす．1960年代以降展開した第2波フェミニズムは，男女の役割が単なる相互補完的な分担ではなく，男性役割は価値が高く女性は低いという階層性を問題にした．特にマルクス主義フェミニズムは役割分業の物質的基盤を問い，女性が家庭で家事を担うことが*性差別の核心にあるとした．そして，女性の家事や育児などの活動は*労働力の再生産の労働であり，市場での賃労働と同様の価値をもつこと，この性別分業はジェンダー役割のイデオロギーによって正当化されていること，生産領域への進出の中で女性は過重な二重労働を担っており，実質的な男女平等のためには性別分業の廃止が必要であることなどを主張した．→女性労働，シャドウ・ワーク

577 | **性暴力**
sexual violence

性的言動により身体的・精神的な苦痛を与えること．強姦，強制猥褻，*ドメスティック・ヴァイオレンス，ストーカー，*セクシュアル・ハラスメント，買売春，ポルノグラフィなどがある．女性に行使されるケースが多く，1993年の国連会議で女性の人権侵害の中核にあるものとして位置づけられた．また，性暴力の被害者が報道や捜査，裁判の過程で重大な精神的苦痛をうける〈セカンドレイプ〉も問題になっている．

578 | **生命倫理**
bioethics

先端医療技術の進展によって可能となった各種の生命現象に関連して，生命科学ならびに医学の研究と臨床応用において考慮・遵守すべき倫理．またそれを研究する応用倫理学の研究領域をさす場合もある．医療技術の開発によって，人工妊娠中絶，体外受精，代理母，出生前診断，クローン人間，生体や*脳死体からの臓器移植などの人体利用，体細胞や生殖細胞の遺伝子操作，臓器や精子・卵子売買，性転換などが可能となってきている．ヒトの生命にかかわって従来存在しなかった現象が医学的・臨床的に現れることにより，その現象の背後にあった論理構造のひとつひとつの検討が必要になり，同時に技術全体としての是非が倫理的に問われるようになってきた．*生存権の指定される人格の範囲（自立的な生存や対人的な意思表示の能力など），患者や家族の自己決定可能な範囲（当事者に不合理な結果の受諾や他人への危害の程度など）が論争の焦点となっている．→生殖技術，尊厳死

579 | **世界システム**
world system

*ウォーラースティンの提出した概念．複数の国家からなる単一の近代資本主義システムで，16世紀にヨーロッパを中心として成立，地理的な拡大により，今日では世界は残らずこのシステムに包摂されているとされる．ブローデルの『地中海世界』(1949-66)に触発された概念であり，広義には，歴史上存在したグローバルな経済システム一般をさし，それが一つの政治システムによって支配されている場合を〈世界帝国〉，複数の国家によって構成されている場合を〈世界経済〉という．資本主義世界経済は，中核国―半周辺国―周辺国からなる三層構造をなし，中核国のなかで最も影響力の強い国家をヘゲモニー国家という．歴史的には，大航海時代のスペイン，ポルトガルから，17世紀後半のオランダ，18世紀後半以降のイギリス，そして20世紀後半のアメリカへとヘゲモニーが移行してきた．ま

た，移行期に半周辺国から中核国へ上昇したり，中核国から半周辺国に下降したりする事例も認められる．アミンやフランクらの*従属理論は，〈*中心―周辺〉の二層構造を想定し，周辺国は中心国に収奪されて低開発から抜け出せないとしたのと異なり，世界システム理論は，国家間階層構造のなかで，各国の位置が長期的には変化するとする．また社会主義諸国は，*第三世界の諸国とともに，資本主義世界システムの一部を構成するものの，*階級闘争や民族解放闘争，*新しい社会運動などは〈反システム運動〉としてとらえられる．→世界都市

580 世界都市 world city

*世界システムの結節点をなす都市．*ウォーラーステインの世界システム論は，資本主義世界システムを国家間(インター・ステイト)システムとして概念化しているが，J.フリードマンはこれを都市間システムとしてとらえなおし，中核諸国の一次都市・二次都市，半周辺諸国の一次都市・二次都市からなる世界都市の階層構造を想定した．また，S.サッセンのように，ニューヨーク，ロンドン，東京などの国際金融都市(のみ)を世界都市とする見方もある．このほか，*メトロポリスとの対比において，世界全域に影響力が及ぶ世界都市をエキュメノポリスとよぶ，ギリシアの都市計画家ドキシアディスのようなとらえ方もある．→メガロポリス

581 セクシュアリティ sexuality

性についての行動，心理や欲望，慣習など，性的存在としての人間にかかわる現象の総称．性の問題を生殖器や身体的な側面でのみとらえるのではなく，性に関する行為は身体の使用について社会的文化的に構築されたものであること，性は全人的人格形成の中で男女の生き方の問題として統合的にとらえる必要があることなどの認識に基づき，この概念が使用された．セクシュアリティ研究は，従来，医学や動物学，生理学，心理学など性科学(sexology)とよばれる分野で自然科学の方法ですすめられていたが，*フーコーは『性の歴史Ⅰ』(1976)において，"セクシュアリティ"を一つの歴史的構成物に与えられた名称にすぎないとして認識の転換を示し，*フェミニズムに重要な影響を与えた．フェミニストは性の政治学としてセクシュアリティをめぐる権力関係をとらえ，*性の商品化やモノ化，性教育や女性の新たなセクシュアリティの追求，クイア理論の展開など多くの成果をあげている．

582 セクシュアル・ハラスメント sexual harassment

相手を性的対象物におとしめ，望まれない行為を一方的に押しつけること．その行為．〈性的いやがらせ〉などと訳される．セクシュアル・ハラスメントの根本には支配と権力の関係があり，社会構造的に弱者の立場にある女性に対しての男性による行為が問題とされる中，1970年代半ばにアメリカのフェミニストによってこの概念が造られた．日本では98年に労働省(現・厚生労働省)が，相手方の意に反した性的な性質の言動を行い，それに対する対応によって仕事をする上で一定の不利益を与えたり(対価型)，就業環境を著しく悪化させること(環境型)と定義し，広く用いられている．具体的には，当人が望まない性的関係を要求すること，手をふれたり抱擁したりする身体的接触，性的な噂話を広めることなど様々なものがある．これらの行為は*人権侵害であるとし，セクシュアル・ハラスメントの撲滅がめざされている．→性暴力，性差別，

フェミニズム

583 セクショナリズム
sectionalism

行政・民間組織の*官僚制化にともなう病理現象の一つで，セクション（部門・部署）の利害が組織全体の目標に優先すること．分立割拠主義ともいう．官僚制の組織原理では，権限が明確に分配され，厳格な規則によって遂行されるため，この弊害が生じやすい．具体的には，権限・予算・業務の縄張り争い，情報の秘匿，人材の囲い込み，意思決定の遅延などで，当初の組織目標達成の効率が低下する．分権化や分社化，プロジェクトチーム制や事業部制の採用などと，水平的・垂直的統合による集権化（本社への統合，省庁の合併）との双方を適宜採用して弊害除去が試みられている．

584 世間
〈出家せず俗世間にいる〉という仏教用語の意から転じて，自分に影響する人びとの意見・判断や行動の匿名的な集積として社会をとらえる，日本的な意識・感覚．〈世〉は時間，〈間〉は空間の意をもつ．抽象的な原理・原則の遵守より，対人関係を重視する日本人の行動様式において，極端な方向に向かうことを規制し，"世間並み"に生きる*準拠集団の機能も果たす．わがままや*甘えが許される"身内"や"仲間内"などウチの範囲と，傍若無人にふるまえる相手としての"他人"や"よそ者"などソトの範囲との，中間領域に位置する．

585 世間体
*世間に対する個人・家族や諸集団の体面や体裁，またそれを取り繕う日本的な*規範意識や行動様式．考え方や行為を判断・評価する際，日本文化においては原理・原則よりも，対人関係や集団内関係を重視し，状況依存的にふるまうことが多い．世間体は，そのような行為環境の中で，ウチとソトの中間たる世間が規範*準拠集団として過敏に意識され，無遠慮にはふるまえず，外面の視線・非難・嘲笑を避けるよう内面的に働く強制力と位置づけられる．"世間体が悪い"というように否定的評価で語られ，行動規制的な効果を果たすことが比較的多く，ベネディクトのいう〈恥の文化〉を生み出す社会的素地でもある．世間体を重んじることは，見られる不自由を甘受しつつ，人間関係の網の目のなかに自分を位置づけ安定することでもあるが，現代日本での世間体を意識しない自由な行動への希求や集団経験の衰退は，逆に自己や人間関係の不安定さやそれへの不安を帰結する可能性をもっている．

586 世俗化
secularization

一般には*宗教や超自然的観念が，現世的思考法や科学的見方にとって代わられる過程をいい，*近代化の一側面とされる．ただし社会生活諸領域のなかで均等に進むわけではない．近代社会では科学的思考は広く受け入れられ，政教分離，教育の非宗教化（laicization）が進められるが，他方，人びとの内的世界では聖なる価値の追求は絶えるわけではなく，また科学技術の支配への反発としてこれが強められることもある．今日，先進国では宗教復興とでもいうべき現象が見られ，人工妊娠中絶，*生命倫理などをめぐり宗教的信念を賭けた論争も生じている．

587 世帯
household

住居と生計を共同にする人たちからなる集団．世帯と*家族は概念上異なる．世帯には家族以外の人も含まれることがあり，逆に通学等の理由で別居中の他出家族員は世帯に含まれないことになる．家族に関する統計や調査の多くは世帯を対象としたもので，その異同が問題となる．歴史的には世帯から非親族成員

(血縁関係のない成員)が減少し，*親族成員の比重が高まっている．→単独世帯，国勢調査

588 世代 generation

同時期に出生し，同一の時代背景のもとで歴史的社会的な経験を共有した集団のこと．世代という概念が社会科学のなかで重視されはじめたのは19世紀末からである．その背景には，社会変化のスピードが加速して出生時期を異にする人間の間で経験や関心や社会意識の相違が生まれるとともに，逆に同一の世代で共通の価値観や集合行動を形成する可能性が高まるとの想定がなされたことによる．*マンハイムは「世代の問題」(1928)のなかで，同時代性を共有することによる〈類似の存在〉としての〈世代状態〉，同一の歴史的社会的運命への参加による〈世代関連〉，さらに自覚的に統一した〈世代統一〉という区分を設定して，社会行動の特徴を世代概念から把握することを試みた．現在は，*コーホート分析による，同一世代の意識や行動の時系列変化，同時期における各世代間の意識と行動の差異の解明が行われており，世代概念の有効性が検証されている．

589 摂食障害 eating disorder

摂食行動の異常を主症状とする，様々な障害を包括した概念．神経性無食欲症(拒食症)や神経性過食症(過食症)がおもなものである．19世紀に命名された病だが，特に若い女性に多い病として1960年代以降急増し注目されている．極端な減食や食への過度のこだわりなど食をめぐる異常な行動を示すとともに，肥満嫌悪や痩せ願望など体型をめぐる強迫観念として理解されている．その原因については，女性固有の身体に原因を求めるもの，娘が母親を成長のモデルにできないという母子関係を原因とするもの，女性に対する文化的社会的抑圧，すなわち女性に期待される役割との心理的葛藤や容姿や年齢で女性を評価する社会の仕組みを重視するものなど，様々な議論がある．摂食障害の問題は，今日では医学的議論にとどまらず，身体の自己疎外を生み出す*ジェンダーの権力作用との関連で検討されている．

590 世論調査 ⇒ 世論(よろん)調査

591 センサス census

もともとは人口に関する全国規模の全数調査(標本によらずすべて調べあげる調査)を意味する．日本では*国勢調査がそれに当たる．世界各国で最も基礎的な統計調査として実施されている．のちには，社会の基礎統計を得るための全数調査全般についても，センサスという表現を用いるようになった(農業センサス，道路交通センサスなど)．それと区別する意味で，もともとの人口調査を人口センサスとよぶこともある．

592 戦争 war

おもに国家間で争われる大規模で全面的な武力紛争．一国内での大規模な武力衝突は内戦とよばれる．宣戦布告に始まって終結宣言で終わる場合には戦争の開始と終結は明解だが，ヴェトナム戦争のように宣戦布告がなされず事実上戦争状態に入る場合もあり，戦争を一義的に規定するのは困難である．アメリカを中心とする資本主義陣営とソ連を中心とする社会主義陣営との間の1980年代後半までの"冷戦(冷たい戦争)"のように，武力紛争をともなわなくとも敵対的な関係が継続することを比喩的に戦争とよぶ場合もある．同じ種族の間で大量の殺戮を行うことは他の動物では見られず，戦争は人類に特徴的な現象の一つであり，人類の歴史は断続的な戦争の歴史でもあった．兵器の破壊力の増大とともに，人命，特に民間人の死者は急増しており，ここに現代の

593 宣伝 propaganda

戦争の特質がある．第2次大戦後はおもに*第三世界を舞台に，しばしばアメリカが介入するかたちで局地戦が続いている．→民族紛争

593 宣伝 propaganda

話し言葉，文字，映像など各種のシンボルを通じて，個人や集団の意見・態度・行動を送り手の意図に沿うかたちで変化させる説得的コミュニケーション活動のこと．カトリックにおける教義の伝播活動のための委員会の名に由来する．一般に普及したのは政治宣伝や商業広告など*マス・コミュニケーション活動が広まる第1次大戦・ロシア革命期以降である．レーニンは，話し言葉を通じて大衆に感情的に訴えて動員する煽動（agitation）と区別して，文字によって論理的に内容を伝えて説得することを宣伝ととらえた．現在のマス・コミュニケーション活動のなかで，報道や娯楽の機能と説得的コミュニケーションとの境界は曖昧化しており，宣伝，操作の今日的あり方をあらためて検証する必要がある．→広告

594 専門職 profession

医師，法律家，聖職者などを典型とする，高度の理論的知識に基づく技能を必要とする*職業．人びとから尊敬される職業として*社会的地位が高く，その所得も高い場合が多い．長期間の教育が必要とされるために教育費の負担可能な中産階級以上の出身者が中心となってきた．しかし近年は*脱工業社会化の進展と知識集約型産業の発展によって多数の専門職が必要とされるようになり，その育成が国家や企業で行われている．さらに，企業活動のグローバル化によって技術者・研究者・法律家などの専門職の国家間移動が行われ始めた．→プロフェッショナリズム，キャリア，テクノクラシー

595 相違への権利 right to the difference 〈仏〉droit à la différence

*マイノリティの人びとの，固有の言語の使用や文化の表出の権利．これらを求める運動によって唱えられた．ユネスコの「人種および人種偏見に関する宣言」（1978）のなかで提起され，80年代のヨーロッパで，地方分権化や少数言語の教育要求などにともないながら押し出されてきた観念．特に中央集権的であったフランスで，分権化改革を進め，ブルターニュ語，バスク語などの使用と教育の権利を増進する上で一定の役割を果たした．→分離主義

596 層化抽出法 stratified sampling

*母集団を何らかの基準でいくつかの部分（層）に分けて，それぞれの部分から標本を抽出する方法．*標本抽出法の一つ．標本の抽出は単純無作為抽出が理想であるが，実際には手間がかかるので系統抽出法などの便法をとらざるを得ないことが多い．その場合，サンプルの偏りを少なくするために，性別，年齢，居住地域などあらかじめ知りうる属性に基づいて，母集団をいくつかの部分に分け，サンプルを比例配分しておけば，少なくともその属性に関しては偏りがなくなる．

597 相関係数 correlation coefficient

広義には2変数間の関連の強さを示す様々な統計量を意味するが，一般的には，ピアソンの積率相関係数をさすことが多い．ピアソンの積率相関係数 r_{xy} とは，二つの変数をそれぞれ x, y とするとき，$\langle x, y$ の間の共分散 $S_{xy}\rangle$ を，$\langle x$ の*分散の平方根（つまり x の*標準偏差）$S_x\rangle$ および $\langle y$ の分散の平方根（y の標準偏差）$S_y\rangle$ で割ったもの

$$r_{xy}=\frac{S_{xy}}{S_x \cdot S_y}$$

$$=\frac{\sum_{i=1}^{n}(x_i-\bar{x})(y_i-\bar{y})}{\sqrt{\sum_{i=1}^{n}(x_i-\bar{x})^2}\sqrt{\sum_{i=1}^{n}(y_i-\bar{y})^2}}$$

($\bar{x}$はxの平均値,$\bar{y}$はyの平均値,nはケース数)

である.xが増えるとyも増えるという関係がある場合はプラス,xが増えるとyは減るという関係がある場合はマイナスの値をとる.最大値は1,最小値は−1で,絶対値が大きいほど2変数の関連が強いことを示し,関連がない場合はゼロとなる.ただし,2変数に複雑な関連がある場合は,絶対値の大きさが必ずしも関連の強さを示さなくなる(→偏相関係数).ピアソンの積率相関係数は,あらゆる統計分析の基礎となるもので広く用いられている.ただし,数量的データについてしか算出できないので,カテゴリー的なデータについては,別途様々な属性相関係数,*順位相関係数が考案されている.

598 相互行為 ⇒ 社会的相互行為

599 相互扶助 mutual aid

社会の成員が基本的には自発的に協働し,相互に補い助けあって当該社会や集団を形成・維持していくこと.相互扶助が制度化されていく一例としては相互保険がある.支配関係,競争関係,強制された平等関係などと異なる人間関係観や社会観が発想の根底にある.無政府主義者のクロポトキンが『相互扶助論』(1902)で,ダーウィンの適者生存的な*社会進化論に反対して,相互扶助の社会観・歴史観を展開した.その後,社会理論的には,相互行為からの社会形成をめぐって,*レヴィ=ストロースの互酬性の原理,*ホマンズや*ブラウの*交換理論なども説かれ,近年ではNPO活動の具体的理念として,この相互扶助観は底流で生きている.他方で,相互扶助が強調される場合には,扶助の相互性を保ちえない人,すなわち貢献度に限界のある人や成員資格を満たさない人が排除される傾向もありうる.→ヴォランティア,NGO・NPO,講,自助組織

600 相対的剥奪 relative deprivation

人びとの抱く不満は,その人のおかれた境遇の絶対的な劣悪さによるのではなく,その人の主観的な期待水準(希求水準,アスピレーション・レベルともいう)と現実の達成水準(もしくは達成の機会可能性)との格差によると考えられる.この格差を相対的剥奪という.相対的剥奪には,個人型(individualistic),自己本位型(egoistic),友愛型(fraternal)の三つの類型が考えられる.個人型剥奪とは,期待水準が過去の生活経験によって規定される場合である.典型的には,生活水準が持続的に上昇した後に急速に低下し,上昇した期待水準と低下した達成水準との格差が広がる場合である.自己本位型剥奪とは,個人または集団の抱く期待水準が比較*準拠集団によって規定されている場合である.また,友愛型剥奪とは,比較準拠集団によって規定された期待水準を,自分個人の境遇ではなく自分が所属している集団の境遇と比較する場合に生じるものである.→相対的貧困

601 相対的貧困 relative poverty

生存(生命の再生産)に必要な生活資源に事欠く状態を絶対的貧困とよぶのに対して,生存は可能だがその時代のその社会において標準とされる生活水準に満たない人びとの状態を相対的貧困という.たとえば,1950年代の日本でテレビのない生活は普通のことであったが,70年代の日本

602 創発特性
emergent property

要素が集まって全体を形成するとき，形成された全体が，元の要素にはない新しい性質をもつ場合がある．この新しい性質を，元の要素の原基的特性(elementary property)に対して，創発特性とよぶ．特に*パーソンズが社会システム論を特徴づけるために用いた．水素と酸素が結合して水ができるとき，元の水素と酸素にはなかった液体という創発特性が現れるように，複数の行為者の行為が集まって社会システムが形成されるとき，〈共通価値による統合〉という創発特性が生じるとされる．→システム理論

603 双方向コミュニケーション
two-way communication

送り手と受け手が役割を交換し，両者が相互に情報を伝達・受信できる*コミュニケーションの形態をさす．従来のテレビ放送やラジオ放送に典型的に見られる，送り手(発信者)と受け手(受信者)の役割が固定された一方向的コミュニケーション(one-way communication)と対比して用いられる．対面状況における会話が示すように，双方向コミュニケーションはコミュニケーションの原基的形態といえるが，今日この概念が多用される背景にはコンピュータと通信技術の革新がある．電子メディアを媒介にした世界規模の双方向コミュニケーションの成立は，これまでの組織，ネットワーク，個人の社会参加のあり方を根底から変革することが予測されており，その具体的なヴィジョンと問題点の把握が期待される．

604 贈与
gift 〈仏〉don

個人または集団の一方から他方へ財を与える行為であるが，贈る者と贈られる者の間にすでに社会的関係が成り立っているか，またはこれから社会関係を築こうとする文脈の中で行われ，そこではたいてい贈る義務と返礼の義務が暗に定められている．日本の歳暮，中元などの贈答行為は代表的なものといえよう．多くは，互酬性という一種の交換関係の中に位置づけられる．しかし市場的交換と異なり，上述のように社会関係の存在を前提とし，象徴的返礼(礼状など)は重要で，しばしば等価の財で返すことは許されず("半返し"の慣行など)，また，贈る時期，返礼のタイミングなど，時間性も重要な次元をなす．*モースは，「贈与論」(1925)において，これを社会的，宗教的，倫理的，経済的な意味をもつ全体的事実としてとらえている．→交換理論

605 疎外
alienation 〈独〉Entfremdung

本来，人間の社会的活動の所産であるはずの観念，生産物，社会制度などが，人間にとって疎遠な力として現れること．*マルクスは，疎外された労働を，労働者の生産物からの疎外，生産活動からの疎外，類的存在からの疎外，そして人間の人間からの疎外としてとらえたが，のちにシーマンは，〈無力性〉〈無意味性〉〈無規範性〉〈孤立〉〈自己疎隔〉の五つの次元からなるものと操作的に定義し，労働現場や大衆社会における疎外の社会心理学的測定を可能にした．→物象化，アノミー

606 属性本位/業績本位
ascription/achievement

人びとを評価したり，ある*役割や報酬

を分配するとき出自・年齢・性別・*エスニシティなどの生得的な属性を重視するのか，その人が努力や能力などによって後天的に得た獲得的な*地位を重視するのか，をめぐる原理．*パーソンズは5組の*パターン変数によって*社会構造の比較分析を行なったが，*個別主義/普遍主義とともに，最も重視された1組が属性本位/業績本位の対である．一般に近代社会は，属性本位に対して業績本位が優位とされるが，女性や*エスニック・マイノリティ，高齢者など，属性的な要因によって社会的不利益を被ってきた人びとも存在し，これらの人びとが社会的不公正に異議申し立てをする根拠ともなっている．教育は獲得的な要因とされるが，高所得層ほど高学歴となる傾向があり，かつ〈学歴社会〉として問題視されるように，本人の能力よりも学歴の多寡によって入社や昇進において差別的な扱いをうける場合には，属性本位的な働きをしていることになる．

607 ソシオグラム
sociogram

集団内の人間関係を直感的に理解するために描かれる図表．人を点で表し，人間関係を各種の線で表した幾何学的な図形で，ソシオメトリック・テストの結果を呈示する方法として開発された．今日では，*社会的ネットワーク分析に統合され，〈グラフ〉とよばれることも多い．→ソシオメトリー

608 ソシオメトリー
sociometry

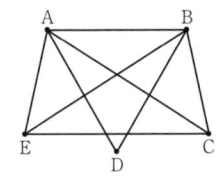

アメリカの社会心理学者モレノが始めた集団構造研究の一分野．ただし，時として社会的測定全般ないし計量社会学全体を意味する場合もある．モレノはソシオノミーとよばれる集団構造を研究する科学の一部としてソシオメトリーを構想したが，現在では独立した研究分野・研究法となっている．一般的手法としては，ソシオメトリック・テストとよばれる調査(*質問紙法が多い)によって集団内の他者との関係を測定し，それをソシオマトリクスとよばれる表，*ソシオグラムとよばれる図，ソシオメトリック・インデックスとよばれる種々の数量的指標にまとめる作業を行う．ただし，それ以外にも様々な測定法，解析法が開発されている．ソシオメトリーは，現在は学校教育の現場などでしばしば用いられ，集団内の*コンフリクト，集団への不適応など，実際的問題を発見し解決するために役立てられている．→社会的ネットワーク分析，小集団

609 組織
organization

特定主体による働きかけを通じて，メンバー(個人や下位集団)の行為を統制ないし調整しつつ目標達成をめざすシステム．広義には社会集団の活動様式を示す概念であるが，そのような特徴をもつ社会集団そのものいう．組織の中でこれまで最も注目を集めてきたのは，近代以降，行政機関や軍隊，民間企業などで著しく発達した*官僚制組織であり，官僚制組織が組織の基本的なイメージを作ってきた．しかし，古典的な官僚制組織はその肥大化と硬直性ゆえに変化の激しい現代社会においては必ずしも効率的とはいえず，様々なタイプの組織が作られるようになった．たとえば，メンバーの役割や規則がゆるやかに決められたソフト化された組織，特定の課題達成とともに消滅するプロジェクトチーム，ゆるやかな横の結びつきを中心とす

る*ネットワーク型組織などである．その結果，今日の組織は多様化し，また組織以外の社会システムとの境界があいまいになってきている．→組織論，組織文化

610 組織文化
organizational culture

それぞれの*組織に特有の文化的特徴．現代の組織は，合理的に編成され，普遍的な特徴をもつと考えられがちであるが，現実には，組織はそれぞれ独自の文化的特徴をもっており，その特徴が組織の目標達成や統合度に影響している．組織文化の概念は，そのことに注目する過程で生まれてきたものである．具体的には，組織の儀礼，組織で共有されている価値，組織における無意識的な前提，組織アイデンティティなどが組織文化の内容といえる．

611 組織論
organization theory

*組織の構造と変動，組織とそれを取り巻く諸条件との関係，組織とメンバーとの関係など，組織に関する社会現象を研究する学際的な研究分野．組織の研究は多岐にわたっているが，従来から最も社会学者の関心を集めてきたのは，組織と人間の問題，すなわち，組織メンバーの欲求充足と*疎外，組織とメンバーとの*コンフリクト等の問題であった．他方，組織を取り巻く環境や技術，その他の諸条件に注目し，これに適合した組織構造（組織編成）を明らかにしようとする研究も盛んで，その代表的なものが*コンティンジェンシー理論である．1960年代のイギリスで，製造業の組織構造と技術との関連や環境への適応を客観的測定法を用いて明らかにしようとしたアストン・グループの研究も知られている．さらに最近では，組織構造等，組織の機能的，合理的側面に限定することなく，組織に見られる諸現象を幅広く取り上げようとする組織文化論的研究も注目を浴びている．

612 ソーシャル・ワーク
social work

貧困・疾病・障害・家族問題などの生活問題をかかえた人たちの人格や社会関係に働きかけ，各種の社会資源を用いて，問題解決と自立・自己決定を促進していく方法・技術．従来，働きかけと資源活用の対象に応じて，*ケースワーク，グループ・ワーク，*コミュニティ・ワークと分類されることが多かったが，現在はそれらを統合的に機能させることをめざしてソーシャル・ワークと総称することが増えてきている．その担い手はソーシャル・ワーカーとよばれ，*社会福祉の行政や相談機関，施設・病院，*地域福祉機関などにおいて職務を担当することになる．具体的な活動としては，クライアントとの相談援助やその代弁や権利擁護，各種社会資源や組織間の連絡・調整，住民組織化，施設・行政の企画・運営・管理があげられる．高齢者や障害者への直接的な身体援助・介助を行うケア・ワークとは大きくは区別されるが，その接遇方針や態度においては類似する点も多い．英米では早くから専門職としてソーシャル・ワーカーが位置づけられてきており，日本でも国家資格たる〈社会福祉士〉として人的養成や確保が図られてきている．

613 尊厳死

人間としての尊厳を維持するため，末期の苦痛や植物状態に陥ったとき，おもに本人の事前の意思により延命ではなく死を選びとること．death with dignity の訳語でもあるが，語義が曖昧と指摘され，英語圏での使用は減っている．おもには，回復不能な意識不明状態に陥ったとき，本人の事前の要請に基づき，延命措置を停止

する場合(消極的安楽死)と，薬剤などによって患者を直接的に死にいたらしめる場合(積極的安楽死)とがある．前者において，延命措置停止を本人が法的に有効な判断能力をもっていた段階で特に文書化したものとして，リビング・ウィル(living will)がある．後者の場合や，本人の要請がもともとない場合などは，医師や家族の判断・措置が法的に問われることがある．→死の社会学，生命倫理

614 **村落**
rural community

人口規模の小さな定住地．社会により，時代により，様々な形態がある．農業を基盤とする農村のほかに，林業を基盤とする山村，漁業を基盤とする漁村などが含まれる．典型的には，一定の空間的領域のうえに，地縁的な結合によって形成され，そのなかに集団や社会関係が累積し，成員を規制する明確な規範がある．また，農山村では共有林や農業用水を，漁村では漁場を共同管理していることが多い．日本の村落は，江戸時代には年貢を納める単位であったが，明治以降，地方行政制度の再編によって，新たにより大きな単位として行政上の市町村がつくられ，行政村と自然村の乖離が生じた．また村落構造として，本家─分家の支配関係によって構成されている*同族型(東北型)と，平等対等な小規模な農家によって構成されている講組型(西南型)が認められている．今日，多くの村落は都市の郊外に組み込まれるか，過疎化してその存続が危ぶまれており，存続している村落も農林漁業以外の産業に頼らざるをえない現状がある．→農村社会学，まちおこし・むらおこし，過密・過疎問題

タ 行

615 **ダイアド**
dyad

2行為者の間で成立する社会関係，あるいは社会関係をもった2行為者からなる社会システムのこと．社会関係が成立するための最少人数(行為者数)は2であるから，ダイアドは最も基本的な社会関係といえ，形式社会学，*象徴的相互作用論，*交換理論などの社会理論における基礎的モデルとして採用されてきた．このようなモデルをダイアディック・モデルとよぶ．3者間の関係はトライアッドとよばれる．

616 **第一次社会化/第二次社会化**
primary socialization/secondary socialization

個人が家庭内で言語，行動様式などを習得する基本的な過程が第一次社会化であり，第二次社会化は，その後の学校・職場などで，社会の一般的および特定の*役割・*地位にふさわしい規範を学習する過程．*社会化は単に知識・技能の習得のみならず，その役割にふさわしい行動様式，価値規範，信念など文化全般を習得し，集団や社会の成員となる過程である．第一次社会化は母子関係を中心に個人の基礎的*パーソナリティを形成する．第二次社会化は，*社会変動の速度が速まり長寿化が進んだため，従来のように成人するまでと限定されずに生涯全体が対象となった．社会化に影響をおよぼすのは学校，職場，遊び仲間，地域社会以外にマス・メディアなども含まれる．社会化による役割取得は単に文化を受容するという受動的なものではなく，社会

化を促す組織・制度と個人との相互作用と考えられる．→職業的社会化，政治的社会化

617 第一次集団/第二次集団
primary group/secondary group

第一次集団とは，対面的で親密で協同的な集団で，個人の人格形成にとって第一次的に重要な集団．それ以外の集団を第二次集団という．第一次集団の概念を最初に提出したのは，クーリーである（『社会組織論』1909）．クーリーは，家族，地域社会，仲間集団など個人の人格形成にとって重要な集団を第一次集団として概念化したが，第二次集団という概念は使っていない．やがて*パークが，第一次集団の概念を拡張して，〈第一次的関係〉や〈第一次的接触〉という用語を使い，それとは異なる一時的・表面的な関係を〈第二次的関係〉，〈第二次的接触〉などとよぶようになった．

618 対抗文化
counterculture

ある社会の支配的文化（dominant culture）に対して，異議申し立て的に批判・反抗・破壊を行なったり，異なる価値を創造・提起しようとする文化的な動き．1960年代に見られた*青年文化の反逆は，ニューレフトやヒッピーの思想なども含みつつ，産業社会の合理主義・業績主義の価値観への問い直しを含んでいた．その後，青年をおもな担い手とする対抗文化は弱まったが，環境問題での*ライフスタイルの問い直しや，*NGOやNPO活動で新たなネットワークを求める*市民運動などは，近代産業社会に代わるオルターナティヴな社会観を提示する対抗文化的な動きといえる．→下位文化，ネットワーキング

619 第三世界
Third World

第2次大戦前後より独立したアジア・アフリカ諸国に，ラテンアメリカ諸国を加えた*発展途上国の総称．1955年のアジア・アフリカ会議は，北半球の先進諸国に対して南の新興独立諸国という新興勢力の台頭を印象づけた．その後，西側資本主義先進国の第一世界と，東側社会主義諸国の第二世界に対して，非同盟・反植民地主義を掲げる新興勢力が第三世界とよばれるようになった．フランス革命時の第三身分にならって変革主体という意味合いも含まれる．冷戦終了後もこの言葉はしばしば利用されるが，欧米中心主義的な響きを嫌い使用中止を求める声も強い．→植民地主義，南北問題，中心―周辺

620 第三セクター
joint public-private venture

国や地方自治体などの公共セクターと，民間営利企業からなる民間セクターに対して，国や地方自治体と民間営利企業が共同出資して設立する事業体を第三セクターとよぶ．たとえば，旧国鉄が*民営化されたときに，経営の見通しの立たない地方赤字路線を存続させるために，地元自治体と民間が共同で設立した鉄道会社は，その典型例．これとは別に，英語の〈サードセクター（third-sector）〉は，民間の非営利法人（NPO）や協同組合などの〈市民セクター〉をさす．→地方自治

621 大衆社会論
theories of mass society

現代社会を大衆社会ととらえ，大衆の操作・管理のメカニズムの発展を強調し，大衆の〈原子化〉や被操作性に言及する傾向のある諸説をさす．オルテガ・イ・ガセットや*マンハイムに源流をもち，リースマン，*ミルズ，コーンハウザーらによって理論化されてきたもので，*ナチズムや反共マッカーシズムなどの経験を背景に，1950年代，60年代に流行をみた．大衆の他律的な性格と，その

マスコミや政治による動員に力点をおくリースマン(『孤独な群衆』50)の考察,共同体の崩壊と中間集団の脆弱化に大衆社会の特質をみるコーンハウザーの理論(『大衆社会の政治』59)などがある.これらの見方は一部現代社会論にも引き継がれているが,大衆の受動性を強調する傾向には批判も少なくない.→大衆操作,公衆,ポピュリズム

622 大衆操作 mass manipulation

＊マス・メディアを介して,不特定多数の人びとの意見や態度さらに行動を改変することを目的に行われるシンボル(＊象徴)操作.シンボル操作にはいくつかの類型が存在する.一つは＊情報の隠蔽,情報の重要度の操作,情報開示の時期の操作など,一般に情報管理や情報操作といわれる側面がある.いま一つは特定の語彙や映像の選択や排除を通したシンボル表現上の操作の側面がある.これらの操作を通じて,人びとの＊合意や支持を獲得することが大衆操作である.ただしこの概念化の前提に,メディアに操作されやすい受動的な個人として〈大衆〉が想定されていること等,大衆操作・＊大衆社会論の視点が内包する問題も指摘されている.

623 大衆文化 mass culture

大衆社会成立以降,人びとが＊マス・メディアの影響下などにおいて担い,享受する生活様式や娯楽などの文化の総称.生活水準の上昇による購買機会の拡大,マス・メディアの発達による情報の普及は,多くの人びとが文化を享受する機会を平準化させた.その結果,教養人が担う高級文化に対して,大衆が担う大衆文化が成立することになる.そこにはコマーシャリズムの浸透もあり,大衆文化の成立はロストウが『経済成長の諸段階』(1960)で提示した高度大衆消費時代への転換とも軌を一にする.大衆の支持を得るため低俗化・画一化がすすむという批判が高級文化の側からある一方,大衆文化の側からは高級文化の欺瞞性やスノッブ性が指摘される.大衆文化は,無名の民衆が日常生活の営みの中で担う"民衆文化"(フォーク・カルチュア)とは,マス・メディアの媒介を前提としない点などで異なる一方,大衆という語に含まれる否定的ニュアンスを避けて,ポピュラー・カルチュアと称されることもある.→下位文化,カルチュラルスタディーズ

624 態度 attitude

判断や思考を一定方向に導く心的傾向.ある特定の対象に対する心的傾性である点で,価値観や性格などの概念と区別される.様々な定義があるが,G.W.オールポートは〈経験に基づいて組織化された精神的,神経的な準備状態であって,個人がかかわりをもつあらゆる対象や状況に対するその個人の反応に指示的かつ力動的な影響をおよぼすもの〉と定義し,広く影響を与えた.対象に対する良い―悪い,好き―嫌いといった評価(感情)の側面があること,学習によって後天的に獲得され,いったん形成されると長期にわたって維持され,一時的な行動の起因である＊動機や動因と区別されることも特徴として指摘される.態度の概念は,社会の中での個人の反応や行動を形成する媒介的な心的過程として,個人の行動を説明するために仮説的に構成されたもので,＊投票行動,消費行動など様々な社会的行動を予測する態度測定法の開発をうながすことにもなった.

625 態度尺度 attitude scale

＊社会調査の結果ないし実験結果をもとに,家族,労使関係,政治など,特定の事柄に関する人びとの態度を＊数量化するための尺度を意味する.＊態度はもともと心理学的な概念である

が，社会学においても，調査票調査の結果から人びとの社会的な態度を調べることが多く，その際に心理学の態度尺度を利用するようになった．最も素朴には，類似した質問項目群の中で"はい"と答えた項目の数を数える，といった方法を用いる．→一次元的尺度，ガットマン尺度

626 態度変容
attitude change

*態度の内的・外的要因による変化を態度変容という．態度は，一般には，事象や人物や集団など個別具体的な対象と相関する概念で，しかも継続的・持続的である，とされる．態度変容を考察する視点として，1)対立する知識や信念が個人のなかで併存すると，心理的緊張が生じ，それを解消・低減するために態度や信念を変更しようとする内的な心理過程に注目する〈*認知的不協和の理論〉や，2)説得的コミュニケーションへの反応から態度変容をとらえる〈認知反応理論〉などが挙げられる．

627 代表値
central tendency; average

ある集団を構成する各個体の観測値を，その集団について一つの値で代表させるとき，それを代表値という．代表値には，平均値，中央値（メディアン），最頻値（モード）などがある．平均値（相加平均）は，各個体の観測値（たとえば試験の点数）の合計を個体数（たとえば受験者数）で割ったものである．中央値は，観測値の大きい方から順に個体を並べたときに，ちょうど真ん中にくる個体の観測値である．最頻値は，最も個体数の多い観測値である．観測値が*正規分布する場合，この三つの代表値は一致する．分布が正の方向に偏っていれば，最頻値＞中央値＞平均値となり，負の方向に偏っていればその逆になる．

628 高田保馬
たかた やすま
1883-1972

日本の社会学者，経済学者．社会学者としては，結合定量の法則（ある社会における個人の結合の総量は一定で，ある結合が強まれば他の結合は弱まるとする）を中心として〈基礎社会〉（基礎集団）の拡大縮小の法則，〈派生社会〉が分立することによる基礎社会衰耗の法則などを唱え，のちに近代化論とよばれたものに近い独自の社会理論を打ち立てた．方法論的には，社会現象の抽象化と演繹的手法を重視し，*理論社会学の草分けとなった．また，それを通じて他の社会科学と区別される社会学の独自性を追求した．のちに経済学に転じ，日本に近代経済学を紹介し独自に発展させたことで知られる．『社会学原理』(1919)，『社会学概論』(22)など．

629 多元的現実
multiple realities

現実は一つではなく，*日常生活世界で経験される現実のほかにも，様々な現実があること．*シュッツがジェームズの〈下位宇宙〉論を受けて展開した考え．シュッツによれば，現実とは経験の意味によって構成される〈限定的な意味領域〉である．限定的な意味領域には，日常生活世界のほかにも，空想の世界・夢の世界・狂気の世界・科学の世界などがあり，それらはいずれも〈現実のアクセント〉を付与されることによって現実として経験される．それらのなかで日常生活世界は〈至高の現実〉の位置を占めている．われわれの意識は日常生活世界を起点として，一日のうちにもいくつもの現実を渡り歩く．現実が複数の人によって異なって経験されるという意味ではないので注意が必要である．

630 多段抽出法
multi-stage sampling

*母集団から直接，標本を選ぶのではなく，ま

ず第一次抽出単位(たとえば市町村)を複数選び、次にそのなかから第二次抽出単位(たとえば投票区)を複数選び、…といった順序で母集団から標本集合を絞っていって、標本(たとえば個人)を抽出する方法。*標本抽出法の一つ。大規模な母集団から標本を抽出する場合、単純無作為抽出法では、標本抽出や調査の実施に手間がかかり、事実上困難である。そこで、効率化を図るために、多段抽出法が用いられることが多い。この場合、各抽出単位の規模はふつう等しくないので、母集団を構成する個体が標本として選ばれる確率が等しくなるように注意しなければならない。→層化抽出法

631 脱学校社会
deschooling society

教育が学校に独占されてしまっている社会の状態を批判し、その脱却を展望する概念。プエルト・リコの現実を目のあたりにした*イリイチが発表した著作(1970)のタイトルでもある。近代化により、個々人の自主的な学習意欲が、学校が提供する知識のパッケージ(カリキュラム)に支配され、受け身の学習者に転化される状況を問題にする学校批判で、さらには、個々人がその受け身の消費者にされている近代社会の諸制度を批判する。→学校文化、高学歴社会、フリースクール

632 脱工業社会
post-industrial society

工業社会(産業社会)の次に到来する、工業生産が社会の中心でなくなるような社会。*ベルが『脱工業社会の到来』(1973)の中で詳しく論じ、その後よく用いられるようになった。アメリカをはじめとする先進工業国は、現在でも強力な工業生産力を誇るという意味では依然として工業社会であるが、他方では、工業従事者の人口が減少し*サーヴィス産業の従業人口が増えていること、工業生産の基地が次第に中国や南米諸国など*発展途上国に移り、先進国は科学・技術の開発と先端工業・サーヴィス産業に特化する傾向が見られること、などの点で脱工業社会としての性格を強めている。

脱工業社会では、それまでの工業社会と違って、組織や制度の柔軟性が高まる、社会的流動性が高まる、管理社会化が進む、情報化が爆発的に進行する、知識生産が重視される、価値観が多様化する、人びとの関心が物質から精神へと移行するなどの現象が起こるといわれる。ただしその中には、脱工業化と直接因果関係をもつかどうか疑わしいものも少なくない。また、脱工業社会においても、工業社会(産業社会)の基本的な特徴はそのまま維持されるという見方もある。→情報社会、産業社会論

633 脱施設化
deinstitutionalization

社会福祉施設などが時に陥りがちな画一的な管理や隔離を問題視して、障害者や痴呆性老人などが地域住民と同様な生活を営めるように施設改革をめざす動き。改革の方向としては、施設の小規模化・地域の基盤施設化をめざしてその機能変化を促進する方向、他方で施設を廃止して自立生活を営めるグループホームのような地域融合型の居住形態を促進する方向などがある。その前提として、生活問題の予防や社会復帰の制度的推進、地域での居住やケアの環境整備が同時に求められる。→アサイラム、コミュニティ・ケア、ノーマライゼーション

634 脱植民地化 ⇒ 植民地の解放

635 タテ社会
vertical society

社会人類学者の中根千枝が提示した日本の社会構造の特質を示す概念(『タテ社会の人間関係』1967ほか)。日本社会は、どの集団に属する

かという〈場〉を重視し"ヨソ者"を排除する孤立的な集団形成を行う特徴をもつ．集団内部では〈タテ〉の序列関係が強く形成され，集団を越えた〈ヨコ〉のネットワークは弱い．たとえば，日本では職種ではなくどの会社の成員であるかが重視され，*終身雇用制や*企業別組合など特有の制度を生み出している．他方，*カーストや*階級が強い社会は〈ヨコ社会〉となる．

636 タブー
taboo; tabu

超自然的な制裁によって，ある事物や人物との接触，または特定の行動を禁止すること．禁忌．語源はポリネシアの部族の制度をさしたが，その後，より複雑な社会制度でも用いられている．タブーをおかすと超自然的制裁がおよぶと考えられたが，そこに合理的・科学的説明がされることはない．タブーには，社会において許されたものと禁止されたものを峻別し，その遵守によって世界を秩序化し維持する機能がある．→内婚制/外婚制

637 ダブル・バインド
double bind

他者との相互行為において，発話と身体行動など二つのレベルで矛盾する要請がなされ，どちらかを選択することが不可能になってしまう心理状況．ベイトソンが『精神の生態学』(1972)において統合失調症の症状理解に用いた概念であり，二重拘束とも訳される．たとえば，母が子どもに"近くにおいで"と言いつつ，身体が震えてこれを拒んでいる状況などであり，一方の要請に従うことは他方の要請と葛藤関係にある．*コミュニケーションの内容と形式をめぐる二層性（レベル─メタレベル）の問題，さらには多層性の中で意味がどう規定されてゆくのかという問題にも応用されている．→身振り

638 ダブルバーレル質問
double-barreled question

質問紙調査において，一つの質問文のなかに二つの論点のある質問．たとえば"進学塾やお稽古事は必要だと思いますか"という質問文は，お稽古事のみ必要だと思っている人には回答が難しい．この場合，"そう思わない""そう思う"どちらが選択されるかは確定できない．このように結果の解釈が難しくなるため，*ワーディング技法上望ましくないとされている．

639 多文化主義
multiculturalism

多義的なことばであるが，社会統合に際して，*同化的な方法を排して，文化・言語・民族的多様性を前提にこれを行おうとする主張，イデオロギー．もともとはイギリスの国内統治や植民地統治に見られた考え方．カナダやオーストラリアのような移民国家では第2次大戦後，非英語系・非ヨーロッパ系移民や難民を数多く受け入れ，1970年代に移住者の文化・言語の維持と承認が，社会問題発生の防止に有効だと認識されて，同化主義から多文化主義への移行が進んだ．公的領域での異文化・異言語利用に消極的な文化多元主義とは異なり，多文化主義は移住者集団の文化・言語の使用を，公的・私的領域双方で認める傾向が強いだけでなく，周辺少数民族・先住民族へも適用される．しかし，多文化主義の進展は国民社会に分裂の危機をもたらす，との不安も生じ，欧米の多文化主義政策導入諸国では80年代後半より反対論も目立ちはじめている．→多民族国家，異文化理解

640 多変量解析
multivariate analysis

二つの変数間の関係ではなく，3変数以上の間に見られる関係をまとめて分析する数理

統計的方法の総称．多変量解析によって，たとえば学歴によって年齢と所得の関連が違ってくるといった，多変数の間の複雑な関係を解明することができる．多変量解析の手法としては，重回帰分析，*因子分析，判別分析，*クラスター分析，林の数量化理論，*パス解析，対数線形モデル，共分散構造分析，多次元尺度構成法など様々なものが用いられている．→回帰分析

641 多民族国家
multiethnic state

多くの民族集団から構成される国家のことで，先進国にも複数の*マイノリティ集団を抱える国があるが，途上国では大半の国家が多民族国家である．国家の*同化圧力や過去の植民地支配の影響で，虐殺や衝突の歴史が敵対心を増幅しているとき，多民族国家は深刻な*民族紛争に直面する．エスニック・グループの構成により集中型と分散型に分けられ，この型の違いが民族紛争に影響する．集中型ではいくつかの大きな集団が政治を決定し（エチオピア，マレーシア），紛争が発生すれば特定の集団に依拠する政権それ自体が紛争の焦点となる．分散型は，多数の集団がいずれも政治を決定する支配力をもてない場合で（タンザニア），逆に民族間の協力も実現しやすく，紛争のとき政府は調停者となりやすい．近年，先進国では，*移民，*難民等の増加により，新しい意味での多民族化が生じている．→エスニック関係，多文化主義，ナショナリズム

642 男女共同参画社会
gender equal society

男女が対等な構成員として，社会のあらゆる分野における活動に参画する機会が保障され，ともに責任を担うべき社会．〈人権尊重の理念を社会に根づかせ，真の男女平等を達成〉するために提起された概念で，1999年，男女共同参画社会基本法が公布・施行された．特に人びとの意識や社会の慣習の中に根強く見られる差別や偏見を改革していく必要を主張し，*ジェンダー視点の定着と深化，女性のエンパワーメントを目標としてかかげている．→性別分業，性差別

643 男女雇用機会均等法
Equal Employment Opportunity Act

賃金，採用，配置，昇進，教育訓練，定年・退職，福利厚生など雇用のあらゆる分野にわたって男女間の差別を禁止し，男女均等な機会および待遇を確保するための法律．日本では1986年施行，99年改正法施行．同法の成立によって大企業は従来の男女別管理を廃止し，大卒男女を中心に転勤もある総合職と，高卒男女を中心に転勤がなく総合職を補助する一般職に区分されたコース別管理制度を導入した．改正法における女性のみの募集禁止などの平等強化措置は，他方で女性のみを対象とした時間外・休日労働，深夜業の規制撤廃と同時に実施されており，平等と保護規定の撤廃とがトレードオフの関係にある．同法の源流は人種差別を禁止したアメリカの64年公民権法第7編で，ヨーロッパではイギリスが70年に同一賃金法，75年に性差別禁止法，EECが75年に同一賃金法を成立させた．欧米諸国はまず賃金差別の解消から始まって労働市場における男女間の職業分離の解消へと向かったが，日本では職種別賃金ではないために賃金差別の実証が困難であり，大卒女性の採用機会の拡大，女性若年定年制の廃止などの形で差別解消が進んだ．→女性労働

644 単親家族
single parent family

未成人子と，父母のどちらか一方からなる家族．

父子家庭・母子家庭の総称であり，一人親家族ともいう．主として親の離別によって発生するが，米国の黒人下層社会では子の誕生時に単親家族である比率が年々高まっている．母子家庭では経済的問題が生じやすく，日本では児童扶養手当などの給付制度がある．→ひとり親家族福祉，児童福祉

645 単独世帯
one-person household

世帯員が1人の*世帯．*国勢調査では，1985年以降，世帯主から見て*親族関係にある同居成員の存在に着目して一般世帯を三つに分類する．親族世帯（親族関係にある成員が1人以上存在），非親族世帯（親族関係にある成員がいないが非親族の成員が1人以上存在），単独世帯である．単独世帯は20代で比率が高まるが，近年では高齢者における比率も高まっている．

646 地位／役割
status/role

社会システムや相互行為の状況において行為者の占める位置を地位，その占有者に期待される行動様式を役割という．*構造＝機能主義と*象徴的相互作用論の基礎概念で，これをもとに様々な分析が展開されてきた．地位には，職業のように社会一般において評価の対象となり地位占有者の社会的*アイデンティティの源泉となる場合がある．これを特徴的地位（salient status）という．行為者は，ある地位を占めることによって，様々な相手と一連の異なる役割関係に入る．*マートンはこれら一群の役割を役割群とよんだ．→役割理論，社会的地位，地位の一貫性／非一貫性

647 地域開発
regional development

広義には政策的介入により地域を発展させること，狭義には高度経済成長期の日本で実施された国家主導の重化学工業中心の立地政策をさす．1929年の大恐慌をきっかけに，先進資本主義諸国では，政府が積極的に介入して地域経済・社会の発展を図るようになった．日本では，第2次大戦後，高度経済成長を誘導するために，石油化学コンビナートなどを立地させる政策が展開された．国民所得倍増計画(60)では太平洋ベルト地帯の開発が優先されたが，その後全国総合開発計画(62)において，〈国土の均衡ある発展〉をめざして工業の地方分散が図られた．しかし，地域格差は解消されず，工場誘致が成功しなかった地域では膨大な投資の無駄が発生，成功した地域でも農業や漁業の衰退や公害問題などが発生して，批判が高まった．新全国総合開発計画(69)では，新幹線と高速道路による全国ネットワークの形成が謳われたが，石油危機(73)以降見直しを迫られた．第3次全国総合開発計画(77)では一転して〈定住圏構想〉が示され，第4次全国総合開発計画(87)では東京一極集中の是正を図り〈多極分散型国土〉がめざされた．「21世紀の国土のグランドデザイン」(98)では〈地域の自立〉が謳われ，中央政府主導の大規模プロジェクトは影をひそめつつある．→住民運動，内発的発展

648 地域ケア ⇒ コミュニティ・ケア

649 地域研究
area studies

特定の国・地域における社会の成り立ちや地域に住む人びととその生活を，資料調査やフィールド調査に基づいて研究し，総合的に分析し記述する学問．地域の抱える問題とその解決を考察するため，学際的な研究として進められてきた．もともと第2次大戦後のアメリカで世界戦略のための*政策科学として成立したが，1960年代にはヴェトナム戦争に研究者が反対し，政策科学からの自立も見られた．日本においては世界

戦略への要請が低く，政策科学としてよりも独自の分野として展開し，80年代から関心が集まっている．単なる外国研究でなく，国内関係と国際関係を視野に入れ，対象地域の文化を同じ価値をもった文化として学び，"異質なものの交流の場"としての地域を分析することが求められている．→国際社会学

地域権力構造
community power structure

都市のような地域社会において*公共政策の決定に影響力をもつ行為者間の関係のパターン．政治社会学者F.ハンターは，ジョージア州アトランタ市を対象に，声価法(誰が権力をもっているかという評判を訊ねる調査方法)によって，少数のエリート集団が一枚岩の権力構造を構成していることを明らかにした(『コミュニティの権力構造』1953)．これは*ミルズの『*パワー・エリート』(56)における認識を*地域社会において示したもので，このため，このようなエリート主義的権力構造と同義に使われることもある．これに対し，政治学者R.ダールはコネチカット州ニューヘヴン市において，意思決定法(現実の意思決定過程を観察する調査方法)によって，分野ごとに異なるエリート集団が存在することを明らかにした(『統治するのはだれか』61)．このような構造を多元主義的権力構造という．ここから，エリート主義対多元主義をめぐる論争(CPS論争)が生じたが，そこには方法をめぐる論争と認識をめぐる論争が複雑に絡み合っていた．その後政治社会学者T.クラークは，多数の事例を同一の方法で比較研究する必要を説き，都市の財政分析を通じて政治文化による意思決定構造の違いに議論を発展させた(『都市のマネー』83)．日本では秋元律郎による愛知県刈谷市の調査が有名．

地域社会
local community; regional community

一定の地理的空間を基礎に成立する社会システム．*コミュニティにほぼ対応する日本語であるが，同一(訳語)ではない．一般的には，ネイバーフッド(近隣社会，町内)，"コミュニティ"，政令指定都市の行政区，地方自治体，リージョン(地方)など様々な地理的な範囲が考えられる．従来，自生的に成立する共同生活の範囲と考えられることが多かった．しかし，たいていは*町内会・自治会，住宅団地，旧村，小学校区，地方公共団体，律令制のもとでの国など，現在もしくは過去において制度的な裏付けがある(あった)場合が多く，自然村もかつては行政村であったという蓮見音彦の指摘や，〈自然地域〉(*バージェス)も外部との相互作用によって社会的に構築されたコミュニティであるとするA.ハンターやサトルズの指摘に見られるように，自然成長モデルは否定される傾向にある．いずれにせよ，多少とも明確な地理的境界線が人びとのあいだで共有され，住民がその地理的空間に帰属意識をもっている場合に成立する．また，日本では，戦後の都市化過程で，*農村社会学の対象がもはや農村でなくなったことから，*都市と農村(*村落)および両者の中間にある混在地域を含む上位概念として使われるようになった．この文脈では，国家や自治体の公共政策と住民生活の変容との関連を研究する分析単位として扱われることが多い．

地域主義
regionalism

多義的な言葉であるが，国際レベルの現象としては，超国家的に地域統合を進める主張となり，国内レベルでは，地域の経済活性化や文化・アイデンティティの振興に必要な政策実施を求め

る主張となる．後者の傾向は特に重要で，統合の進むEU諸国などでは地域分権化が進んでおり，〈地域〉というユニットでの経済発展や文化の活性化がめざされ，スコットランド，ウェールズ，カタルーニャ，コルシカなどに地域主義の展開が見られる．日本では，沖縄などにこの地域主義の感情が見られるが，その主張はまだ明確ではない．

653 地域福祉
community welfare

ある地域社会において住民主体の視点から展開される組織的・計画的・総合的な福祉施策とその活動．*コミュニティ・ワークや*コミュニティ・ケアが福祉活動を地域で進めるための重要な方法や視点として次第に確立され，在宅福祉サーヴィスの具体的な構築が本格的に求められるにいたり，地域福祉の概念はより広義の位置づけで提唱されるようになってきた．福祉・保健・医療の各専門機関や住民などによる多元的な各種サーヴィス提供，施策や活動の企画・立案・実施への*住民参加・参画のいっそうの積極化などが期待されている．そこでは，*ノーマライゼーションの理念の実現や福祉コミュニティや福祉のまちづくりなどが志向される．老人保健福祉計画や障害者基本計画などが順次法制化され，さらには社会福祉事業法を改めた社会福祉法の成立により，公私の役割分担や説明責任を明確にした地域福祉計画が策定されるようになってきている．そこで求められている組織性・総合性という観点から，地域医療や地域保健との政策や活動の連携もいっそう必要性を増してきている．

654 地位の一貫性／非一貫性
status consistency/inconsistency

ある人の*社会的地位が様々な要素について一貫して高い（または中間である，低い）場合，地位が一貫的であるといい，高いものと中間のもの，低いものが混在している場合，地位が非一貫的であるという．地位の非一貫性の代わりに地位の不整合，地位不適合ともいう．たとえば，役職は重役で学歴は高く収入も多いといった場合は地位が一貫的であり，非常に高収入でも学歴が低く，職業上もあまり高く評価されないといった場合，地位は非一貫的である．

655 地球温暖化
global warming

産業活動など人為的な理由によって，地球の平均気温が持続的に上昇すること．化石燃料の燃焼や森林の伐採などが原因となって，二酸化炭素など温室効果ガスの濃度が増大することによって生じる．そもそも，大気は地球全体の平均気温を15度前後に保つ働きをしている．大気に微量に含まれる温室効果ガスには，赤外線を吸収し宇宙空間に放出されるべきエネルギーの一部を地表に戻し，地表をやや暖める効果がある．大気中の二酸化炭素の濃度はほぼ一定だったが，産業革命以降，特に1950年代以降は急激に上昇した．80年以降の平均気温の上昇が顕著なため，80年代後半から問題視されるようになり，冷戦終了後の国際問題の大きな焦点となった．異常気象，生態系の変化，病害虫の発生，食糧生産の低下，海水面の上昇による赤道付近の国々の水没など，超世代的で広範な影響が予測されており，21世紀の最大の社会問題の一つである．

温室効果ガスの排出削減を求める気候変動枠組み条約が92年に締結され，95年より温暖化防止会議が毎年開かれ，97年の京都会議で先進国の削減目標を定めた京都議定書がつくられた．しかし温暖化対策に積極的なヨーロッパの国々と産業活動への影響を懸念し消極的なアメリカなどとの対立が深刻化し，発展途上国

との利害調整も難航している．科学と政治，世間世代公正，途上国への温暖化防止技術の移転，排出枠取引の是非とルール化など，社会科学上の新しい論点を多数含んでいる．→資源・エネルギー問題，環境的公正

656 地球環境問題
global environmental problems

一国内にとどまらず，その影響が国境を越えて他国の範囲や地球生態系におよぶような*環境問題の総称．*公害問題の汚染のおよぶ範囲は，多くの場合，一地域や国内に限定されていた．1970年前後から〈宇宙船地球号〉という観念によって，かけがえのない地球の有限性，〈成長の限界〉が意識されるようになり，特に86年のチェルノブイリ原発事故をきっかけに重大視され，90年代以降国際的な争点となった．地球環境問題は環境汚染や，*人口問題，資源枯渇，食糧問題，生物多様性の保護などきわめて多岐にわたるが，大きく三つに分けられる．第1は，国際河川・海洋の汚染，酸性雨，有害廃棄物の越境移動のように，ある国における活動が他の国の環境に悪影響をおよぼす問題である．第2は，*地球温暖化やオゾン層破壊などのように，多くの国々が加害国となって，地球生態系全体に悪影響がおよぶ問題である．第3は，発展途上国における貧困や急激な経済発展にともなう環境問題のように，多国籍企業や外国資本などが問題発生の直接・間接の原因となっており，その解決のために国際的な協力が必要な問題である．〈*持続可能な発展〉を合言葉に，国連の場などでの政府間協議とともに，政府とNGOの協力，国際環境NGOの役割が重視されている．国家主権の壁，多国籍企業への規制，世代内および世代間の公平性など，合意形成と対策の実効性を確保するための課題は多い．→環境的公正

657 知識産業
knowledge industry

情報や知識の生産分野の総称で，その経済的な成長性に着目して1960年代から用いられた．この概念を体系的に展開したマッハルプは，知識を〈知っているという状態，知られていることの内容〉と規定した上で，企業・研究所・団体などが生産するものが主として情報ないし知識である場合に，これらの組織を知識産業とよび，この産業分野が経済活動に占めるウェイトの増大を指摘した．具体的には，知識産業を，教育，研究開発，コミュニケーション・メディア，情報サーヴィス，情報機器の五つのカテゴリーに分類した．彼の死後，ルービンが知識産業労働の増大と経済成長との関連に関する仮説を引き継いで統計データを更新した．→情報社会，サーヴィス産業

658 知識社会学
sociology of knowledge
〈独〉Wissenssoziologie

知識を，それが生み出された歴史的・社会的条件と関連づけて研究する社会学の一分野．シェーラーによって創始され，*マンハイムによって確立された．マンハイムによれば，あらゆる知識は，その担い手が社会のなかで占めている位置によって制約されている．この〈存在拘束性〉という原理は*マルクス主義に由来するが，マルクス主義は敵対者のイデオロギーにのみこの原理を適用している点でいまだ特殊的である．これに対して，この原理を自分の立場も含めて普遍的に適用するときに，知識社会学が成立するとされる．その担い手となるのが，自己の立場の限界を自覚しつつたえず視野の拡大をめざす〈自由に浮動するインテリゲンチャ〉である．知識社会学はその後*マ

ートンによってアメリカに導入され，*科学社会学やマス・コミュニケーション研究として展開された．また*バーガーとルックマンは，知識社会学の対象を理論的な知識から常識的な知識へと拡大させた．

659 知的財産権
intellectual property

商品の標識，新たに開発・発明された技術的創作，芸術的創作に代表されるような，情報という無体物に対する創作者の財産権のことで，無体財産権ともよばれる．知的財産権には，特許法などの工業所有権と著作権がある．デジタル通信技術やコンピュータ技術の進展にともない，コンピュータ・プログラムや科学技術が知的財産権の対象となるなど，その適応範囲は著しく拡大した．知的財産権は，工業製品の標準的な規格を変動させる要因となり，製品の多様化，ユーザー側から見れば商品選択の幅を拡げる要因となるが，万人に公開される*公共財的な情報の組織化・保護とはトレードオフの関係にある．この関係をどう調整するかが今日の大きな課題である．

660 地方自治
local government

地域における公共問題を自主的に解決しようとする地方政府とその住民の活動．住民の意思に基づくものであるという側面を住民自治，中央政府に対して一定の自律性をもった団体を構成する側面を団体自治という．国により，時代により，その位置づけは様々である．日本では，1946年制定の日本国憲法において地方自治が認められ，制度上は都道府県と市町村の二層制，議会と首長の二元的代表制をとっている．ただし，実態においては旧憲法以来の中央集権的な地方行政の性格が色濃く残されており，地方交付税交付金など税の再配分を通して財政格差が抑制されてきた半面，中央官庁，都道府県・市町村の担当部局による縦割り行政が団体自治を制約してきた．しかし，藩政期からの村落自治の伝統も無視できず，旧村を単位とする住民組織が伝統的に住民自治を担ってきた面もある．また，各種の*住民運動や*市民活動も住民自治に寄与してきた．近年では自治体と住民の協働が強調されるようになり，地方分権改革によって中央政府の権限が大幅に地方自治体に移譲される方向にある．しかし，財源の移譲をめぐる問題が残されており，自治体再編問題も絡んで，自治制度改革の先行きは不透明である．→シヴィル・ミニマム，町内会・自治会，広域行政

661 昼間人口／夜間人口
day population/night population

夜間人口とはある地域の居住人口であり，常住人口ともいう．昼間人口は，夜間人口から他地域に通勤・通学している人口を差し引き，当該地域に通勤・通学してくる人口を加えたものである．土地利用が分化し*職住分離が進んだ大都市圏では，都心部に*中枢管理機能が集積し，ホワイトカラー職が増大，郊外に住宅を取得し，都心部に通勤するライフスタイルが普及した．その結果，都心部では昼間人口が増える一方，夜間人口は減少，また郊外では夜間人口に比べて昼間人口は少なくなるという不均衡が生じた．ただし大都市圏内でも住工混在のブルーカラー地区では，職住は近接しており，昼夜間人口の違いは少ない．→郊外化，逆都市化，再都市化

662 中小企業
small and medium-sized enterprises

中小企業基本法では，2002年度では資本金3億円以下または常時雇用する従業員300人以下（卸売業では1億円以下ま

たは100人以下，小売業では5000万円以下または50人以下，サーヴィス業では5000万円以下または100人以下）の企業または個人をさす．こうした線引きが必要とされる理由は，中小企業が政府の重要な政策対象となっているからである．大企業と比較して開業率・廃業率がともに高く不安定で資金力に欠けているために，日本では戦後一貫して政府の保護育成の対象となってきた．しかし1980年代以降，ヴェンチャー企業，中堅企業という概念が注目され，規模の小ささが必ずしも技術力の低さや経営の不安定性には結びつかない，中小企業のもつ多品種少量生産の形態こそ物が溢れる現代社会にはふさわしい，といった議論が生まれた．また中小企業が大企業の景気変動に対するバッファーであるという見方に対して，大企業は中小企業のリスクを吸収する保険機能を担っているという説もある．→下請制度

663 | **中心—周辺** center/periphery
*従属理論や*世界システム論が普及させた概念で，北側先進諸国を〈中心〉，南側*発展途上国を〈周辺〉とする考え方．資本主義の国際分業体系のもとで，経済的中核の先進諸国が，不等価交換を通して発展途上国を周辺化し，支配・従属下におく関係を端的に表現したもの．これは国内植民地的な状況にも適用でき，先進的な地域と後進的な地域との格差や不平等を示す場合もある．なお世界システム論では，新興経済諸国の発展を考慮し，中心—半周辺—周辺という図式も提唱されている．→ウォーラースティン

664 | **中枢管理機能**
政府の中央官庁や大企業の本社など全国組織を管理・統括する機能．"中枢管理機能が都心に集中する"というように，この概念は，地理学的な文脈で用いられることが多い．戦後の急速な*都市化は，京浜・阪神・中京の3大工業地帯への若年労働力の集中によって始まったが，経済成長とともに組織の販売・事務・管理部門が拡大，大都市圏の人口増加は中枢管理部門に勤める*ホワイトカラーの増加によるところが大きくなった．1980年代に入ると，大都市圏のなかでもとりわけ東京圏に本社機能が集中するようになり，〈東京一極集中〉が問題となった．

665 | **中絶論争** abortion debate
妊娠中絶を合法的な権利と認めるか否かについての論争．世界各地で論争がある．特にアメリカでは1973年の最高裁判決（ロウ対ウェイド判決）で人工妊娠中絶は憲法上の権利と認められて以降，中絶反対派（プロ・ライフ Prolife）と擁護派（プロ・チョイス Prochoice）との間で激しい論争が展開されている．女性の自己決定権と胎児の生きる権利の衝突など，*ジェンダーの問題や個人の権利，生命観をめぐって国論は二分され，大統領選挙の重要な争点にもなっている．日本では，刑法に残されている堕胎罪の存在や，48年制定の優生保護法（96年母体保護法に改定）の中絶許可条件をめぐる議論が積み重ねられてきた．→リプロダクティヴ・ヘルス／ライツ

666 | **中範囲の理論** theory of middle range
具体的現実をふまえ，また一般理論の知見を生かしつつ，社会現象について適度の一般化・概念化を行い，理論としての形を整えたもの．*マートンによって提唱された．社会学の研究は，従来細かい*社会調査データの収集と，一般化の度合いが高過ぎる巨大理論ないし抽象理論（たとえば*パーソンズの社会学や*マルクス主義の社会理論など）に分裂し，社

会学研究の発展を阻害する傾向にあった．そこで両者をつないで，調査と理論研究の補完関係を築くことを期待されたのが，この中範囲の理論である．具体的には，マートン自身がかかわった*準拠集団行動の理論，*アノミー論などのほか，産業化の趨勢に関する諸命題，近代家族論，逸脱行動研究における*ラベリング理論などもそれに当たると考えられる．その後，中範囲の理論を作る作業は着実に進展してきたが，むしろ，巨大理論，抽象理論が退潮となり，マートンがめざした，多くの中範囲理論からより一般性の高い理論を構築するという作業が，なかなか進まないのが現状である．

667 **中流意識**
middle class consciousness

本来は，自分が中流階級に属するという意識を意味するが，現在では厳密な意味での中流階級ではなく，自分が社会の上層でもなく下層でもない中間的な位置を占めている，という漠然とした意識を意味する場合が多い．日本人はこのような意味での中流意識が強いといわれている．ただし，中流意識をもつ人がその名にふさわしい生活の安定と豊かさを実現しているかどうかは別問題である．→旧中間層・新中間層

668 **調査票調査** ⇒ 質問紙法

669 **調査倫理**
research ethics
*社会調査のプロセスで守られるべき倫理で，1)調査の実施における倫理，2)結果の公表にかかわる倫理に大別できる．1)は，調査目的や公表の方法を調査開始前に伝える*インフォームド・コンセント，回答者の回答拒否の権利の尊重，回答者を心理的に傷つけたりプライヴァシーを侵害する項目や過大な負担を強いる項目の禁止，回答者の日常生活に調査が影響を与えない配慮等である．2)は，結果の公表の際の匿名性やプライヴァシーへの配慮，第三者への情報提供の禁止，営利目的でのデータの使用や転用の禁止等をあげることができる．近年では調査が回答者の抱えている問題の解決につながることを重視する意見もある．→プライヴァシーの保護

670 **超自我**
super-ego
人間の心の構造の中で，衝動や行動をコントロールする"道徳的良心"にあたるもの．*フロイトの用語．彼は人間の心を，イド，*自我，超自我の三つによって構成されているものと考えた．このうち超自我は，子どもが親との同一化により社会の道徳的規範を内面化することで形成され，"—してはならない"という禁止によって自己の本能的な衝動を抑制しつつ，自分のあるべき理想を示す役割も担う．→精神分析学

671 **町内会・自治会**
neighborhood association

日本の近代都市に見られる近隣組織．典型的には，町内とよばれる一定の近隣区域に居住するすべての*世帯によって構成され，防犯・交通安全，消防・防災，*公衆衛生，親睦・文化・レクリエーション，*相互扶助，行政機関との連絡業務など包括的な機能を果たしている．1888年の市制町村制施行以前の旧町村を引き継いだものや，その後の都市市街地の形成・拡大過程で自主的に組織されたものなど，成立経緯は多様だが，戦時下の内務省訓令「部落会町内会等整備要領」(1940)において農村部の部落会とともに全国一律に制度化され，総動員体制の一翼を担うにいたった．そのため戦争協力組織とみなされ，ポツダム政令15号(47)によって禁止され，その後は任意団体として事実上存続した．その性格づ

672 直接民主主義 / direct democracy

代議制民主主義と対比される*民主主義の形態で,代理者に委任することなく政治共同体の全成員がその*意思決定に参加するシステム.ルソーらの古典的政治理論では理想的政治体制とされたが,今日の大規模な民主主義のもとでは,ほとんどの国で代議制が基本の政治制度となっている.ただし首長の直接選挙とそのリコール,重要争点に関する国民投票や*住民投票が認められている国もあり,スイスは国民投票や州民投票を重視する国として知られる.日本でも直接請求権は保障され,地方自治体では争点に応じ住民投票条例が設けられるなど,直接民主主義は部分的に生きているが,住民による制度の行使の機会は概して限られている.→政治参加

673 直系家族 / stem family

夫婦と一組の既婚子夫婦(およびその子)からなる*家族.*核家族が世代的に結合した家族.直系家族は分類のための概念であり,制度的・規範的な概念である直系家族制とは異なる.直系家族制は一子が結婚後に親夫婦と同居することを原則とする家族制度であり,この制度下の家族を直系制家族とよぶ.地域的な差異はあるが,日本の伝統的な家族はこの制度に準拠することが多かった.通常,同居する一子(跡継ぎ)は直系成員または基幹成員とよばれ,それ以外のきょうだいは傍系成員とよばれる.直系家族制下でも既婚子がいなければ*夫婦家族の形態となる.→家,家族制度

674 チョムスキー / Chomsky, Noam 1928-

アメリカの言語学者.変形生成文法理論の創始者.言語を創造的に用いることができる人間の能力の科学的な解明を意図した変形生成文法理論を構築することで,ソシュールに並ぶ言語学の一大革新をもたらした,といわれる.主著として,『文法理論の諸相』(1965),『言語論』(75),『デカルト派言語学』(66)などがある.彼の基本的な立場や理念は,〈言語Lの文法は,Lの母語発話者が備えている言語能力(competence)についての理論〉であり,〈人間はだれしも,生得的言語能力を種に固有な特性として有しているはずだ〉とする言語観に現れている.この考え方は,チョムスキー自身が述べているように,17世紀にデカルト哲学の影響を受けたポール=ロワイヤル学派の〈言語表現の背後にある人間に共通の理性的精神〉を明らかにしようとする普遍文法の精神を引き継ぐ,という性格をもつ.彼の主張は,多くの賛同者を得て広まり,情報科学の言語処理分野にも多大な影響を与えた.さらにチョムスキーは,ヴェトナム戦争時から現在にいたるまで人間の創造性を抑圧する社会に対する批判活動を展開し,政治思想家・活動家としても知られる.

675 通過儀礼 / rites of passage 〈仏〉rites de passage

人間の一生の節目(誕生,成人,就職,結婚など)に際して行われる*儀礼.新しい生の段階への参入の儀礼という意味で,イニシエーションという用語も近い意味で使われる.なお,"通過"の語が示すように,広くは,村から村へのような人の空間移動の際の儀礼をさすこともある.この言葉を初めて使った人類学者のヴァ

ン・ジェネップ(『通過儀礼』1909)は,これを,分離,移行,統合の三種の儀礼に区分しており,この区別はたとえば今日の婚礼などを考察する場合にも有効であろう.日本の通過儀礼では一般に,入学式,卒業式,成人式,入社式など,公的なセレモニーの役割が大きいが,欧米のキリスト教文化の中では家族中心のものが比較的多い.なお,今日では通過儀礼は必ずしも社会的認知を求めない非公式的形態(家族や親しい友人間での会食など)をとることも多く,＊プライヴァタイゼーションの影響がここにもおよんでいる.

676 罪の文化/恥の文化
guilt culture/shame culture

ベネディクトが『菊と刀』(1946)において用いた＊文化の型.＊世間や他人の評価を気づかい,恥を恐れて行動する日本人の文化を,内面的な罪を恐れ,絶対的規範に従って行動する西洋人の文化と対比した.西欧型と日本型の文化パターンの比較論として有名になったが,恥という感情には内面的な性質もあるという指摘や,ベネディクトの用いた資料がもっぱら伝統的な日本人の世界から採られているという批判もある.→世間体

677 定位家族/生殖家族
family of orientation/
family of procreation

個人が出生時に所属する家族を定位家族とよび(原家族 family of origin ともいう),個人が婚姻によって形成する家族を生殖家族とよぶ(結婚家族 family of marriage ともいう).＊核家族を想定した場合,夫婦と未婚の子からなる家族は,未婚の子にとっては定位家族である.この未婚の子が結婚して配偶者と家族を形成した場合,その家族は彼/彼女にとっては生殖家族となる.多くの人はこの二つの家族を生涯にわたって経験する.定位家族の中心的な関係は親子関係であり,生殖家族の中心的な関係は夫婦関係である.

678 定住外国人
long-term foreign residents; denizen

一般的には,外国で生まれ,何らかの理由で他国に移住し長期在住する人びとをさす.この概念は徐龍達らによって提唱され,大日本帝国の侵略・植民地化により渡日を余儀なくされた韓国・朝鮮人,中国・台湾人,その子孫の日本出生者を中心に,日本に定住して帰化しない人びとをいう.一般に在日韓国・朝鮮・中国人とよばれる人びとで,近年ではこうした人びとの各種の権利を制限する国籍条項の撤廃や,地方参政権付与問題が浮上している.→移民,外国人労働者,国籍,市民権

679 ディスタンクシオン
〈仏〉distinction

＊ブルデューの著書(1979)の題名でもあり,〈区別立て〉〈卓越〉を意味する.文化的洗練を通して差異化を図ること.ブルデューは,現代フランスの諸階層の文化的好みに関する調査に基づき,上層と民衆階層の差異を明らかにした.上層の成員は,生活上の必要から相対的に解放され,審美的態度によって物事をみる傾向があり,それが芸術的洗練などとして現れ,上層の＊文化資本を構成する.ただし,差異化の営みは文化的趣味の誇示といった意図的な行為としてではなく,無意識の性向である＊ハビトゥスの機能としてとらえられている.→階層,文化的再生産

680 テイラー主義 ⇒ 科学的管理法

681 定量分析/定性分析
quantitative analysis/
qualitative analysis

*社会調査や社会学的実験によるデータの統計的分析を行うに当たり，数量的データについて分析する場合を定量分析，カテゴリー的データについて分析を進める場合を定性分析という．数量的データとは，年収，試験の成績，勤続年数などであり，カテゴリー的データとは，選択肢のある質問への回答，会社での役職，居住する市町村などである．数量的データを区切ってカテゴリー的データとすることは容易であり，また統計的技法が発達した今日では，その逆に，カテゴリー的データを様々な尺度や数量化理論などを用いて*数量化することも可能になっている．そのため，分析法はもとのデータの性質に必ずしも依存しない．また，定性分析といっても，*統計的検定や属性相関係数などに見られるように数値の計算をともなうことも多く，定量分析と定性分析の境界はあいまいである．なお，それとは全く違う意味で，少数事例の*質的データ（インタヴューの録音など）を用いて統計的でない分析を行う場合を定性分析とよぶ場合もある．→変数と値，統計的方法

682 出稼ぎ
seasonal migrant labor

一定期間，本来の居住地から離れて働き，その後，本来の居住地に戻る就業形態の一つ．日本では，統計上〈1ヶ月以上1年未満居住地を離れて他に雇われて就労〉と定義されるが，実際には数年におよぶこともある．戦前の日本では農村の過剰人口のため，製糸・紡織などの出稼ぎ女工をはじめとして炭鉱，商業部門でも出稼ぎが見られた．第2次大戦後，特に昭和40年代の高度経済成長は都市で労働力需要を増加させ，農村では世帯主など主要な労働力が農閑期に季節工・臨時工として流出し，低賃金と不安定な労働条件のもとで土木工事や製造業などに就業した．1980年代後半から*外国人労働者が増加したが，一定期間就労し本来の居住地に回帰するという点で〈デカセギ労働者〉といえよう．出稼ぎ労働者は，19世紀末のドイツ国内などで広範に見られた．→国際労働力移動，日系移民・日系人

683 テクノクラシー
technocracy

専門的知識や科学・技術の担い手であるテクノクラートが，知識や技術の所有を根拠として，*意思決定に大きな影響力を及ぼすような社会や組織のあり方．"技術による支配"を語源とし，思想的淵源は*サン＝シモンに遡る．第1次大戦直後，科学的方法による組織改革の理念・手法としてアメリカで提起された．その後次第に，資本家や官僚に代わる新しい支配階層としてのテクノクラートの役割と存在が注目されるようになり，ガルブレイスの〈新しい産業国家〉論，*ベルや*トゥレーヌらの〈脱工業社会〉論で，テクノクラシー論が本格的に展開された．肯定的な立場と批判的な立場に大分される．後者の代表であるトゥレーヌは，テクノクラシーに対する闘争，自己決定性を防衛する運動として，*新しい社会運動を位置づけている．中央集権的なフランスや旧ソ連，韓国，中国などは，テクノクラシー的な性格の強い国家の代表例であり，日本のキャリア官僚もテクノクラート的な性格をもっている．→社会工学，ヴェブレン，官僚制

684 データ・クリーニング
data cleaning

*社会調査で得られた結果の中から，不

685 デマゴギー
demagogy

相手方を傷つけたり、煽動することを目的に、作為的に虚偽の情報を伝播させること。真偽が定かではない情報が、人から人へと広範囲に伝播し、その過程で意味が自己増殖していく自然発生的な現象は、うわさ、*流言蜚語などと表現される。それに対し、デマゴギーとは人びとを傷つけ、煽動する狙いで不確かな情報や虚偽の情報が意図的に発せられ、それが広範囲に伝播するという点で、異なる。この意図的な送り手をデマゴーグ（→支配の諸類型）という。→社会心理学

686 デモグラフィー
demography 〈仏〉démographie

人口学とも訳されるが、いわゆる人口の構造、動態そのものの研究にとどまらず、人口の特性の社会的意味の解明や、人口の動態を生じる社会的・文化的・心理的要因の解明などが〈デモグラフィー〉の名のもとに行われる。特にフランスではその傾向が強く、社会学や歴史学（特に*アナール派）とのかかわりが深い。出生・死亡、*婚姻、離婚、*人口移動など様々な現象が扱われ、今日では特に*少子化、*高齢化、*晩婚化、非婚化（登録される法律婚の減少）、*移民の定住化などに研究者の関心が向けられている。たとえば、移民が定住化し世代交替が起こるとき、彼らにどのような就業、婚姻、*出生率の傾向の変化が生じるか、といったテーマは今日のデモグラフィー研究者の関心を集めている。

はじめに、適切なデータを検出して訂正すること。特にデータ入力後の点検で、対象となるのは本来とは異なったコードが入力されている入力エラー、および論理的に矛盾したデータ（論理エラー）を検出する。→コーディング、エディティング

687 デモンストレーション効果
demonstration effect

友人や隣近所がある商品をもっているとそれと似たような商品が欲しくなるように、個人の消費支出が、その人の接触する他人の消費水準や生活様式、消費行動に影響されること。経済学では通常、個々人の消費の*意思決定はそれぞれ独立になされると仮定する。このような主流派の考え方に対して、アメリカの経済学者デューゼンベリーが1940年代に各人の消費性向が相互に依存しあう効果を指摘し、〈デモンストレーション効果〉とよんだ。→見せびらかしの消費、消費者行動、依存効果

688 デュルケム
Durkheim, Émile 1858-1917

フランスの社会学者。パリ大学（ソルボンヌ）教授等を務める。社会学の対象と方法の確定に努め、これを*近代社会の*社会問題の解明に適用し、多大な成果をあげた。従来の*人間中心主義的アプローチを批判し、〈物のように〉という表現で*社会的事実の観察と考察の規準を定め、これを*社会的分業、*自殺、*道徳、*家族、*教育、*宗教、認識などの対象に適用した。そしてこれらの人間的事象がそれぞれ社会的な次元をもち、近代社会の発展の方向とその矛盾に結びついた社会問題を構成していることを論証した。このことが20世紀の社会学研究に与えた影響は大きい。彼によれば、近代社会は分業・分化の進展によって特徴づけられ、有機的連帯を生み出すはずであるが、現実には組織化の力を欠き、*功利主義的個人主義化、*アノミー、弱肉強食の競争などを生じている。これにどう対応するかという問題意識が、上記の諸分野の研究をも方向づけていた。*社会主義への関心、職業集団の組織化

構想,市民道徳の定式化などは,この対応の模索を示す.『社会学年報』を発刊し,彼の方法に共鳴する多くの分野の研究者を組織し,後世に影響を与えた.おもな著書に『社会分業論』(1893),『社会学的方法の規準』(95),『自殺論』(97),『宗教生活の原初形態』(1912),『社会学講義』(50)などがある.→機械的連帯/有機的連帯

689 デュルケム学派
〈仏〉École durkheimienne

フランスの社会学者*デュルケムの協力者およびその方法的影響を受けた者のグループで,社会学,民族学,法学,言語学など広い範囲におよんだ.彼の生前から両大戦間期にかけて,『社会学年報』『社会学年誌』に拠りながら活動を展開した.おもな学者にM.アルヴァックス,C.ブーグレ,P.フォコネ,*モース,H.ユベール,R.エルツ,A.メイエ,F.シミアンなどがいる.デュルケムの死後,中心的役割を果たしたのはモースである.なお,デュルケムの影響を受けた点で広く言語学者F.ソシュールや,歴史学者M.ブロックをデュルケム学派に含めることもある.

690 転向
conversion

特定の信仰上,思想上,政治上の立場を放棄し,別の立場に移ること.転向には様々な劇的な事例があるが,社会現象として重要なのは,集合的に生じるもの,*権力等の強制によって生じるものであろう.1930年代の日本で生じた共産主義・*社会主義の立場にあった知識人の転向は,権力による強制,*天皇制の存在,亡命の困難さなどが背景にあった.その状況は,強いられた改宗の歴史的事例(15世紀スペインでのユダヤ人の追放を逃れるための多数の改宗,日本のキリシタンの〈転び〉〈棄教〉)とほぼ共通の構造がある.

691 伝承
oral tradition

文化の時間的・世代的な移動を意味する概念で,文化の空間的な移動を意味する伝播と対置される.口頭伝承(神話,昔話,伝説,ことわざ,民謡など)と動作・所作伝承がある.公的機関によって保存されるものもあれば,民衆の間で文字や記録によらずに保存されるものもある.伝えられる文化には,意識的・無意識的に価値観や*規範,禁忌(*タブー)などがしばしば付随し,ともに伝達される.→口承文化,民俗学,柳田国男

692 伝統
tradition

ある集団において,歴史的に形成され持続してきたと信じられている生活様式,行動様式,*価値・信念・*宗教などの文化.しばしば伝統は,不特定の過去から一貫して存在したと単純に考えられ,古く遡りうると信じられるものほど尊重された.最近では歴史家ホブズボームらによって,〈伝統〉は*ナショナリズムに関連して,近代の*国民国家形成期に,国民統合のためのシンボルとして捏造・創造・再構築されたものが多いと指摘されている.→伝統主義,威信

693 伝統主義
traditionalism

秩序や行動様式において過去との連続性に価値をおく考え方.ただし,人は当の秩序や行動様式にたいてい何らかの意味を認めており,必ずしも機械的・惰性的に従うわけではない.*ウェーバーは伝統主義を,当人にとって必要となっている生活を続け,そのために必要なものを手に入れることだけを願う態度と規定し,特に資本主義以前の経済労働の基調とみなした.伝統主義は,ほかに政治支配,組織運営,宗教信仰,家族・親族生活などあらゆる分野で見られる傾向である.→伝統,行為類型,支配の諸類型

694 **伝統的行為** ⇒ 行為類型

695 **テンニース**
Tönnies, Ferdinand
1855-1936

ドイツの社会学者．キール大学教授．ドイツ社会学会の初代会長．主著『*ゲマインシャフトとゲゼルシャフト』(1887)で，有名な社会結合の対概念を提示し，社会学に重要な貢献を果たした．当時対立的であった機械的理論と有機体的理論，*合理主義と歴史主義の統合をめざし，メーンの〈身分から契約へ〉の図式に影響を受けながら，この対概念を社会の論理的区分・範疇として提示するとともに，具体的な歴史的範疇として〈ゲマインシャフトからゲゼルシャフトへ〉の社会発展の方式を明らかにしようとした．自殺や犯罪など様々な具体的事象についての研究も行なっている．

696 **天皇制**
Emperor system

天皇を中心としてみた日本の政治および社会の秩序原理．諸外国の王家や王朝が存亡や交代を繰り返してきたのに対し，日本の天皇は同一家系とされる天皇家によって古代から現在まで世襲されてきた点に大きな特色がある．〈講座派〉の日本資本主義分析をふまえて，コミンテルン(国際共産主義運動組織)の「1932年テーゼ」が当時の日本の権力体系を天皇制と規定して以来，次第に天皇制という概念が用いられるようになった．天皇という言葉は天の神の子孫という観念を意味し，皇室祭祀は，宗教学的には天皇が稲作にかかわる農業祭司の性格を強くおびていることを示している．明治憲法下では，天皇は現人神として〈神聖にして侵すべからず〉と規定され，政治上の絶対的な権力と軍事上の統帥権をもち，道徳的な権威を一身におびていた．第2次大戦にいたる昭和前期の権力機構は〈天皇制ファシズム〉ととらえられる．日本の歴史のなかで天皇が政治上の巨大な実権を握っていた時期は古代をのぞくと比較的短く，近世までは政治的・宗教的権威という性格が強かった．第2次大戦後，憲法改正により，天皇は〈日本国民統合の象徴〉と規定され，現在は〈象徴天皇制〉とよばれる．日本の統治制度は，国際的には立憲君主制として扱われている．天皇制は今日まで日本の政治文化，政治意識を長く規定してきた．「超国家主義の論理と心理」(1946)をはじめとする*丸山真男および丸山学派の天皇制論は，戦後の政治学・社会学に大きな影響を与えている．→家族国家観，ファシズム

697 **ドーア**
Dore, Ronald Philip
1925-

イギリスの社会学者，日本研究者．日本留学後，ロンドン大学インペリアルカレッジ日欧産業研究センター所長などを歴任．日本の農村，都市，企業社会，またスリランカやタンザニアなどを対象に，*聴き取りと観察，歴史的分析・国際比較によって日本や発展途上国の近代化の問題に取り組んだ．研究対象分野が異なっても一貫してその社会の1)経済学の個人主義的前提に対して集合主義を重視し，2)社会進化における後発効果(遅れた工業化がもたらす特性)に着目している．著書に『都市の日本人』(1958)，『日本の農地改革』(59)，『イギリスの工場 日本の工場』(73)，『学歴社会 新しい文明病』(76)などがある．

698 **同化**
assimilation

ある個人や集団が別の集団の言語や文化的価値を受け入れるとともに，自らの文化・言語を失っていく過程．*パークによって明確にされた概念．アメリカを例にとると，国家の発展には一民族・一言語・一文化のほうが都合がよいので，主流移民集団である英語系移民を受

け入れることが，当然のこととされた．この同化の考え方は20世紀に，メルティング・ポット(人種のるつぼ)論を生み出し，多くの文化・言語が溶け合い，アメリカ人という新しい一つの民族を生み出すと期待されたが，今日では同化はアングロサクソン中心主義で差別的なものだと批判する声も強い．→るつぼ神話，移民，多文化主義

699 動機 motive

ある行動を起こさせる衝動や内的な起因のこと．動機は動因や欲求と類似した概念であるが，より社会的・目的的なもので，たとえば，"何かを達成する""社会的に承認される"などのほか，支配・親和・安全などが起因となりうる．当事者によって意識されている要因だけでなく，無意識的な動機にも研究領域が広がった．外的な社会状況とその認識，個人による内的な意味づけ，情緒や欲求などが動機を決定づける要因となる．→動機づけ，態度

700 動機づけ motivation

ある状況を達成したり，維持あるいは変革しようとする目標に向けて人を刺激し，方向づけること．その過程．ある状況に向けて*行為が発動される心の状態を示すが，何が適切な行為かを決定するために，自己自身についての認識や，*地位/役割，文化についての認識をともなうものだといえる．動機づけの方法には，競争的な条件の設定，欠乏状態をつくる，関心の刺激，賞罰の適用などがある．→動機

701 道具主義 instrumentalism

もともとは哲学用語で，知識や観念(科学，思想，宗教，倫理など)は人間が行動し目的を実現するための道具だと考え，その観点から知識や観念を評価しようとする立場を意味するもので，*プラグマティズム哲学の一部をなす．ただし，この言葉が社会科学の中に取り入れられた後は，行為，活動，価値観，法律，組織，慣習，さらには自然環境なども含むようになった．そして，それらを道具として評価するだけではなく，それらの存在を道具としての有用性によって説明する立場をも意味するようになった．たとえば，ある法律が存在するのは為政者の役に立っているからだ，とするような考え方である．さらに，上記の行為，活動，価値観，法律，組織，慣習，自然環境などを，道具として有用であるかどうかという観点から選択ないし実現しようとする考え方を意味することもある．この場合には，原語は同じでも手段主義とよばれることが多い．→機能主義，原初主義的アプローチ/環境主義的アプローチ

702 道具的理性 〈独〉instrumentelle Vernunft

*ホルクハイマーが近代における理性概念の変質を特徴づけるために用いた語．目的自体が合理的かどうかを問うことなく，与えられた目的に対する手段の適合性(目的合理性)だけを問題にする，自然や社会を支配するための道具と化した理性(主観的理性)をさす．これに対してホルクハイマーは，世界のうちに客観的に存在し，目的自体の合理性を測るための尺度となる理性(客観的理性)を対置する．→目的合理的行為

703 統計的検定 statistical test

*標本調査で得られた結論が，標本抽出による誤差を考慮しても，*母集団について妥当するかどうかを統計的に確かめる方法．比率の差の検定，平均値の差の検定，2変数間の関連性の検定など，様々な検定があるが，いずれの場合にも，標本に見られ

る差や関連が，標本誤差によって生じている確率を計算することによって判断する．その確率が小さければ，母集団そのものに差や関連があると判断し，その確率が大きければ，母集団そのものには差や関連性がなく，標本に見られる差や関連は単なる標本誤差であると判断する．ここで，〈標本に見られる差や関連は，標本誤差によるものである〉，つまり〈母集団においては差や関連はない〉という仮説を帰無仮説，帰無仮説のもとで標本上の差や関連が生じる確率を危険率という．慣例として危険率が5%以下または1%以下の場合に帰無仮説を棄却し，標本に見られる差や関連が母集団に妥当する（統計的に有意である）と判断する．→統計的有意性

704 **統計的方法**
statistical method

社会学における統計的方法とは，社会現象についての情報を，数理統計学的手法を用いて分析し，一般命題を導出ないし検証しようとする研究方法をさす．少数事例を詳細に調べることを通じて何らかの洞察を得ようとする〈*事例研究法〉と対比される．数理統計学的手法を用いるためには，社会現象に関する情報が数量的ないしはカテゴリー的な（つまり分類され*コーディングされた）データとなって多数存在することが必要である．この収集に最も適した方法は調査票調査であり，統計的方法は調査票調査とともに発展してきた．そのため，調査票調査の手法と統計学的手法を合わせて統計的方法とよぶこともある．ただし，調査票調査以外のデータに統計的方法を用いることも十分可能である．一般命題を導出する（思いつく）ことは事例研究法によっても可能であるが，その検証には統計的方法を用いるほかはない．ただし，社会現象の中には容易に統計的方法を適用できないような分野も多い．→社会調査，数量化，質的データ

705 **統計的有意性**
statistical significance

*統計的検定において帰無仮説（〈*母集団において差や関連がない〉という仮説）が棄却されることを，統計的に有意であるという．無作為抽出によって得られた標本には標本抽出による誤差がある．そのため，かりに母集団において差や関連がなくても，一定の確率で標本に差や関連が現れる場合があり，その確率分布が統計学的に知られている．そこでこの確率分布をもとに，実際に得られた標本において観察された差や関連が出現する確率を計算する．慣例ではこの確率が5%以下のとき，帰無仮説を棄却し，統計的に有意であると結論づける．この確率は危険率，つまり〈統計的に有意であるという結論が誤っている確率〉である．この確率を大きめにとる（たとえば10%以下）と，母集団において差や関連がないのに有意であると判断する確率が高まる（第1種の過誤）．逆に小さめにとる（たとえば1%以下）と，母集団において差や関連があるのに有意でないと判断する確率が高まる（第2種の過誤）．また，一般に標本数の大きなデータほど，標本誤差が小さくなるために有意な結果が得られやすい．そのため，統計的に有意であっても，それがただちに理論的有意性を意味するわけではない．→標本抽出法

706 **統合**
integration

多義的な言葉で，社会学では次の四つほどの意味で使われる．1)*デュルケムが『自殺論』(1897)で，集団の自殺率はその統合の度合いに反比例すると論じたように，密な相互作用，心的交流により一体感が醸成されている状態をさす．2)*社会システムに関していわれるもので，システムを構成する諸要素が機能的で，その間の対立・不整合がミニマムと

なる過程，およびその達成状態をさし，*パーソンズは*価値・*規範の共有をシステムの統合の条件として重視した．3) 外国人や移民の社会的受け入れ政策に関し，*同化と対比して使われるもので，一般に共通の社会的ルール・価値の習得を要求したうえで，彼らの独自文化の保持を認め，雇用・教育・市民生活等に受け入れる考え方．4)〈統合教育〉といった用語で使われるように，障害者と健常者が隔てられることなく，同じ場で生活し，学ぶことをいう．その場合，障害者のニーズに応じた特別な措置を講じることが当然求められる．

707 同性愛 homosexuality

自分の性自認と同じ性の人が性愛や性的欲望の対象となること．そのような指向をもった人を同性愛者(homosexual)といい，異性を性愛の対象とする人を異性愛者(heterosexual)，同性・異性ともに性愛の対象である人を両性愛者(bisexual)という．男性同性愛者をゲイ，女性同性愛者をレズビアン(lesbian)という場合もある．同性愛は，性関係の有無にかかわらず，自らの性自認と性愛の対象が同じ性であることをさす．性同一性障害において，生物学的には男性であり，かつ性自認は女性という人が性愛の対象として男性を指向する形は，同性愛には含まれない．同性愛は長らく社会的道徳として禁じられることが多かったが，性の解放の進展とともに，同性愛も性的指向の一つと位置づけられるようになってきた．また，同性愛者の社会的権利(ゲイ・ライツ)を主張する運動，同性愛への偏見や非難そのものをヘテロセクシズム，強制異性愛社会として批判する運動もある．同性カップルの法的保護も北欧諸国や米国の一部などで認められてきている．さらには，同性愛/異性愛の性の二項対立的思考を脱構築すべく，性愛の様々なあり方を論じる〈クイア理論〉もある．

708 統制群法 control group method

実験群と統制群の比較によって*独立変数の効果を測定する方法(実験計画法)．他のすべての条件が等しい2群を設定し，一方の群(実験群)においてのみ独立変数に操作を加える．操作を加えない群が統制群である．たとえば，"あなたの成績はとても悪い"という情報を与えた群と統制群を比較することで，自尊心の危機の効果を検討することができる．2群の平均値(またはその変化)に有意差があれば独立変数の効果とみなすことができる．→統計的有意性

709 同族

本家一分家からなる〈*家〉の連合体としての集団．日本の伝統社会における*村落構造上の基礎的単位であり，〈マキ〉〈イットウ〉など地域固有の集団名称をもつ．本家は分家に土地の貸与・提供をはじめとして生活上の様々な援助を行い，分家は本家に対して労働奉仕などを行い，祖先祭祀に参加する．本家一分家はあくまでも〈家〉の系譜上の関係であり，分家は生物学的血縁のない奉公人などに対して行われることもあるために，同族は親族集団とは言い切れない部分がある．同族の構成単位は〈家〉であり，*世帯員の変化にかかわらず同族は家とともに超世代的に存続する．本家一分家間の関係は主従関係に近いものから比較的対等なものまで地域によって差異を示すが，分家が経済的に独立していくことで同族は解体していき，現代では村落社会からも姿を消しつつある．→親族組織，有賀喜左衛門

710 同調行動 conforming behavior

人びとが集団や他者からの期待，圧力に一致するように行動すること．社会や集団が一定

のまとまりを示すのは，成員の多数が同調行動をとるからである．安定した集団では，グラフ上で縦軸の〈集団の基準から*逸脱した行動をとる人びとの数〉は，横軸の〈逸脱の程度〉が増すにつれて減少し，斜めに倒したJ字型のカーヴを描くというオールポートの仮説がある．同調行動を*パーソンズは*価値や*規範の*内面化と相互の欲求充足によって説明する．→過同調

711 道徳 moral

ある社会において一般に受け入れられている行為準則のうち，"〜すべきである"という強い当為性が付与されているものをいう．社会学では，これらの準則が社会，集団や時代によってどう異なるか，人びとの日常的なきまり，慣習などとどのような関係にあるか，また*社会化が個人にどんな影響をおよぼすか，等に関心をもつ．近年では，文化比較や人間発達に関連して道徳性の経験的研究も行われ，*正義をめぐる法哲学的研究でも道徳の問題が扱われている．→規範

712 投票行動 voting behavior

投票用紙への記入，挙手，起立などを通じて個人の意思が表明され（棄権など意思の不表明も含む），その意思表明結果を集計することによって集団的*意思決定が行われるとき，そのような意思表明を行う行動を投票行動とよぶ．意思決定の内容としては，案件の採否，政策の選択，選挙などを含み，決定を行う集団としては，国家や地方自治体のほか，議会，民間企業や労働組合における会議など様々なものがありうる．心理学的な社会心理学の分野では，これらの投票行動全般にわたる実験的研究も行われてきたが，社会学や政治学の分野では，特に国家や地方自治体の選挙における投票行動が研究の中心となってきた．他の行動領域と同じように，投票行動は，行為者の内的ないし心理的要因と，行為者をとりまく環境あるいは状況要因とによって影響されると考えられる．前者には行為者の投票への*動機づけ，*社会的性格，態度構造などが含まれ，後者には，投票時の社会情勢，集団の圧力，キャンペーン効果などが含まれる．→アナウンスメント効果，浮動層・浮動票，無党派層

713 トゥレーヌ Touraine, Alain 1925-

フランスの社会学者．社会科学高等研究院にあって労働社会学や*社会運動の研究に指導的役割を果たす．初期にはオートメーションの労働現場の研究に従事．古典的な*階級闘争に代わる知識労働者の運動の可能性に注目し，それを中心に据える*脱工業社会論を展開．さらに*行為の社会学に立脚し，共同研究のリーダーとして〈*新しい社会運動〉の名のもとに*反原発運動，地域運動，ポーランド〈連帯〉の運動などの独自の分析を行なった．著書に『ルノー工場における労働の変化』（1955），『脱工業化の社会』（69），『社会の生産』（73），『声とまなざし』（78）などがある．

714 同和教育

部落差別の問題の解決をめざす教育活動を広くさす．学校教育の中での部落問題の学習，人権学習，*被差別部落の子どもたちの学力・進路の保障，成人教育の中での市民対象の啓発活動，企業の中での人権啓発活動，さらには被差別部落の人びとへの識字学級などを含む．〈同和教育〉は行政用語であるとして，運動を担う人びとからはしばしば〈〈部落〉解放教育〉という言葉が対置され，使われる．

715 トクヴィル Tocqueville, Alexis de 1805-59

フランスの政治家，政治・社会理論家．フランス革命

と関連させて旧制度下の社会を分析し,アメリカ社会の観察と自ら体験した2月革命,第2帝政の分析とに基づき*民主主義のあり方に考察を加えた.社会学的には,平等化の進展が自律的個人を危機にさらし専制政治を招きやすいこと,民主主義の発展にとって多元的な結社の存在が重要であること,という彼の指摘が重要で,今日なお注目と論議の対象となっている.主著は『アメリカの民主政治』(1835-40),『アンシァン・レジームと革命』(56).

716 **匿名性** anonymity

近現代の都市的生活や,メディアに媒介された*コミュニケーションにおける抽象的・非人格的な人間関係を特徴づける概念.都市的生活では,近隣の人びとを同定することすら困難な"匿名的関係"が一般化した.さらに現在では,電子掲示板や出会い系サイトに見られる,性別や年齢が同定できない(同定しない)ネットワーク上の他者との"匿名的"なコミュニケーションをさす用語としても使われる.現代社会における匿名的関係への関与の可能性が拡大し,人びとの意識や行動におよぼす影響についての関心が高まっている. →世間

717 **独立変数/従属変数** independent variables/dependent variables

"xがyの原因になっている"とき,xを"yの独立変数(説明変数)",yを"xの従属変数(被説明変数,目的変数)"という.また,$x→y→z$の因果連鎖を考えた場合,独立変数x,従属変数zに対して,yを媒介変数(仲介変数)という.この用語法は,実際に測定される変数(操作概念)だけでなく,"階級的位置"が独立変数で"意識"が従属変数というように,理論的な概念についても使われる. →変数と値

718 **都市** city

規模が大きく人口が密集している定住地.都市が何をさすかは,自明のようでありながら,実は多様な定義がある.それは都市がきわめて複雑で多様な側面をもっているからであり,都市にどのようにアプローチするかによって,都市のどのような側面を都市の定義要件とみなすかが違ってくるからである.おおざっぱに言って,都市の定義には,生態学的定義,制度的定義,文化的定義,そして物理的定義がある.生態学的定義とは,都市の人口学的特徴を定義要件とするもので,*ワースの定義〈規模が大きく,密度が高く,社会的異質性の高い永続的な定住地〉が古典的である.制度的定義とは,都市を何らかの制度的特徴によって定義するもので,行政制度上〈市〉であるものを都市とみなすとか,*ウェーバーのように城壁によって囲まれた特殊な支配領域である市場定住地を都市とみなすといった定義である.文化的定義とは,都市の文化特徴をもって都市とするもので,知識人階層の存在や一定の都市文化の蓄積をもって都市とみなすものである.最後に物理的定義とは,人工的な建造環境の集積をもって都市とするものである. →都市社会学

719 **都市化** urbanization

社会の生活形態が都市的になっていく過程.*都市への人口集中と都市人口の増大などの生態学的都市化に加えて,人口密集地あるいは人工環境としての都市地域の空間的拡大や,都市的生活様式の農村への浸透などを含めることがある.洋の東西を問わず都市は古代から存在するが,産業革命以降,工場労働力として都市に人口が集中し始め,都市化が顕著になった.したがって産業化と都市化は*近代化の二つの側面であり,

前者がテクノロジーの発展を中心に社会変化をとらえようとするのに対して, 後者は人口の集中を中心に社会変化をとらえようとする. *ワースの*アーバニズム理論では, 村落―民俗社会から都市―産業社会への連続体を想定し, 後者に近づく過程を都市化ととらえた. その究極にあるのが生活様式としてのアーバニズムである. これに対してショウバーグは〈前産業型都市〉を例に, ワースの理論が産業化以前の都市には当てはまらないことを主張, 日本ではこの両者を参照しながら, 日本の都市化をワース流にとらえることの是非をめぐって1960年代に〈都市化論争〉が生じた. その後, 途上国においても急速に都市化が進展し, 首座都市(一国内で抜群に大きな都市)の存在や農村部での農業生産力の低さなど途上国の特徴が指摘され, 中核国と周辺国との関係における結節点として途上国都市をとらえる従属的都市化の視点や, グローバルな都市間関係に占める階層的地位との関連で都市成長をとらえる*世界システム論の視点などが提起されている. →郊外化, 再都市化, 逆都市化, 過剰都市化

都市再開発
urban redevelopment; urban renewal

*都市内部の老朽化した建造環境を更新する事業. 都市が成長し, 一定の年月が経過すると, 典型的には都市の内部から建造環境の老朽化が始まる. 特にアメリカの都市では, こうした地域は都市下層階級の居住地となりやすい. 都市再開発は, しばしばこれらの地域を*スラムであるとして, 建造環境の更新とともに用途を変更し, *コミュニティを破壊することが多かった. 近年では, こうした反省に立って, コミュニティを維持しながら建造環境の更新を図る修復型再開発の重要性が認識されてきている. →インナーシティ, ジェントリフィケーション

都市社会学
urban sociology

*都市に見られる社会現象を, 都市の空間的・生態学的特性と関連づけて研究する社会学の一分野. 都市は, 近代生活の特質を最もよく示す場所として, 古典的な社会学においてもしばしば言及されてきた. しかし, 都市に関する経験的な研究が集中的に行われるようになったのは, 1920年代のシカゴにおいてである. そのため, 都市社会学は今日でも*シカゴ学派の伝統と切り離すことができない. ただし, 当時のシカゴ学派が, 同心円地帯理論(→バージェス)と社会解体論に依拠していたのに対して, 40年代以降, 都市における地域コミュニティの存続が明らかとなり, 都市コミュニティの研究が中心的な主題となった. さらに70年代以降, *フィッシャーの*下位文化理論がシカゴ学派の伝統を継承する一方, ネオ・マルクス主義やネオ・ウェーバー主義に依拠する〈新都市社会学〉が台頭, 都市を資本主義システムの空間的な一分節としてとらえる政治経済的なアプローチを展開した. →奥井復太郎, 鈴木栄太郎

都市的パーソナリティ
urban personality

都会人に特徴的な*社会的性格. *都市では, 人工的な環境や人口密度の高さ等々, 都市に特有の環境のゆえに, 独特の(しばしば病理的な)社会的性格が形成されると広く信じられてきた. 都会人は, 合理的, 冷淡, 詭弁的, 無関心であり, 社会的に*疎外されているというのである. このような議論は, *ジンメルの論文「大都市と精神生活」(1903)に始まり, *パークを通じて*ワースの*アーバニズム理論に取り入れられ定着した. しかし,

いまのところ都会人が都市環境のゆえにこのような*パーソナリティを形成するとする証拠は得られていない.

723 都市問題
urban problems

*都市に特徴的に見られる*社会問題. *都市化の社会経済的条件や歴史的局面によってその内実は異なっている. 工業化にともなう都市化の初期局面においては, 経済的貧困・失業, 公衆衛生, 犯罪・非行・買売春などの道徳的*逸脱, およびそれらの問題の空間的・集中的表現としての*スラム問題が典型的であった. 特に, ヨーロッパからの*移民が集中したシカゴなどのアメリカの都市ではエスニック集団間の関係をめぐる問題が切実であった. 大量生産体制が確立した第2次大戦後の*郊外化局面においては, 騒音・振動・大気汚染・水質汚濁・土壌汚染・日照などの*公害・*環境問題や, 都市の拡大にともなう公共交通, 学校, 病院, 上下水道など都市基盤整備の問題が新たに登場した. また, 都市人口の増加局面においてはつねに住宅不足の問題を抱えていた(→住宅問題). 1970年代以降の先進諸国においては, *インナーシティ問題に典型的に見られる大都市の衰退問題や"*都市危機", *都市再開発をめぐる問題などがあり, 80年代以降は, グローバル化にともなう移民労働者の増加, 経済再編による階層格差の拡大や分極化(デュアルシティ)などの問題が再浮上している.

724 戸田貞三
とだ ていぞう
1887-1955

日本の*家族社会学者. 東京帝国大学文学部教授. 1920年の第1回*国勢調査の1000分の1抽出写しを用いて, 家族構成に関する人口学的・数量的研究を行い,『家族構成』(1937)を発表. 日本の社会学の中でも大規模データを用いた最初の本格的な実証的研究であり, そのスタイルは森岡清美らに継承された.

725 トックヴィル ⇒ トクヴィル

726 トマス
Thomas, William Isaac
1863-1947

アメリカの社会学者. 牧師の息子として生まれる. テネシー大学で文学を専攻後, ドイツに留学して民俗心理学(folk psychology)と民族学を研究した. 帰国後オバーリン大学で英語を教える一方, *スペンサーの*社会進化論に触れ社会学への関心を深める. 1896年シカゴ大学で社会学学位を取得, 95年同大学講師, 1910-18年同教授. この間の研究成果で*ズナニエツキとの共著『ヨーロッパとアメリカにおけるポーランド農民』(18-20)は, ポーランド移民の*文化変容過程を扱ったモノグラフであり, シカゴ社会学が生み出した最初の本格的な経験的研究であった. 特に社会解体論や〈*状況の定義〉の概念, そして*生活史などは, その後の*都市社会学の展開や*象徴的相互作用論の形成に大きな影響を残した. また, *パークをシカゴ大学に招いて20年代の*シカゴ学派社会学の基礎を築いた. 18年スキャンダルによって大学から解雇されたが, 27-29年にはアメリカ社会学協会(ASS)の会長を務めた.

727 ドメスティック・ヴァイオレンス
domestic violence

夫婦, 恋人など親密な関係の中で行われる暴力. DVと略される. 日本では親から子への暴力が*児童虐待, 子から親への暴力が家庭内暴力, 夫婦間の暴力がDVという使い分けが事実上なされている. 暴力には身体的暴力, 精神的暴力, *性暴力, ストーカー行為も含まれる. 経験的にはDVは夫から妻への暴力が圧倒的に多く, 東京都の調査(1997)では, 有

配偶女性の4-5%が配偶者からの継続的な暴力を受けていると回答している．夫婦間の暴力は私的なこととみなされ第三者機関の介入が困難であったが，2001年に「DV防止法」が施行され，司法の介入が可能となった．同法では本人の申し立てにより地方裁判所が，加害者に6ヶ月間の接近禁止，自宅からの2週間の退去を命じることができる．一時的に保護を行うシェルターや配偶者暴力相談支援センターなどの設立も進められている．

728 奴隷制 slavery

人間が財産として所有され，労働のために搾取される状態，制度．奴隷は，通常の*市民に付与されるすべての法的な権利を奪われ，所有者の意思により労働に用いられ売買される商品であり，親族関係も認められない非人格化された存在であった．アフリカから連行された奴隷によって成立し，19世紀後半まで続いたアメリカの奴隷制が有名であるが，これは南アジアや東南アジアの古い国家すべてに存在した．イスラーム世界ではたびたびの戦争で奴隷が増加したが，奴隷が行政・軍事組織，商業の担い手として，ときには高官に登用されることもあった．→人種主義，身分

ナ 行

729 内縁 common-law marriage

法的な手続きをせずに事実上*婚姻関係にあること．内縁は法的な障害ゆえに婚姻届を出すことのできない夫婦関係をさすことが多く，障害がない状態で婚姻届を自発的に出さない場合はこれと区別して事実婚といわれるが，法的には事実婚は内縁と同様に扱われる．明治民法下では婚姻は*家制度に強く規定され，戸主の同意と法定推定家督相続人でないことが必要とされたために婚姻届を出せないことも多かった．このため，事実上の夫婦関係にある場合には内縁関係も婚姻に準ずる関係として様々な権利・義務が法的に保護された．今日でも同居協力扶養義務，*離婚の際の財産分与規定などが婚姻法を準用することで定められているが，配偶者の相続権，子の嫡出性などは婚姻には認められているにもかかわらず，内縁には認められていない．→婚外子

730 内婚制／外婚制 endogamy/exogamy

自分が所属する集団内での結婚を要請する制度を内婚制，自分が所属する集団内での結婚を禁止または忌避する制度を外婚制とよぶ．内婚制と外婚制はトレードオフの関係にあるわけではない．外婚制の最たるものは自分の所属する家族内での結婚を禁止するインセストタブーであり，この制度はほぼ普遍的に存在する．中国や韓国では同姓不婚原則があり，自分の所属する単系出自集団内では結婚することができない（→父系制／母系制）．外婚制の中にはさらに〈交差イトコ婚〉や〈半族〉のように結婚相手の所属する集団を定めるものもある．一方で同じ人種，宗教，階級内での結婚が望まれる傾向はどの社会でも多く見られ，これらは外婚制を前提とした上での内婚制といえる．内婚制は家族の*社会的地位や文化的伝統の同質性を維持・継承する側面がある．→婚姻

731 内発的発展 endogenous development

1970年代半ばから，西欧をモデルとする単線的な近代化論，後進国＝外発的発展という通念に対置して，鶴見和子が提唱した概念．*柳田国男などをふま

えて，日本および*第三世界の多系的な発展モデルとして，社会の質的な発展，地域住民の主体性，環境保全，地域外部や異質なものとの相互作用の効果などを重視する（鶴見・川田編『内発的発展論』89）．国際経済学，宮本憲一などの地域経済論，国内の地域おこしにも大きな影響を与えた．外資や輸入技術，政府開発援助による経済成長中心の開発戦略は，一部の新興経済地域を生み出した．しかし多くの*発展途上国では*開発独裁により国民の積極性が抑圧され，経済停滞に陥った．これを批判し，住民の主体性と地域中心の自力開発，先進諸国*NGOなどとの連携を重視した発展戦略といえる．→持続可能な発展，開発社会学，まちおこし・むらおこし

732 内部志向型/他人志向型
inner-directed type/other-directed type

人が自らの行動を決するにあたって，自己の内部の価値・原則に基づくか，他人の承認に基づくかによって分類される人間の性格類型．リースマンが『孤独な群衆』（1950）で示した概念．内部志向型は，産業化がすすみ，近代的関係が拡大する段階にあらわれ，他人志向型は，20世紀後半，*消費社会や*官僚制化がすすんだ社会で登場すると考えられた．

733 内部労働市場/外部労働市場
internal labor market/external labor market

労働力が賃金を媒介に自由に売買される*労働市場を外部労働市場という．一方，企業内では外部労働市場とは無関係にそれぞれの企業の慣行によって配置転換，昇進，賃金が決定され，あたかも企業内に企業外と同様の労働市場が存在するように機能するので，これを内部労働市場

とよぶ．G.ベッカーの人的資源理論を受け継ぎながら，アメリカの労働経済学者ドーリンジャーとピオーリが『内部労働市場と労働力分析』(1971)で精緻に展開した．各企業は，どの企業にも通用する一般熟練ではなく，企業ごとに必要とされる企業特殊熟練(firm-specific skill)を確保するために，労働者の長期勤続を奨励し，右上がりの賃金カーヴ（勤続年数を重ねると上昇する賃金体系）を形成するとした．小池和男はこの理論に基づきながら，*日本的経営は日本の特殊性によるものではなく，日本や欧米諸国を問わず，産業の発展段階が量産方式をとる大企業が中心となった場合に適合した雇用システムであると論じた．→横断的労働市場

734 内面化
internalization

*社会化の過程で他者の*態度，信念，*価値などを自分自身の*自我の一部にとりいれること．個人は成長の過程で，親などの〈*重要な他者〉との同一化を通して内面化を行い，それにより，外からの絶えざる禁止や強制によってでなく，自己の内にある価値観によって自発的に行為するようになる．内面化は，社会の文化や行動様式を個人がとりいれることでもあり，それを通して社会秩序が維持されている．→アイ/ミー

735 内容分析
content analysis

*コミュニケーション過程で伝達されるメッセージ，特に*マス・メディアが伝えるメッセージ内容の分析をさす．各種の分析方法があるが，この分野では1930年代にラスウェルらのマスコミ研究ではじめられた数量的な分析手法をさす．たとえば，一連の番組に"黒人""アジア人"が何回登場するか，ニュース番組に"ドメスティック・ヴァイオレンス"という単語が何回使われるかなど，単語や人物の現出頻度を

数量的に把握することで,メディア間の比較,時系列変化の追跡を行い,送り手の価値意識や時代の特徴を分析する.しかし近年,こうした手法に対して,同一の単語でもそれが使われた番組内の状況・コンテクストによって異なる意味が生じる〈意味の多義性〉の問題,一連の事態を特定の枠組みで継続的に認識することを強いる〈言説編成〉の問題,受け手の読解による〈意味の再生産〉の問題など,メッセージ内容の重要な問題にアプローチする方法に欠けるとの批判が加えられている.そのため現在では,テクスト分析,言説分析,受け手の能動的読解などの視点やアプローチが導入されている. →送り手・受け手研究,効果分析

736 ナショナリズム nationalism

多義的な言葉で,文脈により〈民族主義〉〈国民(家)主義〉などと訳される.*民族は個別の自決の主体であり,自決の単位(国家など)を構成すべきである,という意識・イデオロギー・運動で,〈政治的単位と民族的単位が一致すべきであるとする原則〉(E.ゲルナー).政治的単位と民族的単位が一致した〈*国民〉の要件として,共通の文化や言語,ときには共通の宗教があげられ,共有の歴史が強調されることもある.20世紀には広範に浸透し,1960年代や70年代にはヨーロッパ周辺地域でのナショナリズムが強まり,独立後のポスト植民地地域ではインドやスリランカ,アフリカなどの国家建設において,*分離主義をかかげた戦闘的な民族主義運動が継続した.80年代末からのソ連や東欧の崩壊は,権力空白のなかで*民族紛争を激化させた.こうした自他の違いをのみ強調する主張は,19世紀の,あるいは民族解放や独立を求めた20世紀前半のナショナリズムに比して,〈歴史的計画性〉を欠いている(ホブズボーム)とされる.

時代の要請を受けて,ゲルナーは近代および大衆教育とナショナリズムの関連を『民族とナショナリズム』(83)で論じた.産業社会では,大衆教育を通じて一様な文化の再生産がめざされるが,権力と教育の機会の不平等に文化的な相違が重なるとき,民族主義は発生すると説く.B.アンダーソンは『想像の共同体』(83)でマス・メディアやフォークロアなどに注目し,〈ナショナリストの文化生産〉という新しい研究領域を開いた. →国民国家

737 ナショナル・トラスト national trust

貴重な自然環境や歴史的建造物・史跡などを*開発から守るために,人びとに基金をよびかけて買い取ったり,寄贈・遺贈を受けて,国民の財産として保護・保全しようとする運動.1895年にイギリスで生まれた民間団体の名前に由来する.イギリスなどでは国は財政的援助は行わないが,資産の取得に対する非課税措置など制度的特権を保証している.日本では1960年代以降,鎌倉や和歌山県天神崎,知床半島などでトラスト方式による保全運動がなされた.

738 ナチズム Nazism

両大戦間期のドイツで生まれた国家社会主義(Nationalsozialismus)運動の略称で,最も全体主義的・侵略的な*ファシズムの一形態.もともと社会の逸脱的不満分子だった少数者の活動に始まり,民衆のヴェルサイユ体制への不満,世界恐慌時の失業への不安等を煽り,急速に勢力を伸ばし,1933年ヒトラー内閣を成立させた.ほどなく一党独裁に移行し,社会主義運動や労働組合の指導者の追放,ユダヤ人のスケープゴーツ化やテロの繰り返しにより全体主義体制を

確立した．この際，民衆の多数がなぜナチズムを支持し，権威的秩序と強制的同一化を受け入れたのかは社会学的究明の課題である．やがて軍備拡大を急ぎ，ドイツ民族の"生存圏確保"の名のもとにヨーロッパ諸国への武力侵略を開始，一時広大な支配圏を築いたが，ソ連への侵入後の敗退(43)を境に戦局は不利に傾き，連合国の大攻勢の前に45年ベルリンは陥落，ナチズムも壊滅する．この戦時下でユダヤ人やロマ(ジプシー)に加えられた大量殺戮の実態はまだ全面的に明らかにはなっていない．その半世紀後のドイツで，"ヒトラー崇拝"を口にする青年の行動が少数ながら見られ，強い警戒心をよんでいる．→反ユダヤ主義

南北問題
North-South problems

北半球に多い先進諸国を〈北〉，赤道地帯や南半球に多い*発展途上国を〈南〉として一括し，双方の間の経済格差とその是正をめぐる対立を象徴する概念．アジア・アフリカ会議(1955)以後，新興独立諸国が結束して，経済停滞脱出のための援助を国連貿易開発会議(UNCTAD)などを通して先進諸国に要求し始めると，冷戦下の東西対立のもとで，援助論争を中心とする南北問題が浮上した．それは自助努力を第一とする北側と，不均等な経済発展と不平等・貧困は植民地政策の遺産であり，北側多国籍企業による搾取の結果だとして援助拡大を要求する南側との，意見の相違が原因である．冷戦後は，環境破壊防止と資源保全をめぐる対立となり，南側は北側による一方的な環境規制に反対している．また，南側諸国の人権状況改善や*民主化さらに経済自由化を迫る北側と，これを内政干渉とする南側の対立は深まっている．近年では，これに北側キリスト教国と南側イスラーム教国との間の文明間の対立を絡ませる見方も登場している．

難民
refugees; displaced persons

広義には何らかの苦難を避けるため移動する人びとをいうが，狭義には*人種・宗教・国籍や政治的信条を理由に迫害され，国内他地域や外国へ移住し保護を求める非自発的移住者をさす．かつては単独，または家族単位の散発的な移住だった亡命が，第2次大戦後大量に発生し，国連で「難民の地位に関する条約」(難民条約)が採択されて(1951)，認定された難民は，国際法上の定義を与えられた．それ以降，難民申請を受けた国は難民審査を行い，受け入れか否かを判定することになった(日本の同条約批准は81年)．なお，条約上の難民に該当しない生命・身体が危険にさらされている者をも欧米諸国は多く受け入れてきた．第2次大戦後には政治的信条を異にした迫害に対する恐怖が難民の大量発生を生んだが，冷戦後期から冷戦後には*民族紛争，さらに経済的な生活不安を原因とした難民申請者が増大し，申請者と受け入れ国との間で認定をめぐる係争が多発した．先進諸国の移住規制が厳しくなると，難民受け入れを希望する者の密入国も増大した．また環境破壊にともない，難民申請をする〈環境難民〉の存在も注目されている．→移民

日常生活世界
world of everyday life

人が目覚めた状態で経験し，自然的態度で他者と相互行為を行う世界．*シュッツの*現象学的社会学の基本概念．日常的に自明視され，常識的な知識によって行為や物の意味を理解し，コミュニケーションを行う世界である．*多元的現実を構成する意味世界の一つであるが，空間時間によって構成され，その強制力と直

接性によって，夢や科学理論などと異なり，〈至高の現実〉の位置にあるとされる．
→生活世界

日常知
ordinary knowledge; knowledge of everyday life

現実把握や問題解決において，一般の人びとが日常生活での認識や経験を語り蓄えてきた知識．*合理主義の浸透する近代産業社会においては，論理的・因果的に確証された科学的知識(科学知)やそれに基づいて実践を行う専門家たちの有する専門知が価値づけられることが多いが，生活の中から紡ぎだされ人間の知恵がたどりついた日常知のほうが有用性・有効性が高い場合もある．いわゆる〈常識〉の中には，現状維持に働く隠れた*イデオロギー機能を果たす要素もあれば，そのような日常知の要素を含むものもある．
→暗黙知

日系移民・日系人
overseas Japanese; Japanese migrants

海外に定住している日本出身の移住者のなかで，狭義には移住先の国籍を取得した者とその子孫をいい，広義には海外に長期滞在している日本人をさす．日本人の海外移住は，海外渡航禁止令が解かれた1866年に始まり，集団としては，68年の明治維新の混乱のなかでのハワイ王国への移住が最初である．当初の移住は*出稼ぎの側面が強かったが，定住者も徐々に増え，その背景には近代化にともなう農村共同体の解体という社会変動があった．移住先はハワイ，アメリカ，カナダが多かったが，19世紀後半の北米では中国人とともに排斥され始めたので，ブラジル，ペルー，アルゼンチンなど南米への移住が増大した．出身地には和歌山，広島，福岡，熊本，沖縄など西日本地域が多い．第2次大戦後にも南米への移民が増えた時期があったが，今日では少ない．むしろ，経済先進国になった日本へ，南米などの日系移民の子孫たちが，日系人を優先する入管法改正(1990年施行)のもとで入国し，90年代より急増している．おもに自動車産業の下請企業などの単純労働に従事し，家族ぐるみの来住も多く，定住する者も増えている．ブラジル出身者が最も多い．→移民

日本的経営
Japanese management system

*終身雇用，*年功制，*企業別組合を柱とする日本の大企業の経営方式．雇用管理としては新卒定期採用，*企業内教育，年功昇進，年功賃金，定年制などがワンセットで組み合わされている．明治以降，政府主導で西欧に追いつく形で工業化を進めなければならなかった日本の文化的歴史的条件によって形成された．経営イデオロギーは*家族主義に起源をもつ経営福祉主義であり，正規従業員を成員とする〈企業コミュニティ〉が形成され，従業員の技能およびモラール向上に役立っている．1970年代初頭まで従業員の自立を妨げる前近代的なものとされていたが，80年代に入り日本経済の繁栄から世界的に注目を浴び，特にトヨタの〈かんばん方式〉という生産管理方法が注目を集めた．90年代に入ると日本経済そのものが停滞し，大企業の海外活動比率が高まるなか，英米型株主重視経営に直面せざるを得ず，海外活動および外国人投資家を前提として従来の日本的経営に見直しが迫られている．

人間関係論
human relations theory

組織管理上の一手法で，従業員間の人間関係を重視した組織観・人間観と管理技術をさす．ヒューマン・リレーションズ

ともいう．*科学的管理法が前提とする合理的な"経済人"モデルに対して，感情や人間関係に影響される"社会人"モデルを提唱する．*ホーソーン実験に参加したメイヨー，レスリスバーガーが展開し，その後，組織心理学者アージリスや経営学者マグレガーなどに影響を与えた．現在でも，*小集団活動，目標管理，作業の集団化（チームワーキング），提案制度など労働者の自主性，モラール向上を重視する人事管理の基本的前提としてこの手法が生かされている．当初から存在する批判として，人間関係論も科学的管理と同様に，労使間の利害対立と*労働組合の役割を無視している点があるが，そのほかに，職場の人間関係を過大視して企業全体や社会との関係性を不分明にしている点も指摘される．日本の場合は，*日本的経営によって大企業内に企業コミュニティが成立しているために，敢えて人間関係論を主張する根拠は弱い．→産業社会学

人間生態学
human ecology

一定の空間的範囲における人間の競争的相互依存関係を，植物生態学や動物生態学との類比によって記述・説明する理論．人間生態学は，1910-30年代に*パーク，*バージェス，マッケンジーなど*シカゴ学派の都市研究のなかから生まれた．彼らは一見無秩序にみえる都市の社会現象に空間的パターンを発見し，それを植物生態学や動物生態学の用語で記述・説明した．侵入（invasion），継承（succession；遷移），支配（dominance；優占）などである．やがてこの立場は類比から抜け出し，社会地区分析や因子生態学に発展した．また，A.ホーレイのように理論的に拡張して，人口（Population），組織（Organization），環境（Environment），技術（Technology）の4要素からなるシステム（POET図式とよばれる）としてとらえる場合もある．→コミュニティ

人間中心主義
anthropocentrism

どちらかといえば否定的に使われる言葉で，人間を世界の中心におき，人間本位に社会的世界，あるいは自然を解釈する傾向．*デュルケムは，*社会的事実の固有の性質や力を認めずに，人間個人の願望や意向を投影して社会的世界を見るような見方を〈人間中心的〉として批判した．また，人間を万物の霊長とみて，もっぱら人間の立場から生物・自然界をとらえる考え方は，近年，環境破壊やエコ体系の攪乱につながるとして批判されている．これは〈人間特例主義〉ともよばれる．→ヒューマニズム

認知的不協和の理論
theory of cognitive dissonance

社会心理学者のフェスティンガーが，同名の著作等で1957年に提唱した理論．信念や知識など，相互に関連する認知的要素の間に矛盾や不適合があると，心理的な緊張や不快感が発生するために，人間はそれを低減し，態度と行動の一貫性を求めようとする傾向がある，とする認知的斉合性理論が中心をなす理論である．たとえば，"A会社が素晴らしい"と聞いて努力して入社したという認知と，"実際のA会社の業務はつまらない"という認知とは不協和の関係にある．その場合に当事者は，この不協和を低減するために，良い会社という認識を変えるか，会社の良いところを探すか，自分の選択の正しさ・信念を再強化して仕事に励むか，などの手段をとる．こうした，行動を変える，態度を変える，協和的情報を探すなど，様々な*動機づけの過程に着目するこの理論は，*態度変容や*意思決定の分野で重要な貢献をなし，多くの実証研

究を生み出した．

749 ネットワーキング
networking

ネットワークを形成すること，特に社会運動団体が相互に水平的に連携すること．ネットワークという名詞を動詞にしたもので，ネットワークの形成者をネットワーカーということもある．学術用語というよりは，*社会運動や*ヴォランティア活動の分野で生まれた言葉で，リップナックとスタンプス『ネットワーキング』(1982)によって広まった．彼らは，多様な社会運動や*対抗文化運動を紹介しつつ，それらが人びとを介して水平的につながることによってオルターナティヴな生活様式が形成されると論じた．それは，政党組織のようなヒエラルヒー的組織による権力闘争でもなければ，単なる抵抗運動でもなく，諸個人の緩やかな結合を通して，社会のなかに"もう一つの社会"を形成していこうとする戦略の呈示である．1960年代の学生反乱や対抗文化運動の経験をもとに70年代以降に出現した，社会運動の新しい特徴を示すものとして注目される．→新しい社会運動

750 ネットワーク型組織
network organization

*組織を構成する各単位がそれぞれ自律性をもち，特定の権限に基づく垂直的な命令指揮関係よりも，個人のイニシアティヴによる水平的で柔軟な協働関係を重視する組織．上下の権限関係が明確で，組織の構成単位が機能的に分化している*官僚制組織に対して，こうした構造を意図的に崩し，組織内部に偶発性を呼び込むことで，変化の激しい環境に柔軟かつ迅速に適応しようとするのが，ネットワーク型組織のねらいである．知識の創造が価値の源泉となる高度情報社会に適合的な組織形態として注目されている．
→ネットワーキング，新しい社会運動

751 年金制度
pension system

老齢・廃疾・死亡など稼得能力の喪失・減退に際して，年金や一時金を支給して生活を保障する*社会保障制度の一分野．社会的には所得を垂直的(階層間)・水平的(階層内)・世代間的に再分配し，個人的には人生の各段階で所得を平準化させる効果をもつ．おもな分類には次のようなものがある．1)公的年金と私的年金．公的年金は法律に基づく強制加入制度だが，税金に基づく無拠出制と保険料に基づく拠出制，運営主体による職域保険と地域保険の区別がある．私的年金には企業が従業員に行う企業年金と，個人が任意加入する個人年金とがある．これらの諸制度は分立しており，各自の職業移動の変化などに対応しきれず，年金のポータビリティ(携帯移動可能性)や一元化が議論されている．2)積立方式と賦課方式という財源方式の分類．積立方式は本人や同一世代の者が将来の給付に備え保険料を積み立て運用する．賦課方式は現役世代が納めた保険料を，その時期の老年世代が受給する．一般に前者はインフレや金利変動に弱く，後者は人口構造の影響で負担が大きく変わる．近年では個人責任のあり方にかかわって，給付水準を確定して制度設計する確定給付型と，本人が原資の運用に自己責任で対処する確定拠出型の2類型も重要となっている．→所得再分配

752 年功制
seniority system

年齢，勤続年数とともに賃金上昇と昇進が行われる制度．*終身雇用制，*企業別組合とセットで日本型雇用システムの根幹をなす．年功により解雇順位を決定するアメリカ企業のセニオリティ制度とは異なる．日本の大企業を中心に採用されてきたが*能力主

義とのバランスがつねに問題とされ，近年は適用範囲が基幹従業員に限定され始めた．歴史的には第1次大戦後の1920年代に成立，50年代に再編強化，高度成長期を経て企業の成長が止まったため，80年代に実態として長期雇用層が蓄積されたので，90年代に入り本格的に見直されている．→日本的経営

脳死 brain death

心臓死と区別して，人の死を脳機能の回復不能性によって判定する社会的基準．脳死とは，外傷・脳血管障害などにより脳の血流が阻害され，広範に神経細胞が死滅する状態だが，臨床的には深昏睡，瞳孔散大，脳波平坦，自発呼吸消失，脳幹反射消失が継続していることを，ある間隔で数次に確認することで（実際は6時間をおいて2回），脳機能の不可逆的な停止を判定する．脳死判定はそれ自身の判定の問題というより，脳死者から他者への臓器移植を認めうるかどうかという問題にかかわっており，脳死から心臓死の間の状態を家族や周囲の人が文化的・心理的に人の死として受容できるのかどうかが重要となる．日本では，1997年成立の臓器移植法によって，本人が生前にドナーカードなどで臓器提供に明確に同意し，死後家族もそれに同意する場合に脳死判定ならびに臓器提供を認めるという方法がとられている．医療技術の進展によって人知が作り出した生から死への段階区分が，死の定義の倫理的・社会的な再検討を迫っている．→生命倫理，死の社会学

農村社会学 rural sociology

農村の社会組織や農民生活・農民意識などを研究する社会学の一分野．日本では第2次大戦前からの研究蓄積がある．*有賀喜左衛門は日本の*村落の特質を家連合，特に同族的家連合に求めるとともに，地主・小作関係を*家族制度の観点からとらえる説を展開（『日本家族制度と小作制度』1943），*鈴木栄太郎も家と村に注目したが，特に村を〈組〉〈自然村〉〈行政村〉の累積としてとらえ，なかでも〈自然村〉を重視した（『日本農村社会学原理』40）．戦後は，農村民主化との関連で〈*家〉や村の伝統的制度を封建遺制として批判的に分析する視点が強調され，福武直によって村落構造を経済構造，社会構造（階層構造と集団構成），政治構造からなるものとして把握する〈構造分析〉の枠組みが呈示されて，農村研究に大きな影響を与えた．高度経済成長期には共同体の解体や農民層の分解（専業農家と兼業農家の分化，特に後者の増加），農民意識の変容，地域開発による農村地域の変容といった多様なテーマがとりあげられたが，都市化の進展を背景に，70年代以降は都市・農村を問わず*地域社会の変容や地域問題を扱う地域社会学が提唱されるにいたっている．

農村問題 rural problems

農村に特徴的に見られる*社会問題．技術革新によって飛躍的に生産力が増大する工業部門とは異なり，農業部門は生産力の発展に大きな制約がある．そのため，農業を基盤とする農村は，工業化の過程で経済格差が生じやすい．特に明治以降の日本の場合，国家主導の近代化過程において，農村からの地租・地代が工業化の原資となったが，その半面で農村では地主制が発達，昭和初期になると農村の著しい疲弊・貧困が社会問題となった．戦後の農地改革によって地主制は解体され自作農が創出されたが，概して農家の経営規模は小さく経済基盤は脆弱であった．そのため重化学工業化による経済発展が進行するにつれ，農村では大量の人口流出がおこり，*出稼ぎ問題，後継者問題，"嫁不足"，高齢

化，過疎問題などが生じ，総じて農村の再生産が困難になった．また，村の経済が公共事業に依存する度合いも深まった．このほか，近年では観光開発，原子力発電所や廃棄物処分場の立地(あるいは*産業廃棄物の不法投棄)などにともなう*環境問題が生じることも多くなっている．→過密・過疎問題，まちおこし・むらおこし，村落

756 能力主義
management based on abilities

賃金決定，昇進などを本人の能力に基づいて行おうとする人事管理思想．性，年齢，勤続年数，学歴など属性的要因によって決定される*年功制との対比で主張される．しかし能力そのものの測定は困難なことから，近年は業績に基づく成果主義として主張されることが多い．年功制のもつ平等性・集団性に対して，能力主義は個々人の仕事の成果に見合った処遇による公平性と，競争によるモラールアップの側面が強調される．イギリスでも同じく業績給が拡大しているが，そこでは賃金・雇用契約の〈個人主義化〉と称されている．→メリトクラシー

757 ノーマライゼーション
normalization

社会支援の必要な人たちが，対等の市民として通常(normal)の生活を営み，差別されることなく平等な社会参加が可能となる社会をめざそうとする理念や制度．当該社会で一般的または価値づけられている生活のスタイルや行動様式を，可能な限り獲得していくこと，そのための方法の確立，さらには社会の側の積極的変革も志向される．それは，〈ある社会がその構成員のいくらかの人びとを締め出すような場合，それは弱くもろい社会である〉という表現(国連「国際障害者年行動計画」，1979年採択)にあらわれている．巨大な施設収容主義から，*コミュニティ・ケアやグループホーム利用という*脱施設化への政策と実践の転換を促す理念として，知的障害者の領域から問題提起され，現在は*社会福祉全体にかかわる基本的理念の一つとなっている．人格の尊厳を重視しようとすることから，生活面にとどまらず，自己決定権やプライヴァシーの確保，自らリスクを選択する自由も尊重されるが，当事者の意向と専門的援助が矛盾する場合もありうる．ノーマライゼーションの思想は当事者の生活水準の上昇や行動様式の拡大の役割を果たしてきたが，*同化主義・適応主義との批判もあり，個々の多様性を許容した共生原理や，各種の自立なる力をつけるエンパワーメントの概念などによる補強も求められている．→リハビリテーション，障害者福祉

ハ 行

758 バーガー
Berger, Peter Ludwig
1929-

アメリカの社会学者．ウィーン生まれ．ラトガーズ大学，ボストン大学教授．*シュッツの門下生で*現象学的社会学を代表する一人．*知識社会学と*宗教社会学を専門領域とするが，理論化された体系的な思想や観念だけでなく，日常生活を営む人びとの常識的な知識と現実の社会的構成をテーマとした．近代化の弊害として特に宗教の*世俗化に注目しながら，その復権を主張している．著書に『日常世界の構成』(ルックマンとの共著，1966)，『聖なる天蓋』(67)，『社会学再考』(ケルナーとの共著，81)．

759 パーク
Park, Robert Ezra
1864-1944

アメリカの社会学者．1910-20年代を中心に活躍した*シカゴ学派の指導者．ミシガン大学を卒業後，約10年間新聞記者として働き，その後，ハーヴァード大学でジェームズに学ぶ．ドイツ留学後，しばらく社会改良運動に従事．*トマスに誘われて，1913年からシカゴ大学社会学科で指導に当たる．*都市，人種関係，新聞などの研究にとりくみ，*人間生態学を提唱した．また，学生たちを鼓舞して研究成果を量産させ，シカゴ学派社会学の絶頂期を導いた．

760 派遣労働者
dispatched workers

登録先企業から派遣されて別の派遣先企業で働く労働者．正社員に対する雇用保障の高まりによる雇用弾力性の欠如，企業間競争の激化による人件費抑制の必要，業務のシステム化にともなう外注業務の拡大などの要因により，日本ではオイルショック後の1975年以降に広がり始め，当時の労働法制と摩擦を起こすようになった．その結果，従来は職業安定法により禁止されていた人材派遣業が85年の労働者派遣法制定により認められ，さらに99年の同法改正で派遣対象業務が原則自由化された．パートタイマーを含むこうした非典型労働の増加は世界的傾向である．→就業構造，不安定就労，フレキシブル労働

761 バージェス
Burgess, Ernest W.
1886-1966

アメリカの社会学者．1910年代から30年代にかけて，*パークとともに*シカゴ学派を導いた．*都市の成長過程を5重の同心円の拡大過程として記述する同心円地帯理論を提唱，シカゴの都市研究に基本的な枠組みを提供した．さらに地域コミュニティ調査委員会(LCRC)の中心メンバーとして，シカゴの地域コミュニティ区域を確定し，今日に残るシカゴの統計資料集『地域コミュニティファクトブック』(1938年創刊)の伝統をつくった．また，家族や青少年問題への*社会病理学的な研究にもとりくんだ．→都市社会学

762 パス解析
path analysis

数理統計学的手法の一つで，一群の数量的な項目(変数)間の因果関係の大きさを推定するためのものである．基本原理は重回帰分析と同じであるが，平均ゼロ，*標準偏差1に標準化されたデータを用いて，推定式の係数を比較可能な形にし，因果関係の大きさを表す．推定式は一つではなく，各項目について，因果関係の経路を想定し，逐次複数の推定式を立てるところに特徴がある．おもに階層研究において，*社会的地位の形成要因を分析するために用いられてきた．→回帰分析，多変量解析

763 パーソナリティ
personality

個人特有の認知・行動の傾向を生み出す，個人内部の安定的要因をいい，日本語訳では〈性格〉である．類似する概念に気質(temperament; 遺伝的に規定された傾向の意が強い)，人格(character; 倫理的な側面での傾向の意が強い)などがある．パーソナリティは生物学的・遺伝的な要素をもちながら*社会化の過程の中で形成・変容するが，ひとたび形成されたパーソナリティは総じて時間的に安定的なものと考えられている．パーソナリティは，その人独自の傾向性(個性)を顕在化させ，再生産する(個人化)．パーソナリティは直接測定できない構成概念であるから，これをいくつかの質的に異なるタイプとして把握する方法(性格類型)と，より正確に把握するために，いくつかの次元に対応した質問項目の中で連続

的に把握する方法とに分かれる．→社会的性格

764 パーソナル・コミュニケーション
personal communication

人間と人間の直接的な*コミュニケーションを意味するとともに，手紙や電話などのメディアを媒介にした，個人のプライヴェートなコミュニケーションという意味でも使われる．新聞やテレビのような情報の一方向的流れを基本とした*マス・コミュニケーションと対比して，身振りや音声を通じた直接的な人間同士のコミュニケーションを意味し，その点で，個人間(interpersonal)コミュニケーションと同義で使われる．近年，電子メディア技術の進歩による携帯電話や*インターネットの普及により，空間的に離れた他者との間のパーソナル・コミュニケーションの領域が拡大している．→コミュニケーションの2段の流れ，個人内コミュニケーション

765 パーソンズ
Parsons, Talcott
1902-79

文化主義的な社会システム論を構築し，第2次大戦後のアメリカを代表する*理論社会学者．『社会的行為の構造』(1937)では，実証主義と理想主義という二つの伝統の*主意主義的行為理論への収斂というテーゼのもとに，ヨーロッパの社会学をアメリカに移植することに成功．戦後は，〈システム〉をキーワードに，生物学・近代経済学・*サイバネティクスなど最先端の学問成果を社会学に導入することに邁進．『社会体系論』(*The Social System*, 51)では，価値体系の共有による社会秩序の存立(→規範的秩序)というテーゼに基づき，*パーソナリティ，社会，文化という三つのシステムの連関化を図る．60年代後半から保守的，静態的であるとする学問的・政治的批判にさらされたが，*構造＝機能主義，*AGIL図式の提唱など，方法論的洗練を重ね，『社会類型』(66)，『近代社会の体系』(71)ではAGIL図式を仲立ちに*システム理論による人類史の再構成を試み，現代アメリカ社会をモデルに資本主義/社会主義の収斂を見通した独自なモダニティ論を展開した．

766 パターン変数
pattern variables

*パーソンズの用語．行為者が*行為を行うときに選択しなければならない5組の二者択一的な選択肢．行為者による選択のパターンを示すことからパターン変数とよばれ，選択の基準となる価値志向を記述するために用いられる．5組のパターン変数とは，1)感情性/感情中立性(即時的な欲求充足を優先するか，それを抑制するか)，2)自己志向/集合体志向(私的関心の追求と集合的関心の追求のどちらを優先するか)，3)*個別主義/普遍主義(対象を個別性にしたがって取り扱うか，一般的な基準にしたがって取り扱うか)，4)*属性本位/業績本位(相手の属性を重視するのか，業績を重視するのか)，5)限定性/無限定性(対象の特定の側面にのみ関与するか，多くの側面に関与するか)，である．これを用いれば，たとえば，アメリカの職業システムにおいて支配的な価値志向は，普遍主義的で，かつ業績本位で，かつ限定的であると特徴づけられる．→社会構造

767 発達課題
developmental task

個人が生物的また社会的存在として発達するために，人生の各段階において解決することが期待される課題．達成されない場合，後続の段階で困難が生じるとされる．教育社会学者ハヴィガーストにより体系化され，具体的には，乳幼児期での歩行や

会話，児童期での読み書きや友人関係，*青年期での職業選択などがある．これらの課題は身体的成熟，社会の文化的圧力，個人の価値・要求水準などから生じ，社会や文化によって異なるとされた．→社会化

768 発展途上国
developing countries

開発途上国，途上国ともいう．経済発展の異なる段階に各国が位置すると想定した際に，ある基準（通常は，1人当たりGNP）において低水準に位置する国．世界銀行の世界開発指標（2002年）では1人当たりGNI（国民総所得）755ドル以下を低所得国（低位中所得国は2995ドル以下）としており，特定の経済基準でさらなる区分も可能である．途上国は，貧困を共有するが，歴史や文化，生産や貿易の構造，収入配分や福祉の点で多様であり，経済福祉指標や社会発展指標などを用いて途上国を把握する分類も試みられている．多くの途上国は，植民地化という共通の歴史や社会構造の後進性を引き継いでおり，農業中心の実物生産という*産業構造と，高人口増加率，*過剰都市化による深刻な都市問題に直面している．また先進国での農産物補助や保護貿易は途上国に不利益を強いており，国内ではしばしば特権的な少数者が政策を決定し，富の不均衡を引き起こしている．→開発，世界システム，南北問題

769 発話行為/発話内行為
locutionary act/illoucutionary act

言語行為論（発話行為論，speech act theory）で展開された，発話の遂行的側面をとらえた概念．locutionを発話とする訳語もある．一般に言語学は，統語論，意味論，そして実際に言語が使われる場面の言語機能を対象とする語用論の3分野から成立している．イギリスの哲学者オースティンが提唱し，サールによって展開された言語行為論はこの語用論の分野にあたる．オースティンによれば，ある場面で言語を使用することは，三つのレベルを含んでいる．1)"今日は暑いね"という適格な文を意味あることとして発話する〈発話行為〉のレベル，2)この発話の遂行と〈同時にかつ，それ自体において遂行される別の行為〉，つまり"暑いから窓を開けてほしい"という依頼の行為を指示する〈発話内行為〉のレベル，3)その結果として他者にある行為の遂行を促す〈発話媒介行為〉のレベル，である．これを発展させたサールの理論は，*ハーバマスの『コミュニケーション的行為の理論』(1981)で積極的に組み入れられるなど，*言語社会学や*会話分析に大きな影響を与えた．

770 パートタイム労働
⇒フレキシブル労働

771 パネル調査
panel survey

同一対象者から複数時点でデータを測定する調査．通常は同一内容を繰り返し測定する．一時点のみでデータを測定する横断的方法とは異なり時点間の変化量を測定できるため，不変の個人効果を統制した分析が可能になる．しかし，測定を反復するたびに標本が減少すること，長期に調査に協力する人のみがデータとして残るというバイアスが最大の問題である．→社会調査

772 ハーバマス
Habermas, Jürgen
1929-

20世紀後半のドイツを代表する社会学者・社会理論家・思想家．フランクフルト大学で長く教鞭をとり，*フランクフルト学派の第二世代，批判理論の代表として，ポパーとの間で実証主義論争を，システム理論をめぐって*ルーマンとの間で論争を展開した．初期市民社

会以来の政治的世論と公論形成のメカニズムの変容を論じた『公共性の構造転換』(1962)はハーバマスの思想的出発点であり,その生涯は,技術的・道具的な合理性理解に抗して,言語的なコミュニケーションによる相互了解によって合理性の基礎づけを図ろうとする問題意識に貫かれている.〈言語論的転回〉を経て執筆された大著『コミュニケーション的行為の理論』(81)は,*ウェーバー,*ミード,*パーソンズらの批判的検討のもとに,*コミュニケーション的行為に着目して批判理論の合理的な根拠づけを図ったものである.その他,『事実性と妥当性』(92)をはじめ膨大な著作がある.

773 ハビトゥス
〈ラ〉habitus

後天的に習得され身についたふるまい方やものの見方であり,意識の統御なしにも機能するような性向.*デュルケムや*モースも用いた概念だが,特に重用したのは*ブルデューで,*社会的行為者の実践(プラティック)の解明に用いられた(『実践感覚』1980,など).行為者たちは与えられた社会環境のなかで身につけたハビトゥスを通じて行為や知覚を展開していくが,そこには柔軟な戦略性も認められるとした.ブルデューは言語活動,*贈与,*婚姻,芸術享受などの実践の説明にハビトゥスを援用している.→文化的再生産

774 バルト
Barthes, Roland
1915-80

フランスの社会学者,記号学者.コレージュ・ド・フランス教授.言語学,精神分析,および*構造主義の方法視点によりながらテクスト分析を行い,文学の記号学的研究の新生面を切り開いた.また様々な社会現象を取り上げ,記号学的に分析し,社会批判・評論に活躍した.著書に『零度のエクリチュール』(1953),『記号学の原理』(64),『モードの体系』(67)などがある.→記号論

775 パレート
Pareto, Vilfredo
1848-1923

イタリアの社会学者,経済学者.非論理的行為と論理的行為の区分,前者の解明を軸とした*行為理論,*エリート論などを展開し,20世紀社会学に影響を与えた.パリ生まれ.トリノ大学卒業後,鉄道技師,製鉄所総支配人などを経て経済問題に深い関心を寄せ,多くの政治経済時評を執筆.政府と対立して公職から引退した後,ローザンヌ大学教授となる.人間の社会的行為は本来非論理的であり,また人間は理性よりもむしろ感情によって動かされるが,非論理的なものの発動には規則性があるという認識をもち,それが*残基(residue)という概念に結実した.民主主義や理性などに対しシニカルな評価を下したが,人間の無意識的な心性への注目,その量的観点による説明,均衡概念の社会学への導入などの理論的功績が指摘できる.著書に『社会学大綱』(1916).経済学者としては,〈*パレート最適〉の一般原理が有名.

776 パレート最適
Pareto optimum

代表的な最適性の基準.ある行為者の利得を高めるためには,他のいずれかの行為者の利得が低下せざるをえないような状態.この状況ではすべての行為者の利得が極大化されている.*パレートが提唱し,厚生経済学や*ゲーム理論などで理論的に展開された.これ以上全員の利得が高まるような解がなくなった状態.ただし,所与の社会構造のもとでの〈最適〉な状態であり,一般には一義的には定まらないし,ただちに*社会的公正を意味するわけではない.→合理的選択理論

777 パワー・エリート
power elite

アメリカの政治・経済・軍事の3

領域で支配的地位を占め，国家的に重大な問題を決定する*エリート集団のこと．*ミルズの著書『パワー・エリート』(1956)で用いられ広まった．ミルズによれば，現代アメリカ社会で頂点の地位につき政策決定にかかわる重大な権力を有している人びとは一部のエリートに限られ，彼らは時には血縁関係をもち，心理的にも社会的にも団結している．ミルズは，現代アメリカ社会は集権化されるとともに*官僚制化され，こうした政治的・経済的・軍事的エリートが支配しやすくなっている，とした．これは，"アメリカ社会は多様な圧力集団や利益集団が相互に影響力行使競争を行う民主国家である"という，多元主義的な政治権力論に対抗する議論として提出され，その後の政治学や社会学の*権力構造論に大きな影響を与えた．→地域権力構造

778 反核運動
antinuclear movement

広義には，*反原発運動を含む，核エネルギーの利用に反対するすべての運動をさす．英語では区別がないが，日本では，核の軍事利用に反対する平和運動をさすことが多い．第2次大戦後の冷戦構造下，核開発競争が拡大するなかで，核戦争の脅威と危機感から，核兵器の廃絶をめざし，核実験や核拡散の禁止を求める運動として，ヨーロッパ・日本・アメリカでさかんになった．〈非核自治体〉宣言など，自治体でも取り組まれている．

779 反原発運動
antinuclear movement

原子力発電に反対する*社会運動．特定地点への原発の立地に反対するだけでなく，重大事故が発生した場合の影響の大きさ，安全性への根本的な疑問や放射性廃棄物問題が未解決であること，軍事目的への転用の危険性などを理由に，"原子力の平和利用"という考え方そのものを否定する．近年では，エネルギー利用の効率化をはかり，風力発電や太陽光発電など自然エネルギーの普及をめざす脱原発運動として展開される例が多い．→反核運動，住民運動

780 反抗期
negativistic age

子どもの発達過程において，親や年長者，社会的権威や既存の価値観による統制を拒否し反抗する時期のこと．親と一体化していた幼児に*自我がめばえ始め，独自性を主張して抵抗する〈第1反抗期〉と，*青年期において，教師，社会的制度，価値・規範など，反抗の対象が広がる〈第2反抗期〉の二つの時期におもにわけられる．自我の発達，自立性の獲得において，重要な過程として位置づけられている．

781 晩婚化
the trend toward later marriage

社会全体で見たときに平均初婚年齢が従来よりも上昇すること．晩婚は結婚自体をしない非婚とは区別されるが，両者は連動しており，*少子化とも関連する．日本では1975年以降，男女ともに平均初婚年齢が一貫して上昇し，生涯未婚者も増加している．結婚を否定する傾向は少なく，適当な相手がいないために結果として晩婚・非婚が進んでいると思われる．→婚姻

782 犯罪
crime

法律に違反し，処罰の対象となる行為．法律は，何が犯罪であるか，またそれに対してどのような処罰を加えることができるかについて規定している．これらの規定は当然，国により時代により異なる．また個々の行為が犯罪に該当するかどうか，そしてどのような処罰がふさわしいのかは，一定の手続きを経て確定される．それでは，法律上の規定は何を根拠にして決められ，どのように運用されるのか．

*デュルケムによれば，その根拠は社会の構成員が共有する〈集合感情〉にある．つまり，犯罪行為とは集合感情を傷つけることであり，処罰とは傷つけられた集合感情を回復させることである．しかし，*ラベリング理論によれば，その根拠はもっと政治的なものであり，法律上の規則は〈道徳的起業家〉(ある規則を立法化しようと活動する人たち)による*社会過程の産物である．この観点からは，犯罪は道徳的起業家が罰則をともなう規則を首尾よく創設することによって構成され，個々の犯罪行為は，規則執行者がその規則をある人びとに適用し〈犯罪者〉のレッテルを貼る過程のなかで確定される．→逸脱，社会問題，非行，ホワイトカラーの犯罪

783 犯罪社会学
criminal sociology

犯罪の原因や刑事政策の効果について研究する社会学と犯罪学の一分野．19世紀の犯罪学はイタリアを中心に発展し，1830年代に犯罪の統計的研究を行なったケトレや，80年代に生物学的・人類学的観点から〈生来性犯罪人〉説を唱えたロンブローゾなどが有名である．20世紀にはいると，犯罪の原因を社会環境に求めるラカサーニュにより犯罪社会学の基礎がつくられた．またタルドの模倣論や*デュルケムの社会的連帯に関する考察も理論的に重要な示唆を残した．1920年代になると，シカゴを中心にアメリカで都市における*犯罪・*非行研究が始まり，社会解体論に基づくスラッシャーの『ギャング』(27)，ショウとマッケイの『少年非行と都市地域』(37)などの数多くの実証研究が著されるとともに，サザーランドの分化的接触理論なども提起され，50年代以降は，*マートンの*アノミー論やクラワードとオーリンの分化的機会構造論，コーエンの*逸脱下位文化理論など理論的発展を見た．これとは別に，ベッカーやレマートらの*ラベリング理論は，統制側との相互作用のなかで逸脱者がどのように形成されていくかという視点を提起した．近年では，社会解体論を理論的・実証的に洗練させていく研究展開も見られる．→逸脱

784 バーンスティン
Bernstein, Basil
1924-2000

イギリスの*教育社会学者．ロンドン大学で研究，教育に携わる．社会階級とその言語行動の関連をおもに言語コードに焦点を合わせて追究する．特に労働者階級，中産階級にそれぞれ関連づけて指摘した〈*限定コード〉〈精密コード〉の発話タイプは，*言語社会学研究に寄与した．著書に，『言語社会化論』(1971)，『教育伝達の社会学』(75)，『〈教育〉の社会学理論』(96)などがある．→社会言語学

785 反ユダヤ主義
anti-Semitism

欧米社会で歴史的に形成されてきた，ユダヤ教徒一般に対する偏見と差別感に基づく，ユダヤ人排斥の主張と運動．フランス革命をはじめとする解放以前，多くの西欧社会でユダヤ人は都市ではゲットーに押し込まれ，就業の自由や*市民権は否定されていた．その後も，社会不安の発生のたびにスケープゴートにされ襲撃された．19世紀末からのシオニズム運動の台頭はこれへの彼らの対応である．第2次大戦中のナチス・ドイツのホロコーストで反ユダヤ主義は絶頂を迎えた．今日でも，ユダヤ教徒人権団体の監視は続けられている．社会学的には，人びとの社会意識とりわけ*権威主義的パーソナリティに潜む一要素として，反ユダヤ主義を定式化する試みも行われてきた(アドルノ他『権威主義的パーソナリティ』1950など)．→人種差別，人種主義

786 ピア・グループ
peer group

興味関心,社会的地位,年齢などが共通している親密で対面的な*小集団.仲間集団,同輩集団ともいう.具体的には地域社会における同年齢の子ども集団や,職場における仕事仲間集団などが挙げられる.*家族とともに,*第一次集団としての機能が注目される.→インフォーマル・グループ

787 ヒエラルヒー
hierarchy

上下の序列.階統秩序.もともとはカトリックの教権の秩序を意味する言葉であった.社会学的には,たとえば*階層関係を背景とするような力と*威信の大小の関係(権力関係,支配関係)をさす場合と,近代*官僚制に見られるように,機能的観点から上下の権限関係が定められている場合が区別される.しかし後者の場合も,しばしば上下の支配関係に転じやすい.

788 比較社会学
comparative sociology

空間的または時間的に異なる社会や集団や社会現象を比較することにより,それらの個別の,または共通の特徴や意味を明らかにする研究方法.このような意味での比較社会学は,多くの研究者が事実上とっている方法である.比較という方法を特に重視したのは*デュルケムと*ウェーバーで,前者は,『自殺論』(1897)で,国別・宗教圏別・集団別・時代別等々の自殺のデータを収集・比較し,後者は『宗教社会学論集』(1920-21,全3巻)で,宗教と経済倫理の関係についての資料を様々な世界宗教について広範に集め,比較している.ただし,デュルケムは自殺という行為の社会的性格を,どちらかといえば比較を通して通文化的にとらえようとしたのに対し,ウェーバーはきわめて明白に,西欧固有の経済倫理の特質を認識するために比較を行うとした.何のための比較かという点で,二つの研究は好例を提供する.その後,比較社会学的研究は,国ごとの統計の比較,人類学的な<*文化の型>の比較,共通の質問票による複数の国の意識の比較,性・世代・民族などの集団の相互間の比較など,様々な手法により行われているが,何を明らかにするための比較か,真に比較可能な同質のデータが得られているか,といった点の吟味はつねに欠かせない.

789 ひきこもり

自宅や自室に閉じこもって他者との交渉を避け,その中だけで生活の多くの時間を過ごすような状態.1990年代以降,特に注目されるようになったが,*不登校の子どもたちに見られる一つの現象であった段階から,学齢期を過ぎた20代から中高年にいたるまで見られる現象となりつつある.家族外の人びととの交渉だけを避ける場合や,家族にも姿を見せず食事なども自室でするような場合もある.本人とそれに関与する他者との相性や適応関係,本人の意思と周囲の期待との軋轢,人間関係が*ストレスとなる社会状況などがかかわっている.

790 非言語コミュニケーション
nonverbal communication

言語以外の媒体を通じた個人間コミュニケーション.*身振り,顔の表情,まなざし,個体間の距離など,様々な"もの"や"関係"に意味を読み取り,その意味を共有しながら広範な相互作用・コミュニケーションが行われる.言語に基づかないこうしたコミュニケーションは,対面的関係のみならず,マンガ・絵画・映像・標識といったメディアがつくりだす現代の情報環境のなかで,言語コミュニケーションに匹敵する広がりをもっている.→コード,パーソナル・コミュニケ

非行
delinquency

(おもに少年の)*逸脱行為．日本における法律的概念としては，非行少年とは少年法の対象となる犯罪少年(14歳以上20歳未満の刑法犯または特別法犯で，家庭裁判所に送致される)，触法少年(刑罰法令に触れる行為をした14歳未満の少年で，通常，児童福祉法の対象となる)，虞犯少年(少年法が規定する虞犯事由のいずれかに該当し刑罰法令に触れる虞のある少年)をさす．このように法律上の扱いが成人と異なるのは，少年を責任能力のない保護されるべき対象とみなしているからである．そのために〈虞犯〉のように成人であれば問題とならない行動に公的機関が介入したり，刑事裁判であれば重視される適正手続きが少年審判においては軽視されたりするという問題も指摘される．社会学的には，少年の逸脱行為全般をさすことが多く，法律的概念よりもはるかに広い．また，法律には違反しないが社会通念上問題となる成人の逸脱行為を非行とよぶ場合もある．→犯罪，犯罪社会学

被差別部落

歴史的に形成された根深い差別意識により，交際，結婚，就職などにおいて差別を被ってきた集落．そのうち，行政が地域改善対策事業(同事業)の対象とした一部の地区を同和地区という．1993年の総務庁の実態調査では，全国で対象地域4603，人口89万人余であった．"穢多"など封建時代の被差別層が身分的に固定されるのは江戸時代で，封建四身分の外に最底辺の賤民される層として設定され，その居住地が"部落"と通称された．1871年のいわゆる「身分解放令」にもかかわらず，部落差別は続き，人びとは劣悪な職業，生活，文化の条件のもとにおかれた．その差別からの解放の運動として，全国水平社(1922年創立)の運動が組織され，第2次大戦後には部落解放同盟を中心とする運動が展開された．1960年代には，同和対策協議会(60年設置)の答申に基づき同和対策事業特別措置法(69)による事業が行われ，生活向上，環境改善に一定の成果をあげた．しかし，問題はなお根深く，被差別部落出身者の就職・結婚における差別，地域の生活・交際圏の狭さ，識字の水準，子どもの学力と進路保障などは依然として解決されるべき課題である．なお近年，部落差別問題を国内問題とせず，国際連帯のなかで解決しようとする運動も行われている．→差別，同和教育

ひとり親家庭福祉
social welfare for one-parent family

母子家庭や父子家庭など，ひとり親家庭の自立を援助し，生活問題の解決を図る社会的諸施策．具体的には，年金や*公的扶助・手当による経済保障，雇用・労働保障，保育・養育や親が病気の際の家事援助，相談業務などが提供されている．従来，母子家庭や父子家庭は欠損家族とされていたが，両親の存在を前提とする家族観が批判され，ひとり親(単親)家庭という用語に改められた．ひとり親家庭への福祉対策は，貧困層に限定されていた母子福祉を母子家庭一般に広げ，さらに父子家庭にも広げることで成立した．ただし母子家庭では中高年女性の就職や賃金の男女格差に起因する経済的問題が深刻で，豊かな社会のなかでの〈貧困の女性化〉が指摘されるのに対し，父子家庭では妻にまかせがちであった家事・子育ての困難さや，そのために残業ができなくなるなど就業への制約・収入減など，*ジェンダー秩序を反映した問題の相違もある．日本では母子家庭対策として母子及び寡婦福祉法はあるが，父子福祉対

794 批判的社会学
critical sociology

1960年代から70年代に，学生，黒人，女性などの異議申し立て運動を背景に，*実証主義的科学観に立つ社会学理論・社会調査を告発し，科学批判と社会批判を同時に行おうとした社会学の流れ．ドイツにおける〈実証主義論争〉で実証主義の現状肯定的傾向を衝いた*アドルノや*ハーバマス，〈社会学の社会学〉の視点を導入して反省的社会学を提唱したグールドナー，政治的ラディカルとして地域や実践運動に参加した人びとなど，多様な流れを含む．→フランクフルト学派

795 非暴力直接行動
nonviolent direct action

暴力に訴えることなく，抗議や支持の意思を，敵手や一般市民に対して直接表明し，要求や主張の正当性を訴えようとする行動．デモ行進，座り込み，ボイコット，ストライキ，断食などの方法がある．暴力的に弾圧しようとする権力側の不当性と，運動側の道義的な正しさや団結力をアピールしようとする．ソローに始まり，インド独立運動のガンディーや黒人*公民権運動のキング牧師が〈非暴力不服従〉の思想と運動スタイルを確立してきた．

796 日雇い労働者
day-laborer

日本の労働力調査では，日々または1ヶ月未満の契約で雇われる者，としている．雇用者の従業上の地位は常雇い・臨時雇い・日雇いに3分類されるが，日雇いは2002年は116万人で雇用者の2.2%．就業形態の多様化が進展し臨時労働者が増加する一方，日雇い労働者数は過去30年間ほぼ一定である．建設・土木作業の日雇い労働者は未熟練で，雨が降れば就労できない不安定な生活を送る．近年はこの層の高齢化にともない*外国人労働者が参入している．→不安定就労，就業構造

797 ヒューマニズム
humanism

一般的には人間の自由，人格の尊厳を重視し，これを抑圧するものに反対する思想．古典的には，中世キリスト教的束縛に抗し，ギリシア・ローマ的な人間世界を理想化し，現世的な欲望・寛容・人体美などを肯定する思潮(ルネサンス思想)として登場．18-19世紀西欧では，理性や寛容を説く啓蒙思想，人間の個性や内面性を重んじるロマン主義思想などにこれが示された．20世紀以降は，*人権思想というかたちで*生存権も含みつつ具体化され，各国で法制化を導く理念となり，様々な運動を生じさせる力となった．それは，労働の*疎外，*人種迫害，*戦争，核兵器，環境破壊など，人間の自由や安全をおびやかす脅威が種々感じられるようになったことの結果でもある．一方，やや異なる用語法として，観念的・抽象的に人間の主体性を想定する立場を〈ヒューマニズム〉とよぶ場合もあり(*人間中心主義とほぼ同義)，これは*構造主義などの立場から批判の対象とされる．

798 ヒューマン・リレーションズ
⇒ 人間関係論

799 標準偏差
standard deviation

ある変数xについての実測値x_iがn個あったとすると，〈各実測値x_iと平均値$\bar{x}$との差の二乗〉の総和が変動，変動をnで割ったものが*分散，分散の平方根が標準偏差S_xである．よって

$$S_x = \sqrt{\frac{1}{n}\sum_{i=1}^{n}(x_i - \bar{x})^2}$$

となる．平均値に次いでよく用いられる統計量．標準偏差は，いずれも実測値のバラツキ(散布度)が大きいほど大きくな

り，バラツキの大きさを示す指標となる．ただし，一般に平均値が大きい変数ほど標準偏差の値も大きくなるので，標準偏差を平均で割った変動係数を用いる場合もある．

800 評定尺度 rating scale

ある事柄について，人びとの主観的評価をもとに，序列づけないし*数量化を行う方法，およびその作業の結果を意味する．主観的評価は，自分自身について評価する場合と，他者の立場から評価する場合とがある．たとえば，自分の職業のランクを，高い，ふつう，低いの三つに分ける場合は，自分自身についての評価であり，人びとの評価に従って（たとえば調査を行うなど）各職業のランクをスコア化（数量化）する場合は，他者の立場からの評価である．→一次元的尺度，態度尺度

801 平等 equality

人種・国籍・性別・財産・家柄・出自・*社会的地位などのいかんにかかわらず，人間としての価値において差異はなく，異なる扱いをすべきでないとする理念．身分制的な特権が認められていた前近代とは異なって，〈法の前での平等〉は近代*市民社会の最も基本的な原理の一つである．しかし現実には様々な格差が存在し，*社会主義運動や女性解放運動，黒人の*公民権運動のように〈実質的な平等〉を求める動きも大きな影響力をもってきた．能力に応じた分配の差異をどの程度容認するのか，同じスタートラインに立つべく〈*機会の平等〉を重視するのか，〈結果の平等〉を重視するのかも，*社会的公正や*福祉政策をめぐる大きな論争点である．産業化の進展とともに実質的な不平等が拡大しつつあるのか，縮小しつつあるのか，また教育がどのような効果をもたらすのかをめぐって，計量的な手法により世代間の社会的地位の移動（*社会移動）に注目する階層研究が行われている．→社会的不平等，差別

802 平等主義 egalitarianism 〈仏〉égalitarisme

*近代社会においての法の下での*平等を越えて，実質的・社会的平等の実現をめざす思想をさす．歴史的には，土地の分配，私有財産廃止などを唱えるイギリス17世紀の水平派やフランス革命後のバブーフ，ブオナロッティらが，平等主義者または平等派とよばれる．しかし今日の平等主義は，*民主主義における自由主義的な側面の重視に対し，その社会的平等の側面の重視を志向する立場といえる．すなわち，社会成員間の格差を是正すべく*所得再分配をめざし，具体的には*社会保障，医療・住宅の保障，教育の無償，累進税制などに重きをおく思想をさすといってよい．

803 標本抽出法 sampling method

*母集団から標本を抽出する方法．母集団を構成する要素の集まりを標本とよぶ．標本はデータを測定する直接の対象である．標本抽出法は無作為抽出法と有意（有為）抽出法に大別される．標本データから母集団の数量（パラメータ）を推定するには，無作為抽出法によるデータでなければならない．無作為抽出法（ランダム・サンプリング）は母集団を構成するすべての要素に，標本として選ばれる確率を等しく与えて抽出する方法であり，有意抽出法はこの条件を与えない抽出法である．無作為抽出のデータからは標本データの統計量とパラメータとの誤差（標本誤差）が計算できるため，様々な*統計的検定を適用することが可能になる．なお，標本抽出法の不備による誤差を非標本誤差というが，これは計算できない．無作為抽出法は現実の場面では系統抽出法，*多段

804 標本調査 sampling survey

標本抽出した対象に対して行う調査. *母集団の構成要素すべてを対象にして行う調査を全数調査(悉皆(しっかい)調査)といい, その一部を抜き出して調査を行い, その結果から母集団の数量を推定する方法をとるのが標本調査である. 母集団が大規模である場合, 全数調査は膨大な労力と資金を必要とするが, 適切な*標本抽出法を用いて行われた標本調査であれば, それほどの労力と資金をかけなくとも母集団の数量を少ない誤差で推計することができる.

805 貧困 poverty

人間としての最低の生存または当該社会での最低の生活を維持できず, 経済的のみならず身体的・精神的荒廃にいたるような状態. 貧困の原点としては, 社会全体の経済水準が低く, 飲まず食わずで生活費が工面できなかったり, 極端には飢餓が目前にある絶対的貧困という状態が考えられ, 今なお途上国では解決課題である. 一方, 〈*ゆたかな社会〉が実現された現在の先進国においても, 必要とされる生活様式が営めない*相対的剥奪という不平等が貧困として措定され, *スティグマとして孤立感や差別感をともなう状態が存在する. そこにいたるには個人的な要因もあれば, 社会的に構造化された要因もあり, 後者には資本主義社会で生起する*失業にかかわる諸問題や, 高齢者・障害者・女性・エスニシティなど特定カテゴリーの人たちが陥りやすい傾向などの問題がある. 他方で, *ジンメルは関係主義的な視点から, 生活状態としての貧困に着目するのではなく, 救済の政策対象として公的機関によってラベル貼りをされることで浮き彫りになる〈貧者〉に焦点をあてている. 経済学者のA. センは, 〈人の能力(capability)〉における平等, すなわち, 当該者と社会環境の間に, 資源の利用可能な状態が現実的に達成できているかを視野に入れ, *社会的公正をめぐる問題提起を行なっている. →相対的貧困

806 貧困線 poverty line

生活水準がそれ以下であれば*貧困であることを示す基準線. 19世紀末のブースのロンドン調査やラウントリーのヨーク調査などで提起された. ラウントリーは収入の絶対的不足による第一次貧困と, 家計の破綻による第二次貧困とをわけ, 前者を肉体的能力の保持に足りない貧困線の水準と規定した. 彼は, 労働者は生涯のうちの少年期・子育て期・老年期において貧困線以下の水準に陥ることを明らかにし, *ライフサイクル論への端緒をも開いた. →家族周期, 最低生活費, エンゲル係数

807 貧困の再発見 rediscovery of poverty

〈*ゆたかな社会〉となった先進諸国において, 見えにくい形で貧困状態に陥っている人びとや世帯がおり, それへの社会的認識が高まったり, 政治問題化すること. 多くの人びとの生活水準の向上により*貧困はなくなったと評されたりもするが, 高齢者や母子・障害者の世帯, *エスニシティの相違など特定カテゴリーの人びとが構造的に貧困に陥りやすい社会状況は払拭されていない. 絶対的貧困から*相対的貧困へと貧困認識が変化しつつも, ガルブレイスが『ゆたかな社会』(1958)においてある地域やある集団に散らばって点在する〈島の貧困〉ととらえた以上に, 貧困は残存している. 60年代のアメリカ, イギリスで大いに注目され, アメリカでは〈貧困への戦い(war on poverty)〉が政策的に宣言されたりした. 現代における*ホームレスへの着目

なども，50-60年代の〈貧困の再発見〉と類似した側面が指摘できる．

808 | **貧困の文化**
culture of poverty

人類学者O.ルイスの『貧困の文化』(1959)や『ラ・ビーダ』(66)が提起した，経済的な剝奪をこうむる貧困な人びとの間に認められる，生活の型，信仰，典型的な行動様式．ルイスは，レッドフィールドの調査したメキシコの村落を40年代に再調査し，農民社会に関する彼の見方を批判し，*貧困という絶望的な環境に生きる子どもは〈親から習得した文化〉のために貧困から脱出を試みようとしない，とした．剝奪，差別，わずかな教育，福祉への依存，男尊女卑などの否定的な要因が，教育の軽視や短絡的な欲求充足という住民の態度や行動を形成する，というルイスの著書をうけ，〈貧困の文化〉が存在するのか否かが論議された．貧困層の両親から子どもへと習慣や伝統が継承されるという主張は，必ずしも証明されていない．しかし，都市*スラムへの移住者の生活史を扱ったルイスの記述方法は画期的であった．

809 | **ファシズム**
fascism

広義には，第1次大戦から第2次大戦の間にイタリア，ドイツ，スペイン，日本に生じた反議会主義的，権威主義的，軍国主義的な政治支配体制．狭義には，1922年から43年までイタリアを支配したムッソリーニとファシスト党による政治運動と政治体制を支えたイデオロギーのこと．スペインのフランコ体制，ヒトラーのナチス・ドイツ，日本の大政翼賛体制なども，立憲主義と議会政治，民主主義を否定し，独裁者崇拝と全体主義的な支配体制を好み，強い国家と指導体制を求めた．社会主義・共産主義を否定する一方，国民労働者の支持獲得のため，資本主義改革をめざす疑似革命政党の装いを凝らす．社会学的には，このファシズムを支持した民衆の意識構造と社会背景に注目が寄せられてきた．*アドルノらの『権威主義的パーソナリティ』(50)も，そうした問題意識に立つ．→ナチズム，フランクフルト学派

810 | **不安**
anxiety

特定の対象に対する怖れが恐怖であるのに対し，原因や対象がはっきりと自覚されないような漠然とした怖れが不安である．社会学では社会的状況や社会関係のもとでの精神的不安定，無力感，無意味感などに焦点があてられる．不安が個人の感情であるのに対し，社会不安(social unrest)という場合には，人びとが社会的不満や苛立ち・興奮などを経験し，*群集心理やパニックなどにいたる契機となるような社会的な不安定状態をさす．→ストレス，防衛機制，アパシー

811 | **不安定就労**
precarious employment;
contingent work

契約期間が短期であるために雇用が臨時的・不安定である就労のこと．未熟練労働であるために賃金も低く，生活も不安定．臨時，*派遣，*日雇いの雇用形態をとる．建設・土木作業の日雇い労働者が典型であるが，製造業，サーヴィス業にも見られる．企業にとっては中核労働者の人数を一定に維持しながら業務の繁閑に応じて雇用を調整するために必要とされる．パートタイム労働者の多くは近年〈基幹パート〉として常用労働力化しており，ここには含めない方が適当であろう．→就業構造，出稼ぎ，フレキシブル労働

812 | **フィッシャー**
Fischer, Claude S.
1948-

ハーヴァード大学大学院卒．カリフォルニア大学バークレイ校

教授.*ワースの*アーバニズム理論の内在的検討を通して，都市は，社会解体ではなく，むしろ構造的分化を通して多様な*下位文化を生み出すとする〈アーバニズムの下位文化理論〉を提唱，*都市社会学に大きな影響を与えた．また，この理論を検証するための用具として*社会的ネットワーク分析を採用，北カリフォルニア地方において大規模な調査を実施した．調査結果は必ずしも下位文化理論を全面的に支持するものではなかったが，その成果をまとめた『友人のあいだで暮らす』(1982)は，ネットワーク調査の古典となっている．その後，アメリカにおける電話の社会史的研究『電話するアメリカ』(92)を発表するなど，社会構造の連帯性を強調する視点から，経験的方法によって，*モダニティの再解釈を試みている．→シカゴ学派

813 フィランソロピー
philanthropy

慈善活動が一般的な意味であるが，社会学上では非営利の社会貢献活動のこと．ギリシア語の philos（愛）と anthrōpos（人類）という言葉が語源．個人の自発的活動も含むが，多くの場合は民間*ヴォランティア団体，*NGO・NPO，企業などによる*公益をめざして利益を生まない活動をさす．その多くは企業が資金提供した財団による芸術文化活動への助成，資金援助，あるいは科学研究への助成，顕彰と賞金の授与などの形態をとっている．

814 フィールドワーク
fieldwork

研究の対象である社会的世界に，研究者が直接接触して観察する*社会調査のスタイル．もともとフィールドワークは，*異文化理解を主眼とする文化人類学で採用されていた調査方法であるが，近代の都市的産業社会においても，微視的な相互作用や*下位文化の研究には不可欠の調査スタイルである．フィールドワークの方法は，従来，経験に基づく職人芸であると見られてきたが，近年では，フィールドノーツの作成法や整理法などマニュアル化が進み，方法論としての自覚化が進みつつある．→質的調査法，参与観察法，エスノメソドロジー，グラウンデッド・セオリー

815 夫婦家族
conjugal family

夫婦，または夫婦と未婚の子からなる家族．一つの*核家族で構成される家族．夫婦家族は分類のための概念であり，制度的・規範的な概念である夫婦家族制とは異なる．夫婦家族制は既婚子が親と別居することを原則とする家族制度であり，こうした制度下にある家族を夫婦制家族とよぶ．夫婦家族は夫婦家族制以外の制度下でも出現する．→直系家族，複合家族

816 夫婦別姓制度

*婚姻によって姓を変えないことを法的に認める制度．日本の民法では結婚後に夫婦のどちらかが改姓し，姓が同一となることを条件に婚姻を認めている．しかし，世界的に見れば結婚しても姓を変えない国（中国，韓国）や，姓を本人が選択できる国（英，米）などがあり，婚姻の成立要件に結婚後の改姓を求める制度は単なる一つの類型にすぎない．夫婦別姓制度は婚姻にかかわらず姓を変えない制度であるが，日本では改姓するかどうかを本人が選択できる選択的夫婦別姓への要望が社会的に大きくなっており，2002年現在，立法化が検討されている．こうした背景には，職業キャリア上改姓が不利益をもたらしうること，多くの場合女性に改姓が要求されることへの不公平感，*離婚の増加，*少子化による一人

817 フェティシズム fetishism

元来は、あるものに超自然的・神秘的力が備わっているとして崇拝する西アフリカの未開人の慣習からとられた用語で、物神性や物神崇拝を意味する概念でもある。*マルクスは、フェティシズムの対象が貨幣や商品となっている近代産業社会の*疎外状況を指摘し、社会科学の用語としても一般化した。性愛論では*性的倒錯の一つとされ、異性の存在そのものではなく、異性の身体の一部や身につけているものを性愛の対象とする性向をさす。

818 フェミニズム feminism

女性解放思想・運動の総称。大きく二つの時期に分けられる。19世紀から20世紀前半にかけての第1波フェミニズムでは、女性参政権運動を中心に教育や財産、様々な権利の分配の不平等に対する抗議運動が起きた。1960年代以降には、法的平等のみによっては実現されない女性差別の問題を焦点化し、特に文化を通じて人びとの心理や価値観にまで浸透しているセクシズム(*性差別主義)を明らかにしその変革を求める運動が欧米を中心に起こり、日本にもウーマン・リブなど大きなうねりを引き起こした。この第2波フェミニズムでは、コンシャスネス・レイジング(意識変革)という方法による自らの心理に根づいた"女らしさ"の意識改革の実践、男性優位の*家父長制、*性別分業に基づいた労働システムの解明と分析、さらに〈個人的なことは政治的なこと〉であるというスローガンのもと、家族や恋人関係といった個人的領域における男女の権力関係や暴力(→性暴力、ドメスティック・ヴァイオレンス)、ポルノグラフィなどが問題視され、広範囲にわたって支配関係の変革の取り組みが現在も行われている。→ジェンダー、女性学、女性史

819 フォーディズム Fordism

大量消費を前提とした大量生産方式およびその経済体制。流れ作業を自動車生産に導入したヘンリー・フォードにちなんでグラムシが命名した。部品の規格化と工程の標準化によって単純労働者を雇用しコストを削減する一方、大規模な生産設備を使用する大量生産で製品価格を下げ大量消費を促す。*レギュラシオン学派が使用する場合には、単なる生産方式のみならず第2次大戦後の経済体制を意味し、フォーディズムが完全雇用・大量消費によって生活水準の向上を目的としたケインズ主義福祉国家を実現させたことをさす。しかし1980年代以降、製品市場の飽和化、*グローバリゼーションにともなう経済変動の振幅の拡大、*発展途上国の市場参入にともなう競争激化などの要因により壁にぶつかり、資本主義はポスト・フォーディズムに移ったとされる。ポスト・フォーディズムの内容は論者によって異なるが、1)労働力と機械(マイクロエレクトロニクス)の双方に柔軟性を高めた、フォーディズムの精緻化の極致ともいうべきネオ・フォーディズム、2)多品種少量生産と企業間ネットワークを活用する中小企業が代表する〈柔軟な専門化〉(flexible specialization)、3)断片化された*ポストモダニズムとの関連から国家独占資本主義のもつ国家規制の弱体化した政治経済体制、などが代表的な説明である。→科学的管理法、フレキシブル労働

820 複合家族 joint family

夫婦と複数の既婚子夫婦(およびその子)からなる家族。*核家族が世代間・世代内の両方に結合した家族。

複合家族は分類のための概念であり，制度的・規範的な概念である複合家族制とは異なる．複合家族制は親夫婦が複数の既婚子夫婦と同居することを原則とする家族制度である．複合家族制下でも既婚子がいなければ*夫婦家族の形態をとりうるし，既婚子が一人しかいなければ*直系家族の形態をとりうる．

821 複婚家族
⇒ 一夫多妻制・一妻多夫制

822 福祉国家 welfare state

20世紀半ば以降本格的に成立した，基本的人権思想と*社会福祉・*社会保障制度を中核に，*国家が人びとの生活保障に責任をもつ社会体制．その成立には，中央政府中心の管理・実施・財源の責任体制，完全雇用を目標とする政府の経済介入，大衆民主主義と利益誘導型政治の成立などの歴史的前提が指摘できる．

福祉国家の社会学的把握は，経済―政治―社会の各要因に順次比重をおく形で展開してきた．〈福祉国家収斂説〉を唱えたH.ウィレンスキーは，1950年代以降の先進諸国の経済成長が福祉国家を志向する類似の体制を成立させたとする．しかし，70年代の低成長期に財政負担の増大や生活介入の管理社会的性格への批判からでた〈福祉国家の危機〉論後，政治指針の違いから，英米の政労使激突的な新保守主義的対応と，スウェーデンの政労使協調的なネオ・コーポラティズム的対応への分岐が確認され，それが〈収斂の終焉〉(*ゴールドソープ)と称された．また，エスピン＝アンデルセンは，脱商品化と階層性，家族や社会集団の関係といった社会構造の相違に焦点をあて，自由主義・保守主義・社会民主主義の3類型の〈福祉(国家)レジーム〉を提起した．

また近年は，財源増加の前提たる経済成長への環境保護主義からの批判，家父長制的な家族観・社会制度への*フェミニズムからの批判も強く，地方分権化や福祉多元主義(準市場やNPOの活発化)に基づく〈福祉社会〉がめざされる一方，90年代以降の経済の*グローバリゼーションによって福祉国家の財政運営や労働力移動に多大な影響がおよび，一国に閉じた形で福祉国家を考えることは困難になってきた．→社会政策

823 福祉指標 welfare indicators

GNPなどの経済指標の限界を補完するものとして登場した社会指標のうち，広義に〈より良き生(well-being)〉たる福祉に向けた価値判断を重視した指標構成をさす場合と，狭義に*社会福祉の政策やサーヴィスの提供実態を測る指標をさす場合がある．前者は〈*生活の質〉研究を下支えする指標だが，後者にも，提供水準にとどまらず，サーヴィスへの〈接近可能性accessibility〉や*アメニティといった観点が付加されてきた．測定技術的には提供水準に関するインプット指標だけでなく，その効果に関するアウトプット指標やプロセスへの着目も高まり，政策評価研究という領域との融合も目立ってきている．

824 福祉政策 welfare policy

人びとが抱える生活問題の解決や生活上の必要(ニーズ)を満たすために，中央政府・地方政府を中心として行われる社会的諸方策．狭義には高齢者や障害者，子どもや家庭に向けた*社会福祉サーヴィスに関する政策のことをさすが，福祉概念の多義性により，1)それに所得保障政策，医療保障政策，雇用・労働政策，住宅政策，教育政策などを加えて*社会政策全般を，経済政策と対比させてさす場合，2)さらに人びとの幸福や厚生をめざす*公共政策一般までを含めていう場合もある．政策は法規や財源によって規定されるが，社会学的

には政策決定過程や，政策実施過程の検討も重要である．政策決定過程を担う中核の"テクノクラート官僚"に対して，政策実施過程を担う中核は，街角や窓口で対面的に問題を処理するという意味で"ストリートレベル官僚"とよばれる．ストリートレベル官僚は，その裁量権を通じてクライアントに生殺与奪の政策効果をおよぼすこともあれば，対人的で個別的な対応が求められる福祉サーヴィスにおいて，公平性をどう実現するかという問題に直面することもある．

825 複製文化
culture of mechanical reproduction

大量に生産・複製・消費される文化，ならびにその文化形態のこと．本来，複製とは，オリジナルなものに模して同様なものをつくりだすことを意味する．原本を写した写本が典型である．しかし現在，複製文化という場合は，印刷物，写真，レコード，CD等，オリジナルなしに大量に生産複製された作品や文化財をさす．19世紀に始まる複製文化の特質を〈一回性の現象〉というアウラの消失をともなった新たな視聴覚空間の出現としてとらえたベンヤミンをはじめとして，*アドルノやブーアスティンなど多くの社会学者がこの文化形態の分析を試みた．→マス・コミュニケーション，映像文化

826 父系制/母系制
patrilineality/matrilineality

ともに単系の出自体系．出自（系譜）が男子を通じて連鎖するのが父系制であり，女子を通じて連鎖していくのが母系制である．父系制では父と子，母系制では母と子が同じ出自となる．母系制でも*親族組織中で権力を握るのは男性で，母の兄弟が親族組織の財産管理を行う．日本の〈家〉のように出自が一義的に定まらない場合は双系制という．

827 父権/母権
patriarchy/matriarchy
〈独〉Vaterrecht/Mutterrecht

*権力や優越的な*地位が，父と母のいずれに属しているかによって社会を分類する概念．父権による支配が制度化されていることを父権制ないし*家父長制とよぶが，これは歴史上広く認められ，古代ローマ社会や戦前の日本の*〈家〉制度などもこれにあたる．一方，母権は父権の対概念としてスイスの法制史家バッハオーフェンによって提示された．彼は，父権制が普遍的であるという従来の説に対し，ギリシア神話など古代の神話や伝承の解読を通して，人類は母権制から父権制へと歴史的に発展したと論じた（『母権論』1861）．しかし，地位や財産が父から子へ（父系）ではなく，母から子へと相続される母系社会の存在は認められるが，その場合でも権力や権威は男性に属しており，母権社会の存在は現在まで確認されていない．そのため，現在の歴史学や民族学では，母権という概念を用いることは稀になっている．→父系制/母系制

828 フーコー
Foucault, Michel
1926-84

フランスの哲学者．高等師範学校で哲学・心理学を専攻し，精神医学の理論と臨床を学ぶ．ヨーロッパ各国で研究・教鞭をとったのち，1970年コレージュ・ド・フランス教授．ハイデガーやニーチェの影響をうけ，人間の主体性や*アイデンティティという西欧近代の中心的形象が歴史的にどのように成立したのか，その系譜，出自の解明を大きなテーマとした．特に，医学や人文科学などの知について，また懲罰や狂気，*セクシュアリティの言説について，それをささえる慣習や知識，思考の様式自体を問

い直す〈考古学〉という方法で歴史的分析を加えた．様々な言説の編成・配分を規定する認識論的な場をエピステーメとよび，時代により異なる非連続的なものとみなす一方で，排除や抑圧だけではなく積極的に規格化を行う力作用としての*権力のあり方に焦点をあて，知や真理，人間の身体と権力の関連を解明した．『言葉と物』(66)，『監獄の誕生』(75)，『性の歴史』(76-84)など．

829 プッシュ要因/プル要因
push-pull factors of labor mobility

国内および国際的な労働力移動を引き起こす要因としてよく指摘される．おもに国境を越える労働力移動や海外移住の要因．プッシュ要因とは労働供給地の労働力を送り出す要因，プル要因は労働力を引きつける要因で，所得格差・労働力の過剰―不足などが挙げられる．これは労働力の需要と供給に関する経済的要因によって移動を説明しようとするもので，大枠において有効なものとみなされるが，経験的にはこれに合致しない例は多い．一定の地域との間の定常的な移動(たとえば，旧植民地と旧宗主国)が多く見られることや，移民過程の成熟に従い複数の国にわたる移民コミュニティが成立し，移動は経済的要因に拘束されなくなることなどは，社会学的要因による説明を必要とする．→国際労働力移動, 移民

830 物象化
reification
〈独〉Versachlichung; Verdinglichung

人間と人間の関係が当事者の意識においてモノとモノの関係であるかのように現象すること．*マルクスが『資本論』(1867-94)において〈商品の物神的性格〉として論じたものを，*ルカーチが物象化として定式化した．*バーガーらは物象化論を現象学と結びつけ，物象化を近代資本主義に特有の現象としてではなく，社会関係一般において生じうる現象としてとらえた．→フェティシズム

831 不登校
school nonattendance

ある学校段階の生徒・学生でありながら，社会からみて妥当な理由が希薄なまま継続的・長期的に学校に登校しない状態．〈登校拒否〉の概念によって議論される時期もあったが，当該個人の心理的・身体的問題にのみ起因するのではなく，家庭・学校・社会での対人関係や制度の仕組みの要因が多重にからまるという認識が広まったり，実態の増加が明らかになってきたことにより，本人への原因帰属より状態に着目する概念として，〈不登校〉が使われるようになってきた．自己否定的意識から，身体不調や*ひきこもり，家庭内暴力をともなう場合もあるが，その意識を払拭するため，心理的弱さから"学校にいけない"のではなく，状態として"学校にいかない"のだと象徴的に語られることもある．不登校の子どもたちの学びや成長の確保，人間関係形成のため，居場所づくりや*フリースクール，ホームエデュケーションの動きも活発化しており，それを通じて教育制度や学校の実態が問い直されている．→脱学校社会，学校文化，いじめ

832 浮動層・浮動票
floater and floating vote

時点を異にする選挙において，同一または同傾向の候補者ないし政党に投票することがなく，予想をつけにくい流動的な*投票行動を行う投票者を浮動層とよび，浮動層によって投じられた票を浮動票とよぶ．地元の候補者，業種を代表する候補者，階級利害の代表者への投票が予想される選挙においては，ある程度固定化した票数・結果も予想された．

しかし*都市化が進んで候補者と地域的利害の結びつきがはっきりしなくなったこと、階級構造が変化して*階級・*階層への帰属が不明確化したこと、変化し多様化する利害を既存政党が代表しえなくなったこと、*無党派層の増大などによって、浮動票が増加してきた。現在では浮動票の動向次第で選挙結果が左右されることが多く、その投票行動は重要な研究テーマとなっている。一般には、浮動層には事件や政治キャンペーンに情緒的に反応する層と、政治情勢の変化を見きわめ、冷静に候補者を選択する層の二つのタイプがあるといわれる。→政治意識

ブードン
Boudon, Raymond
1934-

フランスの社会学者。フランス社会学に数量的、統計的手法を導入した、実証主義的な社会学者。日本では、*社会移動や*教育社会学などの分野での研究が知られており、社会移動指標の一つであるブードン指数は、日本の*SSM調査の分析にも用いられた。その他、社会学史、社会学方法論、社会学の認識論、社会調査法、社会変動論、行為理論、社会心理学など多方面にわたる著作がある。主著は、『社会学の方法』(1969)、『機会の不平等』(73)など。

プライヴァシーの保護
protection of privacy

プライヴァシーは私事・私生活に関する個人情報のことで、これをみだりに*マス・メディアや公的機関などによって取得・公開されない権利と、その社会的な保護を意味する。個人の自己情報を自らコントロールする権利として〈プライヴァシーの権利〉が求められている。近年、プライヴァシーの保護が強く叫ばれる背景には、1960年代に始まる情報化とマス・メディアによる過剰な取材の問題がある。コンピュータの普及によって、クレジットカードの利用にともなう銀行・クレジット会社等による個人情報の電算処理や、政府・地方公共団体による個人情報の電算処理が急速に拡大した。こうしたなかで、学歴、年収、趣味、余暇時間、病歴までにいたる大量の個人情報が、商取引や違法な行為によって第三者によって取得されうる機会が増加した。また、90年代からの*インターネットの普及はネット取引などによる個人情報の流出の危険性を強めた。こうした状況に対応するため、80年に経済協力開発機構(OECD)は「プライヴァシー保護と個人データの国際流通についてのガイドラインに関する理事会勧告」を公表、日本でも「行政機関の保有する電子計算機処理に係る個人情報の保護に関する法律」を89年に施行。2003年には、法人・個人を問わず個人情報の取り扱いに法的義務を課す「個人情報の保護に関する法律」が制定された。→言論・出版・表現の自由、調査倫理

プライヴァタイゼーション
privatization

社会的・公的事象よりも私的な事象に、より関心をはらうことを優先させる生活態度・*ライフスタイルのことで、私秘化、私生活化とよぶこともある。私生活化が進行する背景には、可処分所得の上昇、生産や労働よりも消費や余暇を重視する*消費社会化の進展、制度化された*意思決定過程に対する疎外感の増大、*マス・メディアによる家庭空間の娯楽化など、多様な要因が関連している。とはいえ、1950年代のアメリカ社会の変容を分析したリースマン、60年代のイギリスの労働者の意識変容を論じた*ゴールドソープ、70年代の日本社会における私生活化を明らかにした田中義久、

宮島喬．80年代のアメリカ中産階級の生活様式を〈ライフスタイルの飛び地〉とよんだ*ベラー等の仕事が示すように，きわめて長期にわたる，先進国に共通した動向とみることができる．私生活化の問題は，労働，地域社会への参加意欲の減退による*コミュニティの活力の低下，社会的・政治問題への関心の希薄化ないし無関心などに示される．→私生活主義

836 ブラウ
Blau, Peter Michael
1918-

アメリカの社会学者．オーストリアに生まれ，アメリカに移住．*組織論，*社会移動研究，*社会過程論などをおもな研究領域とする．*マートン門下で機能分析を用いた経験的研究を行い，*社会変動への関心から，個人や集団の関係を支配する社会過程に注目，その理論構築をめざす．*交換理論や社会構造論において主要な貢献をはたした．『交換と権力』(1964)，『アメリカの職業構造』(ダンカンとの共著，67)．

837 プラグマティズム
pragmatism

知識や思考や認識などを，内面的な過程としてではなく，それらが行動を通じて実際の生活のなかでもつ実践的な結果と関連づけて考える思想．1870年代にパースによって唱えられ，概念が行動に対しておよぼす影響がその概念の意味であるとする"プラグマティズムの格率"に由来する．その後19世紀末から1930年代にかけて，ジェームズ，デューイ，G.H.*ミードらによって展開された．パースの友人であったジェームズは有用性を真理の基準とする真理論を唱えて，プラグマティズムを広め，デューイは思考を行動の道具ととらえる*道具主義を提唱，プラグマティズムの立場から教育論を展開した．シカゴ大学にあったミードは，〈*自我〉を*社会的相互行為の産物とみなす社会的自我論を展開して，*象徴的相互作用論に大きな影響を与えた．

838 フランクフルト学派
〈独〉Frankfurter Schule

1930年代のはじめフランクフルト大学の社会研究所に集合し，亡命によりアメリカに活動拠点を移しつつ，フロイトをベースとした*マルクス主義の自己批判を通して，既成の社会学的思考の解体をめざした社会科学者の集団．*ホルクハイマーの指導のもとに，社会研究所を拠点に共同研究を展開した第1世代には，*アドルノ，フロム，ベンヤミン，マルクーゼらが含まれるが，彼らはユダヤ系のため*ナチズムの勃興とともにドイツを追われ，ベンヤミンを除いてアメリカに亡命した．その間の弁証法に由来する〈媒介〉概念をキーワードにした学際的研究は〈社会意識論〉の視角からする*ファシズム研究の傑作『権威と家族』(1936)，『権威主義的パーソナリティ』(50)に結実した．50年代のはじめホルクハイマーとアドルノはドイツに帰国し，社会研究所を再建．そこで育った*ハーバマス，A.シュミットらの第2世代にとってアドルノの影響は決定的であった．哲学的地平からする，社会の実証的研究の限界性の指摘，文化的前衛の立場からのポピュラー・カルチュア研究は，以後の世代に，科学批判・文化批判の範型を提供するものであった．→批判的社会学

839 プリコーディング／アフターコーディング
pre-coding/after-coding

調査票上で回答カテゴリーに対応したコードがあらかじめ確定されている場合にこのコードをプリコードといい，調査実

施後にコードを定義する場合にこのコードをアフターコードという．それぞれの方法による*コーディングをプリコーディング，アフターコーディングとよぶ．能率がよいのはプリコーディングであり，通常の*質問紙調査はこれを前提とする．一方，アフターコーディングは自由回答などに用いられる．

840 **フリースクール**
free school

既存の学校のあり方にとらわれず，*不登校や中退，*ひきこもりなど学校になじめない子どもたち個々の事情に応じた自由な学びの場の確保をめざす民間の施設．学習活動より子どもの居場所という性格を重視する施設はフリースペースともよばれる．日本では1980年代以降，セルフヘルプ・グループ（*自助組織）の色彩をもって登場してきた．学校教育の厳格なカリキュラムと異なり，小規模，話し合いと行動・課題の自主的決定を重視し，施設と親の連絡会や地域との交流機会なども多く設けられている．→脱学校社会，脱施設化

841 **フリーダン**
Friedan, Betty
1921-2006

アメリカのフェミニスト．現代の女性解放運動の創始者とみなされている．『新しい女性の創造』（1963）の著者で，アメリカの中産階級の女性の現状から，妻や母親の役割に限定する〈女らしさの神話〉が抑圧を生み出していることを指摘し，伝統的な*ジェンダー役割関係を批判，全人格的な人間として成長していくよう呼びかけた．66年に全米女性連盟を設立，女性解放運動において主導的役割を果たした．→フェミニズム

842 **フリー・ライダー**
free rider

コストを負担せず，"ただ乗り"する人．*社会的ディレンマの一種．*公共財の場合は原理的にコストを負担しない人が利益を享受することを排除できない．そのため特に大きな集団では，自己利益を追求しようとする個人はコスト負担を回避し，公共財の恩恵のみを享受しようとする"ただ乗り"が必然化する．投票率の低下はその一例．これを防ぐには貢献度に応じて利益を提供する選択的誘因の提供が不可欠であるとされる．オルソンの『集合行為論』（1965）が代表的な研究で，社会科学全般に大きな影響を与えた．

843 **ブルーカラー**
blue-collar workers

生産現場，建設現場，鉱山などで肉体労働に従事する労働者が元来の意味．ブルーカラーは*ホワイトカラーに比べて，低賃金，不充分な雇用保障，昇進制限，低学歴，*労働災害の危険，など不利な労働条件を抱えているために，その改善を求める労働運動の主体であった．

日本の場合，2001年の労働人口に占める比率は32.5％で過去50年間それほど大幅な低下はないが，若年層が生産現場を嫌う傾向が強まり，技能継承に問題が生じている．ブルーカラーの技能レベルは熟練・半熟練・未熟練に分類されるが，職種が確立していない日本ではこの分類は利用しにくく，生産ラインの直接労働者と，修理・保全担当の間接労働者の区分を使用している．ME（マイクロエレクトロニクス）やIT（情報技術）などの技術革新によって熟練職種が必要とする知識の範囲は拡大し，多能工化も進展して，職務に知的熟練が求められてきている．一方，未熟練職種は機械への代替が進んでいる．→労働者意識，階級意識

844 **ブルデュー**
Bourdieu, Pierre
1930-2002

フランスの社会学者．コレージュ・ド・フランス教授等を務めた．差異

や不平等を再生産しながら象徴的にその秩序を正統化する社会のメカニズムを，*階級，*階層その他の下位集団と実践に関連づけながら明らかにした．その研究対象は，教育，家族，婚姻，農民戦略，文化的趣味，言語活動，大学世界，メディアなどにおよぶ．方法的には，構造的見方を重視しながら行為者の実践（プラティック）による構造の再生産を視野に入れ，その実践における*文化資本の役割に考察を加えることで，*文化的再生産論とよばれる社会分析の視点を打ち出した．なお，文化資本について，言語能力や知識のみならず，広く*ハビトゥスまで含めてこれをとらえた点は，彼の創見といえる．晩年には，被排除者の視点から現代社会の支配メカニズムや市場原理を批判する社会的発言を積極的に行なった．著書に『遺産相続者たち』(1964)，『再生産』(70，以上パスロンとの共著)，『*ディスタンクシオン』(79)，『実践感覚』(80)，『世界の悲惨』(93)などがある．

845 ブルーマー
Blumer, Herbert G.
1900-87

アメリカの社会学者・社会心理学者．*象徴的相互作用論の創設者で命名者．主著に『シンボリック相互作用論』(1969)．感受性喚起概念の提起や*集合行動論の研究でも知られる．ミクロな*社会過程を重視し，具体的な諸個人が織りなすミクロな相互作用の総体としての社会像を提起した．*シカゴ学派の代表的な研究者の一人で，シカゴ大学，のちカリフォルニア大学バークレイ校教授となった．

846 フレキシブル労働
flexible work

市場の条件変化に柔軟に適合できるような労働を意味し，具体的にはその雇用形態，勤務形態，賃金体系，職務範囲，雇用契約期間などのいずれかが見直された働き方．1980年代以降失業問題に苦しんでいたEU諸国で，*労働市場の硬直化に対応するための概念として登場した．数量的柔軟性（人数，労働時間），機能的柔軟性（多能工化，配置転換の容易さと拡大，就業形態の多様化），金銭的柔軟性（賃金体系や賃率の見直し，業績給の導入），業務の外注化など，従来の固定した職務と賃金決定方法，正規雇用などを見直す働き方一般をさす．情報技術の進展，グローバル化による競争激化を背景に，全世界で拡大傾向にある．→派遣労働者，不安定就労

847 フレックスタイム制
flexitime

変形労働時間制度の一つで，労使協定に基づき，労働者が各自の始業時刻と終業時刻を自由に決められる制度．1日の労働時間帯をコアタイム（必ず勤務すべき時間帯）とフレキシブルタイム（いつ出社・退社してもよい時間帯）に分けて実施する．1日8時間・週40時間労働規制を標準として残したまま，単位期間内の総労働時間で時間外労働分が算定される．仕事と家庭の両立，通勤ラッシュの回避，モラールや生産性の向上，などのメリットが期待できる．しかし効率が落ちる側面もあり，長期不況で廃止する企業も出てきた．

848 フレーム分析
frame analysis

人びとができごとや事物をリアルなものとみなす意味づけの枠組みをフレームという．*ゴフマンは，『フレーム分析』(1974)で，リアリティを構成し，社会的な経験として組織化していく過程を分析し，人びとはリアリティの多層な構造をつくりあげるフレームづくりの能力を共有していると考えた．*社会運動論の文脈では，ゴ

フマンと*象徴的相互作用論の影響をうけ，スノーらは，*資源動員論では参加者の動機づけの説明が不十分であるとして，運動組織と成員の相互作用に着目した．運動に参加する個人の利害・価値観・関心と社会運動組織の目標・活動などを調整し，参加とコミットメントの動機づけを説明する分析枠組みが，フレーム分析である．*反原発運動が"住民投票による地域住民の自己決定"を新たな運動目標として導入し，運動の自己定義を変化させ，新たな運動の支持層を獲得する過程は，〈フレーム転換〉による潜在的支持層への〈フレーム架橋〉の一例である．

849 | **フロイト**
Freud, Sigmund
1856-1939

オーストリアの精神医学者，*精神分析学の創始者．1938年ナチスの迫害を受け亡命，ロンドンに没する．神経症の治療法の探求に基づき，人間の深層心理の動的なメカニズムを明らかにし，精神分析学を創始した．*無意識の心的構造に光をあて，そこにおける性的エネルギー（リビドー）の動きと*自我によるその抑圧が，人間の意識過程を様々に規定しているという見方を打ち出した．この説は意識過程中心の従来の心理学への挑戦であり，また*家族，*文化，芸術など多方面の著作とあいまって理性中心の西欧文明観にも大きな衝撃を与えた．著書に『精神分析入門』(1916-17)，『集団心理学と自我の分析』(21)，『文化のなかの不安』(30)などがある．

850 | **フロイト学派**
Freudian school

フロイトの創始した*精神分析学および彼の深層心理学の理論を受け継ぐ治療家，精神医学者，さらにそれらの影響下にある心理学者，社会学者などの総称．治療家としてフロイト理論に忠実な人びと，"汎性説"としてフロイトを批判し初期に離れていった人びと（アドラー，*ユングら）がいる．フロイトのリビドー説を緩和あるいは修正し，社会・文化的要因を重視しながら研究成果をあげた者はきわめて多いが，文化人類学的観点も交えパーソナリティ構造を論じたカーディナー，対人関係の分析を行なったサリヴァン，*アイデンティティの理論家*エリクソンなどが著名である．より現代に近い*ラカンやレインもここに含める見方もある．社会学的に重要なのは，フロイト説と*マルクス主義を結びつけ現代社会の抑圧性やナチズムの批判へと進んだ社会学者，心理学者たちであろう．ライヒ，*アドルノ，フロム，マルクーゼらがそれで，〈フロイト左派〉の名称もあてられる．学派といっても，人的つながりは必ずしもない，ゆるやかな研究潮流とみるべきであろう．

851 | **プロテスタンティズムの倫理**
〈独〉 protestantische Ethik

現世内的禁欲，すなわち現世の中で神の道具として行為することが，最も神によろこばれる道であるとみなす倫理的生活態度の典型．『プロテスタンティズムの倫理と資本主義の精神』(1904-05)の中で*ウェーバーが定式を与えた．プロテスタンティズムでは，カトリックの修道院のような現世の外での禁欲的行動は宗教的に是認されず，また仏教のように瞑想によって神と合一化を図ることも許されない．プロテスタントが体現した現世内的禁欲が，宗教的意味づけを失い，単なる行動的禁欲主義に変容すると〈職業人〉という人間類型が生まれる．→資本主義の精神，エートス，呪術からの解放，宗教社会学

852 プロフェッショナリズム
professionalism

医師, 法律家, 聖職者などの*専門職を他の*職業から区分する特徴のことで, その職業独自の高い能力・技能と職業倫理を意味する. 専門職の成立要件として, 長期の教育訓練とその結果として獲得される高度の知識・技能, 厳しい資格審査, 公共の福祉への貢献, 独自の職業倫理や職業団体, などが含まれる. 職務遂行そのものが職業の目的であり, そこに全人格が投入されると同時に個人的・職業的責任が負わされること, 金銭という外在的な報酬が目的とされないことが他の職業と異なり, 歴史的に尊敬されてきた. 職業倫理として, 私利に結びつく金銭や権力によって仕事の質を左右されてはならないという*規範があり, そのため学問の自由・信仰の自由をめぐって国家と対決したり, 職業団体が国家への*圧力団体として機能する場合もあった. *ヴェブレンは社会の技術者支配を理想としたが, *マーシャルの場合は金銭的価値からは自由でありながら人間的価値尺度をもつ専門職の影響力に期待した. →社会的地位, 威信, キャリア

853 文化
〈英, 仏〉culture 〈独〉Kultur

語源的にはラテン語のcultus(栽培, 世話)に由来し, 心の世話から精神の洗練という意味に転じてきた. そのような意味合いはドイツ語のKulturなどに見られる. しかし今日, 人類学や社会学では一般に, 文化とは人間の現実的・想像的な生活経験の象徴化されたもので, 伝達可能な, 社会的に決められた意味の脈絡(コンテクスト)をなすもの, といった程度に理解されている. 文化の形態は, *ブルデューにならえば, 客体化された形態(芸術作品, 道具など), 制度化された形態(学歴資格, 教育カリキュラムなど), 身体化された形態(社会的に習得され身についたふるまい方やものの見方など)に分けることができよう(「文化資本の三状態」1979). 文化の〈意味〉はつねに明瞭でも一義的でもなく, 言語規則や葬祭時の服装のように意味の説明がほとんど不可能であるものもあり, 人が主観的に付与する意味と, 暗に社会的に解されている意味の間にもしばしばズレがある.

社会学的には, ある社会における複数の*下位文化(サブカルチュア)の存在, 言いかえると*階層, 地域, 性, *エスニシティなどによる文化の相違が重要である. これら諸文化の間にはたいてい支配的文化(主流文化)―下位文化(マイノリティ文化)という序列が働いていて, その担い手層の社会的序列と多かれ少なかれ対応している. したがって文化の社会的機能を問うとき, 社会統合的な機能のみをみるのではなく, 特定の集団の存在や行動様式を正統化することで差異化, さらには差別化を図るという機能にも目を向けるべきであろう.

854 文化資本
〈仏〉capital culturel

学校教育, 職業生活, 社交などの活動の場において個人または集団の有する文化的有利さの可能性の大小をいう. *ブルデューとパスロンが『再生産』(1970)で用いた. 〈言語資本〉〈芸術資本〉〈学校的資本〉〈社会関係資本〉などの用語が使われるが, それらの上位概念. 当人の属する*階層, 家族をはじめとする社会環境のもとで伝達される知識, 言語能力, その他様々な*ハビトゥスなどから構成されている. ブルデューは文化資本の様態として, 身体化されたもの, 客体化されたもの, 制度化されたものという三つの区別も行な

っている．文化資本は，*文化的再生産のメカニズムを説明する上でのキー概念として設定された．→ディスタンクシオン

855 文化社会学
cultural sociology

この言葉には社会学史上の特殊な用法もあるが，今日では様々な文化現象を社会学的に扱う研究の総称として使われる．言語，文学，芸術，宗教，教育などその対象は多様であり，個別の社会学分野として確立しているもの(*宗教社会学，*教育社会学など)もある．方法については，*文化と社会の関係をとらえる上で，上部構造—下部構造論，*機能主義，*構造主義，*文化的再生産論，現象学的アプローチ，*エスノメソドロジーなど多様な方法が展開されている．また*カルチュラルスタディーズのような独特の研究潮流もある．なお，〈文化社会学〉(Kultursoziologie)という言葉は，形式社会学の抽象性を批判して第1次大戦後に登場した社会学研究の立場(フライヤー，*マンハイムら)を限定的にさす場合もある．

856 文化相対主義
cultural relativism

文化の地域的・歴史的多様性，そして各々の文化の独自な価値を認め，文化間の序列化と，普遍的評価基準の存在を否定する考え方．これは，欧米中心主義や*オリエンタリズム，より一般的には，*エスノセントリズムを批判するもので，文化人類学者F.ボアズやR.ベネディクトらによって主張された．これに対し，普遍的な価値への懐疑論に陥るとして，その危険を指摘する批判もあるが，今日でも，民主主義の実践度を基準にして文化を序列化する，欧米的価値基準への批判は強く，その観点から文化相対主義が擁護されることが多い．→異文化理解，多文化主義

857 文化的再生産
cultural reproduction 〈仏〉reproduction culturelle

階層的地位や職業的地位の再生産的な伝達において，文化的な諸要因が関与する事実ないし過程をいう．一般に上層階層の子どもが高い比率で高等教育に進み，社会的に類似の有利な地位を達成し，庶民階層の子どもが進学の失敗また断念により，類似の低い*社会的地位に留まるという傾向が見られ，そこに文化的な要因も関係していることは，社会学者たちによって確認されてきた．*ブルデューらは，上層のメンバーの獲得している文化は学校教育で伝達される文化モデルに近く，それだけ有利な*文化資本となることを強調した(『遺産相続者たち』1964,『再生産』70)．また*バーンスティンは，ミドルクラスと労働者階級の言語コードを比較し，学校教育を通して前者の〈精密コード〉の有利さが打ち立てられていくとした(『言語社会化論』71)．さらに*ジェンダーという文化的要因が，特に庶民階層では男女の教育・*職業的社会化に相違をもたらすという指摘もなされている．ただし，社会的地位や*職業の再生産は，たとえば農民の子どもが教員になり，経営者の子どもが芸術家になるといった変換の過程も含むので，そうした変換を可能にする文化的性向(勤勉さ，まじめさ，美的な見方などの*ハビトゥス)の伝達をも解明しながら，文化的再生産過程をとらえる必要がある．→限定コード/精密コード，学校文化，ディスタンクシオン，ジェンダー秩序

858 文化の型
patterns of culture

*文化を構成する諸要素は，脈絡のない集合ではなく，何らかの*価値や*態度によって全体として統合されているとする見方から主張さ

れる概念．R.ベネディクトが『文化の型』(1934)のなかでこの考えを明確化した．彼女は，先住民(インディアン)文化の考察から〈アポロ型文化〉(温和で調和的)と〈ディオニュソス型文化〉(激しく競争的)という二つの型を導き，のちの『菊と刀』(46)でも，この見方から日本人について〈恥の文化〉という文化の型を抽出している．しかし，このような統合的な〈型〉の存在を想定することは，経験的アプローチを不徹底にし，単純化や思弁に陥る恐れがあるとする批判もある．→罪の文化/恥の文化

859 **文化変容** acculturation

異なる二つの文化が接触することにより，一方あるいは双方の文化が影響しあい変化すること．文化触変ともいわれる．1930年代にネイティヴ・アメリカンの*同化が進む状況下で，伝統文化の変化を考察した社会人類学者のR.レッドフィールド，*リントンそしてM.J.ハースコヴィッツらは〈独立の二つ以上の文化が直接に接触することによって，その一つあるいはすべての文化システムに変化が起こる現象〉と定義した．当時の文化人類学者の念頭にあったのは，伝統文化が西欧文化と接触して変容・同化していく際に生じる社会解体の危機だった．今日，欧米文化に接触した*マイノリティの側に生じる文化の変化をさすことが多いが，このような文化変容の見方は一面的である．→異文化理解，状況の定義

860 **文化類型** ⇒ 文化の型

861 **分権化** decentralization

*意思決定などの権限，権力を下位に委譲すること．上位に権限を集中させる集権化と対比される．企業などの組織内での分権化と，中央政府と地方自治体の間での地方分権化がある．一般に集権化は迅速な決定を可能にするが，分権化する方がプロセスへの参加感が高まり，現場の実情を反映した決定が行われやすい．従来の日本の行財政の中央集権的で画一的なあり方への反省から，地方の自主性や個性を尊重した地方分権化がすすめられている．→地域主義，相違への権利，セクショナリズム

862 **分散** variance

量的データの散らばりを見る測度の一つで，〈平均値からの距離の二乗〉の平均値．測定対象 i における変数 x の実測値を x_i，変数 x の平均値を $\bar{x}$ としたときに，全数調査の場合は

$$\sigma_x^2 = \frac{1}{n}\sum_{i=1}^{n}(x_i-\bar{x})^2$$

が，標本データから*母集団の分散を推計する場合には

$$S^2 = \frac{1}{n-1}\sum_{i=1}^{n}(x_i-\bar{x})^2$$

が用いられる(不偏分散)．分散の平方根が*標準偏差である．分散が大きいほどデータは平均値から遠い値をとることになり，散らばりが大きいことを意味する．分散が小さいほどデータは平均値に近く，平均値の代表性は高いものとなる．

863 **分散分析** analysis of variance; ANOVA

複数の群(グループ)平均値が*母集団ですべて等しい，という帰無仮説を検討する統計分析法．複数の群平均値を比較する際に使用される．群平均と全体平均との距離に基づく*分散(級間分散)と，各群内における測定値と群平均との距離に基づく分散(級内分散)との比(F値)を検定統計量として使用する．→統計的検定，統計的有意性

864 **紛争** ⇒ コンフリクト

865 文明化の過程
〈独〉Prozeß der Zivilisation

*エリアスの用語．個人および集団がその感情，衝動，攻撃性等をコントロールする行動様式を獲得していく歴史的過程．これは社会構造の変化，国家形成の過程と関連する．この観点から，フランスの近世以降の宮廷社会の社交世界の成立などが説明された．感情規制とふるまいのモデル化は，ナイフ・フォークの使い方から洟をかむ行為，寝室での作法等々にまでおよんでいく．文明化は，上層階級に課される強制・抑制を意味するとともに，より下層の者に対する差別化の手段をもなしている．→社会史

866 分離主義
separatism; secessionism

国家内の*マイノリティが，民族的自立，さらに独立を求めて領土的な分離を要求すること．*民族としての利益やアイデンティティの実現を求める*ナショナリズムは，その目標に応じて多様な形をとる．1)文化(言語)の権利の獲得に重きをおくもの，2)一定領域内の自治を求めるもの，3)独立の政治共同体(国家)の設立またはそれへの領域的合体を求めるものなどがあるが，第3のものが分離主義とよばれる．第2次大戦後，民族自決の権利を主張して政治的自由と独立を求めるマイノリティの動きが活発化した．国家が連邦化や自治を認めないと，より急進的な分離を求める動きが生じやすい．他方，*分権化や自治を容認する先進国内の分離主義の運動(バスク，コルシカなど)は，住民の支持を得にくい少数の運動となっている．→民族自決主義

867 平均余命
life expectancy

生命表の関数によって計算される，当該年齢まで生きた人たちがこの後何年生きられるかという予測数値．生命表とは，ある時点の出生者のうち生存者が0人になるまでの生存・死亡の状態を年齢別にあらわした統計表である．人口の死亡動向や医療や衛生の水準を測る指標でもある．このうち，出生時の平均余命を特に平均寿命とよぶ．平均寿命は乳児死亡率の影響を大きく受け，その改善によって平均寿命は統計上飛躍的に延びる．日本の平均寿命は第1回生命表(1891-98)で男性42.8歳，女性44.3歳，第2次大戦後の第8回生命表(1947)で男性50.06歳，女性53.96歳だったが，そこから急激に延び，2001年では男女とも世界最高水準の男性78.07歳，女性84.93歳であり，女性ではまもなく〈人生90年〉時代の到来が予想されている．→高齢化

868 ベヴァリッジ報告
Beveridge Report

1942年に戦後イギリスの*福祉国家形成の基本骨格を提示した王立委員会の報告書．正式名称は『社会保険および関連諸サーヴィス』であるが，W.ベヴァリッジが委員長であったことから，こうよばれることが多い．完全雇用や家族手当，国営医療の実施を前提に，ナショナル・ミニマムを基本原則に社会保険による所得保障が構想された(→シヴィル・ミニマム)．戦後の労働党政権で構想の多くが政策化される一方で，均一拠出・均一給付原則のもつ限界も露呈したが，各国の*社会保障の制度化に大きな影響を与えた．

869 ベラー
Bellah, Robert N.
1927-

カリフォルニア大学教授．*デュルケムや*パーソンズの影響のもとに，社会の道徳的凝集力に関心を向け，日本やイスラーム，アメリカ文化の研究を行

う.『徳川時代の宗教』(1957)では,日本が成功した*近代化の要因として徳川時代以来の*集団主義と業績達成主義を指摘した.その後,アメリカの公共的対話や*アイデンティティの支えとなる市民宗教論を展開.『心の習慣』(85)では現代アメリカの過度の個人主義に警鐘をならした(→習慣).→宗教社会学

870 **ベル**
Bell, Daniel
1919-

アメリカの社会学者.主著に『イデオロギーの終焉』(1960),『脱工業社会の到来』(73),『資本主義の文化的矛盾』(76)などがある.20世紀後半の先進産業社会の*社会変動の動向をいち早く洞察し,言論界・思想界に大きな影響を及ぼした.イデオロギーとしての*マルクス主義の終焉,資本主義体制と*社会主義体制の収斂,*消費社会の進展,サーヴィス経済と専門職・技術職が優位する*脱工業社会の到来などの主張で注目を集めた.東欧からの貧しいユダヤ系移民の子どもとしてニューヨークで生まれ育った.自ら称しているように,1930年代後半から40年代にかけて,ニューヨークで社会主義の問題に関心をもち精神的な自己形成を遂げた"ニューヨーク知識人"の一人で,30年代には社会主義運動に関与,40年代から『フォーチュン』などの編集者として著作活動を開始し,マルクス主義的な立場を離れ*ウェーバー的な立場に移行する.コロンビア大学教授などを歴任.

871 **ペルソナ**
〈ラ〉persona

舞台俳優のつける仮面の意味から転じて,対人関係での*役割や*自我に見られる演技性や虚構性をしめす.性格や人柄をしめす*パーソナリティの語源でもある.まず,相互行為における役割や役柄の遂行を仮面をつけた演技と見て,〈本当の自我〉と区別される,〈表層で営まれる自我〉ととらえる.しかし,仮面をとれば深層に確固として存在するとされる自我にもペルソナ性は潜んでおり,再びその背後に真の自我を想定するというように,無限の言及が繰り返される.むしろ,自我をペルソナをめぐる諸行為の効果としてとらえ,ペルソナによってこそ自我が表れ出るとする考え方もあり,タークルは『接続された心』(*Life on the Screen*, 1995)において,インターネット時代の〈オンライン・ペルソナ〉という事象を指摘している.

872 **偏見**
prejudice

ある個人や社会集団に対する,不確かな情報に基づいて形成される否定的態度や観念.集団的に共有されると組織的差別などの社会問題を生む.不確かな知識や偏った知識を学習することによって,人びとは時には憎悪や*ルサンティマンなどの感情をともなった偏見を抱くようになる.しかしそれは個人の知識や文化,*パーソナリティの問題としては解消されない.他者や他者が所属する集団との経済的格差,政治的地位の格差,社会的役割の格差といった社会構造全体に根ざす場合が多いからである.*性差別,*人種差別の根底にある偏見もそうした社会構造全体との関連でとらえるべき問題であろう.代表的な研究として,G.W.オールポートの『偏見の心理』(1954)などがある.→エイジズム,エスノセントリズム,差別

873 **変数と値**
variables and values

ある人の年間所得が800万円だった場合,〈年間所得〉が変数,〈800万円〉がその値である.このように複数の値をとりうるものを変数という.社会調査において実際に測定される変数には,とりうる値に対して,数字によるコードを与えることが多い(→コーディング).変数は,その値(コード)に付与された数学的性質によっ

て,絶対尺度,比率尺度,間隔尺度,順序尺度,名義尺度に分類される.絶対尺度とは,所得が800万円,友人数が12人といったように,原点〈0〉と単位〈1〉に意味があるものをさす.比率尺度とは,〈800万円〉に〈8〉,〈1000万円〉に〈10〉とコード化する場合のように,原点には意味があるが単位は任意であるものをいう.原点が維持されているので,値のあいだの比率には意味があり,〈8〉が〈10〉の0.8倍であるということはできる.間隔尺度とは,原点と単位がともに任意である尺度をさし,たとえば〈500万円〉を〈0〉として,〈800万円〉を〈+3〉,〈200万円〉を〈−3〉とする場合がこれに当たる.この場合,各値のあいだの距離(間隔)には意味があり,〈+3〉と〈0〉との距離は〈0〉と〈−3〉との距離に等しい.順序尺度は,各値のあいだに順序しかなく,間隔に意味がないものである.たとえば1=〈大いに満足〉,2=〈やや満足〉,3=〈やや不満〉,4=〈大いに不満〉とした場合,順序には意味があるが〈4〉と〈3〉の距離が〈3〉と〈2〉の距離と等しいわけではない.名義尺度は,ID番号のように値と値は相互に区別があるだけで,量的な意味が一切ない尺度である.たとえば,好きな野球チームについて1から12までのコードを用意する場合がこれである.→定量分析/定性分析

偏相関係数

partial correlation coefficient

*相関係数(ピアソンの積率相関係数)は2変数間の関連の強さを示すが,その2変数の間にはもともと関連がないのに,他の変数の影響で見かけ上の関連が生じたり(*疑似相関),逆に本来は関連があるのに,他の変数の影響で見かけ上関連がないという結果が得られることがある.そこで,このような他の変数の影響を除去した上で,2変数の関連の強さを示そうとする統計量が偏相関係数である.偏相関係数は,相関係数と同様 −1から1までの値をとる.当然のことながら,影響を除去しようとする変数に何と何を採用するかによって,数値は異なってくる.→回帰分析

防衛機制

defense mechanism
〈独〉Abwehrmechanismus

不安,苦痛,罪悪感,恥など不快な感情の体験を意識の外に追放し,心理的な安定を得ようとして行う*自我の働き.通常は*無意識的に行われる.最初にこの概念を用いたのは*フロイトで,初期には防衛と抑圧を同義で用いていた.その後,様々な種類の防衛機制が検討され,抑圧のほかに退行,反動形成,置き換え,投射(投影),隔離,打ち消し,自己への向けかえ,昇華,逆転,同一化などが加えられた.たとえばある人に敵意の感情を抱いたとき,その感情を相手ではなく自己に向けて自分を責めたり(自己への向けかえ),相手が自分に敵意を抱いていると思うことで罪悪感からのがれたり(投射),敵意とは逆に極端にへりくだった態度をとったり(反動形成)することなどがある.防衛機制は自我の統合において必要な心的作用であるが,過度に依存したり機能不全をおこすと病的な状態となり精神障害との関連を指摘されることもある.

法社会学

sociology of law

法の生成,制定,適用,変動を社会生活の実態との関連で経験的に研究する分野,ないしその関連の理論化を行う分野.研究は多方面にわたるが,法制定の環境やその社会的背景,運動の影響,法の適用の社会的効果やこれへの社会的抵抗,実際の紛争解

決への法およびその他の社会規範のかかわり等は、法社会学的研究の主題といえる．また，法の変動(新たな制定，改正，廃止，解釈の変更など)と*社会変動はどのように関連するかという問題も，重要な研究テーマである．たとえば，日本における*夫婦別姓制度の法制化をめぐる社会環境と議論の推移などは，こうした法と社会の関係を映し出す格好の事例であろう．法社会学的研究は，その専門性ゆえに法律学者によるものが多いが，*デュルケム，*ウェーバー，G.ギュルヴィッチ，ルーマンなど，社会学者の法社会学への貢献も無視できない．今日では，犯罪・非行，家族，環境，情報などの問題に関して，法律学者，法曹家，社会学者の連係した研究がさかんになっている．

方法論的個人主義／方法論的集団主義

methodological individualism/
methodological collectivism

社会や社会関係へのアプローチにおいて，社会学では伝統的に，全体に注目するか個人に注目するかによって二つの方法が試みられてきた．一つは，社会事象を一つの客観的実在と見るのではなく，構成諸要素とその相互関係からなるものとし，個々の要因の分析から出発して対象全体の特性を把握しようとする立場である．*ウェーバーが代表的であり，個人の行為や個人間の相互関係から社会関係を説明しようとする．それに対し，全体は構成要素に還元できない独自の*創発特性をもつ客観的実在であり，全体そのものを包括的にとらえるべきだとする立場がある．社会有機体説をとなえた*コント，〈*社会的事実〉の一種独特の特性を強調し分析した*デュルケムは，この立場をとる．

これら二つの立場を，〈実在〉は個人か集団かといった議論にコミットすることなく，方法論のレベルで受けとめその相補性を認めるとき，〈方法論的〉個人主義と〈方法論的〉集団主義という概念化が成り立つ．

保健社会学

health sociology

健康や病気ならびにそれへの社会的対応たる保健や医療の諸現象を対象とする社会学の一分野．*医療社会学の研究も含むという考え方もあり，両者を異なるものとしてとらえる考え方もある．*公衆衛生や社会医学の学問分野も，保健や医療の諸現象に社会科学の理論や方法を用い，社会の要因の解明を図るが，それらは医学的・生物学的に疾病の発生や蔓延の防止を主要な目的とする．それに対し，保健社会学は健康や病気の把握や理解，あるいは保健・医療行動そのものの中に存在する社会的・文化的要因や歴史的制約性をも解明しようとする点に特徴がある．慢性疾患や障害・高齢といった要因の比重が高まり，医学的な治療だけでなく，予防や病後の健康管理や*リハビリテーション，社会の健康認識などが重視されるようになってきている現代では，健康をめざすというだけでなく，健康という価値の相対化も重要な課題である．具体的な研究領域としては，健康観の理解や健康指標の確立，ライフスタイルや社会環境と健康との関連の検討，保健行動や健康増進活動の分析などがあげられる．

保護観察

probation and parole supervision

犯罪や非行を行なった者に対して，刑務所や少年院などの矯正施設に収容するのではなく，通常の社会生活のなかで一定の遵守事項を課して更生できるように監督指導すること．執行猶予や仮出所の期

間に保護観察をうけることもある．保護観察の期間中は，保護観察官や保護司が指導・監督にあたる．第二次的逸脱を防止し，社会復帰を促すことを目的としている．→逸脱の増幅回路

880 母集団
population

*標本調査において，統計的記述や仮説検証の対象として理論的に想定され，それゆえ標本抽出のもとになる集団．たとえば，*世論調査において日本の内閣支持率を調べる場合，母集団は日本の有権者全員となる．実際には，全有権者の一部を標本として抽出して調査するが（→標本抽出法），その調査結果をもとに，母集団(全有権者)における内閣支持率を推測することになる．→統計的検定，統計的有意性

881 ポストモダニズム
postmodernism

近代主義(モダニズム)的な思想を批判的にとらえ，乗り越えようとする思想や文化上の動き．建築様式において合理性と効率を重んじたモダニズム様式に対抗して，1960年代に自由や遊び，大胆な色彩などの要素を含んだポストモダニズム様式が登場し，美術や文芸の領域にも広がった．社会思想の領域では，*機能主義や*構造主義に対抗して，むしろ歴史性の重視，解体や脱構築を主張するポスト構造主義の運動が展開された．また，リオタールは『ポスト・モダンの条件』(79)のなかでモダニズムの特徴を理念や未来を論じる啓蒙的な〈大きな物語〉ととらえ，その崩壊と〈小さな物語〉の浸透を指摘した．他方で，ポストモダニズムを，モダニズムの破壊だけが目的となったプレモダンへの回帰にすぎないと見る批判もあり，論争は絶えない．→近代社会，モダニティ

882 ホスピス
hospice

ガンなどの末期患者の終末医療にあたり，*生活の質・生命の質の観点から，死の瞬間まで安らかで充実した生の実感をもって生きられるよう，医療従事者や宗教家，ヴォランティアなどが患者本人や家族に働きかけること，またその場所．延命を優先するのではなく，本人の希望する生き方・死に方を最大限に尊重しようとする．ホスピスはおもに施設ホスピス・ケアとして発展してきたが，現在は在宅ホスピス・ケアの試みも進行している．語源のラテン語 hospitium は，旅人や客に食事や宿泊を提供する，手厚くもてなすという意味である．ホスピスはローマ時代以来の前史を有するが，1967年イギリスのC.ソンダースによるセント・クリストファー・ホスピスの開設をきっかけに，その試みが本格的に制度化されていった．そこでは，治癒より安楽を志向するケア，痛みの緩和，患者と家族のニーズに応じた身体面・心理面・生活面の個別的なケア，学際的な専門家によるチーム・ケアなどが目標とされた．日本では，おもに施設ホスピス・ケアが，〈緩和ケア病棟(palliative care unit)〉での取り組みとして発展してきている．→死の社会学

883 母性イデオロギー
motherhood ideology

母としての性質を女性の本質として規範化する*イデオロギー．母性は多様で曖昧な意味をもつ概念であるが，"女性には子どもを愛し育てる性質が本能的に備わっている"という考えは，歴史的・医学的に根拠が充分でないにもかかわらず，特に近代以降広く浸透してきている．それはまた，愛と情緒，献身や自己犠牲を女性に期待する規範でもあり，社会の中で子を産まない女性を非難したり"母親

884 ホーソーン実験
Hawthorne experiments

*産業社会学の*人間関係論研究の契機となった実験のこと．シカゴ郊外のウェスタン・エレクトリック社ホーソーン工場で実施されたのでこの名称がつけられた．1927-32年，ハーヴァード大学のG.E.メイヨーは*科学的管理法に基づいて，照明などの物理的作業条件が労働者の能率にどう影響するか実験したところ，物理的作業条件の変化とは無関係に能率が向上した．この結果から，労働者は感情をもつ"社会人"であり，職場の*インフォーマル・グループに影響されるという面が新たに注目されることになった．

885 ホッブズ問題
Hobbesian problem

*パーソンズが『社会的行為の構造』(1937)においてホッブズを用いて定式化した，"功利的に行為する諸個人を前提として，いかにして社会秩序は可能か"という問題．パーソンズの*構造＝機能主義の立場の出発点となった．パーソンズは，社会現象は完全にランダムであったり，偶然的であったりするわけではなく，経験科学で理解可能な程度の行為の規則性が存在する(これを〈事実的秩序〉という)として，ホッブズ的な*功利主義の立場を批判し，〈事実的秩序〉は，共通の価値・規範によって行為が制御されているという〈規範的秩序〉の存在によって基礎づけられるとした．→規範的秩序，機能主義

886 ボードリヤール
Baudrillard, Jean
1929-

フランスの社会学者．パリ大学で教鞭をとった．モノ(物)の交換や消費を，非功利主義的な社会的行為とみる*モースやバタイユの見地を引き継ぎ，現代の*消費社会の社会学的な読み解きにおいて新生面を開く．生産中心の従来の社会観に根本的な批判を向け，〈消費社会〉というとらえ方を前面に押し出した．さらに，人びとの消費の営みをモノの効用よりもモノの記号性に向けられた行為としてとらえ，〈記号の消費〉がどのような形式をとるかを独特の用語を用いて記述し，消費と*記号論との接合に先駆的役割を果たす．著書に『物の体系』(1968)，『消費社会の神話と構造』(70)，『生産の鏡』(73)などがある．→広告

887 ポピュリズム
populism

"自らの政治運動は民衆を代表する運動である"とし，既成*エリートや特権的利益集団などの改革や廃棄を主張する，大衆政治の一形態．20世紀半ば以降のラテンアメリカにおける政治状況(アルゼンチンのペロン大統領，ペルーのフジモリ大統領など)や，ポスト共産主義国家にも例をみることができる．共通点として，政治団体に依拠するのでなく，直接民衆に語りかける動員主義であり，民衆の感情的な支持によりながら非階級的な連合を主唱する．大衆の*政治参加を促進するものと，実際には抑制するものに分かれる．→大衆社会論

888 ホマンズ
Homans, George C.
1910-89

アメリカの社会学者．*交換理論と小集団研究が有名である．フィールド調査から*小集団の構造・機能についての経験的命題を抽出した後，『社会行動』(1961)では，社会構造の形成・維持について，法則の把握を試みた．*機能主義には批判的で，心理学的命題に従う微視的な人間の行為の交換に社会

構造の基底的関係を求め，社会的交換理論を提起した．その方法は，心理学的還元主義ともいわれている．

889 ホームレス
homeless

生活拠点としての居宅や家族から離脱して，路上や公園・空き地などでの生活が常態となった人びと．就業の不安定や低所得，家族関係などの崩壊，精神疾患や障害，*薬物依存などを原因として，低所得者や急転落した生活困窮者への居住政策の不備などから発生する．長期間の路上生活は心身の健康や人間的尊厳を失わせることが多い．本来，*生活保護政策において対応すべきと考えられる人びとであるが，居住地を管轄する福祉事務所が処遇するという定住地主義が制度運用の壁となることもあり，従来の*福祉政策の前提が問い直される．→住宅問題，ストリート・チルドレン

890 ホメオスタシス
homeostasis

恒常性維持作用．生理学者のキャノンが1928年に生命の一般的原理として提唱した概念．生体は恒常性を乱すような変化があった場合に，フィードバックによって，これを打ち消すような自動制御機能をもっており，*環境の変化に対応して個体としての生存を維持している．体温の自動調整機能はその一例．*パーソンズは社会もこのような性質をもつと考え，社会システム論に導入した．*サイバネティクスや制御理論に大きな影響を与えた．

891 ホモ・エコノミクス
〈ラ〉homo oeconomicus

自己の経済的利益を最大化することだけを目的として利己的に行動する人間．A.スミス以来，古典派および新古典派経済学において前提とされてきた人間像．"経済人"と訳される．現実の人間の行動は経済的動機だけでなく，様々な*動機に基づいてなされており，ホモ・エコノミクスは，現実の人間の行動から抽象して構成された一種の*理念型としてとらえられる．→目的合理的行為

892 ボランティア ⇒ ヴォランティア

893 ホルクハイマー
Horkheimer, Max
1895-1973

*フランクフルト学派を代表する哲学者・社会学者．1930年フランクフルト大学社会研究所所長に就任．以来，同学派を率いる．ナチス政権の成立にともないアメリカへ亡命，アメリカで研究所の活動を継続した．この間，機関誌『社会研究』(1932-41)を編集し，〈批判理論〉を提唱するとともに，『権威と家族』(36)，『偏見の研究』(49-50)などの共同研究を組織した．また*アドルノとの共著『啓蒙の弁証法』(47)では近代文明に対する根底的な批判を展開した．戦後フランクフルト大学に戻り，アドルノとともに研究所の再建に努めた．→啓蒙主義，道具的理性，批判的社会学

894 ホワイトカラー
white-collar employee

オフィス，店舗などに勤務する管理者，専門技術者，事務職，販売職のこと．生産現場の*ブルーカラーとの対比で使用されることが多い．ホワイトカラーの増大の背景には，第1に，R.ベンディックスが『産業における労働と権限』(1956)で展開したように，私企業の巨大化と*官僚制化の進展がある．それまで企業所有者は技術者も経営者も兼務していたが，官僚制化のために高学歴の経営管理者が必要とされた．第2に，*ベルが『脱工業社会の到来』(73)で主張したように，技術革新の進展が生産部門の雇用者数を減少させ，*サーヴィス産業で

の雇用を拡大させた．第3に，社会保障の充実と*福祉国家への志向が公的部門従事者を拡大させた．日本のホワイトカラーの比率は，2001年労働力調査では51.7%であり，1965年の34.2%と比較して大幅に伸びている．こうした増加は*情報技術(IT)の進展と相俟って，ホワイトカラーがもはやブルーカラーと比較して特権的地位を享受できなくなったことを示している．→旧中間層・新中間層

ホワイトカラーの犯罪
white-collar crime

*ホワイトカラーがその地位を利用して行う*犯罪．犯罪というと，ともすれば暴力犯罪や窃盗，そして特に街頭で突然遭遇する種類の犯罪を考えがちである．しかしこうした犯罪は下層階級に多く見られるものであって，ホワイトカラーに特有の犯罪を見落としがちである．ホワイトカラーの特権的地位を利用した横領，贈収賄，価格操作，不正取引などは，経済社会への影響は大きいけれども発覚しにくい．*犯罪社会学者サザーランドは『ホワイトカラーの犯罪』(1949)で，それまでの犯罪研究の階級的バイアスを指摘した．→逸脱

マ 行

マイノリティ
minority

英語では通常複数形で使われ，〈マイノリティーズ〉とされる．社会のなかで何らかの基準，事実を理由として，*差別され権利を奪われている人びとで，当人たちもそのことを意識し，ときには差別反対や解放のために結束し，抵抗することもある．*国民国家の標準的主流集団として暗に意味されているのは，主流民族に属し，生まれながらに国籍を与えられ，公用語を話す男性で，健常者であり，中産階級に属する人びとである．これに対して周辺・先住民族や移住者など異文化とされる人びと，女性，また性的指向の違う*同性愛者，障害者，高齢者など，社会的諸権利を奪われたり，そうでなくとも不利を負わされている人びとをさして，マイノリティとよぶことが多い．マイノリティの概念は，多義的で曖昧さがあるが，不平等や支配が多様化する現代社会では，様々な層がマイノリティとして浮上し，次第に不可欠な概念となっている．→エスニック・マイノリティ，差別，相違への権利

マーケティング
marketing

消費者の潜在的な欲求を探求しつつ，製品(サーヴィスを含む)を市場に送り出し，普及させるための，様々な企業活動を示す．具体的には，消費者の欲求を探るマーケティング・リサーチやテスト販売，製品仕様の決定，価格の設定，*広告その他の販売促進，販路や流通業者との取引条件の決定などを含む．マーケティング活動は，一方では消費財への需要拡大とそれを通じた利益確保をめざすものであり，消費者に商品を売りつけるための利己的な活動として，批判の的となることがある．しかし他方では，消費者の欲求をくみ上げ，製品化し，人びとに周知させ，合理的な経路で消費者のもとに届けるという機能を果たしており，そういった機能を適切に果たす限りでは，消費社会において不可欠で重要な活動となっている．最近では，非営利組織が行うソーシャル・マーケティングも提唱され，その裾野が拡大している．→消費社会，消費者行動

898 マージナル・マン
marginal man

複数の異なる社会集団に所属するが、どの集団にも完全には所属することができず、集団の境界に位置する人。周辺人、境界人ともいう。*パークの用語で、異なる人種や文化の接触から生まれるハイブリディティ(雑種性、混合性)のうちに既成観念にとらわれない創造的な人間の可能性をみようとした。この点で、先行する*ジンメルの異邦人に関する考察や、*トマスの創造的個人の類型化と一脈通じるところがある。また、*マートンは、非所属集団に準拠しながらその集団から排除されている特殊事例として位置づけている。→準拠集団

899 マーシャル
Marshall, Thomas H. 1893-1981

ロンドン大学教授。社会経済史に基づき、職業、階級、*市民権の拡大などに検討を加えた。ドイツの捕虜収容所での体験から社会学的関心を強めた。『シティズンシップと社会的階級』(ボットモアと共著、1950)や『社会政策』(65)では、市民権の行使が、*国民国家の枠内に限定できなくなっている今日、その再定義が重要性と緊急性を有するとした。主たる関心は*平等と不平等であり、市民権の発展と、特にその内容として、不平等を軽減するものとしての社会権を重視した。

900 マス・コミュニケーション
mass communication

新聞、雑誌、ラジオ、テレビなど、*マス・メディアを介して、様々な情報が、不特定多数の受け手に伝達される社会的コミュニケーション過程。文字・音声・映像情報の大量複製(→複製文化)と記録の技術、そして伝達の高速化と大容量化の技術を基盤に発展してきたといえる。マス・コミュニケーションはこうした技術的側面のみならず、それを利用して情報を生産する資本の活動、政策や法による規制、権力から独立した言論機関の理念等、経済・政治・文化の複雑な作用によって社会的に制度化されたコミュニケーション過程である。したがって、マス・コミュニケーションの問題を考察する場合には、その内部と外部、双方に対する考察が欠かせない。*パーソナル・コミュニケーションと対比して、1)基本的に情報の流れが一方向的であり、送り手と受け手の役割が固定している、2)情報の生産が組織的・集団的であることから組織・経営の論理に左右される、3)多くの受け手に受容されることを前提にしているために伝達される情報が万人向けの性格をもつ、などの特徴が指摘されてきた。しかし近年の情報技術の高度化によって、双方向の情報伝達や、配信システムの多様化が可能になり、マス・コミュニケーションの特徴は大きく変容し始めている。→効果分析、送り手・受け手研究

901 マス・コミュニケーション過程 ⇒ コミュニケーションの2段の流れ

902 マス・メディア
mass media

新聞、雑誌、テレビ、ラジオそして映画など、不特定多数の人びとに大量の情報を伝達する媒体のこと。これらのメディアに共通した特性は、大量の情報を一方向的に、同時的に伝達することで、空間的に離れた社会の構成員が共通のものの見方や経験を共有できる条件をつくり出したことにある。この新たな情報環境をリップマンは*擬似環境とよんで、人びとの判断や行為が、マス・メディアによって造形された情報環境に依存する度合いを高めていると指摘した。マクロな視点から見れば、この過程は、B.アンダ

ーソンが〈想像の共同体〉と指摘した，マス・メディア経験の共有化による均質な空間としての*国民国家を造形するプロセスでもあった．情報テクノロジーの発達にともない，マス・メディアが内包する均質化の力は，今日国民国家を超えて地球規模にまで拡大している．しかし他方で，デジタル放送などマス・メディア技術の高度化，さらにマス・カルチュアの成熟といった様々な契機がからみ合い，マス・メディアが，細分化された受け手に向けて，双方向で情報を伝達するメディアへと変貌する動向も顕在化している（→双方向コミュニケーション）．マス・メディアはその基本的性格と機能を大きく変容させ始めている．→大衆文化，疑似イヴェント，ジャーナリズム

903 まちおこし・むらおこし

典型的には地方の小都市・町村で見られる行政と住民が一体となってすすめる地域活性化の活動・戦略．高度経済成長期を通じて，日本では農村から都市への*人口移動が著しく，特に3大都市圏へ人口が集中して，地方小都市・町村は衰退の危機にさらされた．こうしたなかで1970年代以降，まちおこし，むらおこしの様々な取り組みが行われている．そこには，地域経済の活性化，*コミュニティの志気の向上，地域アイデンティティの再定義などの多様な側面がふくまれている．→過密・過疎問題

904 祭り festival

神をまつり，農村での農産物の豊穣祈願や都市での疫病防除の行事を起源に始まった，集団的な祈り・祝いの行事．非日常的なハレの感覚のもとで，踊り・飲食・飲酒や行列行進，非秩序行動の容認や地位転倒儀礼がなされ，共同体の結束確認や*タブー侵犯による心理的な発散の機能などを果たす．現在は宗教性や祈願性が薄れ，観光的な集客イヴェントの性格や企業の関与も強まっている．また，現代においては記念行事・祝賀行事や博覧会・スポーツ祭典，音楽コンサートなども祭り的な機能を果たすようになっている．→身体の社会学

905 マードック
Murdock, George P.
1897-1985

アメリカの社会人類学者．民族誌資料を通文化的に比較研究するための分類法を作成し，これを用いてHRAFファイル（人間関係地域ファイル）をまとめた．いかなる社会にも*核家族という単位が普遍的に存在するという核家族普遍説を提示した．主著に『社会構造』(1949)．

906 マートン
Merton, Robert King
1910-2003

アメリカの社会学者．コロンビア大学教授等を務めた．*デュルケム，*ウェーバー，*マンハイムらヨーロッパ社会理論の正確な理解と紹介によって1930年代，40年代のアメリカ社会学界に貢献し，方法論的には*機能分析の精緻化に努めるとともに，〈*中範囲の理論〉の立場から経験的データを適切に用いながら様々な理論的一般化を行なった．機能分析については潜在的機能―顕在的機能，順機能―逆機能などの概念を創始し，分析の可能性を広げた．個別の分野や主題では，*アノミーと*逸脱，*準拠集団，*官僚制，*知識社会学，*科学社会学，*マス・コミュニケーションなど広い範囲で透徹した分析と理論化を試み，今日なお社会学研究者によって参照されている．また，*社会問題の社会学を提唱し，社会問題を固定的に前提するのではなく，*文化，*価値，社会関係などと関連づけてとらえて研究する社会学的アプローチを示唆した．主著は『社会理論と社会構造』(1949)で，『科学社会

907 マリノフスキー
Malinowski, Bronislaw K.
1884-1942

社会人類学における*機能主義学派の創設者．ポーランドに生まれ，イギリス，アメリカで活躍．1910年にイギリスに移動し，*フィールドワークの先駆者として，アームチェア学的なイギリス人類学に画期をもたらした．最初のトロブリアンド諸島での調査では，〈先住民の視点〉を強調し，植民地官僚や宣教師とは一線を画す立場を貫いた．26年にはロックフェラー財団がこの学派の研究者に資金提供を認めアフリカでの多くの調査が実現し，そこから人びとの注目を集める人類学が展開した．著書に『西太平洋の遠洋航海者』(1922)など．

908 マルクス
Marx, Karl Heinrich
1818-83

ドイツに生まれ，おもにイギリスで活動した*社会主義理論家，経済学者，社会学者．近代西欧の資本主義の経済，政治，社会体制および*イデオロギーの分析に貢献，20世紀前半までの社会科学に大きな影響を与えた．ボン大学，ベルリン大学に学び，ジャーナリストとして活躍．プロイセン政府に追われ，国外で生活することが多く，最終的にロンドンに居を定め，著作と実践に携わる．ドイツ古典哲学，フランス社会主義思想，イギリス古典派経済学などの影響を総合しつつ，弁証法的唯物論に基づく独自の歴史発展理論，社会理論を打ち立てる．人間学的視点の強い初期の疎外論，『共産党宣言』(1848)等のエンゲルスとの協働による共産主義社会の探求，後期の『資本論』(67-94)に代表される近代資本制社会の政治経済学的分析がおもな業績といえる．社会主義の理論と運動の指導者としては，第1インターナショナルの創設(64)，ドイツ社会民主労働党の組織化に関与する．

909 マルクス主義
Marxism 〈独〉Marxismus 〈仏〉marxisme

*マルクスおよびこれに協力したエンゲルスの思想と理論の総称といえるが，事実上，後世の思想家，理論家，研究者によって意義づけられ，再構成されたものでもある．社会学の観点を中心にいえば，マルクス主義の重要な要素は，*近代社会の構造と動態の理解における*階級および階級関係の重視，その階級の概念を生産関係上の位置を基準に構成したこと，*国家を支配的階級の支配の装置という側面からとらえたこと，さらに一個の歴史的社会を特有の経済・政治・*イデオロギーの連関のなかで総体的にとらえるべきだとし，これを具体的には近代資本主義社会の解明に適用したことなどが挙げられる．マルクスが生きたのは19世紀であるため，その時代制約性はまぬがれず，上記の要素を20世紀以降，発展，深化，あるいは修正させる試みが生まれる．社会学的に注目されるのは，異質な要素の矛盾を含んだ経済・政治・イデオロギー構造から生じる〈重層的決定〉に注目した*アルチュセール，国家における経済的決定権限と政治的決定権限の相対的自律性を論証しようとしたプーランザス，これを批判しつつマルクス国家論の現代資本主義国家への適用を図ったミリバンド，マルクスを*構造主義との関連で解釈したゴドリエなどが挙げられる．なお，広い意味での〈マルクス主義の影響〉とは，社会学研究者が階級構造を重視しながら社会現象を分析したり，特定の国家政策を特定の階級の利害などから

910 マルチメディア
multimedia

映像,文字,音声,図像などの異なる表現様式を電子化して一元的に扱うメディア,コンピュータ技術のこと.映像はフィルムやテレビ受像機,音声はラジオやレコードやCD,文字は印刷物といった形で,それぞれ異なるメディアを必要としていた.しかし,1980年代に音楽制作に導入されたデスクトップ・ミュージック(DTM),さらに出版ではデスクトップ・パブリッシング(DTP),映像編集ではデスクトップ・ヴィデオ(DTV)が登場,あらゆる表現様式をコンピュータで統一的に処理することが可能となるなかで,マルチメディアという用語が一般化した.通常,CD-ROMなどを活用する〈パッケージ型〉,光ファイバーなどの通信回線を使う〈ネットワーク型〉に分類される.高速・大容量の通信回線の整備にともなう文字情報・映像・音楽のネットワーク配信は,通信と放送の既存の境界のみならず,出版,映画,音楽,放送の産業の垣根を溶解していく可能性を秘めている.

911 丸山真男
まるやま まさお
1914-96

政治学者,東京大学教授.近代政治学ないし政治社会学の観点から,日本型の*ファシズムの社会的基底である村社会とそこにおける中間層の役割を分析し,また日本の政治思想史の考察に基づいて,自然と作為,忠誠と反逆などに関する日本思想および日本の政治意識の基本特質を抽出した.その影響は,日本の社会・人文諸科学に広くおよび,業績は国際的にも高く評価されている.主著に『日本政治思想史研究』(1952),『現代政治の思想と行動』(56-57)などがある.

912 マンガ文化
comic culture

紙メディアによるマンガ表現によって作り出される世界と,マンガ出版に関連する行為者や社会諸事象の総体.コミック文化という場合もある.具体的媒体としては,雑誌・新聞への掲載と,それらが単行本化されたもの,学習や普及目的にマンガ表現を使った出版などがある.マンガはコマを構成単位とする絵と,言葉や擬態音の文字を組み合わせた紙媒体での表現であり,それを読者のイメージやスピードにおいて自由に読むことによって構成されるメディアである.音声やスピード,映像の奥行きが制作者によって現実に規定される動画表現たるアニメーションとは,細かくは区別される.子どものものとされたマンガも,習慣的にマンガを読む読者の年齢層が高くなることで,内容や表現が多様化し,〈少年マンガ〉〈少女マンガ〉〈青年マンガ〉〈レディスコミック〉など性・世代別ジャンルに編成されることが多い.健全育成を目的とする団体から批判された有害コミック問題,コミケ(コミックマーケットという同人誌即売会)やコスプレ(マンガ・キャラクターに扮するコスチューム・プレイ)に代表されるマンガへの熱中や〈おたく〉と揶揄される人格類型の登場など,世界に類をみない質・量に発展した日本のマンガ文化は,重要な社会現象の一端を担っている.

913 マンハイム
Mannheim, Karl
1893-1947

ハンガリー生まれのユダヤ系の社会学者.はじめ*ルカーチのグループに参加したが,1919年にハンガリー革命が挫折すると,ドイツに亡命.29年に主著『イデオロギーとユートピア』を出版した.*マルクス主義が〈存在拘束

〈性〉の原理を敵対者の*イデオロギーを攻撃するためにのみ用いていることを批判し,この原理を自分の立場も含めて普遍的に適用することを主張して,*知識社会学の立場を確立した.同書はまた,マルクス主義者ルカーチに対する訣別の書物でもあった.翌年フランクフルト大学に迎えられたのもつかのま,33年ナチス政権の成立によってイギリスへ再度の亡命を余儀なくされた.亡命後はロンドン大学に迎えられ,『変革期における人間と社会』(ドイツ語版35,英語版40)に代表されるように,自ら目撃した*大衆社会の病理の診断を行うとともに,民主主義の再建を図るために,自由放任とも統制とも異なる〈自由のための計画〉を提唱した.

914 見えない宗教
invisible religion

現代のいくつかの社会では,*制度化された*宗教は弱まっているにもかかわらず,個々人が私的に構築し信念とする個人主義的・非教団的な宗教性があり,それらは宗教として見えにくいながらも存続していること.おもにルックマンの『見えない宗教』(1967)において,高度に近代化され*世俗化された社会での宗教のありうる形態と,その人間学的な不滅性をしめすために提起された.現代社会では,政治・経済・文化などの各制度領域が自律的に合理性を追求するようになり,かつてのように宗教が聖なるコスモスとして体系化された意味を人びとの生に提供することは困難になってきた.しかし,何らかの信念体系なしに生きていけない人間は,個々人で生の究極的意味を模索せざるをえず,消費者が選ぶような自由度もあわせもつ私的な宗教意識や感覚が浸透していく.神秘体験を提供する*新興宗教への関心,占いや自己開発セミナーに代表される自己への関心,超能力や超常現象など科学的に説明不能な事象への関心なども,これに広く包含されよう.
→合理主義

915 見せびらかしの消費
conspicuous consumption

*ヴェブレンが『有閑階級の理論』(1899)で展開した概念で,消費が本来の使用目的を離れて富と*社会的地位を示す競争の手段となっていることを意味する.〈誇示的消費〉ともいう.19世紀末のアメリカ社会の企業経営者を有閑階級と名づけ,その生活様式に見られる浪費,怠惰,無駄,*快楽主義を批判したもので,ここには賭博,スポーツ,勤労しないことの証明としての女性美も含まれている.『ゆたかな社会』(1958)のガルブレイスや『消費社会の神話と構造』(70)の*ボードリヤールへと継承された消費社会批判論の先駆をなす.

916 ミード
Mead, George Herbert
1863-1931

アメリカの哲学者,社会心理学者.方法論的な立場としては〈社会行動主義〉(social behaviorism)を提唱し,アメリカ*社会心理学の基礎を築いた.ハーヴァード大学を卒業後,ドイツに留学してヴントやディルタイのもとで哲学や心理学を学び,1894年から没年までシカゴ大学で教鞭をとった.『精神・自我・社会』(1934)で*自我の社会性を強調した*アイとミーの弁証法や〈一般化された他者〉の議論は,機能主義心理学の立場から要素主義を批判したジェームズの心理学や自我論,さらにドイツ観念論哲学の影響のもとに構想された.このほかに,『現在の哲学』(32),『19世紀の思想動向』(36),『行為の哲学』(38)などの著作があるが,いずれも彼の死後,草稿や学生の講義ノートなどから編纂された.彼の理論はその後,

917 身振り gesture

ある意味を喚起する身体的動作. 顔の表情, 視線などを通じて, 私たちは*非言語コミュニケーションを行なっている. そのなかでも身振りは, 発話行為の代用あるいは補完, 話し言葉では表現できない感情や意思を伝える媒体, さらにベイトソンの*ダブル・バインド理論が示すように, 言語の意味作用を文脈化する媒体としても, 大変重要な働きをなしている. *ミードは, 人間の*社会化の過程における身振りの重要性に注目している. →身体性, 身体の社会学

918 身分 status 〈独〉Stand

主として二つの用法がある. 1)19世紀の法制史家メーンの〈身分から契約へ〉という人類の進化図式では, 〈身分〉は家族法上の*地位という意味で, 家父長, 妻, 子ども, 奴隷という地位の相違が身分の内実をなす. 2)*ウェーバーの〈階級状況〉対〈身分状況〉という対比図式では, 〈身分〉は社会的評価におけるポジティヴあるいはネガティヴな特権づけを意味する. 身分状況を構成するのは, 生活様式, 教育程度, 出自または職業に基づく*威信という三つの要素である. →階級, 平等

919 ミルズ Mills, Charles Wright 1916-62

1960年代に展開をみたラディカル社会学の先駆者とされるアメリカの社会学者. *社会運動の隆盛にも影響を与えたが, 46歳で早世した. 戦後アメリカの大衆の政治的無関心と*パワー・エリートによる権力支配・管理社会化を分析・告発するとともに, 社会システムの安定を安易に想定する当時の*パーソンズらの理論研究を "誇大理論" として批判した. 日本では50年代末から70年代にかけて『ホワイト・カラー』(1951)や『社会学的想像力』(59)など多くの著作が翻訳され, その*構造＝機能主義社会学や*マルクス主義社会学への批判が注目を浴びた.

920 民営化 privatization

政府機関や国営企業, 公営企業を私企業化すること. 政府・地方自治体と私企業の仕事の領域を理論的に峻別することは難しく, 国家によっても, また時代状況によっても変化する. *社会的公正を重視すれば国営化・公営化が, 効率性を重視すれば民営化がはかられる. 近年は, 一般に各国とも財政健全化のために, 行財政のスリム化をはかるねらいから民営化をすすめる傾向が強い. 日本でも国鉄・電電公社・専売公社などが民営化された. →市場化, 第三セクター

921 民主化 political democratization

一般的には, ある社会に*民主主義の原則が実現されてゆく過程をいう. ここではおもに*発展途上国の民主化に触れる. 1990年代以降の途上国の動きを自由主義的民主主義の勝利とする見方もあるが, これは一面的である. 冷戦下で維持されてきた軍事独裁や権威的体制の克服が十分ではなく, 急速な経済自由化は不平等や貧困を拡大しているからである. 文民による統治, 公正な選挙による議会制民主主義の確立, 教育水準の上昇, *人権の尊重などが, その課題として追求されなければならない. また, そのためには経済的安定は不可欠で, *持続可能な発展の実現が求められる. 冷戦下では二つの陣営の大国の利害に左右され, 内からの民主化は二の次とされたが, 今後の先進国の援助は上述のような民主化を可能にするものでなければならない.

→開発独裁

922 民主主義
democracy

国民主権,基本的人権の尊重,法の支配などを原則とする政治制度および政治思想.デモクラシーは,ギリシア語の人民(demos)と*支配(kratia)が結びついた"人民による支配"に由来し,*市民権をもつ全市民が集まって民会で*意思決定を行なった古代ギリシアの都市国家に原型をもつ.アリストテレス以来,モナーキー(君主制),アリストクラシー(貴族制)とデモクラシーは,政治の三形態として長く並列されてきたが,ホッブズやロックなどを経て,17世紀後半からデモクラシーの優位性が説かれるようになった.ホッブズは国民主権と法の支配の観念を自然権に裏づけられた*社会契約によって論理づけた.ロックは今日の代議制民主主義の思想を理論化し,ルソーは人民主権の考え方を拡大した.

これら民主主義の思想と政治制度の理念は,清教徒革命・名誉革命,フランス革命,アメリカ独立戦争などの市民革命を経て,「権利の章典」やフランス人権宣言,アメリカ独立宣言のなかに具体化されていった.*資本主義と産業化の進展にともなう階級対立と*階級闘争の激化を背景に*マルクス主義が登場し,ロシア革命を経て,資本主義陣営と*社会主義陣営が対立する冷戦時代を迎えたが,両陣営の対立は,民主主義のあり方をめぐる争いでもあった.民主主義の形骸化の危機は現代の大きな焦点であり,民主主義の実質化と参加の拡大の要求は,国家だけでなく,様々な組織や地域社会のレベルで続いている.→公民権運動,平等主義,直接民主主義,社会民主主義

923 民族
nation; ethnic groups

民族は,一般的には,文化・言語・生活様式の違いをおもな基準として分類された集団(エスニック・グループ)であるが,*アイデンティティを基準として重視する見方もある(→民族アイデンティティ).なお,自決と政治共同体への志向をおびるとき,〈ネーション〉としての民族となる.民族は,その自決権を行使して政治共同体の形成を志向する可能性をもつ.民族は上述の基準(*エスニシティ)で分類される文化・言語別集団であるが,政治共同体の一つである*国家を形成する主要な集団となると,自らを*国民と称することが多い(日本でnationが〈民族〉と〈国民〉とに訳し分けられる理由はここにある).反対に,ある国家内に従属化し,自立性を失っている場合は少数民族(エスニック・マイノリティ),あるいはエスニック集団とよばれる傾向が強い.

民族が政治共同体形成を目論み,自らをネーション化しようとする動きを支えるのが,*ナショナリズム(民族主義)である.しばしば,民族は歴史的に古くから存在してきたから自決の権利をもつと主張されるが,国民も民族も,*国民国家形成が近代の究極的な目標となって,はじめて普及した近代的な概念である.今日では,少数民族の自治獲得など,自決概念は強化されつつあるが,既存国家を支えてきた民族の純粋性・神聖性はしばしば疑問視され,相対化される傾向にある.→民族自決主義

924 民族アイデンティティ
national identity

*民族あるいは民族に属する個々人がもつ*アイデンティティのこと.アイデンティティは,個々人が独自にもつ人生を通して変わりにくい自己定義と帰属感のパターンであるが,民族にもアイデンティティ付与機能があると考えられるとともに,民族自体も独自性(民族性)をおび,

人びとはそれに対して帰属意識(民族意識)をもつとされる．今日では*国民国家の相対化とともに，民族の独自性がそのアイデンティティの側面とともに注目されることが多い．民族アイデンティティへのアプローチは，持続的で比較的変わりにくい要素に焦点を当てるものと，所与の状況と動員によって変化する要素を強調するものとに区別されるが，両者は相互補完的であるともいえる．→エスニック関係

民俗学 folklore

主として口頭によって伝えられてきた民間伝承(→口承文化，伝承)を対象として，文字による記録が残されていない常民の生活文化の歴史を解明しようとする学問．19世紀にヨーロッパ各国でフォークロア研究が成立し，日本では*柳田国男によって確立された．はじめは〈郷土研究〉〈民間伝承論〉とよばれた．柳田は民間伝承を過去の習俗を現在に伝えるものとしてとらえ，それらを現地調査によって横断的に採集し，この横断面から，文書には記録されていない常民文化の変遷を読み取ることができるとした．柳田はこの方法を〈重出立証法〉とよんだ．この点で，主として文書史料に基づいて編年体で歴史の縦断面を描く歴史学から区別される．また民俗学は，民族学が異文化を外部から研究するのに対して，自文化を内部から研究する"自己省察"の学問であるとする．このような方法の姿勢は柳田の『明治大正史世相篇』(1931)によく表れている．柳田以外にも，南方熊楠，折口信夫，渋沢敬三，宮本常一ら，(折口をのぞけば)おもに民間の研究者によって担われた．社会学においては*有賀喜左衛門や喜多野清一らの農村研究に大きな影響を与えた．

民族差別 ⇒ 人種差別

民族自決主義 self-determination of nations

それぞれの*民族は，その運命を自ら決定することができるという原則．特に独自の政治共同体をもつ権利と関連づけてとらえられてきた．フランス革命後定式化され，19世紀中東欧の民族運動とイタリアとドイツの統一と国家形成を促した．第1次大戦末期にウィルソン米国大統領が少数民族の自決権を提唱し国際的に認知され，オーストリア=ハンガリー帝国の崩壊のなかでいくつかの国が独立した．第2次大戦後，アジアやアフリカの民族解放運動の動きのなか，国連は国連憲章や総会決議(植民地独立付与宣言，1960)で民族自決権を承認し，植民地独立は大きな波となった．80年代以降は，先進諸国内の*エスニック・マイノリティや先住民族の自決権の要求も強まるが，その〈自決〉には，言語文化的自治，一定領域の自治，連邦化，独立など，様々な内容が含まれる．→分離主義，エスニック関係

民族紛争 ethnic conflict

体系的な差別的待遇を強いられたエスニック集団が，集団的利益を保全・促進するため，支配する，または敵対するエスニック集団や国家と衝突や紛争にいたる事態．特定のエスニック集団への差別的待遇が，これにかかわる国家間の紛争にいたることもある．1980年代末のソ連・東欧の崩壊が触媒となり，90年代には特定の民族への差別待遇の改善を求める運動が世界的に活発化し，第2次大戦後の諸国体制に変更を求めた．民族紛争は運動の発生や展開によって五つの型に分類できる．1)地域的に集中し自治の歴史も有するエスニック集団が分離を追求するエスノ民族型(スリランカのタミル人など)，2)地域的に分散し差

別的待遇を強いられる側によるエスノ階級型(外国人労働者など)，3)イスラーム主義などを唱える戦闘的宗教セクト型，4)複数のエスニック集団が権力の新しい共有の型を主張するコミューナル闘争型(マレーシア)，5)支配集団によって奪われた土地，資源，権利などの回復を主張する先住民型(メキシコやペルーの先住民)である．→ナショナリズム，エスニック関係，分離主義

929 無意識
unconscious 〈独〉Unbewußte

個人の行動，思考，感情に影響を与えながらも，本人には自覚されていない心的過程のこと．*精神分析学での鍵概念．*フロイトは，患者が意識していない経験や記憶が夢や催眠時には想起されることから，意識されない心的内容の存在をみいだした．当初，無意識を意識，前意識とともに人間の精神構造を形成する一部として局所論的に使用したが，やがて力動論的視点から定義を行い，個人の抑圧によって生じる心的内容を無意識とした．苦痛を感じたり認めがたい性欲動(リビドー)や感情は，*防衛機制により抑圧され意識の外に押し出されつつも，たえず意識に侵入しようとし，意識の行動を様々に規定する．無意識は意識とは異なり，非現実的，非論理的，無時間的などの特徴をもつが，特に*幼児期の体験が重要で，夢分析や自由連想等の手法によって明らかにされるという．また，*ユングは無意識のもつ創造性を強調し集合的無意識の概念を提示した．→自我

930 無党派層
unaffiliated voters

特定の*政党を支持しない有権者層．実証的には，*世論調査で〈支持政党なし〉といった選択肢を選ぶ人びとが無党派層とみなされる．無党派層は，選挙では，棄権率も高いが，投票する場合，その時々の情勢に応じて選択する政党を変えると考えられるので，*浮動層と重なる部分が大きいとみなされる．日本では特に無党派層が増大しているが，先進国の多くでも増大傾向が見られ，その選挙結果への影響力が強まっている．→投票行動，政治意識

931 メガロポリス
megalopolis

大都市圏が相互に結びついて形成された帯状の都市地域．巨帯都市とも訳される．地理学者ゴットマンの『メガロポリス』(1961)によって提唱された．ゴットマンは，アメリカ東部のボストン・ニューヨーク・フィラデルフィア・ワシントンをつなぐ地帯をメガロポリスとよび，オープンスペースや緑地帯を含む星雲状の巨大な都市形態として概念化した．日本では，東京・名古屋・大阪の3大都市圏を一体としてとらえた〈東海道メガロポリス〉という概念がある．→メトロポリス，世界都市

932 メディケア/メディケイド
medicare/medicaid

民間保険が中心であるアメリカにおいて，1965年に施行された公費負担の医療保障制度．35年の社会保障法の成立以降も自由競争原理が強調され，公的医療保障の構想は成案にはいたらなかったが，ケネディ政権期に法案化，ジョンソン政権下で成立した．メディケアは65歳以上の老齢年金受給者，65歳未満の障害年金受給者などを対象とする限定的制度で，連邦政府が税金と保険料によって運営する．メディケイドは低所得者に対する*公的扶助的な現物給付制度で，資格要件など連邦政府の規定のもと，各州政府が運営する．費用負担増加に対処すべく，90年代のクリントン政権下で国民皆保険制度が提案されたが，実現しなか

933 メトロポリス
metropolis

中心都市と周辺諸都市とからなる都市圏．メトロポリスには，周辺地域を統括する母都市という原義があり，広域に影響力を放射している結節点というイメージがある．たとえば，19世紀のパリやベルリンはこの意味でのメトロポリスである．ところで，こうした都市はしばしば規模が大きく，それ自体が行政上の中心都市を越えて大都市圏を形成するので，今日では，大都市圏そのものをメトロポリスとかメトロポリタン・エリアというようになった．→世界都市，メガロポリス

934 メリトクラシー
meritocracy

知能プラス努力によって定義される〈能力（メリット）〉の支配する，*能力主義的な社会．イギリスの社会学者ヤングが〈*機会の平等〉を重視する視点から造語した．獲得的地位の優位する近代市民社会は，属性的地位によって支配された身分制社会に比べて公平であると考えられてきたが，ヤングは『メリトクラシー』(1958)で，その反面の，支配階級と被支配階級の間の格差の拡大と固定化傾向を指摘した．→属性本位／業績本位

935 メルッチ
Melucci, Alberto
1943-2001

イタリアの社会学者・社会理論家で，*新しい社会運動論の代表的な論客の一人．ミラノ大学教授．ミラノ大学で社会学を学んだのち，パリに留学，*トゥレーヌのもとで，社会学博士号を取得した．心理学博士号も取得し，ミラノ大学では文化社会学とともに臨床心理学を担当した．*社会運動を，*社会問題や不平等，権力の所在を示す社会紛争の表現，〈現在の予言者〉と理解する紛争理論の立場から，社会運動の提起する価値や意味を軽視しているとしてアメリカで主流となった*資源動員論を批判した．ミラノでの15年間に及ぶフィールド調査に基づいて，個人化する社会の中での集合的アイデンティティの構築過程に着目し，複合社会・情報社会における新しい社会運動の"新しさ"を支配的な文化的コードに対する挑戦ととらえる現代社会論を展開した．主著に『現在に生きる遊牧民』(1989)，『コードへの挑戦』(96)，『プレイする自己』(96)など．

936 メンタル・ヘルス
mental health

人びとの精神状態の良好さ・安定性とその増進・維持・管理のための方法の総称．精神保健・精神健康などと訳される．元来は*精神障害の予防・*リハビリテーションなどを目的として精神状態や心理状態を把握・管理するために用いられた概念で，精神病（mental illness）の概念と不可分の関係にあり，現在でも精神状態の経験的な測定においては，良好な状態（well-being）ではなく精神病に関連した不快な徴候（distress）を測定する方法がとられる．近年ではメンタル・ヘルスの概念は拡張され，人びと一般の精神的な健康とその維持・管理の意で用いられるようになり，*ストレス研究との近接性が高まっている．これに対応して，精神病と関連した臨床的・政策的研究のみならず，心理状態を規定する社会構造の解明を志向した研究などが新たに頻出している．

937 目的合理的行為
〈独〉zweckrationales Handeln

明確に意識された目的を達成するために，最も適合的で有効な手段を選択するような*行為．*ウェーバーが提示した行為の4類型の一つ．自己の効用を極大化するように*意思決定を行う経済人（*ホモ・

エコノミクス)が典型.手段的,道具的,機能的合理性ともいわれ,近代性の主導原理をなす.所期の目的が達成されるかどうか,すなわち行為のもたらす結果が最重要視される点で,信条に忠実であることを重んじる*価値合理的行為と対立する.→行為類型,合理主義,機能合理性/実質合理性

938 モース
Mauss, Marcel
1872-1950

フランスの民族学者.非西欧伝統社会の呪術,供犠,*贈与,身体技法などの研究を広く行い,特にそれらの社会的意味を明らかにした.最も有名な論文「贈与論」(1925)では,贈与と応答の行為が単なるモノの交換という意味を越え,社会的・道徳的意味を担っていることを論証している.また,これらの事実を心理的,宗教的,社会的等々の〈全体的事実〉として研究すべきことを強調し,のちの研究法にも影響を与えた.*デュルケムの甥にあたり,叔父亡き後*デュルケム学派の指導者としても活躍した.

939 モダニティ
modernity

近世以降のヨーロッパに出現し,その後世界に広がっていく社会生活や社会組織のパターンのこと.〈近代性〉との訳もあるが,必ずしも適訳ではない.この言葉は社会学ではおもに*ギデンズが『近代とはいかなる時代か?』(1990)などで使い,普及した.ギデンズは,それ以前の時期の秩序と比較し,〈変動の速さと広がり〉〈近代制度としての*国民国家システム,商品化,無生物エネルギーへの依存〉〈都市生活〉を挙げ,それとともに〈安心―危険〉〈信頼―リスク〉といった両義性を,モダニティの特質であると指摘した.自然環境破壊や核の脅威などは,これらの負の側面を示すものである.しかしまた,知識・情報の絶え間ない投入が個人や集団に影響をおよぼし,行為を組織化し,再秩序化の修正が行われていくという〈再帰性〉(reflexivity)も,モダニティの重要な特質であるとした.→近代化,近代社会,自省性

940 模倣
imitation

他人または他の集団の行動,意見,態度などを同じように,または類似した形で再現すること.タルドは,〈社会は模倣である〉とし,宗教,芸術,言語,階級などをこれによって説明した(『模倣の法則』1890).しかし社会学では,この語を用いることへの抵抗は大きい.*デュルケムは"模倣による自殺はあるか"という問いに対し,諸個人が同時的に,または相次いで自殺することがあるのは,共通の集合的状態が彼らに作用しているからであるとし,本能的・反射的な模倣という観念を否定している(『自殺論』1897).近年の研究は,他者の行動の再現を,同じような心的・社会的状態にあり(同じ悩み,期待,欲求をもっている),かつ行為の学習が行われることの結果として説明している.*準拠集団による説明も行われる.後追い的な自殺・犯罪が起こる過程(→犯罪社会学)や,ある技術革新が人びとに普及していく過程はいずれもこのように理解され(ロジャーズ『技術革新の普及過程』1962),従来の意味での模倣へと帰る見方はとられない.→群集心理

941 モラトリアム
moratorium

*青年期の特質の一つで,社会的成長のための猶予期間のこと.役割猶予ともいう.本来は経済用語で,災害や恐慌などの非常時に債務の支払いを猶予することを意味していたが,*エリクソンはこれを精神発達の議論に適用し,青年期は社会的な責任や義務を猶予され,様々な思索,実験,遊びなど試行錯誤を試みる中で*アイデ

ンティティを獲得していく時期だとした.現代社会ではモラトリアムをいつまでもひきのばす新たな心理の問題が指摘されている.

942 モラン
Morin, Edgar
1921-

フランスの社会学者.国立科学研究センター(CNRS)研究員など.*マルクス主義の社会分析・社会批判の視点に*現象学的社会学の視点を重ね合わせ,〈できごとの社会学〉を標榜しながら,現代的な問題と生きた行為者のかかわりについて生彩に富んだ考察を展開してきた.*大衆文化,*コミュニケーション,*地域社会などにかかわる分析や,多くの社会政治評論がある.主著に『映画』(1956),『プロデメの変貌』(67),『オルレアンのうわさ』(69)などがある.

943 モーレス
〈ラ〉mores

サムナーの用語.人びとに共有されている慣習的な行動様式(フォークウェイズ)のうち,特に重要と考えられ違反に対して厳しい制裁が加えられるような社会規範.習律ともいう.法律と違って公式に制度化されているわけではなく,*道徳と違って抽象的に一般化されているわけではないが,人びとの共同生活のなかに生きている"村の掟(おきて)"のようなタイプの*規範である.

ヤ 行

944 薬物依存
drug dependency

有害な結果が予想されるにもかかわらず,薬物の常習的な使用をやめることができず,それなしに生活や身体・精神の安定が保てなくなる状態.薬物による精神的・身体的効果を欲し,それを使用しない苦痛や不快感を逃れるため,継続的・周期的に摂取する.使用への強迫感や渇望に追い込まれ,尋常でない方法でも薬物を入手しようとすることもある.前者の段階が身体的依存,後者の段階が精神的依存とされ,薬物により依存性の程度に違いがある.薬物はその効果により,脳神経に刺激を与え精神を"ハイ"な状態に活性化するアッパーズ(興奮剤:コカインなど),抑圧された自我を解放させつつ次第に外界への感受性を弱めるダウナーズ(抑制剤:モルヒネ,アルコールなど),気分の高揚・時間感覚の喪失・一体感の拡大などとともに幻覚を見るサイケデリックス(幻覚剤:LSDなど)に区分できる.自己評価の低さから逃れるための薬物使用も多く,薬物から距離をおく習慣の形成,心理的問題の理解・解決,*自己実現や成長という回復の長い諸段階を支える治療・援助が必要とされている.→アルコール依存症

945 役割
role

集団や社会のある*地位を占める個人が,それを遂行するよう他者によって期待される*行為のパターン.諸個人はある地位に適合する行為様式を様々な経験の中で学習し,それにより自己にふさわしい行為を認識すると同時に,他者の行為を予測することが可能となる.そうした〈役割期待〉は規範的価値をおび,それからの*逸脱は*サンクションをともなうものとなるが,行為者に複数の役割期待が課せられることもあり,それが相互に矛盾する場合,〈役割葛藤〉を引き起こす.このような特徴をそなえつつ,社会の中で安定した持続性を示す構造的な側面をもつ役割概念は,個人と社会を媒介するものとして社会学や社会心理学,人類学において重要な位置を占めており,自己と他者の動的な相互行為や,役割取得の過程

における*自我の形成など，多義的な視角を含んだ概念で，様々な*役割理論を展開させている．

946 **役割理論**
role theory

個人と社会を結ぶ中心的概念として*役割を分析視角とする理論．諸個人が相互行為の場において，役割を媒介として社会の中に位置づけられていくことを考察するもので，*行為理論において重要な位置を占めるが，大きく分けて二つの系譜がある．1)社会構造からの〈役割期待〉とその*社会化や機能に注目した理論で，地位と役割の概念を提示した*リントンや，〈期待の相補性〉を指摘した*パーソンズの理論が代表的である．2)役割が具体的な相互行為の中でどのように遂行されていくか，そのミクロで動的な過程を重視した理論である．他者の態度を取得することで*自我を形成する〈役割取得〉の概念を示した*ミード，獲得した役割は行為の場において意味の解釈・修正による流動性をともなうとしたR.H.ターナー，役割遂行中に個人が役割からはずれた"自分"を表現する〈役割距離〉を記述した*ゴフマンなどがあげられる．

947 **野生の思考**
〈仏〉pensée sauvage

*レヴィ＝ストロースが同名の著書(1962)のなかで論じた，科学的思考と区別される思考方法．与えられた限られた具体的な材料の可感的データから物事を分類し知覚していくもの．たとえばナヴァホ・インディアンには，"科学的"ではない独特の動物・植物の分類のシステムがある．しかしそれは，"文明"対"未開"として対置されるものではなく，野生の思考は，科学的思考と並ぶ，あるいはその基層をなす〈具体の科学(知識)〉の思考方法であるとした．

948 **柳田国男**
やなぎた くにお
1875-1962

日本*民俗学の創始者．東京帝国大学を卒業後，農商務省に入り，農政官僚として農山村を巡り，民間*伝承に対する関心を深めた．岩手県遠野で採集した民話に基づいて書かれた『遠野物語』(1910)は初期の記念碑的な作品である．法制局参事官や貴族院書記官長などを歴任したのち19年官職を辞し，以後在野で民俗学研究に専心する．30年代に『民間伝承論』(34)などを著し，民間伝承の採集・分類の方法論を体系化し常民の生活文化を研究する，学問としての民俗学を確立した．また35年には〈民間伝承の会〉を結成し，機関誌『民間伝承』を創刊して，民俗学研究者の全国的なネットワークを作り，民俗学研究の体制を整えた．この会が戦後，日本民俗学会となった．戦後も民俗学の普及に努め，51年文化勲章を受章．その業績は『定本柳田国男集』(全31巻・別巻5，1962-71)，『柳田国男全集』(全32巻，1989-91)に収められている．

949 **有意差** ⇒ 統計的有意性

950 **有機農業**
organic farming

堆肥などの有機物をおもな肥料として，化学肥料や農薬を使わず，地力を高めて作物の健康をはかり，安全で味のよい農産物の生産をめざす．日本では，1970年代頃から産直運動などによって一般に知られるようになった．化学肥料や農薬，大型機械，大規模流通に頼る近代農業を批判し，伝統農法・自然農法を再評価する．契約栽培や援農などによって提携をはかり，農業生産者と消費者との相互理解，伝統的な食文化の継承などを重視している．→エコロジー，生態系

951 ゆたかな社会
affluent society

産業化にともなう社会の変質と社会問題・経済問題の変容をとらえて、経済学者ガルブレイスが『ゆたかな社会』(1958)で提起した概念．失業と生活不安におびえ、貧困・経済的不平等・不況への対応が緊急の課題である貧しい社会から、欲求が操作され消費が喧伝され、個人の負債の増加・国家の財政悪化、慢性的なインフレーション、公共サーヴィスの供給不足に悩む新しい社会が到来したことを彼は説き、新しい経済学の必要性を力説した．→依存効果、産業社会論、消費社会

952 ユートピア
utopia

トマス・モアが"どこにもない場所"として同名の著書(1516)で描き出した理想郷を原義とし、一般に想像上の理想社会をいう．*マルクスとエンゲルスは、自らの〈科学的社会主義〉に対して、*サン＝シモン、フーリエ、オーウェンらの*社会主義を空想的(ユートピア的)社会主義として批判し、実現不可能な夢物語という含みをもたせたが、*マンハイムは、存在に拘束された虚偽意識としての*イデオロギーと、存在を超越した意識としてのユートピアを区別し、後者が革命的機能をもつことを指摘、社会構想にとっての重要性を明らかにした．

953 ユニセックス
unisex

単一の性を意味する概念．一般に服装や髪型などにおいて男女差(*性差)が不明確な現象をさすが、その他、論者によって多様な意味をもつ概念である．*フェミニズムでは*ジェンダーによる差別を撤廃する意味で肯定的にとらえる場合もある．一方、*イリイチは、産業社会が男も女も同じ仕事を行うという中性化された労働者の公準に基づきつつ、ユニセックス＝人間＝男性とし、女性を従属的地位におくセックス体制を築いたことを指摘し、批判的にとらえた．→セクシュアリティ、ジェンダー・アイデンティティ

954 ユング
Jung, Carl Gustav 1875-1961

スイスの*精神分析学者．バーゼル大学教授等．*フロイトの影響を受け、精神分析の普及に努めるが、のちリビドー理論に批判的となり、独自の分析的心理学を樹立した．抑圧による個人の*無意識のほかに、集合的無意識の存在を仮定し、その内容はしばしば神話や*伝承のなかに現れ、物語性をもつとした．この無意識は、個人のそれとは別に、人類に先天的に備わっている根源的情緒性というべきもので、それをいくつかのパターンに分け、〈元型(Archetypus)〉とよんだ．主著は『変容の象徴』(1912, 52)、論文「元型と集合的無意識」(35, 54)など．

955 養子
adopted son/daughter

嫡出関係のないものとの間に法的に嫡出関係を設定することを養子縁組といい、子ども側を養子とよぶ．嫡出子とは法的な夫婦関係から生まれた子をさし、法的な親子関係が存在することを意味する．養子縁組は届け出を必要とし、自分より年長のものや尊属は養子にできない．伝統社会では労働力確保のために幼少時に養子をもらい、後に独立させる慣行が漁村などで見られた．→家

956 幼児期
early childhood

乳児期と児童期に挟まれた時期．通常、1歳半ぐらいから就学前の6歳頃までをさすが、ピアジェや*エリクソンなど、幼児期の前期と後期で区別する議論も多い．幼児期では、直立歩行や走る、跳ぶなどの基本動作に加え、運動の種類が急速に増える．イメー

ジや言葉による表象操作が可能になり、ままごと遊びを行うようになったり、様々な形式の文を作るなど、認識や言語においても急速に発達がすすむ．また、幼児は1-2歳頃には鏡に映った自己の姿に関心をもち、3歳頃には自己の性別を意識したり、自己と他者を区別するようになる．そして強烈な自己主張を行い、親の指示に対して強い反抗を示す、いわゆる第一次反抗期をむかえる．幼児期の後半には家族の外に世界が広がり始め、遊び仲間の数も増えていくなど、心理的社会的には、幼児期は親からの*しつけが行われると同時に、親からのある程度の分離がなされる時期だといえる．

957 余暇 leisure

*生活時間の中で、義務的時間(仕事や学業)と生活必需時間(家事、睡眠、通勤・通学など)を除いた、個人が自由にその過ごし方を選択できる時間のこと(余暇時間)．また、その時間に行われる活動を意味する場合もある(余暇活動)．余暇と類似した概念に、レジャー(本来"余暇"の原語)、レクリエーション、自由時間、*遊び、娯楽、趣味などがあり、それぞれ異なったニュアンスで用いられるが、重なり合う部分も多い．

近代以前は、義務的時間、生活必需時間、余暇が渾然となっていたが、賃労働化して仕事時間が明確に区切られ、職場と家庭が分離するにつれて、余暇時間はその存在を明確化していった．生産活動優先の産業社会的な価値観のもとで、当初余暇は軽んぜられたが、次第に仕事(労働)によって疲れた心身を回復させる時間として存在意義が認められるようになった．さらにその後、余暇活動こそが人間の自己実現をもたらす最も重要な活動だ、と考える脱工業社会的な価値観が強まり、それとともに余暇時間は増加の一途をたどってきた．しかし現実には、余暇の商業主義化による創造性の喪失、余暇活動の低俗化や反社会化、余暇への傾倒による勤労意欲の低下など、余暇にともなう問題もいろいろと生じてきた．どのような余暇をどの程度とり、それを仕事とどう関連づけて生活全体を充実させればよいかという問題については、いまだはっきりした結論が得られていない．
→労働、プライヴァタイゼーション

958 欲求段階説 hierarchy of needs

アメリカの心理学者マズローが『人間性の心理学――モチベーションとパーソナリティ』(1954)で提唱した．彼は、人間の欲求を、生理的欲求、安全の欲求、所属と愛情を求める欲求、自尊を求める欲求、自己実現を求める欲求の五つに分類し、この順序で低次元から高次元へと階層構造をつくっており、より低次元の欲求が満たされると、高次元の欲求が動機づけられるようになるとした．このモデルは教育や労働など多方面に影響を与え、"自己実現"は流行語となった．

959 世論 public opinion

社会的・政治的重要性をもつ争点(issue)についての社会のメンバーの意見、およびその分布．民主政治は世論の政治であるといわれ、政治過程と関連づけて、世論のありかやその方向などが問われてきた．社会学では政治的争点に限らず、社会的な様々な問題への社会のメンバーの集合的意見も世論という．そしてそれらを把握する*世論調査の技術的洗練が図られてきた．しかし世論とは、社会のメンバーの内発的で合理的な判断を表すのか、それとも操作された反応、あるいは*リップマンのいう〈*ステレオタイプ〉思考にすぎないのかは、つねに議論のあるところである．一般には、十分な教育、情報アクセス、自由な討議が保障され、合理的意見集団が生まれて

960 世論調査
public opinion poll

社会的に重要な争点や時事的問題、選挙、さらに政府の政策などに関する人びとの意見の分布を、数量的に測定する*社会調査のこと。1930年代に市場調査の手法や心理学の分野の統計処理を総合するなかで社会調査法の一つにとりいれられ、選挙予測の手法として各国で普及した。現在、政府、地方自治体、研究機関、新聞社・テレビ局などによって広く実施されている。内閣広報室「国民生活に関する世論調査」やNHKの「日本人の意識」調査など、各種の国民世論の継続調査も行われ、人びとの意識・行動の通時的変化が知られるようになった。他面で、質問文や選択肢の操作的な加工や画一性の問題、調査結果の公表の方法や調査時期の操作による世論誘導の問題、数値化できない様々なニュアンスをもった意見の把握の難しさなど、多くの問題が指摘されている。

ラ行

961 ライフコース
life course

人または集合体の人生の軌跡。誕生から死にいたるまで人は社会を経験する。先行する経験は後続する経験に影響を与える。特に社会的に構造化されたこの過程をライフコースとよぶ。具体的には*家族、*職業などの相互依存する複数のキャリアの集合として個人の履歴をとらえ、そこに見られるコーホート効果、歴史効果をとらえようとする。→コーホート分析

962 ライフサイクル
life cycle

個体の誕生から死までの期間中に発生する規則的変化。個人や家族についていうことが多い。人間は言語の習得、第二次性徴、更年期、老化など生物学的に規定された変化を加齢の中で経験し、この上に家族形成、育児など生活上の規則的な変化を経験する。これらの規則的変化に注目して設定された人生上の段階がライフステージである。→家族周期、幼児期、青年期、老年期

963 ライフスタイル
lifestyle; style of life

個人または*世帯における生活資源に対する選好のパターン。服装、料理、住宅やインテリアの好み、趣味、交友関係、信仰、生活時間や生活空間の使い方など様々な切り口が考えられるが、これらの項目が個人(または世帯)のなかでランダムに組み合わされるのではなく、一貫性のあるパターンをなしている場合にいう。このパターンは、所得・階級、年齢・世代、民族的・宗教的背景などによって規定される場合が多いが、特に中間階層や若年層を中心に、多様化・細分化が見られるところに現代社会の特徴がある。選好を共有する一群の人びとをライフスタイル集団、彼らが相互にネットワークを形成している場合に下位文化集団として区別することもある。生活様式(way of life)の概念もほぼ同義だが、もっと広く、*コミュニティや社会全般に共有されている選好のパターンをさすことが多い。→文化、社会的地位、プライヴァタイゼーション

964 ラカン
Lacan, Jacques 1901-81

フランスの*精神分析学者。*フロイトの影響を受けるが、リビドー論や心理的自我構造論によらず、独自の精神分析理

論を展開. 幼児が自分のイメージを獲得する〈鏡像段階〉, すなわち〈想像界〉から, 言語活動を介しての他者や掟が取り込まれる〈象徴界〉へと, *自我の形成の段階を論じた. その〈無意識〉の概念は, 言語のように構造化されたものととらえられ, 当時の*構造主義思想と共有する要素をもっていた. 主著は論文集『エクリ』(1966).

965 ラドクリフ=ブラウン
Radcliffe-Brown, Alfred R.
1881-1955

イギリスの社会人類学者. *マリノフスキーとともに*機能主義を確立し, 近代人類学に大きな影響を与えた. ケンブリッジ大学で精神・道徳哲学を修めたが, リヴァーズに学び人類学へと関心を移した. 1906年からアンダマン諸島で文化史復元のための調査, 第1次大戦中はトンガ諸島で調査, 20年にケープタウン大学, 26年にシドニー大学, その後, シカゴ大学, オックスフォード大学教授となり, 世界各地で多くの後進を育てた. 彼は社会人類学を自然科学の一つとして位置づけ, 社会生活の一般法則の定立をめざすべきと主張したが, 特に, 社会制度の起源や文化史的復元をめざす歴史的研究ではなく, 社会諸制度の相互連関に注目し, その作用と意味を問うことを社会人類学の目的とした. 社会を有機体との対比からとらえ, *制度が社会の維持に貢献する役割を機能としたが, その理論には*デュルケムの影響が大きい. 著書に『アンダマン島民』(1922), 『未開社会における構造と機能』(52)ほか.

966 ラベリング理論
labeling theory

*逸脱行動論の一つで, 規則に反した行動をした人に〈逸脱者〉のラベルを貼ることによって, 〈逸脱〉が生み出されるとする理論. H.S.ベッカーは, ジャズ・ミュージシャンの行動を観察するなかから, 〈逸脱〉は, 社会集団が一定の規則をつくり, その規則を特定の人に適用することによって生み出されると主張した. つまり, 規則に反した行動(たとえば薬物の使用)それ自体よりも, そうした行動に対する人びとの反応に注目し, 人びとが規則に反する行動をした人に〈逸脱者〉のラベル(たとえば薬物の"常習者")を貼ることが, 〈逸脱〉の定義にとって決定的に重要であるという見方をとった. 逸脱ラベルを貼られた人は, 逸脱者としての*アイデンティティを形成せざるをえなくなり, 〈逸脱の増幅回路〉にはまりこむのである. →構築主義, 社会問題, 犯罪社会学

967 リアリティの社会的構成
social construction of reality

日常において現実と考えられているものは人間の経験から独立して存在しているのではなく, 人間による意味構成により存在するという, 現実の存在機制についての見方. *現象学的社会学において特に強調される. *シュッツは, 人びとの行為や思考, 相互理解, コミュニケーションは自明視された現実世界を前提として可能なのであり, まずその現実自体がいかに構成されているか解明する必要があるとし, 日常生活の常識的知識の構造に関心を向けた. このシュッツの議論を継承した*バーガーとルックマンは, *デュルケムの社会的事実をモノとする見方と, *ウェーバーの*行為の主観的な意味連関を認識対象とした方法論の統合を図り, 人間の行為と主観的意味がいかにしてモノとしての社会の現実を構成するのか, 主観的現実と客観的現実の弁証法的関係を社会学の主題として提示した(『日常世界の構成』1966). →多元的現実,

日常生活世界

968 理解社会学
interpretative sociology
〈独〉verstehende Soziologie

*ウェーバーが提示した方法論的立場．『理解社会学のカテゴリー』(1913)，『社会学の根本概念』(22)のなかで簡明に定式化されている．行為者が*行為に付与する意味(*動機)を解釈によって理解するという方法で，*社会的行為の過程および結果を因果的に説明しようとする科学のこと．たとえば国家を理解社会学的に研究する場合，まず国家という集合的形象は諸個人の有意味な行為の経過に分解される．こうした*方法論的個人主義は，個人しか行為の意味の担い手は考えられないゆえに要請される．次に，支配を正当化する観念に目を向ける．動機の内容を解釈によって理解しようと努めると同時に，支配関係の経過や結果の全体を見渡して，どのような動機によって行為連関の因果的説明が可能かを見定める必要がある．というのは，行為にある動機を帰属させるには，理解可能であること(意味適合性)と説明可能であること(因果適合性)という二つの条件を満たす必要があるからである．〈理解〉は因果的説明に対立する方法ではなく，因果的説明の一形式に組み込まれている．→行為理論

969 離婚
divorce

存命中の夫婦が法的に*婚姻関係を解消すること．離婚に夫婦双方が同意した場合は離婚届の提出によって離婚が成立する(協議離婚)．同意が成立しない場合は家庭裁判所に調停を申し立て，調停が成立すると協議離婚となる．調停が成立しない場合でも家庭裁判所の判断で離婚の審判を下すことができる(審判離婚)．審判は異議申し立てによって失効するが，地方裁判所に訴え，勝訴すれば離婚が認められる(裁判離婚)．裁判には婚姻にかかわる義務を一方が破った場合にのみ他方からの離婚請求を認める有責主義と，結婚生活が破綻している場合に離婚を認める破綻主義とがあり，現在では後者が優勢である．離婚の増減の指標には人口1000人あたりの離婚件数(普通離婚率)が用いられるが，人口構造の影響を受けるため適切ではない．妥当な指標は夫婦1000組あたりの離婚件数(有配偶離婚率)であるが，国勢調査年しか算出できない．→内縁

970 リスク社会
〈独〉Risikogesellschaft

環境汚染や生態学上の脅威に代表されるような見えざるリスクにおびえ，リスクの定義のあり方が紛争の焦点となるような社会．チェルノブイリ原発事故が起きた1986年に刊行されたベックの同題の本がベストセラーになり急速に普及した概念．富・財の配分が紛争の焦点となってきた産業社会に代わる〈リスク社会〉の到来を，ベックは主張した．個々人がリスクをめぐって人生設計や自己決定を迫られる個人化が進展する．→危機管理

971 リップマン
Lippmann, Walter
1889-1974

最も著名なアメリカのジャーナリストの一人．彼が1922年に刊行した『世論』はジャーナリズム論，マス・メディア論の古典的名著である．ハーヴァード大学を卒業後，ジャーナリズム界に入り，31年から『ニューヨーク・ヘラルド・トリビューン』のコラムニストとして活躍した．『世論』は，〈*疑似環境〉〈*ステレオタイプ〉といった概念を駆使して，*マス・メディアが浸透した社会でジャーナリストが果たす役割の重要性を指摘する一方で，彼らの発信する情報がステレオタイプ化し，民主主義の基盤

である*世論と*公衆が形骸化していることを鋭く指摘した.

972 リテラシー
literacy

読み書き能力のこと. 一般の人びとが"文字を書き""文字を読む"能力を身につけることができるようになったのは近代以降, とりわけ19世紀に学校制度が確立されてからである. それ以前は少数のリテラシーをもつ者が音読で"話し聞かせる"ことが一般的であった. 音読から黙読へという読書形態の変化が一般化したのも19世紀である. 現在, メディアの表現を批判的に読み解く能力を意味するメディア・リテラシー, コンピュータを活用できる技術的社会的能力を意味するコンピュータ・リテラシーを指示する概念としても用いられる.

973 理念型
〈独〉Idealtypus

*ウェーバーが, 社会科学において構成される概念の特徴を強調するために用いた用語. ウェーバーによれば, 社会科学者が構成する概念は現実をありのままに再現するものではなく, 研究者の観点からみて"知るに値する"と思われる要素を現実のなかから取り出して, 矛盾がないように再構成したものである. それゆえ, それはそのままの姿では現実のうちには見出されない. この意味で,〈理念型〉とよばれるが, 現実と照合し, 比較し, 現実がもつ特徴を発見するためのいわば補助線として用いられる.

974 リハビリテーション
rehabilitation

障害をもった人, 後遺症や慢性疾患をもつ人たちなどに対して, 全人間的復権を目標に医療・*社会福祉などの各種領域が取り組む, 総合的な援助実践ならびに当事者たちの具体的活動. 2度の世界大戦での戦傷病者の疾病・障害管理や社会復帰活動の実践を通して定着してきたため, 運動機能回復訓練と狭く理解されてきたが, 高齢者や精神障害者への対象拡大によって, その目標は患者の*生活の質の向上や*ノーマライゼーションなど総合的なものに変化してきている. 現在その活動は, 医学的, 教育的, 職業的, 社会的リハビリテーションの各分野に分類されることが多く, 患者の自己決定や自立生活の支援も求められてきている. 他方, リハビリテーションの目標が拡散することによって, 本人に最適な機能回復援助に限定した実践を重視する動きもある.

975 リビドー ⇒ 無意識

976 リフレクシヴィティ ⇒ 自省性

977 リプロダクティヴ・ヘルス/ライツ
reproductive health/rights

性と生殖に関する健康と権利. 1994年にカイロで開かれた国連の国際人口開発会議で提唱された. すべての男女が身体的・精神的・社会的に良好な状態で満足できる性生活をおくり, いつ何人産むか産まないかを決定する自由と権利をもつべきだという考え. 特に, 女性が妊娠, 出産, 中絶, 避妊等について社会的圧力や強制をうけてきた歴史と現状から, 女性の自己決定権の重要性をうちだしている. →中絶論争, 生殖技術

978 流言
rumour

出所が不明で, 真偽が不明確な情報が, 口伝えに伝播する社会現象のこと. うわさ, ゴシップ, 風説などといわれることもある. G.W.オールポートとポストマンの古典的な研究成果『デマの心理学』(1947)によれば, 流言の発生は人びとにとってそ

の事態・状況が重要であるにもかかわらず,必要な情報が不足して状況規定が曖昧になることに起因する.大きな自然災害や社会的事件によって生じた社会不安のもとで,あるいは抑圧下で検閲などが厳しい社会で流言が発生しやすいのは,こうした条件を満たしているからである.これに対し,T.シブタニのように,必要な情報が得られないなかで,人びとが状況を集合的に意味づける積極的な営みとして流言をとらえ直す見方もある.社会的コミュニケーションに対する抑圧が大きい場合や,支配者側の公式的見解のみが流布する場合,流言はそれに対する人びとの密やかな"抵抗"や"本音"の表出という側面をもっている.しかしながら,他面で人びとが潜在的に抱く*差別意識や*偏見や憎悪の感情が流言として表出される場合もある.今日,電子ネットワーク上で,様々な流言が飛び交う状況も生まれている.

流行(モード)
fashion 〈仏〉mode

一定期間にある社会や集団内において新奇な行動様式や事象が急速に拡大・消滅する現象.一般には服装や髪型,言葉,遊びなどの領域でおこる.特にモードは服飾の流行をさすことが多く,大衆的流行に先立って上流階層の婦人向けに発表される見本作品を原義とする.*ジンメルは同調と差異化の拮抗として流行の哲学を論じ,上層から下層へと拡大するトリクルダウン(したたり)理論を提起した.また,*バルトは『モードの体系』(1967)において,衣服をコスチュームと身なりのあわさった表層の戯れととらえ,モードの*記号論的分析をほどこした.なお,年月を経て次の世代に新奇なものとして再登場し,流行が繰り返されることもあれば,新たに継続的なニーズの発掘に成功し,流行として消滅するのではなく,次第に利用者が増加していく普及(diffusion)現象となる場合もある.

両性具有
androgyny

一般に男女両性を兼ね備えた存在のことをいう.ギリシア語で男性を意味するandroに女性の意味のgynyを加えてつくられた語であるが,生物学的な雌雄同体であるヘルマフロダイトとは区別される.両性具有は原初の全体性,万物を生み出す豊饒性,両性を超越した理想的人格として表象されることが多く,世界各民族の様々な創世神話にその痕跡をとどめたり,プラトン,錬金術などの思想に登場する.また,*ユングは男性のうちに潜む女性性,女性のうちに潜む男性性をアニマ—アニムスという用語で概念化した.1960年代以降の*フェミニズムでは,女性解放の理想として*ジェンダー役割から解放された両性具有性を掲げる議論がある一方,両性性の兼備というだけでは男性支配の権力関係を曖昧にするという批判や,*女性性/男性性という二元的な考え方自体を批判する議論もある.

利用と満足の研究
use and gratification study

*マス・メディアの受け手がメディアをどう利用し,どんな満足を得ているかに焦点を当てたアプローチで,受け手研究の分野の大きな柱の一つである.1940年代に行なったラザースフェルドらのラジオ聴取者研究(『ピープルズ・チョイス』44)から,受け手が生活のなかでメディアを積極的に利用し,それまで送り手や研究者が予測していなかったニーズの充足を行なっていることが知られた.この知見とその後の研究を基礎にブラムラーとカッツは『マス・コミュニケーションの利用』(74)を刊行,受け手研究分野の有力なアプローチとして認知させる

とともに，これがその後の実証的研究の指針ともなった．受け手の能動性を強調したこの視点は，強力効果仮説（→効果分析）を相対化するものとして多くの研究者に受け入れられたが，その後80年代に入り〈*議題設定機能仮説〉などや，受け手のおかれた歴史的・社会的文脈を重視する*カルチュラルスタディーズの研究が生まれ，受け手研究は新たな段階を迎えている．→送り手・受け手研究

理論社会学 theoretical sociology

社会学におけるパラダイムの構築，あるいは作り替えを企図する研究分野．経験社会学にしばしば対比される．科学の営みは，命題→事実による検証→（反証された場合）→新しい命題の定立…という無限の発展プロセスであるが，理論は，命題と事実という二つの要素に第3の項を付け加える．

理論が付加する特性の第1は論理整合性，すなわち諸命題の論理的整合化による体系化・組織化である．理論的体系化の理想は，一つの命題から論理的に演繹された結論が事実によって検証できることである．公理－演繹のこうしたシステムは，探求すべき問題，使用されるべき変数，証明に必要なデータなどを教示し，分析のための明確な枠組みを与える．ファラロらがすすめる社会学の古典のフォーマライゼーションの試みは，こうした動きの典型である．

理論が付加する第2の特性が意味適合性，すなわち命題を部分とするような全体像を人びとの念頭に呼び起こすことである．意味的にまとまりのある社会像ができあがると，ある命題の解明作業がもつ文化意義，探求を促す問題構制（プロブレマティーク）などを教示してくれる．古典の学説研究，現代社会論などが物語ろうとするのは，全体社会のイメージである．全体社会は前者では論理的システムへ，後者では有意味な世界像へと変換される．経験社会学では，研究のフィールドに従い専門化の傾向があるのに対し，理論社会学では社会学の諸分野を貫通する一般化への志向が顕著である．

臨床社会学 clinical sociology

*社会問題的な事象を，社会学の理論・方法，さらには社会学者自身の生き方との相互交流・相互応答の中で分析・診断し，その改善や解決，予防のための方策を検討する応用社会学の一つ．A.M.リーが社会病理現象の治療を意図した学問を，*社会病理学そのものから独立・体系化させたことに始まる．社会学に限らず，精神医学や心理学などとの連携も模索され，日本でも，社会病理学と交流する形での臨床社会学の系譜があった．1990年代からは，研究者自らが生活者としての緊張感をもってサイエンスとアートの間を揺れ動く学問として構築しようとする動きがある．そこでは，医療や福祉，地域や宗教などの各種の領域を超えて，それぞれの現場を臨床ととらえ，診断と処方までを目的とする応用社会学として，フィールドでの*参与観察と研究成果の現場への持ち帰りが重視される．専門化の進む他の学問との相補的な関係や，各自の生活世界にとっての意味合いなど，社会学の成果と立場が問われている．

リントン Linton, Ralph 1893-1953

アメリカの文化人類学者．1930年代から50年代にかけて人類学で指導的役割を果たした一人．学生時代は考古学を専攻していたが，博士論文の資料収集のためマルケサス島を訪れてから，次第に現在に生きる人びとの行動に関心をもつようになった．文化を高尚なものととらえる従来の見方に対し，これを生活様式（way of life）と

し，"未開"といわれる民族にも文化があること，西洋的論理によって異文化を理解するのではなく，人びとが固有に保持している意味づけや価値に注意を払うべきことを主張した．社会学的には，地位と役割の概念図式により個人と社会を結ぶ視座を導入し，*パーソナリティ理論によりこれらの個人と社会を文化に連結させ，文化，社会，パーソナリティを総合的に視野におさめる新しい社会科学の構築をめざした．著書に『人間の研究・序説』(1936)，『文化人類学入門』(45)など．

ルカーチ
Lukács György
1885-1971

ハンガリーの哲学者，美学者．20世紀の最も創造的な*マルクス主義思想家の一人に挙げられる．公式的マルクス主義哲学の枠内にとどまらず，『歴史と階級意識』(1923)では，*物象化の観点を押し出し，資本主義批判，社会批判を展開し，注目された．また，マルクス主義接近以前から従事していた文学研究においては，たとえば，小説(Roman)という文学形式を歴史的，構造的に解明し，その分野での貢献をなした(『小説の理論』1916)．それらの影響は*フランクフルト学派など西欧の社会学者にも広く及んだ．

ルサンティマン
〈仏〉ressentiment

ニーチェによれば，キリスト教道徳は，強者に対して行動で反抗することのできない弱者が，価値を転倒し，自分たちのほうが道徳的にすぐれていると考えることによって，空想のなかで強者に復讐を遂げようとした産物である．弱者が強者に対して抱くこの屈折した怨恨・復讐心がルサンティマンである．*ウェーバーはこれを換骨奪胎し，苦難を宗教的に聖化する〈苦難の神義論〉として定式化した．シェーラーはルサンティマン形成の社会的条件を考察し，形式上は平等な権利が認められているにもかかわらず，事実上は大きな格差のある社会がルサンティマンの温床となることを示した．

るつぼ神話
melting pot

アメリカ社会は様々に異なる人種や民族の移住集団の文化が，対等に相互作用しつつ交じり合い，溶け合う一種の〈るつぼ〉であるとし，新しいアメリカ文化・アメリカ人がそのなかから誕生することを期待する観念．1908年にユダヤ系劇作家イスラエル・ザングウィルが戯曲『るつぼ(メルティング・ポット)』を発表してから普及した．だが実際には，非白人系移民や先住民の文化は無視されるとともに，英語系文化中心の*同化であることから60年代には〈るつぼ〉の機能不全が叫ばれ，多様な文化の共存をめざす〈サラダボウル論〉が台頭した．→エスニシティ，多文化主義

ルフェーヴル
Lefebvre, Henri
1905-91

フランスの哲学者・社会学者．1950年代まではフランス共産党の理論家の一人であったが，特に68年の5月革命以降，*マルクス主義を柔軟に展開して，都市における〈空間〉の理論的分析に取り組み，新都市社会学の空間論的転回に大きな影響をおよぼした．その特徴は，構造主義的マルクス主義とは一線を画し，〈空間〉を政治経済学の諸範疇に還元されない相対的に独立した範疇であるとし，革命的実践の戦略的焦点として重視するところにある．著書に『空間の生産』(74)ほか．

ル・プレー
Le Play, Pierre G. Frédéric
1806-82

フランスの社会改良家．*社会調査の先駆的実施によって知られる．鉱山技師だ

ったが，のちカトリック思想による社会改良運動に入る．社会の実態把握の必要，および社会の安定の基礎は家族にあるという信念から，大規模なヨーロッパの労働者の家族・家計調査を行なった．また南フランス農村の家族生活の調査も行い，*拡大家族〈株家族〉(famille-souche)という形態を発見したとし，ヨーロッパ家族のよき伝統としたが，のちの実証的家族史研究で斥けられた．主著に『ヨーロッパの労働者』(1855)がある．

990 ルーマン
Luhmann, Niklas
1927-98

ドイツの社会学者．法律を学び，長く行政の実務に携わったのち，社会学に転じ，1968年から93年までビーレフェルト大学教授．*パーソンズを受け継ぎ，*システム理論に基づく普遍的な社会学理論の構築を追究した．初期には，社会システムを，世界の複雑性を縮減し，システムと環境の間の区別を作り出す意味システムとしてとらえる機能—構造分析を唱え，60年代終わりから70年代はじめにかけて，*ハーバマスとの間でシステム論論争を闘わせた．その後，主著『社会システム理論』(84)において*オートポイエーシス理論を導入し，社会システムを，構成要素である*コミュニケーションがさらなるコミュニケーションを継続的に生み出す*自己言及的なオートポイエーシス・システムとしてとらえる社会システム論を展開した．

991 レヴィ＝ストロース
Lévi-Strauss, Claude
1908-

フランスの人類学者．コレージュ・ド・フランス教授等．当初南米の原住民調査に携わり，のち言語学の示唆のもと，音韻体系の類比で文化の構造を差異体系としてとらえる方法視点に立つようになる．これを人類学研究に適用し，*親族，神話，トーテミズム，思考様式などの研究に従事する．この*構造主義あるいは構造人類学とよばれる立場は，単純な進化主義や〈未開〉—〈文明〉の対置を退け，諸慣習，諸観念の根底にある普遍的な論理構造を取り出そうというものである．主著に『親族の基本構造』(1949)，『悲しき熱帯』(55)，『構造人類学』(58)などがある．→野生の思考

992 歴史社会学
historical sociology
〈独〉Geschichtssoziologie

歴史的な変動を社会学的に説明しようとする試みで，社会学の一分野としては，中・長期にわたる変動の社会理論と定義づけることもできよう．歴史哲学との対比で使われるようになった経緯もあり，個別実証的研究よりも，ある程度歴史一般に通じる変動や，発展の社会要因の探求に向けられる研究をさすことが多い．なお，*ウェーバーの『プロテスタンティズムの倫理と資本主義の精神』(1904-05)や*エリアスの『文明化の過程』(39)などを歴史社会学的研究というとき，そのような一般的な歴史発展の社会的条件の探求と，個別実証的研究の両要素が含まれている．後者の要素は，*社会史の研究業績とみることもできる．

993 レギュラシオン学派
regulation school
〈仏〉École de la régulation

マルクス経済学に依拠しつつ，資本主義の新しい解釈を提示したフランスの経済学理論家たちの総称．資本主義の非歴史的かつ普遍的な経済原則（従来のマルクス経済学）と市場経済の自動調整機能（新古典派経済学）の双方を否定し，資本主義は一定の制度，慣行，規範などの社会

的要因によって歴史的に形成されるとした．労働過程の分析と資本―賃労働関係の分析を中心としながら，資本主義の矛盾と葛藤を国家によって調整（régulation）する必要性を示した．M.アグリエッタ『資本主義のレギュラシオン理論』（1976）がこの学派の代表的著作で，R.ボワイエ，A.リピエッツ，B.コリアもこの学派である．彼らは官庁エコノミストとして出発したため，理論内容において経験主義的で中央集権的フランスの政治経済体制と関係が深い．

レリヴァンス
relevance

*シュッツの*現象学的社会学における基本概念．多義的な意味をもち，有意性，関連性などの訳がある．諸個人は自分の関心に関連づけて世界を知覚したり行為したりするが，私が私の"この"時間に"この"場面においてなぜ"あれ"ではなく"これ"に志向するのかを説明する，いわば個人の行為や知覚の選択規準がレリヴァンスである．*日常生活世界には様々なレリヴァンスの体系があり，それが共有されるとき相互理解が可能になる．→志向性

連字符社会学
〈独〉Bindestrich-Soziologie

一般に，個別の社会生活諸領域を扱う，*家族社会学，*農村社会学，*宗教社会学，*法社会学，*教育社会学等の，いわば個別分野がハイフンで結ばれた社会学をいう．もともとは*マンハイムの用いた言葉．社会の原理や一般理論を扱う社会学と対比して使われることが多い．分科社会学，特殊社会学，応用社会学などの呼称も使われ，それらと意味は近い．なお，原理や理論を扱う社会学と個別分野を扱う社会学とを安易に区別することには問題もあり，この名称の使用にはそうした問題点も含む．→社会学

労使関係
industrial relations;
employment relations

使用者・経営者と*労働組合の間の社会関係．*企業別組合（単組）と経営者間の企業内労使関係，上部団体である産業別組合と業種別経営者団体の業種別労使関係，ナショナルセンター（連合）と日本経済団体連合会の全国レベルの労使関係がある．賃金決定，雇用保障などの労使間の団体交渉は企業内労使関係が基本となっている．そのため賃上げなどの分配面では労使間の利害は対立するが，雇用保障がなされた場合には技術革新の導入による生産性向上などにおいて労使協調となることもある．同一の労使関係が，利害の対立と一致の相反する関係を包含していることが特徴．近年は労働組合に加入していない正規・非正規従業員が増大して使用者との間に問題が生ずるようになったため，日本ではこれを従来の集団的労使関係と区別して個別労使関係，個別労働紛争と分類している．またイギリスでは，従来の〈インダストリアル・リレーションズ〉が製造業の労働組合と使用者間の関係に限定されやすいことから，雇用者一般を意味する〈雇用関係〉の言葉を用いる場合がある．

老人福祉
welfare for the elderly

老人が抱える生活問題を解決・緩和することを通じて，その生活と自立を保障するための社会的施策と実践活動．日本では旧来生活保護法で対応してきたが，1963年の老人福祉法によって政策領域として独立，老人ホームやホームヘルパーなど各種制度が整備されてきた．老化にともなう心身の能力の低下に対して本人や家族の力では十分には対応できない場合や，社会的活動の機会が十分でない

場合に，施設や機会，対人サーヴィスなどを提供し，問題に対処する．一般的に，65歳以上75歳未満の前期高齢者では，職業活動から地域社会や家庭中心の生活への円滑な移行が主要な課題となり，75歳以上の後期高齢者では虚弱な要援護者として*介護や医療の体制整備が重要な課題となる．現在では，在宅福祉を目標に，施設福祉がそれを補完するという考え方に変わり，在宅サーヴィスも，家族介護の補完から，むしろその代替に向かいつつある．このほか，公的なサーヴィスの不足を補うシルバービジネスの登場，*介護保険の成立による狭義の老人福祉領域との関係，医療・保健・福祉の連携形成，老人の権利擁護の制度化など，新しい動きがある．→脱施設化，コミュニティ・ケア，地域福祉

998 労働

labor; work 〈独〉Arbeit 〈仏〉travail

人間が自然に意識的に働きかけて自分に有用な価値を作り出す行為で，生産要素の一つ．狭義には賃労働（資本主義社会における労働）を意味する場合もある．労働は，1）目的をもった手段的行為，2）働きかける対象をもつ，3）道具，機械などの手段を利用する，という三つの契機を含むので，労働という行為の中にたとえ喜びがあっても，行為それ自体が目的である*遊び（遊戯）とは対照的な位置づけにある．しかし手段的・強制的であるため，個人を社会と結びつける上で大きな役割を果たす．また労働の区分には，協業/分業，肉体労働/精神労働，有償労働/無償労働，雇用労働/自営・家族労働，熟練労働/未熟練労働，統合化された労働/細分化された労働，工場労働/サーヴィス労働（感情労働）などの例があり，こうした区分自体が労働に対する価値と評価，その対価である賃金あるいは労働費用をめぐって多様な立場があることを示す．今後も社会変動にともない新たな労働区分の方法が付加されるだろう．→職業，就業構造，労働力の再生産

999 労働組合

trade union; labor union

労働者の賃金・労働条件の維持・向上を目的とする労働者の自主的な団体．当初は自分たちの生活保障を求める共済機能から出発したが，その後，これが国家の社会保障機能に代替されるにつれ，団体交渉，労働争議を手段として経済的機能を重視するようになった．さらに労働者の権利擁護を求める政治的機能に重点がおかれ，労働者主権の樹立を目的とする労働運動へと発展した．しかし1989年以降の*社会主義国家の崩壊後，資本主義廃絶をめざすという労働組合の位置づけは事実上終わり，*社会民主主義が支配的イデオロギーとなっている．アメリカの労働組合の場合は*マルクス主義などの政治イデオロギーの影響は薄く，労働条件の向上をめざす経済的組合主義である．

労働組合は現在でも労働者の利益を社会に向けて代表する機能をもつが，かつて組合の主要構成員であった男性の製造業*ブルーカラーの割合が減少し，*ホワイトカラーや女性パートタイマーが増加したために，先進諸国ではいずれも組織率が低下している．これら雇用者間の利益が相互に対立し，同一組織で利害を代表しにくくなったことが理由とされる．日本でも組織率は70年の35％から一貫して低下傾向にあり，2002年の推定組織率は20.2％まで減少した．→オープンショップ/クローズドショップ/ユニオンショップ，企業別組合，労使関係

1000 労働災害

industrial injuries

労働者の業務上の事由，あるいは通勤途上における負

傷，疾病，傷害，死亡のこと．日本では，労働基準局が労働災害と認定すると労災保険が支給される．その防止のために1972年に労働安全衛生法が施行された．建設・製造業での作業中の事故以外に，ウランなど有害化学物質取り扱いによる健康障害，特定職業に長期間就業して発病した*職業病，*過労死とされる脳・心臓疾患も因果関係が証明されれば労災に認定される．事業主，ときには労働者にとっても，安全衛生の向上はコスト増加・作業能率の低下とみなされる場合があり，安全教育の重要性が問われている．

1001 労働市場
labor market

労働力が商品として売買される市場．賃金（労働力の価格）の変動が労働力需給を調整するとされる．新古典派経済学が依拠する完全競争の労働市場モデルは，労働者と雇用主間の契約締結の自由，居住地の自由，職業選択の自由などの*市民権が保障されて初めて可能となる．しかし表面的には対等の契約であるが，現実的には労働者に不利であることから，労働者が*労働組合や職業団体を結成したり，あるいは国家が労働者保護のため労働時間，賃金等を規制する社会政策や労働法を整備した．また*失業者の増大によって賃金が一定水準以下には下がらない下方硬直性があるために，賃金の需給調整機能に限界があることも指摘されている．欧米諸国では人種や性による労働市場の分断が社会問題化しているが，日本では歴史的には大企業・*中小企業間の労働市場の二重構造が，近年は正社員と非正社員の二重構造が問題とされている．→横断的労働市場，内部労働市場/外部労働市場，不安定就労

1002 労働者意識
workers' attitudes

労働者が日常的に周囲の環境（職場，企業，人間関係，*労働組合，生活，社会など）に抱いている感情，考え方，価値観のこと．狭義には労働者階級の一員としての自覚という意味で*階級意識（class consciousness）と同義．労働者意識は政治イデオロギーや勤労倫理と異なって一貫しかつ合理的な価値観を提供するわけではなく，相互に矛盾を含みながらしばしばその内容が変化する不安定・不定型な側面をもつ．モラール，職務態度，就業意識，職場満足度，中心的な生活関心，企業・組合への帰属意識，生きがい，働きがい，などがその内容である．使用者の指揮・命令のもとに就業することが雇用者の職務であるから，経営者にとって労働者意識は第二義的なものであり，労働組合も*官僚制組織のため下からの意見を汲みあげにくいが，労使双方にとって労働者意識を正確に把握することは円滑な*労使関係形成に役立つ．国家も労働者の政策ニーズと政策評価を意識調査などの方法で知ることができる．→企業意識，階級帰属意識

1003 労働力の再生産
reproduction of labor power

人間が財・サーヴィスを生産するための能力が〈労働力〉である．〈労働力〉維持，すなわち労働者の生命と生活の維持のこと．資本主義社会の存続のために不可欠な行為であると*マルクスが定式化した．再生産は労働者本人だけでなく，次代に労働者となる子どもの養育を含む．具体的には，住宅，食事，医療，保育・教育など労働者の生活全体であり，賃金水準は再生産費用を上回らなければならない．家事労働全般も労働力の再生産過程として位置づけられる．〈労働過程〉と〈労働力の再生産過程〉とは表裏一体の関係にあり，双方とも社会の存続に必要とされる．

1004 老年学
gerontology

*老年期を研究対象とする学際的研究. 老年期に加齢の結果として個人に生じる現象は身体的能力, 知的能力の変化を中心に多岐にわたる. これらの分析を通じて老年期の人びとを総合的に理解しようとするのが老年学であり, 生物学的・医学的側面と心理学的・社会学的側面の双方を視野に入れた学際的な方法をとる. →エイジズム, 高齢化

1005 老年期
old age

*ライフサイクルにおける成人期の後, 死亡までの期間. 産業化以降, 生活水準の向上と医学の進歩により乳幼児死亡率が低下し, 人びとの寿命が長期化した. こうして老年期がライフサイクル上の一時期として登場する. 成人期は現役時代, つまり生産労働に従事する時期と考えられており, そこから引退して以降の時期が老年期である. このため, 現役の時期の変化によって老年期の開始時期は変化する. 現在は多くの社会で65歳以上を老年期と考えることが多い. 寿命の延長によって老年期自体が長期化し, 老年期にある高齢者を74歳までは前期高齢者, 75歳以降は後期高齢者と区分することが一般的である. 老年期は社会的役割の縮小, 身体的機能の低下が想定されるが結婚満足度は新婚期についで高く, 心理的ディストレスもむしろ低いという特徴が見られる. →高齢化, 高齢社会

1006 老年社会学
sociology of aging

*老年期, 高齢者を対象とした社会学的研究. 生活水準と医療技術の向上は*ライフサイクル上に老年期という時期を生み出した. この時期は役割の縮小期であり, 身体の能力が低下し, 他者への依存が大きくなるが, そうした高齢者および介護者に見られる様々な社会的パターンを抽出・分析するのがこのアプローチである. 代表的なものに L. ジョージ『老後—その時あなたは』(1980)など. 役割移行やイヴェント経験の歴史的変化に関する人口学的・*ライフコース論的分析, サポート・ネットワークや*介護サーヴィス利用とその効果に関する*社会的ネットワーク分析, モラールや主観的幸福感のパターンや規定因についての社会心理学的分析, 同居パターンなど家族関係を中心とした*家族社会学的分析, 社会保障や社会福祉サーヴィスのあり方や効果を分析する福祉社会学的分析などが相当する. →老年学, 高齢社会

ワ

1007 ワース
Wirth, Louis
1897-1952

アメリカの都市社会学者. シカゴ大学教授. ドイツ生まれのユダヤ人. 14歳でアメリカに移住. シカゴ大学で*パークと*バージェスの教えを受け, 1926年に学位を取得, 31年から同大勤務. ユダヤ人コミュニティを扱ったモノグラフ『ゲットー』(28)を著し, 同大学地域コミュニティ調査委員会の成果である『地域コミュニティファクトブック』(38)の編者を務めるなど, *シカゴ学派都市社会学の最も重要な後継者の一人となる. 『アメリカ社会学雑誌』に発表した論文「生活様式としてのアーバニズム」(38)では, 都市を規模, 密度, 社会的異質性によって定義し, その社会的・心理的帰結の総体を生活様式としての*アーバニズムとして位置づける理論枠組みを提起, その後の*都市社会学に大きな影響をおよぼした. また, *マンハイムとの交流も深く, 『イ

デオロギーとユートピア』(29)の英訳者でもある．ニューディール期から第2次大戦後にかけて，都市計画・社会計画など政策的な分野で活躍した．

1008 ワスプ
WASP; White Anglo-Saxon Protestant

植民地時代より主流民族としてアメリカの発展の中心にいた，イギリスからの白人アングロサクソン系プロテスタント移民とその子孫たちをさす．〈ワスプ〉という表現が，アメリカの主流国民と同義に用いられ始めたのは，E. ディグビー・ボルツェルの『プロテスタント・エスタブリッシュメント』(1964)出版以後である．このなかで，平等思想はイギリスやピューリタニズムに源泉をもつが，現実のアメリカ社会には公然と*人種差別がはびこり，それがアメリカの矛盾であるとして指摘される．この言葉は，黒人やエスニック集団による白人エスタブリッシュメント批判が強まるなかで，批判者が普及させたものであると同時に，白人エスタブリッシュメントの衰退を感じる白人によって自己揶揄的に使われることもある．→エスニック関係

1009 ワーディング
wording

調査票の質問文や回答選択肢における表現の仕方のこと．質問紙調査を行う場合，質問文や回答選択肢の言い回しによって回答にゆがみがでる場合があり，作成にあたっては注意が必要とされる．たとえば，質問の意図は明確に伝えねばならず，曖昧な言葉や難解な表現，一つの質問で二つ以上の問いを含ませる質問(→ダブルバーレル質問)は避けなければならない．*ステレオタイプの言葉や権威的な言い回しなど，回答者に誘導を行う表現も用いてはならない．→質問紙法，社会調査，キャリーオーヴァー効果

索引

和文事項索引 ……… 257

和文人名索引 ……… 271

欧文索引 ……………… 279

文献索引 ……………… 289

【索引凡例】
- 本書には和文事項・和文人名・欧文（事項・人名）・文献の4種類の索引を付した．
- 索引項目ごとに示した数字は，各立項目に付されている五十音順通し番号（項目番号）である．検索にはこの項目番号を利用されたい．
- 項目番号の太字は，項目として解説されていることを，細字は，その番号の項目の解説文中に言及があることを示す．
- 和文事項・和文人名・文献索引は音引き（ー）は無視し，五十音順に配列してある．
- 和文人名索引には，原綴りを付した．

和文事項索引

ア

愛 315
愛国主義 078
IT 486
アイデンティティ 001, 085, 128, 247, 349, 490, 567, 640, 924, 941
アイデンティティ・ポリティクス 558
アイデンティフィケーション 002
アイ/ミー 003, 916
アウラ 825
アサイラム 004
アスピレーション・レベル 600
アソシエーション 005, 316
遊び 006, 572
新しい産業国家 683
新しい社会運動 007, 395, 683, 713, 935
圧力団体 008
アナウンスメント効果 010
アナール派 011, 406, 518, 686
アニミズム 012
アニメーション 912
アノミー 013, 035, 436, 666, 783
アパシー 014
アーバニズム 015, 719, 722, 812, 1007
アファーマティヴ・アクション 016
アブセンティイズム 017
アフターコーディング 839
甘え 018
アメニティ 019, 173
アリストクラシー 922
アルコール依存症 021
アンダードッグ効果 010
暗黙知 023
安楽死 613

家 020, 024, 139, 709, 754
家制度 025, 148, 729
家元制度 026
家連合 754
いき 027
育児 226
育児休暇(休業) 028
イコン 190, 192, 193, 476
意思決定 029, 101, 712, 748
意思決定法 650
いじめ 030
移住者 896
威信 031, 490, 918
イスラーム原理主義 032
異性愛 707
依存効果 033
イタコ 439
一次元的尺度 034, 157
1次親族 519
一望監視施設 249
一方向的コミュニケーション 603
逸脱 035, 159, 562, 710, 791, 945, 966
逸脱下位文化 035, 036, 783
逸脱の増幅回路 037
イットウ 709
一般意味論 038
一般化された他者 039
一般職 643
一夫多妻制・一妻多夫制 040
イデオロギー 041, 883
移動レジーム 042
イニシエーション 675
イノヴェーション 043
違背実験 079, 122, 161
居場所 840
異文化コミュニケーション 044
異文化理解 045
意味作用 190
意味の社会学 046
意味論 038, 192
移民 047, 508, 686
入浜権 049, 170

医療社会学 050, 878
医療保障 824, 932
因子分析 051
印象操作 052, 089, 306, 552
インセストタブー 730
インダストリアリズム 342
インターネット 054
インデックス 190, 192, 193
インナーシティ 055
インフォーマル・グループ 056, 473
インフォーマル・セクター 057
インフォームド・コンセント 058, 669
インフラストラクチュア 059

ヴァーチャル・リアリティ 060
ウェルビーイング 432
ヴォランタリー・アソシエーション 005
ヴォランティア 064, 317, 391, 749, 813, 882
受け手研究 094, 981
氏子組織 066
ウチとソト 584, 585
産土神 066
ウーマン・リブ 818
うわさ 685, 978

エイジズム 067
衛星都市 068
映像文化 069
IIRAFファイル 905
エキュメノポリス 580
エコシステム 566
エコロジー 048, 071, 370
エコロジー的近代化 225
AGIL図式 072, 205, 206, 273
S-R説 131
SSM調査 073, 096, 110, 115, 394, 490, 833
エスニシティ 074, 076, 247,

エスニツク

558, 606, 923
エスニック関係 075
エスニック・マイノリティ 016, 076, 280, 606, 923, 927
エスノグラフィー 077
エスノセントリズム 078, 856
エスノ・ナショナル集団 076
エスノメソドロジー 046, 079, 122, 161, 246, 369, 399, 463
エディティング 080
エディプス・コンプレックス 563
エートス 081, 387
NNW 292
NGO・NPO 082, 813
NPO 064, 082, 391
エネルギー問題 355
M字型就労曲線 083
エラボレーション 196
エリート 086, 775
エリート主義の権力構造 650
エリートの周流 087
エンカウンター・グループ 088
演劇論的モデル 089
エンゲル係数 090
エンパワーメント 757

横断的労働市場 091
応能原理 418
応能者負担 456, 659
オカルティズム 092
送り手・受け手研究 094
OJT/OFF-JT 095, 188
おたく 912
オーディエンス 094
オーディエンス・スタディーズ 094
オーディエンス・リサーチ 094
男らしさ 349, 351, 500
オートポイエーシス 098, 298, 990
オピニオン・リーダー 099
オープンショップ/クローズドショップ/ユニオンショップ 100

オペレーションズリサーチ 101
親方＝子方関係 102
親分＝子分関係 102
オリエンタリズム 103, 856
オルタナティヴ 618
オルタナティヴ・テクノロジー 071, 104
音楽社会学 105
温情主義 102
女らしさ 349, 351, 500, 841
オンブズマン 106

カ

回帰分析 107
階級 108, 115, 909, 918
階級意識 109, 110, 1002
階級帰属意識 110
階級闘争 111
介護 112, 997
介護休暇 028
外国人労働者 113, 289
介護保険制度 114, 997
外婚制 730
介助 112
階層 073, 108, 115, 215, 490
階層間移動 116
外注 371
外的言語 298
階統秩序 787
開発 117
開発社会学 118
開発独裁 119
開発途上国 768
外部労働市場 091, 733
下位文化 036, 120, 156, 574, 812, 853
解放教育 714
快楽主義 121
会話分析 079, 122, 161
ガヴァナンス 123
ガウス分布 547
カウンセリング 124
科学革命 125
科学社会学 126, 658
科学知 742
科学的管理法 127, 620, 745, 884
科学的知識 023
鏡に映った自己 128
華僑 137

核家族 130, 132
核家族普遍説 905
学習理論 131
学生運動 007
拡大家族 132
革命 133
学歴インフレ 134, 261
学歴社会 606
学歴主義 135
影の労働 437
家産 025
家産官僚制 026
家事 226
過剰都市化 136
過食症 589
家事労働 437, 1003
華人 137
カースト 138
過疎 163, 755
仮想現実 060
家族 024, 130, 132, 139, 226, 587, 644, 673, 677, 815, 820
家族解体 140
家族擬制 026
家族機能 141
家族計画 142
家族構造論 144
家族国家観 143, 146, 162
家族社会学 144, 724
家族周期 145
家族主義 146
家族ストレス 147
家族制度 148
家族の感情構造 149
家族の基底機能 141
家族の権力構造 162
家族の勢力構造 150, 162
家族変動論 144
家族療法 151
家族論 144
価値 152, 207, 569, 706
価値合理的行為 153, 257, 937
価値自由 154, 211
価値判断排除 154
家長 025
学校文化 156
葛藤 326
ガットマン尺度 157
家庭内暴力 727
カテゴリー的データ 034, 528, 597, 681, 704

寡頭制の鉄則 158
過同調 159
カードル 160
株家族 989
家父長制 162, 350, 550, 818, 827
貨幣(コミュニケーション・メディアとしての) 315
過密・過疎問題 163, 511
家名 025
仮面 871
からかい 030
カリスマ 165
カルチュラルスタディーズ 094, 166, 225, 268, 981
加齢 962, 1004
過労死 167, 1000
間隔尺度 378, 873
環境 071, 168, 191, 195, 566
　システムと— 204, 361, 367, 746
環境アセスメント 169
環境権 019, 170, 564
環境社会学 071, 171, 173
環境主義的アプローチ 247
環境正義 172
環境的公正 172
環境難民 740
環境問題 173, 259
観光 174, 755, 904
慣習 441, 943
間主観性 176
感受性喚起概念 845
感情移入 177
感情性/感情中立性 766
感情的行為 257
感情の社会学 178
感情労働 178
間身体性 176, 521
官庁統計 179
官僚制 180, 225, 583
官僚制的パーソナリティ 181
関連性 994

機械的連帯/有機的連帯 182
機会の平等 183, 238, 801, 934
危機管理 184
聴き取り調査 185, 377
希求水準 600
企業意識 186

起業家 187
企業特殊熟練 095, 188, 733
企業内教育 188
企業別組合 100, 189
危険率 703, 705
記号 190, 268, 302, 311, 476, 886
記号学 193
記号環境 191
記号行動 192
記号内容 190
記号表現 190
記号論 193, 484, 886, 979
疑似イベント 194
疑似環境 195, 902
疑似相関 196, 874
気質 763
技術革新 043
技術決定論 062
希少性 198
規則 199, 207
帰属意識 110, 186, 552, 651, 924, 1002
貴族制 922
基礎社会 628
基礎集団 203
期待水準 600
議題設定機能 200, 262, 981
機能—構造分析 990
機能合理性/実質合理性 202
機能集団 203
機能主義 204, 224, 273, 907, 965
機能の要件 072, 205, 273
機能分析 072, 206, 273, 367, 836, 906
機能連関 204
規範 152, 207, 569, 943
規範の秩序 208, 885
キブツ 209
帰無仮説 703, 705, 863
客我 353
逆機能 159, 186, 206, 906
逆都市化 055, 210, 329
客観主義 457
客観性 211
キャリア 212
キャリーオーヴァー効果 213
救済宗教 214
旧中間層・新中間層 215
QOL 432, 470, 544

QCサークル 474
教育 216
教育社会学 217
教育の機会 218
共依存 219
境界人 898
共産主義 690, 908
行政村 754
業績本位 606, 766
競争 183, 238, 254, 326, 399, 426, 915　一的相互依存 316, 746　完全— 1001
　自由— 365, 746
鏡像段階 964
きょうだい 519, 673
共治 123
共通語 044
共同作業所 469
共同主観 176
共同性 221, 316
恐怖 810
共有地の悲劇 424
強力効果仮説 262
拒食症 589
巨帯都市 931
儀礼 223, 675
儀礼主義 223
禁忌 636
均衡 256, 273, 337, 775
均衡モデル 254, 326
均衡モデル/闘争モデル 224
近代化 225
近代家族 139, 226
近代資本主義システム 579
近代社会 227
近代主義 227
近代性 227, 937, 939
緊張緩和 072
均等原理 418
キンドレッド 520
禁欲主義 121

クイア理論 581, 707
空洞化 339, 514
クオリティ・オブ・ライフ 382　→QOL
口伝文化 271
組 754
クライシス・マネジメント 184
グラウンデッド・セオリー 228

クラスター分析 229
グリーフ・ワーク 382
グリーンGNP 292
グループ・ダイナミックス 230, 473
グループホーム 317, 470, 633
グループ・ワーク 473, 612
クレイム申し立て 275, 436
クロス集計 231
クローズドショップ 100
グローバリズム 232
グローバリゼーション 044, 227, 232, 386, 393, 414, 822
グローバル・ガヴァナンス 123
軍事型社会 412
群集心理 233, 810
君主制 922

ケア 112, 317, 882
ケア付き住宅 450
ケア・マネジメント 317
ケアマネジャー 114
ケア・ワーク 612
ゲイ 707
経営家族主義 146
経営社会学 341
経営福祉主義 744
経験社会学 982
経済指標 544, 823
経済人 891
形式合理性/実質合理性 180, 235
形式社会学 399, 524, 615, 855
啓蒙主義 236
計量社会学 527, 608
系列 371
ケインズ主義福祉国家 819
ゲシュタルト理論 131
ケースワーク 237
ゲゼルシャフト 239
結果の平等 218, 238, 801
結合定量の法則 628
結婚 →婚姻
結婚家族 677
結社 005, 252
結節機関説 529
欠損家族 793
ゲマインシャフト 221, 316
ゲマインシャフト/ゲゼルシャフト 239
ゲーム理論 101, 240, 284, 448, 776
権威主義 309, 421, 449
権威主義的パーソナリティ 242
原家族 677
原基的特性 602
元型 954
言語 243, 298, 403
言語ゲーム 122, 244
言語行為論 122, 313, 769
言語コード 044, 217, 248, 403, 784, 857
言語システム 484
言語資本 403, 854
言語社会学 245, 784
言語相対主義 333
言語論的転回 275, 772
顕在機能 206
現象学 176, 177, 246, 463, 543, 830
現象学的社会学 046, 079, 246, 463, 741, 758, 967, 994
原初主義的アプローチ/環境主義的アプローチ 247
現代化 225
限定効果仮説 262
限定コード/精密コード 248, 784
限定性/無限定性 307, 766
権力 249 国家ー 300 政治ー 553
権力構造 162, 250, 405, 500, 650, 777
権力多元論 250
言論・出版・表現の自由 251

講 252
行為 153, 253, 313, 417, 422, 440, 598, 769, 937
合意 254
合意形成 123, 265, 266, 310, 656
広域行政 255
行為の一般理論 256
行為の制度化 571
行為理論 256, 458, 775, 946
行為類型 178, 257, 313
公益 082, 258, 813
公害 173, 259, 539

郊外化 163, 260, 329, 723
高学歴社会 261
効果分析 094, 262
交換理論 263, 284, 399, 615, 836
高級文化 623
工業化 117, 118, 119, 342
公共圏 265, 391
公共財 059, 264
工業所有権 659
公共性 265, 411
公共政策 254, 266, 404
公共選択理論 284
合計特殊出生率 462, 472
広告 268, 372
公式集団 056
公衆 269, 388, 971
公衆衛生 270
口承文化 271
構成主義 275
構造分析 246
構造移動 394
構造化理論 201, 272, 306
構造=機能主義 273, 367, 646, 765, 885 ー批判 272, 477, 919
構造=機能分析 204
構造主義 166, 249, 274, 774, 797, 855, 909, 964, 991 ー批判 272, 881
構造主義言語学 193
構造分析 273
構造変動 433
構築主義 275, 436
公的扶助 276, 434, 545, 932
行動 253
行動科学 277
行動主義 131
口頭伝承 691
公と私 278
幸福追求権 170
構文論 192
合法的支配 385
公民権 390, 391
公民権運動 160, 218, 280, 356, 388
合理化 225, 281, 412, 460
功利主義 282, 409
合理主義 283
合理性 061, 202, 235, 855
合理的選択理論 221, 282, 284, 321, 399

高齢化 285, 286, 472
高齢者 896, 1005, 1006
高齢社会 286
国際化 232
国際結婚 287
国際社会学 288
国際分業 514
国際労働力移動 289
国勢調査 290, 493, 591, 724, 969
国籍 291
国内総生産・国民総生産 292
国民 293, 923
国民国家 293, 294, 299, 391, 692, 923
国民社会 393
国民主義 736
国民純福祉 292
国民性調査 295
国民総生産 292
国民投票 672
誇示的消費 915
戸主 025, 729
互酬性 599, 604
個人間コミュニケーション 298, 312, 764, 790
個人主義 297, 451
個人情報 834
個人内コミュニケーション 298, 312
コスプレ 912
個性化 359
子育て支援 511
国家 299
国家権力 300
国家主義 736
コーディング 301, 839
コード 199, 302, 684, 873
　文化的— 522, 935
子どもの権利 303
子どもの社会学 304
〈子ども〉の誕生 305
コーネル・テクニック 157
個別主義/普遍主義 307, 766
コーホート分析 308, 588
コーポラティズム 309
コーポレート・ガヴァナンス 123
コミケ 912
ゴミ 439
コミック文化 912

ゴミ問題 310, 539
コミュニケーション 044, 298, 311, 603, 764, 790, 900
コミュニケーション総過程論 312
コミュニケーション的行為 313, 429
コミュニケーション的合理性 440
コミュニケーションの2段の流れ 099, 314
コミュニケーション・メディア 315
コミュニティ 005, 221, 316, 391, 651
コミュニティ・オーガニゼーション 316
コミュニティ・ケア 317, 470, 653
コミュニティ・ワーク 318, 612, 653
雇用関係 996
雇用保険 319
語用論 192
婚姻 322, 677, 686, 816, 969
婚姻率 322
婚外子 323
コンシャスネス・レイジング 818
コンティンジェンシー理論 324, 611
コンピュータ・リテラシー 972
コンフリクト 254, 326

サ

差異化 979
災害社会学 327
再帰性 201, 369, 939
再検査法 526
再生産理論（ブルデューの） 272
在宅福祉サーヴィス 653
最低生活費 328
再都市化 329
在日 678
サイバネティクス 330, 890
最頻値 627
サイン学習 131
サーヴィス産業 331
サーヴィス労働者 332

座学 095
サピア=ウォーフ仮説 333
サブカルチュア 120, 853
サブカルチュア研究 166
差別 335, 516, 550, 926
差別是正措置 016
サラダボウル論 987
残基 775
残基/派生体 256, 337
産業革命 338
産業型社会 412, 535
産業構造 339
産業者 340, 345
産業社会学 096, 341
産業社会論 342, 345
産業廃棄物問題 343
産業別労働組合 189
サンクション 207, 344
産児調節 142
産直運動 950
散布度 799
参与観察法 077, 228, 346, 377, 983

死 613, 753, 882
シヴィル・ミニマム 347
GNP 292
ジェンダー 348, 500, 576, 953
ジェンダー・アイデンティティ 349, 567
ジェンダー秩序 350
ジェンダー役割 349, 351, 500, 550, 576, 841, 883
ジェントリフィケーション 352
自我 003, 128, 353, 563, 780, 875, 916, 945
自我形成論 039, 455
シカゴ学派 036, 093, 346, 354, 445, 721, 726, 746, 759, 761, 845, 1007
自記式 379
自計式 379
刺激—反応理論 131
資源・エネルギー問題 355
資源循環 310
資源動員論 221, 356, 445, 556, 935
自己 353
自己移入 177
試行錯誤 131

シコウセイ

志向性 176, 357, 521
至高の現実 629, 741
自己決定 578, 974
自己決定権 058, 757
自己言及性 098, 358, 484, 990
自己志向/集合体志向 766
自己実現 359, 957, 958
自己準拠 311
自己準拠性 358
自己成就的予言 360
自己組織性 361, 367
自己中心性 362
自己呈示 363
自己同一性 001
自殺 364
事実婚 323, 729
事実の秩序 208, 885
指示的カウンセリング 124
市場化 365
自助組織 021, 366
システム 072, 204
システム統合 429
システム理論 330, 367, 765, 990 →社会システム論
システム論争 990
私生活化 835
私生活主義 368
私生子 323
自省性 358, 369
自然村 529, 754
自然地域 651
持続可能な発展 173, 355, 370, 656
下請制度 371
視聴率・聴取率 372
悉皆調査 804
失業 319, 373
失業保険 319
失業率 374
しつけ 375
実験群と統制群 708
実験計画法 708
実質合理性 202, 235
実証主義 325, 345, 376, 833 —論争 772, 794
実践 272, 844
質的調査 416, 541
質的調査法 377
質的データ 228, 377, 378, 534, 681
実務訓練 095

質問紙法 379 →調査票調査
シティズンシップ 291
指定統計 179
GDP 292
史的唯物論 412
児童期 956
児童虐待 303, 380
児童福祉 381
死の社会学 382
支配 383
支配階級 384
支配的文化 618
支配の諸類型 061, 385
自発的結社 005
CPS 論争 650
私秘化 835
嗜癖 219
資本主義 386
資本主義の精神 387
シミュレーション 101
市民 269, 293, 316, 388, 757
市民運動 389, 487, 554, 618
市民権 047, 291, 293, 388, 390, 391, 899, 922, 1001
市民公益 258
市民社会 047, 291, 293, 388, 391, 398, 525, 801
自民族中心主義 078
社会 393
社会移動 042, 073, 116, 394, 836
社会運動 007, 266, 389, 395, 445, 480, 556, 557, 749, 779, 919
社会運動論 221, 306, 356, 571, 848, 935
社会化 216, 375, 396, 557, 616
社会階層 073, 086, 115, 116, 489, 490, 536
社会解体論 035, 036, 354, 436, 721, 726, 783
社会開発 118, 397
社会学 221, 398
社会過程 398, 399, 836, 844
社会教育 216, 400
社会計画 401
社会契約 402, 922
社会契約説 409, 546
社会権 328, 347, 390, 507, 564, 899

社会言語学 245, 403
社会工学 404
社会貢献活動 813
社会構造 398, 399, 405, 433
社会行動主義 477, 916
社会参加 757
社会史 011, 226, 406, 518, 992
社会事業 407
社会システム 706, 890
社会システム論 367, 445 パーソンズの— 282, 602, 765, 890 ルーマンの— 098, 361, 990
社会実在論/社会名目論 409
社会指標 823, 544
社会資本 410
社会主義 411, 690, 908
社会進化論 412
社会心理学 230, 353, 413, 525, 605, 713, 945
社会人類学 965
社会政策 414
社会成層 115
社会生物学 415
社会調査 073, 295, 327, 416, 669, 960, 989 —の方法 262, 666, 814 —の分析 527, 625, 681, 684, 873 →調査票調査
社会的行為 417
社会的合意 254, 265, 546
社会的行為の類型 257
社会的交換理論 263, 888
社会的公正 172, 418, 502, 801
社会的時間 419
社会的資源 423, 426
社会的事実 420, 688, 967
社会的弱者 418
社会的相互行為 399, 422
社会的相互作用 353, 398, 399, 417, 422, 837
社会的地位 108, 115, 116, 394, 423, 426, 489, 490, 654, 762, 857
社会的ディレンマ 424, 539, 842
社会的ネットワーク分析 425
社会的平等 802
社会的不平等 426

社会的分業 412, 427, 688
社会統計学 428
社会統合/システム統合 429
社会統制 430
社会病理学 431, 983
社会不安 810
社会福祉 432, 757
社会復帰 974
社会変動 399, 401, 433
社会保険 114, 319, 347, 434
社会保障 276, 319, 434, 751, 868, 932
社会民主主義 411, 435
社会名目論 409
社会問題 398, 431, 436, 906, 983
社会唯名論 409
社会有機体説 204, 409
社会連帯 434
尺度 034, 157, 625, 873
斜交解 051
シャドウ・ワーク 437
ジャーナリズム 438 —論 094, 971
シャーマニズム 439
主意主義的行為理論 440
重回帰分析 107
習慣 081, 441
宗教 442, 509, 586, 914
就業構造 443
宗教社会学 444
自由権 390, 507, 564
集権化 861
集合感情 782
集合行為 445
集合行為論 284
集合行動 445
集合行動論 845
集合体志向 766
集合的無意識 929, 954
集合表象 446
集合沸騰 233
重出立証法 925
従順過剰 159
終身雇用 186, 188, 447
囚人のディレンマ 240, 284, 424, 448, 527
修正拡大家族 132
重層的決定 022, 909
従属変数 717
従属理論 118, 449, 579, 663
住宅問題 450

集団構造 608
集団主義 451
集団力学 230
自由のための計画 913
周辺人 898
終末医療 882
住民運動 452
住民参加 453
住民自治 660, 671
住民投票 454
重要な他者 039, 455
習律 943
受益者負担 456
主我 353
主観主義 457
主観性・主体性 457, 458
熟練 091, 212, 733, 843
熟練の解体 459
取材の自由 251, 504
首座都市 719
呪術 439
呪術からの解放 225, 281, 460
主体化 458
主体性 457, 458, 828
手段主義 701
出産 977
出自集団 520
出生前診断 578
出生率 267, 285, 286, 462, 472, 511, 686
出版の自由 251
主婦 464
順位相関係数 465, 597
循環移動 394
順機能 206
準拠集団 466, 666, 940
準公共財 264
順序尺度 378, 873
生涯学習 467
生涯教育 467
障害者 317, 633, 896
障害者雇用 469
障害者福祉 470
小家族論 020
状況の定義 471, 726
条件適応理論 324
条件反射 131
少子化 462, 472, 781
常識 742
少子高齢社会 286
小集団 473

小集団活動 474, 745
小集団研究 425, 888
少数言語 595
少数者 896
少数民族 →エスニック・マイノリティ
象徴 190, 476
象徴操作 622
象徴的相互作用 422
象徴的相互作用論 046, 399, 477, 615, 837, 845, 916
象徴天皇制 696
象徴暴力 478
承認統計 179
賞罰 344
消費者運動 480, 538
消費社会 268, 481, 886, 915
消費者行動 482
消費者の権利 106, 483
商品化 365, 939 脱— 822
情報 311, 484
情報科学 330, 485
情報学 485
情報環境 902
情報技術 486
情報公開 106, 487
情報工学 485
情報社会 488
常民 925, 948
職業 212, 489, 594
職業威信スコア 490
職業移動 394
職業階層 490
職業経歴 212
職業人 387, 851
職業の社会化 396, 491
職業病 492, 1000
職業分類 320, 493
職業別組合 100, 189
職住分離 494
職人 459
職場外教育 095
職場内教育 095
植民地化 515
植民地主義 045, 496, 619
植民地の解放 497
庶子 323
女性解放運動 841
女性解放思想 818
女性学 498, 499
女性差別 →性差別
女性史 499

女性性/男性性 500
女性労働 501
所得再分配 502
所有 503
所有と経営の分離 503
自立 612, 757, 780, 974
自立生活 633
自立生活運動 470
知る権利 251, 504
事例研究法 505
人格 763
親権 506
人権 303, 507, 559, 921
人口 290
人口移動 508
人口学 686
新興宗教 509
人口集中地区 510
人口政策 511
人口置換水準 462, 472, 511
人口転換 462
人口動態 512
人工妊娠中絶 578
人口爆発 513
人口問題 513, 656
新国際分業 514
人種 515
新宗教 509
人種差別 516, 872
人種主義 516, 517
新植民地主義 496
新新宗教 509
心性 178, 305
心性史 011, 518
親戚 520
心臓死 382
親族 132, 139, 519
親族集団 520
親族世帯 645
親族組織 519, 520
身体技法 522
身体障害者 469
身体性 521
身体の社会学 522
新中間層 215, 260
心的外傷 523
新都市社会学 721, 988
新保守主義 822
シンボル 190, 192, 193, 476, 477
シンボル操作 622
信頼 525

信頼性 526
信頼性係数 526
真理 315
心理療法 088, 124
親類 520
神話 476

粋(すい) 027
数理社会学 527
数理統計学 428, 762
数量化 034, 379, 528, 625
数量的データ 681
スティグマ 165, 530
ステレオタイプ 500, 531, 971
ストリート・チルドレン 532
ストレス 147, 533
スピアマン゠ブラウンの信頼性係数 526
スプロール問題 260
スポーツ社会学 536
スラム 537, 720

性 581, 953
静穏権 170
性格 763
性格類型 763
成果主義 756
生活協同組合 082, 538
生活圏 391
生活権 347, 452
生活公害 539
生活構造 540
生活史 377, 541
生活時間 542, 957
生活史法 185
生活世界 429, 543
生活の質 432, 470, 544, 823
生活保護 545
生活様式 963
声価法 650
正義 546
正規分布 547
性差 348, 548, 953
政策科学 266, 404, 549
性差別 348, 550, 576, 818
生産関係 551
生産様式 551
生産力 551
政治意識 552
政治権力 553

政治参加 554
政治社会学 555
政治的機会構造 556
政治的機会構造論 356
政治的社会化 396, 557
政治的態度 552
政治の無関心 014
性自認 349, 567, 707
政治文化 557, 558
正常/異常 559
青少年問題 560
生殖 977
生殖家族 519, 677
生殖技術 561
精神健康 936
精神障害 562
精神障害者 469
精神病 936
精神分析学 523, 563, 849, 850, 929, 964
精神保健 936
成層 115
生存権 170, 434, 564
生態学 071
生態学の誤謬 565
生態系 566
性的アイデンティティ 567
性的指向 349, 567
性的倒錯 568
性転換 578
制度 393, 569
政党 570
性同一性 349
性同一性障害 349, 707
正当性 152, 313, 338, 418, 553, 571
制度化 571
聖と俗 572
制度的差別 335
青年期 573, 941
青年文化 574
性の商品化 550, 575, 581
生の哲学 463, 524
性別 348
性別分業 112, 437, 550, 576, 883
性暴力 550, 577, 727
精密コード 248, 857
生命表 867
生命倫理 578
性役割 351
勢力 031, 150

世界化 232
世界経済 579
世界システム **579**
世界システム論 063,663
世界帝国 579
世界都市 580
セカンドレイプ 577
積率相関係数 597
セクシズム 550,818
セクシュアリティ 275,498,499,581,828
セクシュアル・ハラスメント 582
セクショナリズム 180,583
世間 584
世間体 585
世俗化 586,758,914
世帯 587,645
世代 145,588
世代間移動 394
世代間の公正 418
世代内移動 394
セックス 348
摂食障害 021,589
絶対尺度 873
絶対的貧困 601,805
説得的コミュニケーション 262,268,593
ZD運動 474
説明変数 717
セルフヘルプ・グループ 021,366,840
世論調査 960
専業主婦 226
全国総合開発計画 163
潜在的機能 206
センサス **591**
前産業型都市 719
先住民族 076,896
全数調査 290,591,804,862
全制的施設 004
戦争 592
全体/部分 204
全体史 406
全体社会 393,982
選択意志 239
宣伝 593
煽動 593,685
専門職 594,852
専門職支配 050
専門知 742

相違への権利 595
層化抽出法 596
相加平均 627
相関係数 465,597,874
臓器移植 578,753
双系制 826
相互依存 219
総合職 643
相互行為 422
相互主観性 176
相互反映性 369
相互扶助 252,366,599,671
想像の共同体 902
相対的剥奪 356,600
相対的貧困 601,807
創発特性 602
双方向コミュニケーション 603
贈与 311,604,938
疎外 **605**
疎外論 908
俗 572
属性相関係数 597
属性本位/業績本位 606,766
測定尺度 051
ソサエティ 316
ソシオグラム 607,608
ソシオノミー 608
ソシオマトリクス 608
ソシオメトリー 473,608
ソシオメトリック・インデックス 608
ソシオメトリック・テスト 608
組織 101,569,609
組織文化 610
組織化 324,611,836
ソーシャル・アクション 417
ソーシャル・ワーク 237,318,407,612
尊厳死 613
村落 614,651,754

タ

ダイアディック・モデル 615
ダイアド **615**
第一次社会化/第二次社会化 616
第一次集団 786

第一次集団/第二次集団 617
第一次貧困 806
第1種の過誤 705
ダイグロッシア論 403
対抗文化 618,749
第三世界 592,619
第三セクター 620
大衆 269
大衆社会論 621,622
大衆操作 622
大衆文化 623
態度 624
態度尺度 625
態度測定法 624
態度変容 626,748
第二次社会化 616
第二次集団 617
第二次貧困 806
第2種の過誤 705
第2波フェミニズム 348,500,548,550,576,818
代表値 627
体面 585
他我の一般的定立 176
他計式 379
多元主義的権力構造 650
多元的現実 463,629,741
他者 039,455
他者理解 177
多段抽出法 630
脱学校社会 631
脱原発運動 779
脱工業社会 332,632,683,870
脱構築 881
脱魂 439
脱施設化 633,757
脱植民地化 497
達成水準 600
タテ社会 635
妥当性 526
他人志向型 732
タブー **636**
ダブル・バインド 637,917
ダブルバーレル質問 638
多文化主義 639
多変量解析 051,229,640
多民族国家 641
単婚 040
男女共同参画社会 642
男女雇用機会均等法 643
単親家族 644

タンセイカ

男性学 500
男性性 500
団体自治 660
単独世帯 645

地位 646,918 →社会的地位
地位/役割 646
地域開発 647
地域ケア 317
地域研究 649
地域権力構造 250,650
地域社会 651
地域社会学 754
地域主義 652
地域福祉 653
地域分権化 652
地位の一貫性/非一貫性 654
地位の不整合 654
地球温暖化 655,656
地球環境問題 173,656
知識産業 657
知識社会学 658,913
知識集約型産業 331
知的財産権 659
知的障害者 757
地方自治 660
痴呆性老人 317,633
地方分権化 822
チーム・ケア 882
嫡出 729
嫡出子 323,955
中央値 627
仲介変数 717
中間技術 104
昼間人口/夜間人口 661
中小企業 371,662
中心極限定理 547
中心─周辺 579,663
中枢管理機能 664
中性化 953
中絶 977
中絶論争 665
中範囲の理論 324,666,906
中流意識 667
調査票 080,301,379,416,836,1009
調査票調査 416 ―の分析 034,229,528,625,704
調査倫理 669
超自我 353,563,670
聴取率 372

町内会・自治会 651,671
眺望権 170
直接民主主義 672
著作権 659
直系家族 132,673
直系家族制 673
直系制家族 673
賃労働 998

通過儀礼 675
通勤 437
罪の文化/恥の文化 676

定位家族 519
定位家族/生殖家族 677
DV 727
定住外国人 678
ディスタンクシオン 679
ディストレス 533
定性分析 681
DTV 910
DTM 910
DTP 910
テイラー主義 127
定量分析/定性分析 681
出稼ぎ 682
適応 072
適正技術 104
テクノクラシー 683
デスクトップ・ヴィデオ 910
デスクトップ・パブリッシング 910
デスクトップ・ミュージック 910
データ・クリーニング 684
データ対話型理論 228
手続き的公正 418
デマゴギー 685
デモクラシー 922
デモグラフィー 686
デモンストレーション効果 687
デュルケム学派 689,938
テレビ 372
転向 690
電子メディア 603
伝承 691,948
伝統 692
伝統主義 693
伝統的行為 257

天皇制 143,690,696
伝播 691

同一化 002,670,734,875
同化 047,639,698,706,987
動機 699
動機づけ 700,748
道具主義 701,837
道具主義的アプローチ 247
道具的理性 702
統計的検定 703,705
統計的方法 704
統計的有意性 705
統計法 179
統合 072,429,706
統合機関説 093
登校拒否 831
統合失調症 562
投射 875
同心円地帯理論 721,761
同性愛 707
同性愛者 896
統制群法 708
闘争 326
闘争モデル 221,224,254,326
同族 020,024,520,709
同族的家連合 754
同調行動 035,159,710
道徳 081,152,711
道徳企業家 436
同輩集団 786
投票行動 712,832
同和教育 714
同和事業 792
都会人 722
匿名性 716
独立変数/従属変数 717
都市 718,931,933
都市化 136,210,329,719
都市環境 019
都市再開発 352,720
都市社会学 071,093,721,812,1007
都市的パーソナリティ 722
都市度 015
都市問題 055,723
途上国都市 719
届出統計 179
ドメスティック・ヴァイオレンス 727
トライアッド 615

トリクルダウン 979
奴隷制 728

ナ

内縁 729
内婚制/外婚制 730
内的言語 298
内発的発展 118,731
内部志向型/他人志向型 732
内部労働市場 091,188
内部労働市場/外部労働市場 733
内面化 734
内容分析 735
仲間集団 786
ナショナリズム 232,692, 736,866,923
ナショナル・トラスト 737
ナショナル・ミニマム 347, 868
ナチズム 738,838
南北問題 739
難民 047,740

2次親族 519
二重構造 371,1001
二重拘束 637
日常生活世界 399,741,994
日常知 742
日系移民・日系人 743
日照権 170
日本型雇用システム 095, 186,447,752
日本型資本主義 062
「日本人の意識」調査 960
日本の経営 189,733,744
乳児期 956
乳児死亡率 867
人間関係地域ファイル 905
人間関係論 745,884
人間生態学 316,746,759
人間中心主義 283,747,797
妊娠 977
認知的斉合性理論 748
認知的不協和の理論 626, 748
認知反応理論 626

ネイバーフッド 316,651
ネオ・コーポラティズム 309,822

ネットワーキング 749
ネットワーク 221,425
ネットワーク型組織 609, 750
年金制度 751
年功制 752

脳死 382,753
農村社会学 754
農村問題 755
能力主義 756,934
ノエシス 357
ノエマ 357
ノーマライゼーション 470, 653,757,974

ハ

媒介変数 717
廃棄物 310,343
買売春 575
派遣労働者 760,811
恥の文化 585,676
パス解析 762
派生社会 203
派生体 256,337
派生的集団 203
パーソナリティ 085,181, 242,353,722,763,871,984
パーソナリティ・システム 141
パーソナル・コミュニケーション 314,764
パターン維持 072
パターン変数 225,307,405, 606,766
発語 769
発達課題 767
発展途上国 739,768
発話行為/発話内行為 769
発話行為論 769
パートタイム労働 811,846
ハートビル法 450
パニック 445,810
パネル調査 771
ハビトゥス 199,274,522, 679,773,844
パブリック 278
パラダイム 125,211
パラメータ 803
バリアフリー 450,470
ハレとケ 572

パレート最適 776
パワー・エリート 777,919
反核運動 778
反原発運動 778,779
反抗期 780
晩婚化 686,781
犯罪 782
犯罪社会学 783
反システム運動 579
半周辺 663
反省的社会学 794
反動形成 875
反都市化 329
バンドワゴン効果 010
反ユダヤ主義 785

ピア・カウンセリング 366
ピア・グループ 786
非営利団体 082
ヒエラルヒー 787
POET図式 746
比較社会学 788
比較政治研究 558
ひきこもり 789,831,840
非言語コミュニケーション 790,917
非行 560,791
非公式集団 056
非婚 781
非婚化 686
被差別部落 714,792
非指示的カウンセリング 124
非宗教化 586
非親族世帯 645
ヒステリー 523
非政府組織 082
被説明変数 717
非嫡出子 323
必要原理 418
PTSD 523
非典型労働 760
一人親家族 644
ひとり親家庭福祉 793
避妊 142,977
批判的社会学 794
批判理論 326,772,893
非標本誤差 803
非暴力直接行動 795
日雇い労働者 796,811
ヒューマニズム 797
ヒューマン・リレーション

ズ 745
憑依 439
表現の自由 251, 438, 504
標準偏差 597, 799, 862
表情 298, 790
評定尺度 800
平等 183, 238, 801
平等主義 802
病人役割 050
標本 803
標本誤差 803
標本抽出法 596, 803, 804
標本調査 703, 804, 880
比率尺度 378, 873
非論理的行為 337, 775
貧困 601, 805
貧困線 806
貧困の再発見 807
貧困の文化 808

ファシズム 738, 809, 838
ファッション 302
不安 810
不安定就労 811
フィランソロピー 813
フィールドワーク 077, 346, 814
夫婦家族 815
夫婦家族制 815
夫婦別姓制度 816
フェティシズム 817
フェミニズム 162, 348, 351, 498, 548, 550, 567, 581, 818
→第2波フェミニズム
フォークウェイズ 943
フォーディズム 819
フォーマライゼーション 982
フォーマル・グループ 056
フォロワー 099
複合家族 132, 820
複合家族制 820
複婚家族 040
福祉国家 299, 414, 564, 822, 868
福祉指標 544, 823
福祉社会 822
福祉政策 824
福祉多元主義 822
複製文化 825
父系制/母系制 826
父権/母権 827

父子家庭 644, 793
普通出生率 462
プッシュ要因/プル要因 829
物象化 830, 985
物神崇拝 817
不登校 789, 831, 840
浮動層・浮動票 832, 930
ブードン指数 833
普遍主義 307, 766
不偏分散 862
普遍文法 674
プライヴァシーの権利 251, 834
プライヴァシーの保護 834
プライヴァタイゼーション 835
プライヴェート 278
部落差別 714, 792
プラグマティズム 701, 837
プラティック 773, 844
フランクフルト学派 009, 772, 838, 893, 985
ブリコーディング/アフターコーディング 839
フリースクール 831, 840
フリースペース 840
フリー・ライダー 264, 424, 842
ブルーカラー 843
ブル要因 829
フレキシブル労働 846
フレックスタイム制 847
フレーム分析 848
プレモダン 881
フロイト学派 850
フロイト左派 850
プロクセミクス 522
プロ・チョイス 665
プロテスタンティズム 460
プロテスタンティズムの倫理 851
プロフェッショナリズム 852
プロ・ライフ 665
文化 398, 853
文化資本 183, 216, 679, 844, 853, 854, 857
文化社会学 193, 855
文化触変 859
文化人類学 077
文化相対主義 045, 856
文化多元主義 639

分化的機会構造論 035, 783
文化的再生産 522, 844, 854, 855, 857
分化的接触理論 035, 783
文化の型 858
文化変容 859
文化類型 858
分権化 861
文献調査 377
分散 799, 862
分散分析 863
紛争 326, 592
紛争理論 935
分配的公正 418, 546
文明化の過程 865
分離主義 866

平均寿命 867
平均値 627
平均余命 867
ベヴァリッジ報告 373, 868
ヘゲモニー国家 579
ペティ=クラークの法則 339
ヘテロセクシズム 707
ペルソナ 871
偏回帰係数 107
変形生成文法 674
変形労働時間制 847
偏見 335, 516, 872
変数と値 873
偏相関係数 196, 874
変動 799
変動係数 799

防衛機制 875
法社会学 876
放送 372
暴動 445
報道の自由 251
方法論的個人主義 284, 297, 877, 968
方法論的集団主義 282, 877
亡命 740
暴力 478, 577, 727, 795
母系制 826
母権 827
保健社会学 878
母権制 827
保護観察 879
母子家庭 644, 793
母集団 880

ポスト構造主義 548,881
ポスト・フォーディズム 819
ポストモダニズム **881**
ポストモダン論 227
ホスピス **882**
母性イデオロギー **883**
ホーソーン実験 **884**
ホッブズ問題 221,282,**885**
ポピュラー・カルチュア 623
ポピュリズム **887**
ホームエデュケーション 831
ホームレス **889**
ホメオスタシス **890**
ホモ・エコノミクス **891**
ホモ・ルーデンス 006
ボランティア →ヴォランティア
ポルノグラフィ 303,575,577
ホワイトカラー 843,**894**
ホワイトカラーの犯罪 **895**
本家―分家 020,024,102,614,709
本質意志 239

マ

マイノリティ 016,075,076,120,280,335,595,866,**896**
マキ 709
マーケティング 268,**897**
マージナル・マン **898**
マス・コミュニケーション 094,314,**900**
マス・コミュニケーション過程 **314**
マス・ヒステリー 445
マス・メディア 194,200,262,438,**902**,981
まちおこし・むらおこし **903**
祭り **904**
まなざし 790
マルクス主義 022,111,224,225,326,411,658,**909**,913
マルクス主義フェミニズム 576
マルチメディア **910**
マンガ文化 **912**

マンタリテ 178,305

ミー 003,039,455
身内 584
見えない宗教 914
未熟練 796,811,843
見せびらかしの消費 **915**
身振り 298,790,917
身分 **918**
民営化 365,**920**
民間団体 082
民間伝承 925
民衆文化 623
民主化 **921**
民主主義 250,672,**921**,**922**
民族 **923**
民族アイデンティティ **924**
民俗学 **925**,948
民族学 077,**925**
民族差別 516
民族自決主義 **927**
民族主義 078,736
民族浄化 078
民族紛争 **928**

無意識 353,476,849,**929**,964
無限定性 307,766
無作為抽出 705,803
無体財産権 659
無党派層 **930**
村 754
むらおこし **903**

名義尺度 378,873
メガロポリス **931**
メディア 315,**902**,910
メディア・リテラシー 972
メディアン 627
メディケア/メディケイド **932**
メトロポリス **933**
メリトクラシー **934**
メンタル・ヘルス **936**

目的合理的行為 153,257,**937**
目的変数 717
目標達成 072
モダニズム 881
モダニティ 201,**939**
モード(最頻値) 302,627

モード(流行) 302,774,979
モナーキー 922
モノグラフ 354,726,1007
模倣 940
モラトリアム 085,560,**941**
モラール・パニック 436,560
モーレス 207,**943**

ヤ

夜間人口 661
薬物依存 219,**944**
役割 351,363,646,**945**
役割群 646
役割取得 003
役割猶予 941
役割理論 **946**
野生の思考 947

有意差 705
有意性 994
有意(有為)抽出法 803
有機的連帯 182,221,427
有機農業 **950**
ユタ 439
ゆたかな社会 **951**
ユダヤ人 785
ユートピア **952**
ユニオンショップ 100
ユニセックス **953**
夢 929

養子 **955**
幼児期 **956**
余暇 **957**
抑圧 875
よそ者 584
欲求段階説 **958**
読み書き能力 972
より良き生 823
世論 **959**
世論調査 **960**

ラ

ライフコース **961**
ライフサイクル 145,**962**,1005
ライフスタイル **963**
ライフステージ **962**
ライフライン 059

ライン型資本主義 062
ラジオ 372
ラディカル社会学 919
ラベリング理論 035, 275, 436, 562, 666, 782, 783, 966
ラング 190
ランダム・サンプリング 803

リアリティの社会的構成 967
理解社会学 061, 177, 457, 463, 968
利己主義 362
離婚 506, 969
離婚率 969
リサイクル 310
リージョン 316, 651
リスク社会 970
リスク・マネジメント 184
リテラシー 972
理念型 973
リハビリテーション 470, 974
リビドー 085, 563, 849, 929
リビング・ウィル 613
リブ 818
リフレクシヴィティ 369
リプロダクティヴ・ヘルス/

ライツ 977
流言 445, 978
流行（モード） 979
両性愛 707
両性具有 980
量的データ 378
利用と満足の研究 094, 981
理論社会学 321, 628, 765, 982
リンガ・フランカ 044
臨床 088
臨床社会学 983
倫理 081

ルサンティマン 986
るつぼ神話 987
ルール 199

冷戦 592
歴史社会学 992
レギュラシオン学派 819, 993
レズビアン 707
レリヴァンス 994
連字符社会学 995
連帯 182, 221, 427, 434, 812

労災 1000
労使関係 996

老人福祉 997
ロウ対ウェイド判決 665
労働 437, 998
労働移動 091
労働組合 082, 100, 189, 996, 999
労働災害 1000
労働時間 542
労働市場 091, 733, 1001
労働者意識 1002
労働社会学 341
労働者管理 127
労働集約型産業 331
労働力 551
労働力人口 374
労働力調査 443, 796, 894
労働力の再生産 576, 1003
老年学 067, 1004
老年期 1005
老年社会学 1006
ローカル・ガヴァナンス 123
論理的行為 775

ワ

若者文化 574
ワスプ 1008
ワーディング 638, 1009

和文人名索引

ア

青井和夫 540
秋元律郎 650
アグリエッタ Agrietta, Michel 993
アージリス Argyris, Chris 745
アドラー Adler, Alfred 850
アドルノ Adorno, Theodor Wiesengrund 009, 838, 850 音楽社会学 105 近代合理性批判 313 啓蒙の弁証法 236, 893 権威主義的パーソナリティ 242, 785, 809 批判理論 794 複製文化 825
アミン Amin, Samir 579
アリエス Ariès, Philippe 304, 305, 518
アリストテレス Aristotelēs 193
アルヴァックス Halbwachs, Maurice 419, 689
有賀喜左衛門 020, 754, 925
アルチュセール Althusser, Louis 022, 909
アルベール Albert, Michel 062
アンダーソン, B. Benedict R. O'G. Anderson 736, 902
アンダーソン, N. Anderson, Nels 354

飯島伸子 171
磯村英一 093
稲葉三千男 312
井上清 499
イリイチ Illich, Ivan 048, 437, 631, 953

ヴァレラ Varela, Francisco J. 098, 298
ヴァン・ジェネップ Van Gennep, Arnold 675
ウィーヴァー Weaver, Warren 311
ヴィトゲンシュタイン Wittgenstein, Ludwig J. J. 122, 244
ウィーナー Wiener, Norbert 330, 485
ウィリアムズ Williams, Raymond Henry 166
ウィルソン Wilson, Edward Osborne 415
ウィレンスキー Wilensky, Harold L. 822
ウェッブ Webb, Beatrice Potter; Webb, Sidney James 347
ウェーバー Weber, Max 061, 105, 152, 153, 249, 300, 393, 398, 555, 693, 718, 877, 918 エートス 081 価値自由 154, 211 官僚制 180 権力 249, 300 行為 253, 256, 422, 458, 967 行為類型 178, 257, 937 合理化 225, 281, 412, 460 合理性 202, 235 支配の諸類型 162, 165, 385 宗教社会学 214, 444, 986 呪術からの解放 460 正当的秩序 208 比較社会学 788 プロテスタンティズム 382, 387, 851, 992 理解社会学 177, 457, 463, 968 理念型 973
ヴェブレン Veblen, Thorstein Bunde 062, 852, 915
ウェルマン Wellman, Bally 316
ウォーナー Warner, William Lloyd 306
ウォーフ Whorf, Benjamin Lee 333
ウォーラースティン Wallerstein, Immanuel 063, 579
ヴォルテール Voltaire François M. A. 236
梅棹忠夫 488

エスピン＝アンデルセン Esping-Andersen, Gosta 822
エピクロス Epikouros 121
エリアス Elias, Norbert 084, 865, 992
エリクソン Erikson, Erik Homburger 001, 085, 850, 941, 956
エルツ Hertz, Robert 689
エンゲル Engel, Christian Lorenz Ernest 090
エンゲルス Engels, Friedrich 908, 909, 952

オーウェン Owen, Robert 952
大河内一男 540
奥井復太郎 093
奥田道夫 316
オースティン Austin, John L. 122, 313, 769
尾高邦雄 096, 489
オドーネル O'Donell, Guillermo 449
折口信夫 925
オーリン Ohlin, Lloyd E. 035, 036, 783
オルソン Olson, Mancur Lloyod Jr. 221, 284, 842
オルテガ Ortega y Gasset, Jose 621

和文人名索引

オールポート, F. H. Allport, Floyd Henry 710
オールポート, G. W. Allport, Gordon Willard 624, 872, 978

カ

カイヨワ Caillois, Roger 006, 572
カーソン Carson, Rachel Louise 566
カッツ Katz, Elihu 981
ガットマン Guttman, Louis 157
カーディナー Kardiner, Abram 850
ガーフィンケル Garfinkel, Harold 079, 122, **161**, 246, 463
カルドーゾ Cardoso, Fernando Henrique 449
ガルブレイス Gullbraith, John Kenneth 033, 683, 915, 951
ガンディー Gāndhī, Mohandās K. 795
カント Kant, Immanuel 353, 457, 458

喜多野清一 020, 102, 925
キツセ Kitsuse, John I. 275
ギデンズ Giddens, Anthony 201, 219, 272, 939
キャノン Cannon, Walter Bradford 890
キャヴァン Cavan, Ruth Shonle 354
ギュルヴィッチ Gurvitch, Georges 876
京極純一 558
キング King, Martin Luther, Jr. 280, 795
ギンタス →ギンティス
ギンティス Gintis, Herbert 217

九鬼周造 027
クラーク, C. G. Clark, Colin Grant 339
クラーク, T. N. Clark, Terry N. 650
倉沢進 540
クラーセン Klassen, Leo H. 329
クラッセン →クラーセン
クラッパー Klapper, Joseph Thomas 262
グラムシ Gramsci, Antonio 166, 819
クラワード Cloward, Richard Andrew 035, 036, 783
クーリー Cooley, Charles Horton 128, 455, 473, 477, 617
クリステヴァ Kristeva, Julia 193, 500
クリック Crick, Francis H. C. 484
グールドナー Gouldner, Alvin Ward 794
グレイザー, B. G. Glaser, Barney G. 228
グレイザー, N. Glazer, Nathan 074, 247
クローチェ Croce, Benedetto 177
クロポトキン Kropotkin, Pyotr A. 599

クーン Kuhn, Thomas Samuel 125, 211

ケトレ Quételet, Lambert A. L. 783
ゲルナー Gellner, Ernest André 736

小池和男 733
コーエン Cohen, Albert Kircidel 036, 783
コーザー Coser, Lewis Alfred 224
ゴットマン Gottman, Jean 931
ゴッフマン →ゴフマン
ゴドリエ Godelier, Maurice 909
ゴフマン Goffman, Erving 256, **306**, 339, 442, 848 アサイラム 004 印象操作 052, 522 演劇論的モデル 089 自己呈示 363 スティグマ 530 役割距離 946
小山隆 144
コリア Criat, Benjamin 993
コリンズ Collins, Randall 217
ゴールドソープ Goldthorpe, John H. **320**, 822, 835
コールマン Coleman, James Samuel **321**
コント Comte, Auguste **325**, 376, 393, 398, 433
コンネル Connell, Robert W. 350
コーンハウザー Kornhauser, Auguste M. 621

サ

サイード Said, Edward W. 103
サザーランド Sutherland, Edwin Hardin 036, 783, 895
サックス Sacks, Harvey 079, 122, 161
サッセン Sassen, Saskia 580
サットルズ →サトルズ
佐藤毅 312
サトルズ Suttles, Gerald D. 651
サピア Sapir, Edward 333
サムナー Sumner, William Graham 078, 943
サリヴァン Sullivan, Harry Stack 850
サール Searle, John 313, 769
サルトル Sartre, Jean-Paul **336**
ザングウィル Zangwill, Israel 987
サン゠シモン Saint-Simon, Claude Henri 325, 340, **345**, 683, 952
サンダース Saunders, M. Cicely 882

シェグロフ Schegloff, Emanuel A. 079, 122
ジェームズ James, William 455, 477, 629, 759, 837, 916

シェーラー Scheler, Max 246, 658, 986
渋沢敬三 925
シブタニ Shibutani, Tamotsu 477, 978
シーマン Seeman, Melvin 605
シミアン Simiand, François 689
ジャノウィッツ Janowitz, Morris 316
シャノン Shanon, Claude Elwood 311, 485
シャルティエ Chartier, Roger 011
シュー Hsu, Francis LangKwang 026
シュッツ Schütz, Alfred 161, 253, **463**, 758
　現象学的社会学 046, 246, 256　他我の一
　般定立 176　多元的現実 629　日常生活
　世界 543, 741, 967　レリヴァンス 994
シューマッハ Schmacher, Ernest Fritz
　104
シュミット Schmidt, Alfred 838
シュンペーター Schumpeter, Joseph Alois
　043, 187
ショウ, C. R. Shaw, Clifford Robe 783
ショウ, D. L. Shaw, D. L. 200
ショウバーグ Sjoberg, Gideon 719
ジョージ George, Linda K. 1006
ショーター Shorter, Edward 226
シルズ Shils, Edward Albert 277
ジンメル Simmel, Georg 224, 393, 398,
　422, 473, **524**, 722, 805, 898, 979　形式社会
　学 399

スウィフト Swift, Jonathan 438
スキナー Skinner, Burrhus Frederick
　131, 263
スコット Scott, Joan Wallach 348
鈴木栄太郎 316, **529**, 540, 754
スタンプス Stamps, Jeffrey 749
ストーカー Stalker, G. M. 324
ストーラー Stoller, Robert Jesse 348
ストラウス Strauss, Anselm Leonard 228
ズナニエツキ Znaniecki, Florian Witold
　471, 473, **534**, 541, 726
スノー Snow, David A. 848
スペクター Spector, Malcolm 275
スペンサー Spencer, Herbert 398, 412, **535**
スミス Smith, Adam 891
スメルサー Smelser, Neil Joseph 445
スラッシャー Thrasher, Fredric Milton
　354, 783
スロール Srole, Leo 013

セン Sen, Amertya Kumar 284, 805
センターズ Centers, Richard 110

ソシュール Saussure, Ferdinand de 190,
193, 243, 245, 274, 484, 674, 689
ゾーボー Zorbaugh, Harvey W. 354
徐龍達 678
ソロー Thoreau, Henry D. 795
ソンダース →サンダース
ソーンダイク Thorndike, Edward Lee
　131

タ

タイラー Tylor, Edward B. 012
ダーウィン Darwin, Charles R. 062
高田保馬 **628**
高畠通敏 558
高群逸枝 499
タークル Turkle, Sherry 871
タッカー Tucker, Patricia 349
ターナー Turner, Ralph Hebert 445, 477,
　946
田中義久 835
ダール Dahl, Robert Alan 249, 250, 650
タルド Tardo, Jean Gabriel 233, 269, 783,
　940
ダーレンドルフ Dahrendorf, Ralf 224
ダンカン, H. D. Duncan, Hugh Dalziel
　477
ダンカン, O. D. Duncan, Otis Dudley 836
タンズリー Tansley, Arthur George 566

チャドウィック Chadwick, Edwin 270
中鉢正美 540
チョムスキー Chomsky, Noam **674**

鶴見和子 731

ディグビー・ボルツェル Digby Baltzell,
　E. 1008
ティトマス Titmuss, Richard Morris 432
ディドロ Diderot, Denis 236
テイラー Taylor, Frederick Winslow
　062, 127
ディルタイ Dilthey, Wilhelm 177
デカルト Descartes, René 353, 521
デ・グレージア De Grazia, Sebastian 013
デステュット・ド・トラシー Destutte de
　Tracy, A. L. C. 041
デフォー Defoe, Daniel 438
デューイ Dewey, John 701, 837
デューゼンベリー Duesenberry, James
　Stemble 687
デュビー Duby, Georges 011
デュルケム Durkheim, Émile 204, 282,

398, 559, **688**, 689, 773 アノミー 013 機械的連帯/有機的連帯 182, 221, 783 教育社会学 216, 217 自殺論 256, 364, 382, 706, 788, 940 社会的事実 420, 471, 747, 887, 967 社会的分業 393, 412, 427 宗教社会学 419, 444, 572 集合感情 782 集合表象 446 集合沸騰 233 第一次集団 473 道徳 152

テーラー →テイラー
テンニエス →テンニース
テンニース Tönnies, Ferdinand 221, 239, 393, **695**

ドーア Dore, Ronald Philip 062, 134, 261, **697**
土居健郎 018
ドイチュ →ドイッチュ
ドイッチュ Deutsch, K. W. 330
トインビー Toynbee, Arnold 338
トゥレーヌ Touraine, Alain 007, 683, **713**, 935
ドキシアディス Doxiadis, Constantions A. 580
トクヴィル Tocqueville, Alexis de 441, **715**
戸田貞三 **724**
トックヴィル →トクヴィル
トマス Thomas, William Isaac 354, 471, 473, 541, **726**, 898
富永健一 342
トラッドギル Trudgill, Peter 243
ドーリンジャー Doeringer, Peter 733
トールマン Tolman, Edward Chace 131

ナ

中根千枝 635
中野収 312

ニーチェ Nietzsche, Friedrich W. 828, 986

ノイマン Neumann, Sigmund 555

ハ

ハイデガー Heidegger, Martin 828
ハヴィガースト Havighust, Robert James 767
パヴロフ Pavlov, Ivan P. 131
バーガー Berger, Peter Ludwig 246, 399, 463, 572, 658, **758**, 830, 967

パーク Park, Robert Ezra 399, 445, **759** 参与観察法 346 シカゴ学派 354, 726, 746, 761, 1007 第一次的関係 617 同化 698 マージナル・マン 898
バコーフェン →バッハオーフェン
バージェス Burgess, Ernest W. 354, 399, 746, **761**
パース Peirce, Charles Sanders 190, 192, 193, 837
ハースコヴィッツ Herskovits, Melville Jean 859
蓮見音彦 651
パスロン Passeron, Jean-Claude 478, 854
パーソンズ Parsons, Talcott 152, 161, 253, 304, 463, **765** AGIL 図式 072, 205, 206 家族機能 130, 141 規範的秩序 208, 706, 710 共同性 221 均衡モデル 326 権力 249, 250 行為理論 256, 277, 440 構造＝機能分析 204, 273 社会システム論 284, 367, 396, 412, 602, 890 パターン変数 178, 225, 307, 405, 606, 766 ホッブズ問題 282, 885 役割理論 050, 946 —批判 224, 772, 919
バタイユ Bataille, Georges 886
バッハオーフェン Bachofen, Johann Jakob 827
バトラー, J. Butler, Judith 348
バトラー, R. Butler, Robert 067
バーナード Barnard, Chester Lrving 221
ハーバマス Habermas, Jürgen 007, 438, **772** 近代化 412, 227 公共性 265, 269 コミュニケーション 221, 313, 440, 546, 769 システム論 429, 543, 990 批判理論 326, 794, 838
バブーフ Babeuf, F.-N. 802
ハヤカワ Hayakawa, Samuel Ichiye 038
林雄二郎 488
バルト Barthes, Roland 193, 302, 774, 979
パレート Pareto, Vilfredo 087, 256, 337, 367, **775**, 776
ハワード Howard, Ebenrezer 068
バーンズ Burns, T. 324
バーンスティン Bernstein, Basil 217, 245, 248, 403, **784**, 857
ハンター, A. Hunter, Albert 651
ハンター, F. Hunter, Floyd 250, 650

ピアジェ Piaget, Jean 274, 362, 956
ピアソン Pearson, Karl 597
ピオーリ Piore, Michel J. 733
日高六郎 312
ヒューズ Hughes, Everett Cherrington

306
ビュルギエール Burguière, André 011

ファーガソン Ferguson, Adam 403
ブーアスティン Boorstin, Daniel J. 194, 825
ファラロ Fararo, Thomas J. 982
ファン・デン・ベルク van den Berg, Leo 329
ファン・ヘネップ →ヴァン・ジェネップ
フィーアカント Vierkandt, Alfred F. 246
フィッシャー Fischer, Claude S. 015, 721, **812**
フィリップ Philip, Alistair E. 364
フェーヴル Febvre, Lucien 011
フェスティンガー Festinger, Leon 748
フォコネ Fauconnet, Paul 689
フォコンネ →フォコネ
フォード Ford, Henry 819
ブオナロッティ Buonaroti, Filippo M. 802
フォン・ノイマン von Neumann, Johann Ludwig 485
福武直 754
ブーグレ Bouglé, Célestin 689
フーコー Foucault, Michel 249, 458, 522, 581, **828**
ブース Booth, Charles 373, 806
フッサール Hussert, Edmund 176, 177, 246, 357, 463, 543
ブードン Boudon, Raymond **833**
ブラウ Blau, Peter Michael 263, 399, **836**
プラトン Platōn 193, 546
ブラムラー Blumler, Jay G. 981
フランク Frank, Andre Gunder 449, 579
プーランザス Poulantzas, Nicos 909
フーリエ Fourier, François Marie Charles 952
フリーダン Friedan, Betty **841**
フリードソン Friedson, Eliot 050
フリードマン Friedmann, George P. 580
ブルデュー Bourdieu, Pierre 011, 156, 217, 245, 272, 274, 478, 522, **844** 言語資本 403 ディスタンクシオン 679 ハビトゥス 773 文化資本 853, 854 文化的再生産 857
ブルーマー Blumer, Herbert G. 256, 306, 399, 422, 445, 477, **845**
ブルムラー →ブラムラー
ブレイヴァマン Braverman, Harry 459
ブレーヴァマン →ブレイヴァマン
フロイト Freud, Sigmund 089, 353, 563, 670, **849**, 875, 929, 964
ブロック Bloch, Marc 011, 689
ブローデル Braudel, Fernand 063, 579
フロム Fromm, Erich 242, 421, 563, 838, 850

ベイトソン Bateson, Gregory 311, 484, 637, 917
ベヴァリッジ Beveridge, William Henry 868
ヘーゲル Hegel, George Wilhelm Friedrich 391
ベッカー, G. S. Becker, Gary S. 733
ベッカー, H. S. Becker, Howard Saul 037, 436, 783, 966
ベック Beck, Ulrich 970
ヘッケル Haeckel, Ernst. H. 071
ベネディクト Benedict, Ruth 585, 676, 856, 858
ベラー Bellah, Robert N. 441, 444, 835, **869**
ベル Bell, Daniel 041, 261, 342, 488, 632, 683, **870**, 894
ベルクソン Bergson, Henri 463
ベルタランフィ Bertalanffy, Ludwig von 367
ベンサム Bentham, Jeremy 121, 282, 546
ベンディックス Bendix, Reinhart 894
ベンヤミン Benjamin, Walter 825, 838

ボアズ Boas, Franz 856
ホイジンガ Huizinga, Johan 006
ボーヴォワール Beauvoir, Simone de 348
ホヴランド Hovland, Carl Iver 262
ボウルズ →ボールズ
ホガート Hoggart, Richard 166
ポストマン Postmann, Leo Joseph 978
ホックシールド Hochschild, Arlie Russell 178
ホッブズ Hobbes, Thomas 402, 922
ボードリヤール Baudrillard, Jean **886**, 915
ホーナイ Horney, Karen 563
ポパー Popper, Karl Raimund 772
ホブズボーム Hobbsboum, Erich 692, 736
ホマンズ Homans, George C. 263, 284, 399, **888**
ポランニー Polanyi, Karl 023
ホーリー →ホーレイ
ホール, E. T. Hall, Edward Twitchell 522
ホール, S. M. Hall, Stuart McPhail 166
ホルクハイマー Horkheimer, Max 009, 236, 313, 702, 838, **893**

275

和文人名索引

ボールズ Bowles, Samuel 217
ホルナイ →ホーナイ
ホーレイ Hawley, Amos Henry 746
ボワイエ Boyer, Robert 993
ホワイト, H. White, Harrison 425
ホワイト, W. F. Whyte, William Foote 077, 346

マ

マイヤー Mayer, Georg von 428
真木悠介 419
マグレガー McGreger, Douglas 745
マコームズ McCombs, M. E. 200
正村俊之 484
マーシャル Marshall, Thomas H. 852, 899
マズロー Maslow, Abraham Harold 088, 958
マッキーヴァー MacIver, Robert Morrison 005, 316
マッキュロッチ McCulloch, J. Wallace 364
マッグレガー →マグレガー
マッケイ McKay, H. D. 783
マッケンジー Mackenzie, Roderic Duncan 354, 746
松下圭一 347
マッハルプ Machlup, Fritz 657
マトゥラーナ Maturana, Humberto R. 098, 298
マードック Murdock, George P. 130, 905
マートン Merton, Robert King 013, 126, 360, 658, 783, 898, **906** 過同調 159 官僚制的パーソナリティ 181 儀礼主義 223 顕在機能/潜在機能 206 中範囲の理論 666 役割群 646
マネー Money, John 349
マリノフスキー Malinowski, Bronislaw K. **907**, 965
マルクス Marx, Karl Heinrich 221, 224, 386, 393, **908**, 909, 952 窮乏化 215 交通 312 史的唯物論 412 熟練の解体 459 生産様式 551 疎外 605 物神性 817, 830 労働力の再生産 1003
マルクーゼ Marcuse, Herbert 838, 850
マルサス Malthus, Thomas Robert 513
丸山真男 555, 696, **911**
マンハイム Mannheim, Karl 202, 588, 621, 658, **913**, 952, 995

ミード, G. H. Mead, George Herbert 089, **916**, 917, 946 自我形成論 003, 039, 353, 455 社会行動主義 192, 477 社会的相互作用 399, 422 プラグマティズム 837
ミード, M. Mead, Margaret 348
南方熊楠 925
美濃部亮吉 347
ミヘルス Michels, Robert 158, 570
宮島喬 835
宮本憲一 731
宮本常一 925
ミリバンド Miliband, Ralph 909
ミル Mill, John Stuart 282
ミルズ Mills, Charles Wright 250, 621, 650, 777, **919**
ミルトン Milton, John 438

メイエ Meillet, Antonie 245, 689
メイヨー Mayo, George Elton 473, 745, 884
メルッチ Melucci, Alberto 007, **935**
メルロ＝ポンティ Merleau-Ponty, Maurice 176, 521
メーン Main, Henry James Summer 695, 918

モア More, Thomas 952
モイニハン Moynihan, Daniel Patrick 074, 247
モウラー Mowrer, Ernest Russell 354
モース Mauss, Marcel 522, 604, 689, 886, **938**
モラン Morin, Edgar **942**
森岡清美 139, 141, 144, 145, 724
モリス Morris, Charles William 192
モレノ Moreno, Jacob Levy 473, 608
モンテスキュー Montesquieu, Charles-Louis de Secondat 236

ヤ

ヤコブソン Jakobson, Roman 302, 311
矢崎武夫 093
柳田国男 731, 925, **948**
山岸俊男 525
山田宗睦 312
ヤング Young, Michael Dunlop 934

ユベール Hubert, Henri 689
ユング Jung, Carl Gustav 359, 563, 850, 929, **954**

吉田民人 361, 484

ラ

ライヒ Reich, Wilhelm 850
ラカサーニュ Lacassagne, A. 783
ラカン Lacan, Jacques 850, 964
ラザースフェルド Lazarsfeld, Paul Felix 099, 262, 314, 321, 981
ラスウェル Lasswell, Harold Dwight 014, 266, 555, 735
ラドクリフ=ブラウン Radcliffe-Brown, Alfred R. 965
ラボフ Labov, William 245
ランゲ Lange, Oscar Richard 330
ランデスコ Landesco, John 354

リー Lee, Alfred McClung 983
リヴァーズ Rivers, William H. 965
リオタール Lyotard, Jean-Francois 881
リースマン Riesman, David 014, 621, 732, 835
リット Litt, Theodor 246
リップス Lipps, Thedor 177
リップナック Lipnack, Jessica 749
リップマン Lippman, Walter 195, 438, 531, 902, **971**
リピエッツ Lipietz, Alain 993
リントン Linton, Ralph 859, 946, **984**

ルイス Lewis, Oscar 808
ルカーチ Lukács György 830, 913, **985**
ル・ゴフ Le Goff, Jacques 011
ルソー Rousseau, Jean-Jacques 402, 672
ルックマン Luckmann, Thomas 246, 444, 463, 658, 758, 914, 967
ルービン Rubin, M. 657
ルフェーヴル Lefebvre, Henri 233, **988**

ル・プレー Le Play, Pierre G. Frédéric **989**
ル・ボン Le Bon, Gustave 233
ルーマン Luhmann, Niklas 204, 311, 315, 876, **990** 自己組織性 358, 361 社会システム論 098, 298, 367, 412

レイン Laing, Ronald David 850
レヴィ=ストロース Lévi-Strauss, Claude 274, 947, **991**
レヴィン Lewin, Kurt 088, 230, 473
レスリスバーガー Roethlisberger, Fritz J. 745
レッドフィールド Redfield, Robert 808, 859
レーニン Lenin, Vladimir I. 593
レマート Lemert, Edwin McCarthy 037, 783

ロウントリー Rountree, Benjamin S. 806
ロジャーズ, C. R. Rogers, Carl Ransom 088, 124
ロジャーズ, E. M. Rogers, Everett Mitchell 043, 940
ロストウ Rostow, Wolt Whitman 342, 623
ロック Locke, John 221, 922
ロックウッド Lockwood, David 320
ロールズ Rawls, John B. 418
ロンブローゾ Lombroso, Cesare 783

ワ

ワース Wirth, Louis 015, 354, 718, 719, 722, **1007**
ワツラヴィック Watzlawick, Paul 311
ワトソン, J. D. Watson, James D. 484
ワトソン, J. B. Watson, John Broadus 131

欧文索引

【人名索引】

Adorno, Theodor Wiesengrund 009
Althusser, Louis 022

Barthes, Roland 774
Baudrillard, Jean 886
Bell, Daniel 870
Bellah, Robert N. 869
Berger, Peter Ludwig 758
Bernstein, Basil 784
Blau, Peter Michael 836
Blumer, Herbert G. 845
Boudon, Raymond 833
Bourdieu, Pierre 844
Burgess, Ernest W. 761

Chomsky, Noam 674
Coleman, James Samuel 321
Comte, Auguste 325

Dore, Ronald Philip 697
Durkheim, Émile 688

Elias, Norbert 084
Erikson, Erik Homburger 085

Fischer, Claude S. 812
Foucault, Michel 828
Freud, Sigmund 849
Friedan, Betty 841

Garfinkel, Harold 161
Giddens, Anthony 201
Goffman, Erving 306
Goldthorpe, John H. 320

Habermas, Jürgen 772
Homans, George C. 888
Horkheimer, Max 893

Illich, Ivan 048

Jung, Carl Gustav 954

Lacan, Jacques 964
Le Play, Pierre G. Frédéric 989
Lefebvre, Henri 988
Lévi-Strauss, Claude 991
Linton, Ralph 984
Lippmann, Walter 971
Luhmann, Niklas 990
Lukács György 985

Malinowski, Bronislaw K. 907
Mannheim, Karl 913
Marshall, Thomas H. 899
Marx, Karl Heinrich 908
Mauss, Marcel 938
Mead, George Herbert 916
Melucci, Alberto 935
Merton, Robert King 906
Mills, Charles Wright 919
Morin, Edgar 942
Murdock, George P. 905

Pareto, Vilfredo 775
Park, Robert Ezra 759
Parsons, Talcott 765

Radcliffe-Brown, Alfred R. 965

Saint-Simon, Claude Henri 345
Sartre, Jean-Paul 336
Schütz, Alfred 463
Simmel, Georg 524
Spencer, Herbert 535

Thomas, William Isaac 726
Tocqueville, Alexis de 715
Tönnies, Ferdinand 695
Touraine, Alain 713

Veblen, Thorstein Bunde 062

Wallerstein, Immanuel 063
Weber, Max 061
Wirth, Louis 1007

Znaniecki, Florian Witold 534

【事項索引】

A

abnormal 559
abortion debate 665
absenteeism 017
Abwehrmechanismus 875
accessibility 823
acculturation 859
achievement 606
action 253
adaptation 072
adolescence 573
adopted son 955
advertising 268
affirmative action 016
affluent society 951
after-coding 839
aged society 286
ageism 067
agenda-setting function 200
AGIL-schema 072
aging of population 285
aging society 286
agitation 593
alcohol dependence 021
alienation 605
alternative technology 104
amenity 019
analysis of variance 863

ancestor centered kin 520
androgyny 980
animism 012
announcement effect 010
anomie 013
anonymity 716
ANOVA 863
anthropocentrism 747
antinuclear movement 778, 779
anti-Semitism 785
anxiety 810
apathy 014
Arbeit 998
Archetypus 954
area studies 649
ascription 606
assimilation 698
association 005
asylums 004
attitude 624
attitude change 626
attitude scale 625
audience research 094
Aufklärung 236
authoritarian personality 242
autopoiesis 098
average 627

B

behavioral science 277
benefit principle 456
Beveridge Report 868
Bindestrich-Soziologie 995
bioethics 578
birth rate 462
bisexual 707
blue-collar workers 843
bourgeois 388
brain death 753
bullying 030
bureaucracy 180
bureaucratic personality 181
Bürger 388
bürgerliche Gesellschaft 391

C

cadre 160
capital culturel 854
capitalism 386
care 112
career 212
carry-over effect 213
case study 505
casework 237
caste 138
census 591
center 663
central tendency 627
charisma 165
Chicago School (of sociology) 354
child abuse 380
child care leave 028
child welfare 381
circulation of the elites 087
citizen 388
citizen participation 453
citizens' movement 389
citizenship 390
citoyen 388
city 718
civil minimum 347
civil rights 390
civil rights movement 280
civil society 391
class 108
class conflict 111
class consciousness 109
class identification 110
class scheme 320
clinical sociology 983
closed shop 100
cluster analysis 229
code 199, 302
co-dependency 219
coding 301
cohort analysis 308
collective behavior 445
collectivism 451
colonialism 496
comic culture 912
commercialization of sexuality 575
common-law marriage 729
communality 221
communication 311
communication media 315
communicative action 313
community 316
community care 317
community power structure 650
community welfare 653
community work 318
comparative sociology 788
conflict 326
conflict model 224
conforming behavior 710
conjugal family 815
consensus 254
conspicuous consumption 915
constructionism 275
consumer behavior 482
consumer society 481
consumers' cooperative 538
consumers movement 480
content analysis 735
contingency theory 324
contingent work 811
contrat social 402
control group method 708
conversation analysis 122
conversion 690
corporatism 309
corporéité 521
corporeity 521
correlation coefficient 597
counseling 124
counterculture 618
credentialism 135
crime 782
criminal sociology 783
crisis management 184
critical sociology 794
cross-country labor market 091
cross-cultural understanding 045
cross tabulation 231
crowd psychology 233
cultural relativism 856
cultural reproduction 857
cultural sociology 855
cultural studies 166

culture 853
culture of mechanical reproduction 825
culture of poverty 808
cybernetics 330
cycle of increasing deviance 037

D

daily life security 545
data cleaning 684
daughter 955
day-laborer 796
day population 661
decentralization 861
decision making 029
declining birth rate 472
decolonization 497
defense mechanism 875
definition of situation 471
deinstitutionalization 633
delinquency 791
demagogy 685
democracy 922
démographie 686
demography 686
demonstration effect 687
denizen 678
densely inhabited districts 510
dependence effect 033
dependency theory 449
dependent variables 717
derivation 337
derivazioni 337
descent group 520
deschooling society 631
deskilling 459
deurbanization 210
developing countries 768
development 117
developmental dictatorship 119
developmental task 767
deviance 035
deviant subculture 036
direct democracy 672
discrimination 335
dispatched workers 760
displaced persons 740
distinction 679

division du travail social 427
divorce 969
domestic violence 727
dominant culture 618
domination 383
don 604
double-barreled question 638
double bind 637
dramaturgical model 089
droit à la différence 595
droits de l'homme 507
drug dependency 944
DTM 910
DTP 910
DTV 910
dyad 615
dying 382

E

early childhood 956
eating disorder 589
École de la régulation 993
École des Annales 011
École durkheimienne 689
ecological fallacy 565
ecology 071
ecosystem 566
editing 080
éducation 216
education 216
effect analysis 262
egalitarianism 802
égalitarisme 802
ego 353
Ego 353
ego-centered kin 520
égocentrisme 362
ehernes Gesetz der Oligarchie 158
Einfühlung 177
elaborated code 248
elite 086
emergent property 602
emotional structure of family 149
empathy 177
Emperor system 696
employer-provided training 188

employment insurance 319
employment of disabled persons 469
employment relations 996
employment structure 443
encounter group 088
endogamy 730
endogenous development 731
Engel's coefficient 090
enlightenment 236
enterprise union 189
Entfremdung 605
entrepreneur 187
Entzauberung 460
environment 168
environmental impact assessment 169
environmental justice 172
environmental pollution 259
environmental problems 173
environmental right 170
environmental sociology 171
environmentalist approach 247
Equal Employment Opportunity Act 643
equality 801
equality of opportunity 183
equality of result 238
equilibrium model 224
Erziehung 216
État 299
ethnic conflict 928
ethnic group relations 075
ethnic groups 923
ethnic minority 076
ethnicity 074
ethnocentrism 078
ethnography 077
ethnomethodology 079
Ethos 081
exchange theory 263
exogamy 730
extended family 132
external labor market 733

F

factor analysis 051
fait social 420
familism 146
famille-souche 989
family 139
family disorganization 140
family function 141
family institution 148
family life cycle 145
family of marriage 677
family of orientation 677
family of origin 677
family of procreation 677
family planning 142
family power structure 150
family sentiment 149
family stress 147
family therapy 151
fascism 809
fashion 979
female labor 501
femininity 500
feminism 818
fertility rate 462
festival 904
fetishism 817
fieldwork 814
flexible work 846
flexitime 847
floater and floating vote 832
folklore 925
Fordism 819
foreign labor 113
formale Rationalität 235
frame analysis 848
Frankfurter Schule 838
free rider 842
free school 840
freedom of information 487
freedom of speech or the press or expression 251
Freudian school 850
function 204
functional analysis 206
functional group 203
functional requirement 205
functional requisite 205
functionalism 204
funktionale Rationalität 202

G

game theory 240
GDP 292
Geist des Kapitalismus 387
Gemeinschaft 239
gender 348
gender difference 548
gender discrimination 550
gender equal society 642
gender identity 349
gender order 350
gender role 351
general semantics 038
generalized other 039
generation 588
gentrification 352
gerontology 1004
Geschichtssoziologie 992
Gesellschaft 239, 393
gesture 917
gift 604
global environmental problems 656
global warming 655
globalization 232
GNP 292
goal-attainment 072
governance 123
gross domestic product 292
gross national product 292
grounded theory 228
group dynamics 230
guilt culture 676
Guttman scale 157

H

habit 441
habitus 773
Handeln 253
Handlung 253
Handlungstypen 257
Hawthorne experiments 884
health sociology 878
hedonism 121
Herrschaft 383
heterosexual 707
hierarchy 787
hierarchy of needs 958
highly-educated society 261
histoire des mentalités 518
historical sociology 992
Hobbesian problem 885
homeless 889
homeostasis 890
homo oeconomicus 891
homosexual 707
homosexuality 707
hospice 882
household 587
housewife 464
housing problems 450
human ecology 746
human relations theory 745
human rights 507
humanism 797

I

Idealtypus 973
identification 002
Identifizierung 002
identity 001
ideology 041
illocutionary act 769
image culture 069
imitation 940
immigrant worker 113
impression management 052
independent variables 717
individualism 297
industrial injuries 1000
industrial relations 996
industrial revolution 338
industrial sociology 341
industrial structure 339
industrial type of society 535
industrial waste problem 343
industriel 340

mixed

inflation of credentialism 134
informal group 056
informal sector 057
informatics 485
information 484
information science 485
information studies 485
information technology 486
informational society 488
informed consent 058
infrastructure 059
inner city 055
inner-directed type 732
innovation 043
institution 569
institutionalization 571
instrumentalism 701
instrumentelle Vernunft 702
integration 072, 706
intellectual property 659
intensive interview 185
Intentionalität 357
intentionality 357
intercultural communication 044
intermarriage 287
internal labor market 733
internalization 734
international labor migration 289
international sociology 288
internet 054
interpretative sociology 968
inter-strata mobility 116
intersubjectivity 176
Intersubjektivität 176
intrapersonal communication 298
invisible religion 914
Islamic Fundamentalism 032

J

Japanese management system 744
Japanese migrants 743

joint family 820
joint public-private venture 620
journalism 438
justice 546

K

kibbutz 209
kindred 520
kinship 519
kinship organization 520
knowledge industry 657
knowledge of everyday life 742
kommunikatives Handeln 313
Kultur 853
Kultursoziologie 855

L

labeling theory 966
labor 998
labor market 1001
labor union 999
laicization 586
language 243
language game 244
langue 243
latency 072
learning theory 131
Lebenswelt 543
Leiblichkeit 521
leisure 957
life course 961
life cycle 962
life expectancy 867
life history 541
lifelong learning 467
lifestyle 963
life-time employment 447
life-world 543
litcracy 972
living will 613
local citizen's movement 452
local community 651
local government 660
local referendum 454
locutionary act 769

long-term foreign residents 678
looking-glass self 128
lumières 236

M

Macht 249
management based on abilities 756
management identification 186
marginal man 898
marketing 897
marketization 365
marriage 322
Marxism 909
marxisme 909
Marxismus 909
masculinity 500
mass communication 900
mass culture 623
mass manipulation 622
mass media 902
materiale Rationalität 202, 235
mathematical sociology 527
matriarchy 827
matrilineality 826
medicaid 932
medical sociology 050
medicare 932
megalopolis 931
melting pot 987
mental disorder 562
mental health 936
meritocracy 934
methodological collectivism 877
methodological individualism 877
metropolis 933
middle class consciousness 667
migrant 047
migration 047, 508
milieu 168
minimum cost of living 328
minority 896
mixed marriage 287

mobility regime 042
mode 979
modern family 226
modern society 227
modernism 227
modernity 227, 939
modernization 225
monogamy 040
moral 711
moratorium 941
mores 943
motherhood ideology 883
motivation 700
motive 699
M-shaped curve of labor force participation rate 083
multiculturalism 639
multiethnic state 641
multimedia 910
multiple realities 629
multi-stage sampling 630
multivariate analysis 640
Mutterrecht 827
mutual aid 599

N

nation 293, 923
nation state 294
national character survey 295
national identity 924
national trust 737
nationalism 736
nationality 291
Nationalsozialismus 738
Nazism 738
negativistic age 780
neighborhood association 671
network organization 750
networking 749
new international division of labor 514
new middle strata (class) 215
new social movements 007
newly-risen religion 509
NGO 082
NGO・NPO 813
night population 661

NNW 292
non-governmental organization 082
nonprofit organization 082
nonverbal communication 790
nonviolent direct action 795
norm 207
normal 559
normal distribution 547
normalization 757
normative order 208
North-South problems 739
NPO 064, 082, 391
nuclear family 130

O

objectivity 211
occultism 092
occupation 489
occupational classification 493
occupational disease 492
occupational socialization 491
occupational stratification 490
occupational stratum 490
Öffentlichkeit 265
official statistics 179
OFF-JT 188
off-the-job training 095
Oikos 269
OJT 188
old age 1005
old middle strata (class) 215
ombudsman 106
one-dimensional scale 034
one-person household 645
one-way communication 603
on-the-job training 095
open shop 100
operations research 101
opinion leader 099
opportunity of education 218
oral culture 271
oral tradition 691

ordinary knowledge 742
organic farming 950
organization 609
organization theory 611
organizational culture 610
Orientalism 103
other-directed type 732
overcompliance 159
overconformity 159
overseas Chinese 137
overseas Japanese 743
over-urbanization 136

P

panel survey 771
parental authority 506
Pareto optimum 776
partial correlation coefficient 874
participant observation 346
particularism 307
path analysis 762
patriarchalism 162
patriarchy 162, 827
patrilineality 826
pattern variables 766
patterns of culture 858
peer group 786
pensée sauvage 947
pension system 751
periphery 663
persona 871
personal communication 764
personality 763
phenomenological sociology 246
philanthropy 813
play 006
policy science 549
political apathy 014
political consciousness 552
political culture 558
political democratization 921
political opportunity structure 556
political participation 554
political party 570
political power 553

political socialization 557
political sociology 555
polyandry 040
polygamy 040
polygyny 040
population 880
Population Census 290
population policy 511
population problems 513
populism 887
positivism 376
positivisme 376
post-industrial society 632
postmodernism 881
pouvoir 249
poverty 805
poverty line 806
power 249
power elite 777
power structure 250
pragmatism 837
precarious employment 811
pre-coding 839
prejudice 872
pressure group 008
prestige 031
primary group 617
primary socialization 616
primordialist approach 247
prisoner's dilemma 448
privatism 368
privatization 835, 920
probation and parole supervision 879
Produktionsweise 551
profession 489, 594
professionalism 852
propaganda 593
property 503
protection of privacy 834
protestantische Ethik 851
Prozeß der Zivilisation 865
pseudo-environment 195
pseudo-event 194
psychic trauma 523
Psychoanalyse 563
psychoanalysis 563
psychologie des foules 233
PTSD 523
public 269
public and private 278

public assistance 276
public goods 264
public health 270
public interest 258
public opinion 959
public opinion poll 960
public policy 266
publicness 265
push-pull factors of labor mobility 829

Q

QOL 470, 544
qualitative analysis 681
qualitative data 378
qualitative methods 377
quality of life 544
quantification 528
quantitative analysis 681
questionnaire method 379

R

race 515
racial discrimination 516
racism 517
rank correlation coefficient 465
rating 372
rating scale 800
rational choice theory 284
rationalism 283
rationalization 281
Recht auf Leben 564
rediscovery of poverty 807
redistribution of income 502
reference group 466
reflexivity 369
refugees 740
regional community 651
regional development 647
regionalism 652
regression analysis 107
regulation school 993
rehabilitation 974
reification 830
relative deprivation 600
relative poverty 601
relevance 994
reliability 526

religion 442
représentation collective 446
reproduction culturelle 857
reproduction of labor power 1003
reproductive health/rights 977
reproductive technology 561
research ethics 669
residue 337
residui 337
resource and energy issue 355
resource mobilization theory 356
ressentiment 986
restricted code 248
reurbanization 329
revolution 133
right to know 504
right to live 564
right to the difference 595
rights 977
rights of consumers 483
rights of the child 303
Risikogesellschaft 970
risk management 184
rite 223
rites de passage 675
rites of passage 675
ritualism 223
role 646, 945
role theory 946
rule 199
ruling class 384
rumour 978
rural community 614
rural problems 755
rural sociology 754

S

salvation religion 214
sampling method 803
sampling survey 804
sanction 344
Sapir-Whorf hypothesis 333
satellite town 068

scarcity 198
school culture 156
school nonattendance 831
scientific management 127
scientific revolutions 125
seasonal migrant labor 682
secessionism 866
secondary group 617
secondary socialization 616
sectionalism 583
secularization 586
self 353
self-determination of nations 927
self-fulfilling prophecy 360
self-help group 366
self-organity 361
self-presentation 363
self realization 359
self-reference 358
sémiologie 193
semiotics 193
sender 094
seniority system 752
separatism 866
service industry 331
service workers 332
sex difference 548
sex discrimination 550
sexism 550
sexual division of labor 576
sexual harassment 582
sexual identity 567
sexual perversion 568
sexual violence 577
sexuality 581
shadow work 437
shamanism 439
shame culture 676
sibling 519
sign 190
sign-behavior 192
signe 190
sign-environment 191
significant other 455
single parent family 644
slavery 728
slum 537
small and medium-sized enterprises 662
small group 473
small group activities 474
social action 417
social capital 410
social casework 237
social change 433
social character 421
social construction of reality 967
social contract 402
social control 430
social democracy 435
social development 397
social dilemma 424
social division of labor 427
social engineering 404
social history 406
social inequality 426
social interaction 422
social justice 418
social mobility 394
social movement 395
social network analysis 425
social nominalism 409
social overhead capital 410
social pathology 431
social plan 401
social planning 401
social policy 414
social problems 436
social process 399
social psychology 413
social realism 409
social research 416
social security 434
social statistics 428
social status 423
social stratification and social mobility survey 073
social structure 405
social time 419
social welfare 432
social welfare for one-parent family 793
social work 407, 612
socialism 411
socialization 396
société 393
society 393
sociobiology 415
sociogram 607
sociolinguistics 403
sociologie 398
sociology 398
sociology of aging 1006
sociology of childhood 304
sociology of death 382
sociology of development 118
sociology of disasters 327
sociology of education 217
sociology of emotions 178
sociology of family 144
sociology of knowledge 658
sociology of language 245
sociology of law 876
sociology of music 105
sociology of religion 444
sociology of science 126
sociology of sport 536
sociology of the body 522
sociometry 608
solidarité mécanique 182
solidarité organique 182
soziale Integration 429
Sozialpolitik 414
Soziologie 398
spatial mobility 508
Sprachspiel 244
spurious correlation 196
Staat 299
Stand 918
standard deviation 799
state 299
state power 300
statistical method 704
statistical significance 705
statistical test 703
status 646, 918
status consistency 654
status inconsistency 654
stem family 673
stereotype 531
stigma 530
stratification 115
stratified sampling 596
stratum 115
street children 532
stress 533
structural-functionalism 273

zweck

structuralism 274
style of life 963
subcontract system 371
subculture 120
subjectivism 457
subjectivity 458
Subjektivität 458
suburbanization 260
suicide 364
super-ego 670
surdétermination 022
sustainable development 370
symbol 476
symbolic interactionism 477
system theory 367
Systemintegration 429

T

taboo 636
tabu 636
tacit knowing 023
tacit knowledge 023
technocracy 683
the sacred and the profane 572
the trend toward later marriage 781
theoretical sociology 982
theories of industrial society 342
theories of mass society 621
theory of action 256
theory of cognitive dissonance 748
theory of middle range 666
theory of social evolution 412
theory of structuration 272
Third World 619
time budget 542
tourism 174
trade union 999
tradition 692
traditionalism 693
travail 998
trust 525
two-step flow of communication 314
two-way communication 603
Typen der Herrschaft 385
types of action 257

U

Umgebung 168
unaffiliated voters 930
Unbewußte 929
unconscious 929
unemployment 373
unemployment rate 374
union shop 100
unisex 953
universalism 307
urban personality 722
urban problems 723
urban redevelopment 720
urban renewal 720
urban sociology 721
urbanism 015
urbanization 719
use and gratification study 981
utilitarianism 282
utopia 952

V

valeur 152
value 152
variables and values 873
variance 862
Vaterrecht 827
Verdinglichung 830
Versachlichung 830
verstehende Soziologie 968
vertical society 635
violence symbolique 478
virtual reality 060
vital statistics 512
vocation 489
voluntaristic theory of action 440
volunteer 064
voting behavior 712

W

war 592
WASP 1008
waste problem 310
welfare 381
welfare for disabled persons 470
welfare for the elderly 997
welfare indicators 823
welfare policy 824
welfare state 822
well-being 381, 823
Wert 152
Wertfreiheit 154
wertrationales Handeln 153
White Anglo-Saxon Protestant 1008
white-collar crime 895
white-collar employee 894
Wissenssoziologie 658
women's history 499
women's labor 501
women's studies 498
wording 1009
work 998
workers' attitudes 1002
world city 580
world of everyday life 741
world system 579

Y

youth 573
youth culture 574
youth problem 560

Z

ZD 474
Zeichen 190
zweckrationales Handeln 937

文献索引

ア

アイデンティティ――青年と危機 085
アウトサイダーズ 037
アサイラム 004, 306
遊びと人間 006
新しい女性の創造 841
集まりの構造 306
アナール(年報) 011
「甘え」の構造 018
アメリカ資本主義と学校教育 217
アメリカ社会学雑誌 1007
アメリカの職業構造 836
アメリカの民主政治 715
アンシャン・レジームと革命 715
アンシャン・レジーム期の子どもと家族生活 →〈子ども〉の誕生

「いき」の構造 027
イギリスの工場・日本の工場 697
遺産相続者たち 844, 857
一般言語学講義 243
一般システム理論 367
イデオロギーとユートピア 913, 1007
イデオロギーの終焉 342, 870

映画――あるいは想像上の人間 942
エクリ 964
エスニシティ 074, 247
エスノメソドロジー研究 079, 161

オリエンタリズム 103
オルレアンのうわさ 942
音楽社会学 105
音楽社会学序説 105

カ

階級意識 110
科学革命の構造 211
科学社会学の歩み 906
学歴社会　新しい文明病 134, 261, 697
家族解体 354
家族構成 724
家族周期論 145
語りの形態 306
悲しき熱帯 991
貨幣の哲学 524
監獄の誕生 828

機会の不平等 833
企業の理論 062
菊と刀 676, 858
記号学の原理 774
記号と言語と行動 192
技術革新の普及過程 043, 940
技術者と価格体系 062
ギャング 354, 783
宮廷社会 084
教育伝達の社会学 784
教育と社会学 216
〈教育〉の社会学理論 784
共産党宣言 908
近代社会の体系 765
近代世界システム 063
近代とはいかなる時代か――モダニティの帰結 939

空間の生産 988
群集心理 233

経済・社会・文明年報 →アナール
経済成長の諸段階 342, 623
啓蒙の弁証法 009, 893
ゲットー――ユダヤ人と疎外社会 354, 1007
ゲマインシャフトとゲゼルシャフト 239, 695
権威主義的パーソナリティ 009, 809, 838
権威と家族 838, 893
幻影の時代 194
言語社会化論 784, 857
言語と社会 243
言語論 674
現在に生きる遊牧民 935
現在の哲学 916
現代イギリスの社会移動と階級構造 320
現代政治の思想と行動 911
現代大都市論 093

行為と演技――日常生活における自己呈示 052, 089, 306
行為の総合理論をめざして 277
行為の哲学 916
交換と権力 836
公共性の構造転換 269, 772
恒常的流入 320
構造人類学 991
声とまなざし 713
心の習慣 441, 869
古代農業事情 061
孤独な群衆 621, 732
言葉と物 828
コードへの挑戦 935
〈子ども〉の誕生 305, 518
コミュニケーション的行為の理論 313, 440, 769, 772
コミュニケーションの構造 312
コミュニケーションの社会学 312
コミュニティ 005, 316
コミュニティの権力構造 650
ゴールド・コーストとスラム 354

文献索引

サ

再生産 478, 844, 854, 857
再生産システムにおける婚姻戦略 011
サイバネティクス 330
産業者の教理問答 340, 345
産業体制論 345
産業における人間関係の科学 096
産業における労働と権限 894

ジェンダーと権力 350
ジェンダー・トラブル 348
ジェンダーと歴史学 348
時間の比較社会学 419
思考と行動における言語 038
自殺 354
自殺行動の深層 364
自殺論 013, 256, 364, 382, 688, 706, 788, 940
事実性と妥当性 772
実証政治学体系 325
実証精神論 325
実証哲学 325
実践感覚 773, 844
シティズンシップと社会的階級 899
史的システムとしての資本主義 063
死と歴史 518
支配の諸類型 061
資本主義世界経済 063
資本主義と近代社会理論 201
資本主義の文化的矛盾 870
資本主義のレギュラシオン理論 993
資本論 022, 386, 830, 908
社会科学および社会政策の認識の客観性 211
社会学 201, 524
社会学概論 628
社会学原理 535, 628
社会学講義 688
社会学再考 758
社会学大綱 75
社会学的想像力 919
社会学的方法の規準 420, 559, 688
社会学とは何か 084
社会学の新しい方法規準 201
社会学の根本概念 061, 256, 257, 968
社会学の根本問題 524
社会学の方法 534, 833
社会研究 893
社会行動 888
社会システム理論 367, 990
社会政策 899
社会生物学 415
社会体系論 367, 765
社会的行為の構造 256, 440, 765, 885
社会的世界の意味構成 246, 463
社会の構成 201, 272
社会の生産 713
社会分化論 524
社会分業論 013, 182, 427, 688
社会変動の理論 342
社会問題の構築 275
社会理論と社会構造 360, 906
社会理論の基礎 321
社会理論の最前線 272
社会類型——進化と比較 412, 765
シャドウ・ワーク 437
自由からの逃走 242, 421
19世紀の思想動向 916
宗教社会学論集 788
宗教生活の原初形態 419, 444, 572, 688
宗教の社会学 524
集合行為論 842
集合的記憶 419
従属的蓄積と低開発 449
集団心理学と自我の分析 849
17世紀イギリスにおける科学・技術と社会 126
儒教と道教 061
ジュネーヴ人への手紙 345
小説の理論 985
少年非行と都市地域 783
消費社会の神話と構造 915, 886
情報科学の構想 361

職業社会学 096
職業としての学問 061
職業としての政治 061
職人技能と産業技術の発展 062
人口論 513
人種のるつぼを越えて 074
親族の基本構造 991
シンボリック相互作用論 477, 845
信頼の構造 525

スティグマの社会学 306, 530
ストリート・コーナー・ソサエティ 077, 346

生活史の社会学 → ヨーロッパとアメリカにおけるポーランド農民
生活様式としてのアーバニズム 015, 1007
政策科学 266
生産の鏡 886
精神・自我・社会 003, 477, 916
精神の生態学 637
精神分析入門 563, 849
成長の限界 355, 404
政党政治の社会学 158, 570
性と性別 348
聖なる天蓋 758
性の署名 349
生の哲学 524
性の歴史 581, 828
世界資本主義と低開発 449
世界の悲惨 844
世代の問題 588
接続された心 871

綜合哲学体系 535
相互扶助論 599
想像の共同体 736
贈与論 604, 938
組織犯罪 354

タ

大衆社会の政治 621
大都市と精神生活 722
脱学校社会 **631**
脱工業化の社会 713

脱工業社会の到来 261, 331, 488, 632, 870, 894
タテ社会の人間関係 635

地域コミュニティファクトブック 761, 1007
知覚の現象学 521
地中海世界 579
沈黙の春 566

通過儀礼 675

出会い——相互行為の社会学 306
ディスタンクシオン 679, 844
定本柳田国男集 948
デカルト的省察 176
デカルト派言語学 674
データ対話理論の発見 228
デマの心理学 978
電話するアメリカ 812

統治するのはだれか 650
遠野物語 948
徳川時代の宗教 444, 869
都市 354
都市社会学原理 529
都市の日本人 697
都市のマネー 650

ナ

内発的発展論 731
内部労働市場と労働力分析 733

日常世界の構成 758, 967
日本家族制度と小作制度 020, 754
日本女性史 499
日本人の国民性 295
日本政治思想史研究 911
日本農村社会学原理 529, 754
日本の農地改革 697
人間と聖なるもの 572
人間の研究・序説 984
認知的不協和の理論 **748**

ネットワーキング 749

年報——歴史と社会科学
→ アナール

ハ

パワー・エリート 650, 777
否定弁証法 009
ピープルズ・チョイス 099, 314, 981
貧困の文化 808
ヒンドゥー教と仏教 061
フォークウェイズ 078
フランス教育思想史 217
プレイする自己 935
フレーム分析 306, 848
プロテスタンティズムの倫理と資本主義の精神 061, 382, 387, 444, 851, 992
プロテスタント・エスタブリッシュメント 1008
プロデメの変貌 942
文化資本の三状態 853
文化人類学入門 984
文化と社会 166
文化とは 166
文化の型 858
文化のなかの不安 849
文明化の過程 084, 992

変革期における人間と社会 913
偏見の研究 893
偏見の心理 872
弁証法的理性批判 336

方法の問題 336
母系制の研究 499
母権論 827
ポスト・モダンの条件 881
ホーボー 354
ホモ・ルーデンス 006
ポーランド農民
→ ヨーロッパとアメリカにおけるポーランド農民
ホワイト・カラー 919
ホワイトカラーの犯罪 895

マ

マス・コミュニケーション入門 312
マス・コミュニケーションの効果 262
マス・コミュニケーションの利用 981
マス・メディアの議題設定機能 200

見えない宗教 914
民間伝承論 948
民族とナショナリズム 736

明治大正史世相篇 925
メガロポリス 931
メリトクラシー 934
メルティング・ポット 987

モードの体系 774, 979
物の体系 886

ヤ

野生の思考 947
柳田国男全集 948

有閑階級の理論 062, 915
友人のあいだで暮らす 812
ゆたかな社会 033, 807, 915, 951
豊かな労働者 320
ユートピア **952**

幼児期と社会 085
甦るマルクス 022
読み書き能力の効用 166
ヨーロッパとアメリカにおけるポーランド農民 471, 534, 541, 726
ヨーロッパの労働者 989
世論 195, 531, 971
世論と群集 269

ラ

ラ・ビーダ 808

理解社会学のカテゴリー 968

リスク社会 970

るつぼ 987
ルノー工場における労働の変化 713

零度のエクリチュール 774
歴史と階級意識 985

老後——その時あなたは 1006
労働と相互行為 313

労働と独占資本 459
ローカルコミュニティファクトブック → 地域コミュニティファクトブック

岩波小辞典　社会学

2003年10月10日　第1刷発行ⓒ
2022年 4月 8日　第7刷発行

編　集　宮島　喬
　　　　みやじま　たかし

発行者　坂本政謙

発行所　株式会社　岩波書店
　　　　〒101-8002　東京都千代田区一ツ橋2-5-5
　　　　電話案内　03-5210-4000
　　　　https://www.iwanami.co.jp/

印刷：法令印刷　カバー：半七印刷　製本：松岳社

ISBN 4-00-080215-1　　Printed in Japan

岩波 社会思想事典

【編集】今村仁司・三島憲一・河崎修
B6 新判・上製・400 頁　定価 3300 円

個人，身体，社会，自由，平和，政治……何げなく使われることばにこそ現代を理解するカギがある．これらの基礎用語を中心に，人名・現代思想用語を加えた 195 項目を，詳しくわかりやすく解説する．

事典 日本の多言語社会

【編集】真田信治・庄司博史
四六判・上製・400 頁　定価 3960 円

近年，外国人住民や観光客の増加により街角の言語表示や情報サービスが様変わりしている．一方，日本固有の言語や方言を見直す動きも広がっている．日本語と外国語が織り成す多様な社会状況を展望する．

岩波 世界人名大辞典

【編集】岩波書店辞典編集部
B5 判・上製・3616 頁（2 分冊）　定価 30,800 円

総項目数 38,000 余．全世界の地域・国について神話・伝説人名から現存者までをカバーする．グループ名や家名，小説や映画の登場人物などの架空人名も収録．人物の経歴を詳細かつ分かりやすく解説．

岩波 哲学・思想事典

【編集】廣松渉・子安宣邦・三島憲一・宮本久雄・佐々木力・野家啓一
　　　　末木文美士
菊判・上製・1952 頁　定価 15,400 円

東西古今の哲学・思想および関連分野の事項・人名・書名を収める．思想潮流や意味内容の変化・展開の全体像を俯瞰する大・中項目を中心とし，諸文化を横断する鍵概念は東西共通項目として分担執筆．

定価は消費税 10％込みです
2022 年 4 月現在